绩优企业
|是这样炼成的|

企业成果管理
一本通

**QIYE CHENGGUO
GUANLI
YIBENTONG**

乔俊辰 / 编著

内蒙古人民出版社

图书在版编目(CIP)数据

绩优企业是这样炼成的. 企业成果管理一本通 / 乔俊辰编著. -- 呼和浩特：内蒙古人民出版社，2022.10
ISBN 978-7-204-17232-0

Ⅰ. ①绩… Ⅱ. ①乔… Ⅲ. ①企业管理 Ⅳ. ①F272

中国版本图书馆 CIP 数据核字(2022)第 153830 号

绩优企业是这样炼成的：企业成果管理一本通

编　　著	乔俊辰
图书策划	石金莲
责任编辑	杜慧婧
封面设计	宋双成
出版发行	内蒙古人民出版社
地　　址	呼和浩特市新城区中山东路 8 号波士名人国际 B 座 5 层
印　　刷	呼和浩特市圣堂彩印有限责任公司
开　　本	710mm×1000mm　1/16
印　　张	24.5
字　　数	400 千
版　　次	2022 年 10 月第 1 版
印　　次	2023 年 4 月第 1 次印刷
印　　数	1—2000 册
书　　号	ISBN 978-7-204-17232-0
定　　价	38.00 元

如发现印装质量问题，请与我社联系。联系电话：(0471)3946173　3946120

前　言

毋庸讳言，所谓企业成果管理，就是企业要把自身的优势发挥到极致，并且在自己的弱势、不足的方面挖掘潜力，着眼于未来，牢牢地把握住重大机会。

变革与发展过程管理基于一个基本事实：在企业的生存发展过程中，自始至终伴随着差异、矛盾和对立。矛盾或不平衡，是管理面临的一般情况，譬如，在企业环境管理和组织管理之间，就会经常出现矛盾和差异。此外，企业组织本身也存在一些基本的矛盾，如组织目标与个人目标、技术与人性、自律与他律、原则性与灵活性等。所有这些，都是与组织生存相伴随的。另外一个经常带来问题的方面是企业发展。发展过程本身就意味着原有均衡的破坏，需要在新的阶段重新找到均势，找到平衡。

企业组织作为一个系统，对内面向个人，对外面向环境。一方面要集合个人的力量，形成有目的的有机整体；另一方面要适应环境，谋求自身的发展。这种特殊的性质和位置，决定了它不可避免地处于各种矛盾的焦点。

战略探索阶段，是一个稍显漫长，包含了多次摸索、试验、失败，终于找到有潜力的发展方向的过程。这一阶段常常要走许多弯路，消耗一部分力量，花费一定量的金钱，原因自然在于盲目性。因为尽管认识到原战略已成强弩之末，但有发展前途的行业和产品并不明显，确定性的资料和依据很少，必须试探性地开拓，结论才能逐步明朗化。许多资料、认识、条件和可能，只有经过探索才能获得和发现。所以，走弯路，耗费一定的人、财、物资源，是转换过程必经的一个阶段，而且是有意义的一种过程。因为在一次次的探索、摇摆和失败过程中，企业可以获得有关市场发展机会、自身经营能力和优势、可能有发展潜力的方向和途径等方面的大量资料和认识；可以增长实践性很强的见识；可以锻炼和培养人才。所有这些，都是新战略成功的准备和条件，没有这些必要的准备和经历，企业不可能从新战略中得到较大收益。

当探索过程中成功的试验出现，企业未来发展的方向和途径渐趋明朗的时候，便进入了战略决策阶段。在进入这一阶段之前，有几点认识是必须明确的。一是新的方向和途径预示的发展道路上未来收益虽然很难预计，但必须是有发展前途的。二是确定这样一种发展道路，其核心的、关键的环节或要素是什么？技术的、成本的、需求的、竞争的因素等各方面是否有优势？什么使新战略有较大的成功把握？三是企业本身的资源、能力和特长何在？它与战略之间是否适应？一方面是企业自身能否实现新战略的问题，另一方面是新战略能否发挥企业优势的问题。如果上述三点都能有肯定的回答，战略决策就是轻而易举的事情了。但在实际发展过程中，情况很难如此理想。所以，战略决策过程中要做的事情就是分析、研究，确定具体的战略策略，创造一些条件，有差别地使用力量，有意识地回避弱项，加强强项，满足上述条件，如技术方面的措施，营销方面的措施，投资、人才培养方面的措施，发展阶段的安排，等等。

这样一种战略决策过程，同时也是一种新形势下采取何种经营思想，如何安排经营管理，如何理顺内部经营机制，以战略目标为核心把企业各方面组织成为一个有特定结构、目标和功能的系统的过程，即新的发展模式形成的过程。

本书能够顺利在一年多的时间里编写完成，离不开诸多学者和创作伙伴的精心协作和努力。在这里要特别感谢徐凤敏、陈镭丹、贾瑞山、晶晶、李元秀、秦宇超、邓颖，感谢你们的努力与付出。在此付梓之际，一并向你们表示衷心感谢！

编　者
2022 年 5 月

目 录

第一章　成果管理与管理学原理 ·· 1
　　古典管理理论 ·· 2
　　近代管理的发展 ·· 7
　　当代管理理论 ·· 10
　　管理历史演进的规律和线索 ··· 13
　　个体层次的基础知识 ··· 15
　　正式组织和非正式组织 ·· 23
　　组织平衡 ··· 30
　　管理的概念与职能 ·· 33
第二章　资金时间价值与风险管理 ·· 35
　　资金时间价值的概念 ··· 36
　　资金时间价值的计算 ··· 36
　　资金时间价值的应用 ··· 44
　　风险价值的计算 ··· 48
　　风险收益均衡 ·· 54
　　成本效益观念 ·· 55
　　机会成本 ··· 55
　　沉没成本 ··· 55
第三章　筹资管理 ·· 57
　　企业筹资的概念与分类 ·· 58
　　企业筹资渠道与方式 ··· 59

企业筹资的要求 …………………………………………… 62
　　银行借款 …………………………………………………… 68
　　发行债券 …………………………………………………… 74
　　融资租赁 …………………………………………………… 79
　　商业信用 …………………………………………………… 83
　　负债资金与权益资金的比较 ……………………………… 86

第四章　资本运营中的风险管理 ……………………………… 89
　　风险管理 …………………………………………………… 90
　　企业资本运营中的风险与测量 …………………………… 93
　　我国企业资本运营中的风险分析 ………………………… 96
　　建立资本运营中的风险管理机制 ………………………… 103

第五章　企业战略选择 ………………………………………… 109
　　成本领先战略 ……………………………………………… 110
　　差异化战略 ………………………………………………… 114
　　市场集中战略 ……………………………………………… 117
　　新兴行业的经营战略 ……………………………………… 119
　　成熟行业的经营战略 ……………………………………… 123
　　衰退行业的经营战略 ……………………………………… 128
　　行业分散与集中的原因 …………………………………… 132
　　分散行业的经营战略 ……………………………………… 134
　　集中行业的经营战略 ……………………………………… 137

第六章　债券与期货投资管理 ………………………………… 141
　　债券的性质与分类 ………………………………………… 142
　　债券价格 …………………………………………………… 148
　　债券的发行 ………………………………………………… 151
　　债券的评级 ………………………………………………… 156
　　债券的交易 ………………………………………………… 160
　　债券投资技巧与投资效益分析 …………………………… 164
　　证券市场管理概述 ………………………………………… 171
　　期货交易 …………………………………………………… 177

套期保值与套期图利……………………………………………… 180
　　期权交易基本知识………………………………………………… 181
第七章　项目投资风险管理………………………………………… 183
　　项目风险和项目风险管理………………………………………… 184
　　项目风险的识别…………………………………………………… 192
　　项目风险度量……………………………………………………… 196
　　项目风险应对措施的制定………………………………………… 203
　　项目风险控制……………………………………………………… 204
第八章　企业人力资本投资管理…………………………………… 209
　　企业人力资本需求………………………………………………… 210
　　企业人力资本供给………………………………………………… 212
　　企业人力资本投资需求…………………………………………… 214
　　企业人力资本投资风险界定……………………………………… 217
　　企业人力资本投资代理风险……………………………………… 219
　　企业人力资本投资流失风险……………………………………… 225
　　企业人力资本投资评估要素……………………………………… 228
　　企业人力资本投资风险评估……………………………………… 233
　　企业人力资本投资收益评估……………………………………… 235
第九章　企业环境管理……………………………………………… 249
　　企业与环境的关系………………………………………………… 250
　　企业环境管理的基本目的………………………………………… 253
　　企业目标与企业战略……………………………………………… 257
　　企业基本竞争战略………………………………………………… 266
　　差异化战略………………………………………………………… 271
　　经营资源…………………………………………………………… 277
　　环境变化与经营范围……………………………………………… 281
　　多元化经营战略…………………………………………………… 283
　　企业经营方向和经营结构选择…………………………………… 290
　　经营方向的选择方法……………………………………………… 291
　　资源配置…………………………………………………………… 295

第十章　经营战略管理 ··· 303
　　国际化经营的动机和过程 ·· 304
　　国际化经营环境分析 ··· 307
　　企业跨国经营战略 ·· 315
　　企业及企业制度 ·· 317
　　企业形态 ··· 321
　　公司治理 ··· 329
　　内部治理 ··· 331
　　外部治理 ··· 333
　　企业的外部关系与社会责任 ·· 334
　　利益相关群体关系协调 ··· 342

第十一章　企业技术产权管理 ··· 353
　　知识产权与技术产权 ··· 354
　　技术成果与产权关系 ··· 359
　　依法保护技术产权 ·· 369

第一章
成果管理与管理学原理

管理的思想和智慧可以从广义和狭义两种角度把握。广义上，管理学是人类从所有集体化、社会化行为中积累起来的一般的人文科学。自从有了人的社会生活，就有了管理的实践，进而产生了关于管理的学说。

狭义的管理学指一个世纪以来，特别是近代工业革命以来主要通过自然科学分析方法调查、试验、研究、提炼归纳形成的理论和知识体系。近代管理学是在自然科学发展到一定程度，伴随着工业革命和市场经济的出现而产生和发展起来的。

古典管理理论

今天是历史的继续和延伸。在近代意义上的科学管理出现之前,人类已经有了漫长的管理实践,积累了丰富的管理经验和智慧。

史前的积累

管理的产生、发展和日益积累,发端于人类生存和组织生活的现实需要。概而言之,历史上的管理实践主要发端于四个方面:解决生存需要的大规模集体活动实践,政治控制、社会管理实践,战争过程以及宗教的控制和影响。

从都江堰、万里长城、金字塔等著名大型工程的历史遗迹中,我们可以看到当时人类为生存所迫,组织大规模集体协作活动的实践和成就。从历史上最早的几种发达文明中,可以看到国家管理统治的思想和智慧,孔、孟、老、庄诸子百家的管理思想,马基雅维利的《君主论》,古罗马帝国的管理实践,都是这方面的证明。《孙子兵法》、克劳塞维茨的《战争论》等著名军事、战略文献反映了人类在军事方面的实践和成就。在西方国家的历史上,宗教对个人生活的控制和影响在一定时期、某种程度上超过了国家和政府,在管理方面有更突出的成就。

与历史上人类的管理智慧和经验积累相比,应该说我们的了解还远远不够,特别是中华民族五千年漫长历史岁月积累形成的管理经验和智慧的宝藏,有待我们去发掘和整理。

史前的管理实践和管理思想为工业革命以来的近代管理科学发展奠定了坚实的基础,主要表现在:

(1) 人类在集体协作、社会化活动实践中积累起来的管理思想和管理经验为人类认识管理过程奠定了理解的基础。

(2) 商品交换、商业的发展及其带来的"交换的逻辑"成为近代资本主义制度的基础,为企业管理的发展提供了制度背景。

(3) 近代自然科学发展开创的以试验、分析方法为特征的方法论,为

管理研究提供了方法论基础。

（4）工业革命及近代工厂制度在全球的普及和飞速发展，对管理技术进步提出了迫切而现实的需要。

古典管理理论

（一）泰罗——科学管理理论

泰罗（F. Taylor，1856—1915），美国著名管理实践家、管理学家，科学管理之父。

泰罗1856年出生于美国费拉德尔菲亚一个富裕的律师家庭。青年时代的他因眼疾中途退学，进入一个小机械厂当学徒工，从事机械和模型制造工作。1878年起进入费拉德尔菲亚的米德维尔钢铁厂当机械工人；到1890年时，从普通工人升至总工程师。1890—1893年间，在一家制造纸板纤维的制造投资公司任总经理。后来独立创业，从事管理咨询和科学管理的推广应用工作。

泰罗从小喜欢思考和钻研问题，对任何事情都想找出"一种最好的方法"。在米德维尔钢铁厂工作期间，他感到当时的管理层不懂工作程序、劳动节奏和疲劳因素对劳动生产率的影响，工人缺乏训练，没有正确的操作方法和适用的工具，大大影响了劳动生产率的提高。为了改进管理，从1880年起，他开始试验和研究，逐步形成后来被称为"科学管理"或"泰罗制"的管理理论和制度。

泰罗制的要点包括：

1. 科学管理的中心问题是提高劳动生产率。为此，泰罗通过科学的观察、记录和分析，致力于"时间动作研究"，探讨提高劳动生产率的最佳方法，制定出合理的日工作量。

2. 为了提高劳动生产率，需要挑选和培训一流的工人。所谓一流的工人，是指适合某种工作并且愿意努力工作的工人。

3. 要使工人掌握标准化的操作方法，使用标准化的工具、机器和材料，在标准化的工作环境中操作。

4. 采用刺激性的工资报酬制度激励工人努力工作。这主要通过制定合理的工作定额，实行差别计件制：完成任务正常报酬，未达到标准低酬，超标准高酬，根据工作表现衡量等基本措施实现。

5. 工人和雇主两方面都应当来一次"精神革命"。双方合作，共同致力于提高劳动生产率，把"蛋糕"做大，即使不改变分配比例也同时有利于双方。劳资双方应变对立为合作，共同为提高劳动生产率而努力。

6. 把计划职能和执行职能分开，以科学工作方法取代经验工作方法。

7. 实行职能工长制。一个工长负责一方面的职能管理工作，细化生产过程管理。

8. 管理控制中实行例外原则。即日常事务授权部下负责，管理人员只对例外事项（重大事项）保留处置权。

以泰罗为杰出代表的科学管理运动，解决了工业化初期企业发展中迫切需要解决的、具有普遍价值的劳动生产率问题，为工业化初期的企业发展作出了巨大贡献。泰罗率先在管理实践和管理问题研究中采用观察、记录、调查、试验等近代科学分析方法，开创了科学管理的先河，奠定了科学管理的坚实基础，成为名副其实的"科学管理之父"。

（二）法约尔——管理职能及一般管理

法约尔（H. Fayol，1841—1925），法国著名管理实践家、管理学家，古典管理理论创始人之一。

法约尔1841年出生于法国一个富裕的资产阶级家庭。1860年从圣艾蒂安矿业学院毕业后，在某矿业冶金公司度过了58年的职业管理生涯。他从一个采矿工程师逐步晋升到总经理，担任总经理职务达30年之久。

法约尔具有长期从事高层管理工作的经历，对全面管理工作具有深刻的体会和了解，积累了丰富的经验和智慧。他在其代表作《工业管理与一般管理》中提出的一般管理理论对西方管理理论的发展具有重大影响，成为管理职能、管理过程学派的理论基础。

1. 六种经营活动。法约尔认为经营和管理是两个不同的概念。经营是引导一个组织趋向一定目标。经营包含六种活动：技术活动（生产）、商业活动（交换活动）、财务活动（资金的筹集、控制和使用）、安全活动（财物和人身的安全）、会计活动（记账、算账、成本核算和统计等）、管理活动（计划、组织、指挥、协调、控制）。

2. 五大管理职能。法约尔指出，人们对前五种活动了解较多，但对管理活动知之甚少。管理包含计划、组织、指挥、协调和控制五大职能。管理是一种专业性、技术性很强的工作和过程。管理是一种具有一般性的，适用于企业、事业单位和行政组织的职能。管理具有可概念化、可理论化、可传授的特点，应该大力发展管理教育。

3. 14条管理原则。法约尔提出了著名的14条管理原则，至今仍有重要的实践指导意义。这些原则包括：（1）劳动分工原则；（2）权力与责任对等原则；（3）纪律原则；（4）统一指挥原则；（5）统一领导原则；（6）个人利益服从整体利益原则；（7）员工报酬原则；（8）集权原则；（9）等级系列原则；（10）秩序原则；（11）公平原则；（12）人员稳定原则；（13）首创精神原则；（14）团结合作原则。

法约尔第一个明确提出管理的五大要素或五大职能，提出管理是一种专业化的、具有一般性的工作，为管理过程的研究奠定了基础。他提出的关于管理五大要素或五大职能的思想，成为后来人们认识管理职能和管理过程的一般性框架。

（三）马克斯·韦伯——理想的行政组织理论

马克斯·韦伯（MaxWeber，1864—1920），德国著名思想家、社会学家。

马克斯·韦伯提出的通常称作"官僚制""科层制"或"理想的行政组织"的理论，对工业化以来各种不同类型组织产生了广泛而深远的影响，成为现代大型组织广泛采用的一种组织管理方式。马克斯·韦伯被誉为"组织理论之父"。

1. 权威的基础。理想的行政组织理论，其实质在于以科学确定的、"法定的"制度规范为组织协作行为的基本约束机制，主要依靠外在于个人的、科学合理的理性权威实行管理。

在人类组织管理历史上，由于管理所依托的基本手段不同，曾经有不同类型的权威关系和相应的管理方式。早期组织管理中多依靠个人的权威，以传统的权威和"神授"的超凡权威为基本的控制手段。马克斯·韦伯指出，组织管理过程中依赖的基本权威将由个人转向"法理"，以理性的、正式化的制度规范为权威中心实施管理。

2. 官僚制的特征。官僚制的主要特征有：

（1）在劳动分工的基础上，规定每个岗位的权力和责任，把这些权力

和责任作为明确规范而制度化。

（2）按照不同职位权力的大小，确定其在组织中的地位，形成有序的等级系统，以制度形式巩固下来。

（3）明确规定职位特性以及该职位对人应有能力的要求，根据技术资格挑选组织成员。

（4）管理人员根据制度规范赋予的权力处于拥有权力的地位，原则上所有人都服从制度规定，而不是服从于某个人。

（5）在实施管理时，每个管理人员只负责特定的工作；拥有执行自己职能所必要的权力；权力受到严格的限制，服从有关章程和制度的规定。

（6）管理者的职务是他的职业，他有固定报酬，有按业绩表现晋升的机会，应忠于职守而不是忠于某个人。

3. 官僚制的优越性。官僚制的优越性在于：

（1）实现了个人与权力相分离。官僚制摆脱了传统组织的随机、易变、主观、偏见的影响，具有比传统组织优越得多的精确性、稳定性、连续性和可靠性。

（2）体现了理性精神和合理化精神。在典型的官僚制中，存在一个具有连续性的规章制度网，涉及组织管理过程的许多主要方面，它给每项工作确定了清楚、全面、明确的职权和责任，从而使组织运转和个人行为尽可能少地依赖人的因素。

（3）适合工业革命以来大型企业组织的需要。早期传统的组织过分依赖血缘关系、裙带关系、人身依附关系等传统人际关系纽带，采用任意、主观、多变的管理方式，不适合大型企业组织管理的要求。工业化以来，现代工商企业组织规模大、分工细、层次多，需要高度统一，由准确、连续、稳定的秩序来保证。

马克斯·韦伯深刻揭示了管理过程中制度权威的地位，奠定了制度化管理的基础，奠定了现代管理的一个基本方面。更为重要的是，他在理想的行政组织理论中倡导的理性精神和合理化精神，揭示了科学管理的精髓。

古典管理时期的三个主要代表人物，为管理学奠定了坚实的基础。泰罗率先在管理研究中采用近代科学方法，开管理研究中采用科学方法之先河。法约尔明确管理是企业的一种基本活动，其过程或职能为计划、组织、指挥、协调、控制，为研究管理过程打下了坚实的基础。马克斯·韦伯的官僚制理论，提出最适合于企业组织发展需要的组织类型和基本管理精神，成为各类大型组织的"理想模型"，同时揭示了管理的理性精神和合理化精神。这一时期管理的实践和研究，为管理的进一步发展打下了坚实的基础。

继泰罗科学管理理论广泛传播和应用之后，采用科学方法研究和解决管理问题蔚然成风。经过一个时期的积累，管理的发展进入新阶段。

近代管理的发展

经历了古典管理理论的发展和传播，进入 20 世纪三四十年代，管理学步入新的发展时期。这一阶段最突出的成果是以巴纳德、西蒙、马奇为代表的近代组织管理理论和由梅奥发端的早期人际关系学说——行为科学理论。

巴纳德——一般组织管理原理

切斯特·巴纳德（C. I. Barnard，1886—1961），美国人，出生于美国马萨诸塞州马尔登。巴纳德在哈佛大学读完了经济学课程后，1909 年进入美国电话电报公司就职，先后担任很多管理职务，直到任新泽西贝尔电话公司总经理。巴纳德还曾在若干公共机构任职。他的代表作是 1938 年出版的《经理人员的职能》。

巴纳德在管理理论上有以下主要思想。

1. 组织论的管理理论。巴纳德理论总的特征是组织论的管理理论，即以组织为基础分析和说明管理的职能和过程。其理论结构为：个体假设—协作行为和协作系统理论—组织理论—管理理论（见图 1-1）。比起管理的过程和职能，更侧重于说明管理的基础和管理的原理。

2. 正式组织与非正式组织。在对个体基本特征和协作过程进行分析的基础上，巴纳德提出了著名的正式组织和非正式组织理论。该理论认为，正式组织是两个或两个以上个人的有意识协调的行为或力的系统，而非正式组织是个人相互接触中无意识地带有体系化、类型化特征的多种心理因

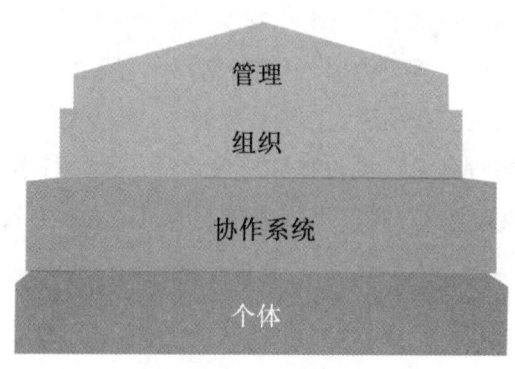

图1-1 巴纳德理论的结构

素的体系。

正式组织包含协作意愿、共同目标、信息沟通三个基本要素。正式组织与非正式组织互为条件、相互制约、相互促进，组织是正式组织侧面与非正式组织侧面的统一。

3. 组织平衡。组织维持其生存和发展必须实现三个方面的平衡：（1）组织内部个人和整体之间的平衡，其关键在于组织成员为组织所作贡献与从组织获得的各种诱因之间的比较。（2）组织与环境之间的平衡，其关键在于组织目标的选择和组织目标的实现两种过程。（3）组织动态平衡，即在内外各种因素变化的前提下，打破旧的平衡、建立新平衡的过程。

组织平衡是组织与管理之间的联结环节。

4. 管理人员的职能。管理人员最根本的职能是协调，实现组织三方面的平衡。管理人员有三方面的基本职能：建立和维持一个信息联系的系统；从组织成员那里获得必要的努力，规定组织的共同目标。

除此之外，管理人员还要有领会组织的整体及其有关形势，把握管理过程的本领。

巴纳德开创的组织管理理论研究，揭示了管理过程的基本原理。经西蒙（H. A. Simon）、马奇（J. G. March）、赛尔特（R. M. Cyert）等人的进一步发展，形成了管理学领域的组织管理流派，对当代管理学体系产生了重要影响。巴纳德被誉为近代管理理论的奠基人。

梅奥——早期人际关系学说

梅奥（G. E. Mayo，1880—1949）是原籍澳大利亚的美国行为科学家，他与罗特利斯伯格（F. J. Roethlisberger，1898—1974）通过霍桑试验，提出著名的"早期人际关系学说"，开辟了行为科学研究的道路。

1. 霍桑试验。从 1924 年开始，美国西方电气公司在芝加哥附近的霍桑工厂进行了一系列试验。这些试验最初的目的是根据科学管理原理，探讨工作环境对劳动生产率的影响，但试验过程中出现的一些结果，出乎研究者事前的预料和假设。如照明试验中，不论照明度提高还是降低，劳动生产率都上升了，当时试验主持者无法对此给出合理解释。出于一个偶然的机会，从 1927 年起，梅奥和罗特利斯伯格参加到该项试验中，研究心理和社会因素对工人劳动过程的影响。试验完成后，梅奥和罗特利斯伯格 1933 年出版了试验报告《工业文明的人类问题》，总结了霍桑试验的研究工作。

2. 工人是社会人。工厂的工人不是单纯追求金钱和物质收入的"经济人"，他们还有心理上和社会方面的感情需要，是"社会人"。他们有诸如友情、安全感、归属感等方面的需要。试验中发现，比起照明度的变化来，工人受管理者重视的感觉更能调动其工作积极性。管理过程中要重视工人作为社会人的需要。

3. 企业中存在非正式组织，由非正式的接触和感情纽带联结在一起。非正式组织有自己的行为规范，很多时候与管理者的正式规定相冲突，影响劳动生产率。管理者要善于利用非正式组织的作用，不能只重视正式组织的作用。既要有科学管理、理性分析能力，也要通晓人性，重视人际关系协调。

4. 行为科学。继梅奥和罗特利斯伯格的研究之后，有很多学者从心理学、社会学角度致力于这方面的研究和探索，开辟了管理的一个新领域。梅奥和罗特利斯伯格的理论通常被称作早期人际关系学说。1949 年起，该领域的研究成果改称行为科学；20 世纪 60 年代以后，更多地使用组织行为学这一名称。

行为科学的研究成为西方管理理论发展的一个重要侧面，主要涉及对个人需要和行为的研究、团体行为研究、组织行为研究、有效的激励方式研究、领导行为研究和组织变革等方面。

当代管理理论

经历了20世纪三四十年代的发展时期后,管理学进入蓬勃发展阶段。特别是第二次世界大战后,管理领域出现了百花齐放、百家纷呈的局面,其中既有沿着历史线索逐渐丰富和完善的历史源流,也有新出现的思想和主张。美国著名管理学家孔茨(H. Koontz)将之概括为"管理理论的丛林",这一说法虽然未必准确地概括了当代管理理论的发展,却也反映出管理理论研究的多姿多彩局面。

管理理论的主要流派

从既有一定历史渊源,又涉及管理过程重要侧面,对管理学整体具有重要意义角度划分,当代管理理论有以下主要流派。

1. 管理过程流派。管理过程流派一直致力于研究和说明"管理人员做些什么和如何做好这些工作",侧重说明管理工作实务。

管理过程流派的开山鼻祖为古典管理时期的法约尔,20世纪七八十年代最著名的代表人物是孔茨,当代则以罗宾斯(S. P. Robbins)更具代表性。其间有很多管理学家从事这方面的研究。

管理过程流派吸收其他管理学家的思想和主张,不断丰富各项管理职能的内容,具有非常广泛的影响。当代管理过程流派对管理职能的概括是:计划职能、组织职能、领导职能(含激励)、控制职能。

2. 管理科学流派。管理科学流派指管理过程中采用科学方法和数量方法解决问题的主张,侧重分析和说明管理中科学、理性的成分和可数量化的侧面。

管理科学的研究可以追溯到泰罗所从事的科学管理运动。虽然在漫长的发展过程中有许多人从事这方面的研究,但管理科学的突破性进展应当说是第二次世界大战后运筹学在工商管理中的应用。特别是电子计算机技术的迅猛发展,为组织管理过程中运用数量方法和科学方法提供了广阔的空间。电子计算机管理信息系统的广泛应用和网络技术的应用,使组织管理过程在深层次上发生了一系列变化。目前这场革命方兴未艾，但可以肯定，这场革命必将深刻地改变人类的管理生活。

3. 组织管理流派。通过揭示组织形成、生存和发展的内在必然性探讨管理原理和管理方法的流派，主要致力于组织过程的研究。如果说管理过程流派关心的核心是"管理人员做些什么和如何做好这些工作"的话，组织管理流派则更多地关心管理人员为什么要做这些工作。

巴纳德是组织管理流派的奠基人，西蒙、马奇、赛尔特进一步发展和丰富了这方面的研究，特别是西蒙关于决策问题的研究对管理理论做出了很大贡献。在当代，组织理论已成为管理学中非常重要的研究领域。

4. 行为科学流派。该学派是从心理学、社会学角度侧重研究个体需求和行为、团体行为、组织行为、激励和领导方式的流派。

继梅奥的开创性研究之后，行为科学方面的研究长盛不衰，构成管理学的一个重要方面。其中著名的成果有马斯洛（A. H. Maslow）的"需要五层次论"，麦格雷戈（D. M. McGregor）的"X 理论－Y 理论"，赫茨伯格（F. Herzberg）的"双因素理论"，利克特（R. Likert）的"领导方式理论"等。

行为科学研究以西方心理学理论假设为基础，反映西方人文背景下的人际关系特征较多，适于中国文化情境下人际关系特征的理论解释尚有待于进一步的研究。

5. 经验管理流派。重视管理经验的传统古已有之，作为管理学体系中的一种主张，经验管理流派是以大企业成功管理人员的管理经验为主要研究对象，重视经验借鉴、重视案例分析，强调行为过程中的学习和提高的一个流派。该流派的主要代表人物有德鲁克（P. F. Drucker）、戴尔（E. Dale）等。

6. 其他学说和主张。除以上几个方面外，按照孔茨的划分，还有社会技术系统学派、系统学派、决策理论学派、权变理论学派、经理角色学派等学说和主张，此处不再一一列示。

管理理论发展的新趋势

进入 20 世纪 80 年代，管理领域又出现了一些新的发展趋势，其中最为突出的，一是企业文化热潮的兴起，二是发展中的信息技术对管理的影响。

1. 企业文化理论。企业文化是与企业相伴而生的客观现象，在企业这一经济组织形态诞生之时，就存在企业文化，但人们对这一文化现象的认识和研究，则始于20世纪80年代初期。首先提出并倡导企业文化理论的是美国的管理学者。

20世纪70年代后期，日本经济迅速发展，冲击和改变了美国曾居于优势的若干产业领域，引起美国各界的震惊和深刻反思。经过多方面的比较研究，美国学者发现，成功的企业管理是日本经济发展的重要原因之一，而日本的企业管理方法中有不少是为美国企业所忽视的。其根本差异表现在：美国企业多注重管理的硬件方面，强调理性的科学管理；日本企业则重视全体职工共有的价值观念，注重强化职工对本企业的忠诚，注重企业中的人际关系。

比较研究的结果使美国学者认识到文化是企业管理中不可忽视的重要因素，对于企业的成功与否具有深刻的影响。

为此，美国一批管理学家提出要向日本学习，许多学者著书立说，探索企业文化的有关理论与模式。美国关于企业文化的研究引起日本企业界和理论界的强烈反响，并波及其他国家，由此掀起了一股世界范围的企业文化热潮。其中影响较大的早期著作有沃格尔（E. F. Voger）的《日本名列第一》、帕斯卡尔（R. T. Pascale）和艾索斯（A. Athos）的《日本的管理艺术》，彼得斯（T. J. Peters）和沃特曼（R. Waterman）的《追求卓越》，迪尔（T. E. Deal）和肯尼迪（A. A. Kennedy）的《企业文化》等。目前，企业文化在理论研究和实践探索方面均得到长足的发展，企业文化作为一门新兴边缘学科，已成为现代管理理论的重要组成部分。企业文化理论的形成标志着企业管理从物质的、制度的层面向文化层面发展的趋势。

2. 信息技术对管理的影响。早在70年代末，西蒙就在其《管理决策新科学》一书中富有预见性地探讨了信息技术对管理过程的影响，提出了很多富有价值的观点。90年代以来，信息技术突飞猛进，进一步改变了人类的社会生活，企业的工作和生产过程、企业组织结构、管理者的工作、企业间关系都发生了重大变化。

管理历史演进的规律和线索

管理思想的发展与历史进程

在一个多世纪以来管理实践和管理思想的发展中，在哪个阶段，在什么地方，出现哪些管理实践和管理方法，其中有没有必然性的因素在起作用？应该用什么样的历史观去把握和解释管理思想的历史发展？

马克思关于历史发展的思想至少可以给出一种令人信服的解释。

物质资料的生产方式是人类社会大的阶段性变化的最终力量。物质资料生产方式的变化发端于技术变化，然后是劳动生产方式改变，再后是人与人之间的社会关系发生变化。物质资料的生产方式发生变化后，才是结构制度层面的变化，最后是意识形态、文化层面的变化。

按照这一线索分析，工业革命首先在技术层次引起变革。技术变化导致生产组织方式和过程发生变化，此前以农业、牧业、渔业和手工作坊为主的生产生活方式变得不适应，于是有了科学管理和泰罗制的出现。科学管理只解决了劳动生产组织过程和方式问题，劳动者的工作观念、习惯、人际关系仍然是传统的，两者之间仍然不相适应，于是早期人际关系学说——行为科学理论应运而生。

在单一企业内部生产组织管理过程问题基本得到解决后，开始进入制度层面的问题。组织管理理论、企业制度方面的研究、管理过程研究，都主要与结构、制度层面的问题有关。

同时，企业与外部环境相关问题逐步成为关注的对象。企业战略问题、营销问题、竞争与垄断问题、企业的社会责任问题等，都先后成为实践和研究的重点对象。

进一步的，才是涉及意识形态、文化层次的问题，即工业革命以来市场经济的组织形态、管理机制、运作逻辑与古老的意识形态和文化传统如何融合、整合的问题。日本在第二次世界大战后所提供的，无非是这方面一个成功的范例而已。

这是一条管理思想发展与历史发展的粗略线索。

管理思想演进的主要线索

总体来看，管理实践和管理思想发展的历程，是组织生活、管理过程中发现因素越来越多，内容日益丰富、完善的过程。管理脱胎于一种类型的传统文化，伴随着近代工业文明和市场经济的发展，成为一套独立的知识体系，在一定程度上带有很深的市场经济、资本主义的印记。

工业革命以来管理发展总的趋势是科学化和理性化，企业对效率、利润的追求是推动管理发展演变的根本性力量。为了更高的效率、更多的利润、更大的经济成就，人们不断地挖掘、发展科学的、理性的管理工具和管理手段。科学和理性，是20世纪管理发展中的基本精神和最高价值。管理史就是一部科学化、理性化的历史。

进一步梳理，到目前为止，管理学的发展有几条较为显著的线索。

1. 科学化、理性化线索。首要的，仍然是科学化和理性化。广义上，整个管理发展过程中始终得到不断强化和重视的是科学化、理性化。狭义上，由泰罗开科学管理之先河，到战后运筹学方法应用，乃至当代的信息化、网络化趋势，是管理科学化的主要线索。与科学化伴随的理性化趋势，则更广泛、更深入地体现在管理的各方面。

2. 重视人的趋势。从工业化初期人的因素主要被关注为"经济人"开始，到梅奥强调人是"社会人"，巴纳德把人当作"具有有限判断能力的独立的个体"，到今天作为"人力资源"的人，研究人的需要和行为，重视人、尊重人的发展成为管理研究当中的一个主题。行为科学发展，组织管理理论发展，对管理过程中如何尊重人，如何为人的发展创造条件，提出了很多人性化的理论和切实可行的方法。

3. 管理过程线索。从法约尔到孔茨、罗宾斯，对管理过程、管理职能的探索和研究始终不懈，构成管理发展过程中一条显著的轨迹。

4. 实证分析线索。强调实践、经历和经验的重要性，强调操作过程中的学习和提高的倾向，有史以来就存在。当代盛行的案例分析、案例研究，是这一传统的具体表现。

管理涉及的层次和侧面

管理涉及社会、技术、经济、政治、文化等几个侧面。这里的社会指纯粹的人与人之间的社会关系侧面；技术指与组织的业务活动有关的技术要素；经济是节约、以较少的投入获得较多产出意义上的经济；政治是社会关系的延伸，表现为利益集团之间关系的层次；文化则是意识层次、观念层次的问题。可以说，人类社会生活的若干基本方面，都在管理过程中有所反映。

管理又分为不同的层次，通常的说法是高层管理、中层管理和基层管理。基层管理主要面对具体操作和技术问题，考虑效率高低。高层管理对外面向环境，对内统管整体，主要解决决策问题和制度选择问题，与政治侧面、文化侧面关系较为密切。中层管理是中间过渡层次，承上启下，更多地与经济侧面有关。

个体层次的基础知识

个体假设

《三字经》中有"人之初，性本善。性相近，习相远"的说法，意为每个人生来本性是善良的、积极主动的，是后天的影响、经历使得人性发生变异。也有很多人指出，人生来是"性恶"的。性善性恶本身并不要紧，要紧的是关于性善性恶的观念会影响到人们如何看待其他人，如何对待其他人，进而影响到人们相互交往形成的社会关系。

（一）个体假设的意义

管理学是关于人类集体化协作行为协调的科学，出发点是人自身。如何看待个体，以一种什么样的个体假设前提作为决定管理方针、运用管理手段的基础，从基本的方面制约着管理的逻辑、方式和效果。

管理过程中几乎所有的方面都离不开人的基本特征的影响，即使是处理技术问题，也不可避免地有人的因素作用于其中。对人自身的认识或假设，是管理学乃至整个社会科学的出发点和最终归宿。

由独立的个体到集体化协作行为的过程，是组织管理的基础。管理学原理首先要回答独立的个体通过一种什么样的纽带或机理结合为团体。由

个体到整体的环节，是组织管理理论最基本的环节。

（二）传统的看法

迄今为止，各派管理学家对个体行为作出了以下几种不同的假设：

1. 经济人假设。这是一种最单纯的假设，指完全以追求经济利益为目的而进行经济活动的主体。这种假设认为，人都希望以尽可能少的付出获得最大限度的收益，并且为此可以不择手段。

2. 社会人假设。社会人指以追求满足社会需要为主要目的而进行经济活动的主体。这种假设认为，个人不是单纯地追求金钱收入的，他们还有追求社会性的认可，人与人之间的感情交流，安全感、归属感等方面的心理需要和社会需要。

3. 管理人假设。管理人是遵循令人满意的准则进行经济活动的主体。这种观点认为，人的理性是有限的，人们不可能作出最理性的决策，而只能在可能的范围内作出相对令人满意的决策。

可以看出，上述各种假设都只强调个体的某一个侧面，现实中的个体实际上是上述各方面的综合。个体在生存得不到保障时可能按经济人方式行事，在更多地需要别人理解、认同、承认时表现为一种社会的存在，在他为达到自己的目的作出选择时往往按理性准则行事。有多种因素综合作用于个体，制约和影响个体的行为，现实中的个体可以称之为"复杂人"。

到目前为止，社会科学还无法对人本身给出科学的解释和说明，然而，如果把个体当作一种多因素的复杂人对待，组织管理问题就无从谈起了。所以，从组织管理角度出发，明确选择个体的有关特征为基础，不失为一种较为适当的选择。

（三）必须回答的几个基本问题

社会科学迄今为止的发展还不能给出一种关于人的科学、充分的解释，而管理学又无法回避对个体的假设和看法。我们并不期望给出一种全面系统的解释，但至少以下几个问题是必须予以回答的：管理学研究人的什么？人的需求结构如何？支配人的行为的力量有哪些？人的理性能力有无限度，限度何在？等等。

巴纳德把人看作一个由动物的、生物的、社会的三方面因素综合而成的独立的个体。他既强调了人的生物性、动物性一面，也强调了人的社会

性一面；人既有先天的需要、欲望、冲动，又有后天的理性、判断和社会性制约。从基本的方面来说，人是独立的个体，但作为社会性的存在又不可避免地要受到社会性制约。

他进一步明确，管理学研究人的行为和学习，研究行为背后的需求和心理力量，对人的理性能力给出判断和假设，研究社会性的交往和学习过程。行为、需求、理性能力和学习过程构成管理学中个体层次的基本范畴。

行为与学习

如果我们仔细观察集体协作活动或组织生活中个体的基本方面，很容易发现行为是一个最基本的要素，不论组织生活的哪一方面，都是由人的行为构成的，因此可以说，个体的行为是从组织管理角度必须把握的对象。

（一）行为

行为强调个体的所作所为，管理学意义上的行为主要关注个体在组织中活动、所作所为的状态和程度。

虽然人的行为是背后的需求、动机驱使导致的结果，但从影响、调节人的行为角度，即管理的角度出发，首先直接面对的，只能是人的行为。

进一步分析个体的行为，行为的方向和强度是两个基本点，方向解决"干什么"和"为什么要干"的问题，强度解决"工作积极性"的问题。

个人行为的方向取决于个体的选择，取决于决策；行为强度取决于个人的心理力量，个人的努力程度。那么制约个人的决策和努力程度的又是什么因素呢？这些因素，主要有个人追求的目的，个人的知识、思维方式和个体行为背后的心理基础。其中，个人追求的目的，个人的知识和思维方式主要与个体的决策相关，行为背后的心理基础则主要与努力程度相关。

道理很简单，决策或做决定，明确的目标、必要的资料和知识、合理的分析判断能力是必要的条件，没有这些基本的条件不可能作出正确的决策。有了正确的决策，实施过程则要依靠积极努力的工作精神。这种积极努力的工作精神在有了理性判断的基础后，主要取决于心理上的力量，即冲动、勇气、意志力及各种特征的情绪、情感等。从决策到现实的行为，还要经过一个中间环节。决策解决了方向问题，还要有心理力量的推动，才能使决策转化为现实。

(二)学习

个体的行为并不是一成不变的,由于时间、场合、情境的变化,个体的行为也会发生变化。个体通过行为过程和行为的结果,可以获得新的技能、知识,会导致新的判断,从而导致行为的改变。这种由于时间、场合、情境变化、行为过程以及结果导致的行为改变,我们称之为个体的学习过程。

这种学习,或者是通过直接的实践,或者是通过其他人经验的提示,或者是通过专门的理论知识学习和技能训练实现,其中,来自直接实践的学习对掌握管理能力尤为重要。

直接的实践,可以为个体带来经历、经验性的知识;可以带来"熟能生巧",带来技能的提高;可以增长个体的见识;可以带来人际关系、人事的熟悉;可以使个体深刻领会企业的文化和潜在规则。直接实践带来的这些知识和能力,是依靠其他途径所无法获得、无法替代的。

个体的学习对于维护和促进集体化协作整体发展有重要意义。企业组织不是仅仅为了眼前的利益而存在的,长期的生存发展是企业组织的基本目标。成员的学习对于企业组织的未来发展,是一种必要的准备和条件。

行为和学习是组织管理中个体的两个最基本的特征,其中,行为关系到现阶段的企业状态,学习则更多地对将来的企业发展起影响作用。通过现时的行为,可以促进成员的学习,学习的结果又会提高未来的行为能力,二者是相互促进的。

上述有关个体层次的基本知识可以简单地图示如下(见图1-2)。

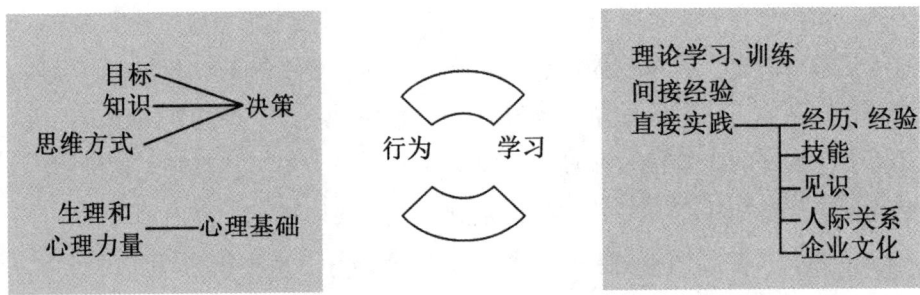

图1-2 个体层次的基本要素

组织中的学习

（一）个体层次的学习

学习过程包括个体和组织两个层次。学习主要是一种个体性质的活动，作为主体和基础的是个体的学习过程。有关个体的学习过程，至少有两个基本方面需要注意。

1. 个体在组织中学习的特点。

（1）个体的学习过程是在行为过程中的学习，即在干中学。组织中的学习过程不同于学校的学习，它是一种经历、经验、技能和见识的学习。工作过程中的顺利与挫折、成功与失败会教给人以切实感受和体会到的知识。当然，有计划地尝试做多种工作比只做一种重复单调的工作更有利于促进学习；挑战性的工作比简单操作更有助于调动个体的学习潜力，掌握更多的技能。换言之，适当的工作安排可以促进个体层次的学习。

（2）学习的模仿性质。个体的学习最初往往是一种模仿过程，模仿的对象主要是周围环境中其他人的行为，模仿学习的范围可能是操作方法，或者是思维方式和注意的焦点，也可能是其他方面。模仿学习的过程不一定总是明确的，组织生活中无形的潜移默化的影响也制约和影响个人的模仿学习过程。

（3）有稳定化、定型化的倾向。通过一定时期学习过程的积累，个体会形成某种类型的知识结构和观点、思维方式，遇到问题，往往用自己头脑中已有的知识、看法去分析和处理。这种相对稳定的知识结构和看法一旦形成，往往很难轻易改变，而且使人不太容易接受新的观点和看法。这一特点对组织变革的需要而言，是十分不利的。

2. 两类不同学习的区别。一类是在无重大环境变化前提下，因循既定方式的、渐进的、累积的、连续的学习，日常组织中大量存在的就是此类。另一类是当组织面临变革时，与组织变革相伴随的、非连续性的、飞跃的、革新性的学习，当人们面临大的社会变革、组织变革时，会碰到这种情况。这两类学习，不仅机制、过程不同，而且所需条件和促进的方式也有所不同。这是个体层次的学习需把握的若干基本点。

（二）组织层次的学习

对企业组织而言，个人的学习过程只有从组织层次衡量才有现实意义。

组织层次的学习,是组织作为人组成的集团的学习,是集团的知识、信息的积累和认识变化、提高的过程,它是个人学习相互作用的产物。

从组织整体出发分析,组织中有两部分知识。一部分是个人的知识储备,即在组织成员头脑中保有的知识,包含着与组织有关的和与组织无关的各种知识。这部分知识,其中一些是能直接为组织所利用的,也有一些是潜在的、组织通常难以调动的部分,两者的大小,因个人对组织态度不同和与组织的一体化程度不同而有不同的比例。另一部分,是属于组织的或大家共享或一部分人享有的知识,如组织的规章、工作程序、组织结构图、组织文化、共有的观念和行为准则等。

组织中的知识、信息不是一个不变的量,而是经常发生变化的。变化的过程就是组织的学习过程,其中,知识的积累、新知识的形成、知识的扩散、知识的更新等都属于组织学习的范畴。

组织中学习的主体和基础是个人,从组织层次分析,学习过程实际上是一个如何促进个人的学习和如何发掘、利用个人知识储备中有关部分,使之转化为组织的知识组成部分的问题。

与组织发展联系起来分析,组织学习需要解决的一个难题是如何在连续性的学习和变革性的学习之间找到平衡。一方面,个人的和组织的学习是一个渐进的、累积的、连续的过程,经过一定时期自然而然会形成一定的模式或方式,形成固定的观念和思维方式,形成一种"文化",这叫成熟化、有序化,对组织有积极意义。但同时它也有消极的一面,即不利于组织随环境条件变化及时调整观念、更新知识、适应发展。

心理能量

心理能量是促使人意识到自己的需求和主体性,驱使人采取适当行为的心理力量。组织中每一个个体都存在一定的心理能量,其中有一部分表现为为组织努力工作的协作意愿、工作热情。由这个显在的部分有机结合而成的整体,就是企业组织整体的能量。

(一) 组织的整体能量

组织的整体能量作为一种"大于部分之和"的能量,不是个体力量的简单相加,而是经过调节和作用综合而成的整体力量。其中,有些部分可以还原为个人的能量,有些部分是由企业组织整体形成的,无法还原为个人的能量。其综合形成的过程取决于下述几个因素的相互作用（见图1-3）。

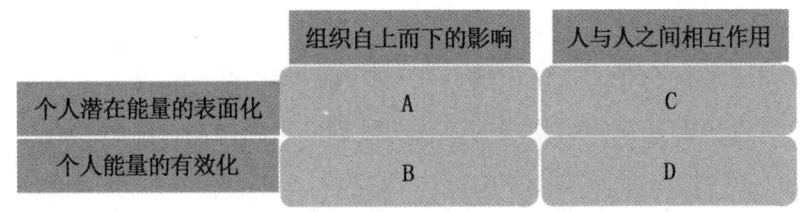

图1-3 组织能量的形成过程

因素之一是个人潜在心理能量的表面化，因素之二是个人能量围绕组织目标和任务的有效化，这是由个人能量转化为组织能量的两个基本环节，即一方面是如何使个人的潜力成为组织可利用的现实力量，另一方面是如何把个人的力量引导到组织目标和任务的轨道上来。组织中引导、调动和协调个人能量的因素有两类：一类是因素之三，即组织管理过程给予个人的影响；另一类是因素之四，即组织中个人相互之间的影响和作用。上述四个因素的相互作用过程，就是组织整体力量的形成过程。这种形成过程或相互作用，如图1-3所示。

1. 在情况A下，管理中类似激励、领导等与个人工作积极性直接相关的因素作用于个人，使得个人潜在能量在较高程度上成为组织可利用的力量。

2. 在情况B下，通过科学、有效的分工协调安排、计划和控制过程，以及有效的领导活动，使个人的努力尽可能地围绕组织的基本目标和任务发挥作用，个人力量成为组织力量的有效组成部分。

3. 在情况C下，由于受周围其他人的工作精神感染，或者由于相互比较、竞争的作用，导致个人焕发出更大的能量为组织工作。

4. 在情况D下，在个人相互之间的接触、影响、作用过程中所形成的默契、配合、理解和沟通，客观上对个人行为起调节作用。

（二）整体能量形成中的协调机制

上述四种情况中，A和B两种情况下所形成的能量可以还原为个人的能量，但C和D两种情况下所形成的能量不能还原为个人的能量，而是组

织整体产生的新的能量,是由于集团这个"场"的作用所形成的能量。集团作为"场"的作用,是依靠管理的体系和过程形成的。这种协调和调节的过程和机制主要包括:

1. 个人对组织及组织价值观的认同程度。个人对组织认同感越强,越能焕发出内在的力量为组织作出贡献。管理活动中维护和促进组织认同的过程、形成和宣扬组织价值观的过程,是提高组织认同、调动个人力量的主要手段。

2. 相互影响的机制。个人相互之间的感染、影响过程和比较、刺激作用,具有促进和激发个人心理能量的作用,这种作用在时间维度和空间维度都存在。管理者有意识地创造的组织气氛和管理者自身的感染作用,尤为重要。

3. 集团的活力。充满创造力、存在适度差异和不平衡的集团,对个人行为有重要的刺激和影响作用。集团中存在的各种挑战、压力、矛盾和不平衡,在一定范围内对个人有巨大的调动和刺激力量,能促进个人焕发出前所未有的能量。如何有效地利用各种矛盾和不平衡的力量,利用挑战和压力的效应,调动个体的工作积极性,是一种难度较高的管理艺术。

这种刺激、挑战的作用有两个方向:一是在未来成功的喜悦和成就感鼓舞下产生的能量,二是面临困难、危机时焕发出的能量。在前一种情况下,能量的持续性较强,但爆发力不大;后者刚好相反,爆发力强而持续性差。当危机状态消除时,相应的能量也随之降低。因为个人日常所能调动的力量不是一个无限的量,而是有限的,当危机状态成为常态时,个人会形成必要的心理机制适应这种情况,不可能保持超乎正常水平的能量发挥。

同理,其他因素的作用效果也表现为一个逐步衰减的过程。从经营管理角度讲,问题归结为如何处理好对个人行为的维持和心理能量的激发之间的关系,即一方面要创造维持调动个人能量的集团环境,实施各种有效的手段;另一方面,在必要的阶段,当原有的体系、因素和方法逐步失去效果时,要创造新的因素、体系和方法,激发个人的心理能量。只有有效地把握好这两个方面的平衡,才能保证组织所需的心理能量源源不断。

正式组织和非正式组织

一个组织，不管是企业、医院、学校，还是政府组织，都是一种包含了多方面特征和内容的存在，一切情况的发生，都或多或少与组织有关。组织的复杂性无论如何形容都不为过，我们对具体的组织了解越多，就越能感觉、体会到这种复杂性。

管理上究竟从何处入手，用哪些基本范畴，才能提纲挈领地认识和把握组织对象，解开组织之谜，让我们变复杂为简单，由难而易，深入组织的本质。

巴纳德关于正式组织和非正式组织的理论、关于组织平衡的理论，为我们提供了一种切实有效的工具。

正式组织及其要素

（一）正式组织的概念

正式组织是两个或两个以上个人的有意识地加以协调的行为或力的系统。正式组织概念包含以下基本要点：

1. 构成正式组织内容的是人的行为。不是个人自由独立行事、体现个体人格的行为，而是个人作为组织成员行事、以组织人格为特征的行为。

2. 个人所提供的行为或力的相互作用，是正式组织的本质特征。它是包含各种人与人之间对立、利害关系在内的相互作用的行为体系。

3. 正式组织是个人行为在时间、空间、社会结合、质和量各方面都经过有意识的调整而体系化的系统。它不同于个别的行为，不能归结为个体行为的相加。正式组织行为可能大于、小于或异于个体行为的累积，是具有一定结构、统一目标、特定功能的整体。

正式组织所指的行为系统，是组织在一定的目标、计划、协调综合作用下有意识结合而成的集体化行为系统。

（二）正式组织三要素

正式组织产生于具有协作意愿、能相互沟通的个体，围绕共同目标努

力之时。正式组织包括三个基本要素：协作意愿、共同目标和信息沟通。

这三个要素是正式组织产生的必要条件。

1. 协作意愿。协作意愿是个体为组织贡献力量的愿望，即日常所说的劳动积极性、工作积极性。个人在组织中的协作意愿意味着个人自我克制，放弃完全人格性行为的自由和一定程度上个体行为的非个体化。个人协作意愿总体上的组织结果是个人努力的凝聚。

协作意愿的强度变化范围是无限的，从消极怠工到投入全部身心力量都有可能。一般地，协作意愿的强度与组织规模成反比。个人协作意愿的强度不是固定、恒久的量，经常会发生变化。

对个人而言，协作意愿是个人由于为组织提供协作而得到的诱因——体现为报酬、地位、荣誉等一系列对个人有激励作用的要素，与协作所作贡献或牺牲两者相比较后的判断；同时，也是个人参加不同组织所得诱因相比较后的判断。判断的结果决定协作意愿的强度。

一个人如果觉得他为组织作出的贡献太多，而组织给予他的太少，他就会消极怠工；反之，他会加倍努力为组织工作。判断的标准纯粹是个人的，同样的激励因素由于个人需求结构的差异会产生不同的效果。人与人之间的判断无统一标准，有的人对金钱敏感，有的人看重地位，这两类人在同样的金钱和地位刺激下就会有不同的反应。

从组织角度看，协作意愿是组织提供给个人的诱因和赋予个人的工作之间的对比关系。如何找到提供给个体的各种诱因和组织能够获得的成员努力之间的平衡，是组织生存发展的重要条件。

2. 共同目标。共同目标是协作意愿的必要前提，组织要求个人提供的行为必须是有方向性的行为，否则不可能成为现实的行为。任何正式组织都有共同目标，不管这种目标是明文规定的，还是隐含的。

组织的共同目标不仅要得到各组织成员的理解，而且必须被他们接受，否则无法对行为起指导作用，无法成为激励的力量。

组织目标不同于个人目标，每个组织成员都有自己的目标，组织共同目标与个人目标有一致的部分，也有不同的部分。个人愿意为实现组织共同目标而努力，是因为实现组织共同目标能够部分实现个人目标，有助于实现个人追求。

组织中的个体有两种身份、两种人格，即作为组织成员和作为独立个体，作为组织成员的组织人格与作为独立个体的个人人格。有时两种角色、两种人格会产生差异和矛盾，目标的背离会导致人格的背离。

相应地，个人在理解组织目标时有协作性的理解和主观性的理解。协作性的理解指个人站在组织整体立场上从组织成员角色出发客观地理解组织共同目标；主观性的理解指站在个人立场上主观地理解组织共同目标。当个人目标和组织目标存在冲突时，两种理解也会出现冲突和矛盾。

共同目标不是固定不变的，会随着内外因素的变化不断调整和改变。

3. 信息沟通。第三个要素是信息沟通。信息沟通是组织内部上下左右之间情报信息传递、沟通、反馈、处理的过程和体系。上述两种要素只有通过信息沟通才能联结起来。信息沟通是组织成员理解共同目标，相互沟通，协同工作的条件，是组织的基础。通过信息沟通，才能把个别的、独立的行为结合为整体行为。

正式组织中的信息沟通指所有能够起到传递信息作用的方式和手段，包括口头的、文字的，上下级之间的指挥、命令、汇报、请示过程。

信息沟通有一定的限度。一是因为信息沟通要借助于语言媒体，在语言的理解上会发生偏差，同样一句话，听者理解的意思未必就是言者的原意，因为双方的知识背景、思维方式不可能完全一致。二是上下级之间信息沟通过程中由下而上归纳概括的过程和自上而下理解阐释的过程会导致信息失真。三是沟通过程中信息传递者个人会有意或无意地修饰加工信息使之有利于自己。一般说来，信息沟通的渠道越长，失真的程度越大。

信息沟通在组织中通常借助一定的结构和框架进行，组织结构和制度框架是信息沟通的正规渠道和规则。信息沟通的手段对信息沟通过程有很大的制约作用，通信手段、网络技术进步从根本上改变了组织中的信息传递，组织中信息量、信息传递的速度、信息传递的范围都发生了根本变化。信息技术对组织生活和管理过程产生了全面而深刻的影响。

非正式组织

（一）非正式组织的特征

在组织活动中，人与人之间除了按照正式确定的组织关系交往外，还会发生正式组织关系之外的交往和接触，这种人与人之间的接触、交往、

相互作用会对个人的经验、知识、态度、情感等心理因素产生重要影响。人与人之间长期的社会性接触和影响会形成共同的观念、思维习惯和行为习惯，形成具有一定同质性的心理状态。换言之，人与人之间长时期的接触、交往和相互作用会给这些个人的心理状态和行为方式赋予一定的组织化、体系化特征。日常生活中的"心态""舆论"等提法，一定意义上反映了这种现象。

现实组织生活中，这种非正式的接触和交往并不是在所有人之间都同等程度地发生，其间存在很大差异，由此便在组织中产生了隐约存在的"团伙"或"派别"。这是从一般理论分析角度讲的状况。如果我们结合考虑现实组织中存在的各种背景、人际关系纽带、利益关系等，这种"团伙"或"派别"会呈现出更为丰富的表现形态。

所谓非正式组织，是两个或两个以上个人的无意识体系化的多种心理因素的系统。

非正式组织具有以下特征：

1. 无明确结构、形态，可辨识性差。非正式组织没有明确的组织名称、结构，没有清楚的上下级层次，初步接触很难辨认出来。

2. 非正式组织的本质在于人与人之间的协调。非正式组织是以个人的心理特征为基础形成的，是自发形成的，不同于正式组织的硬性安排，人与人之间的协调程度高。

3. 非正式组织侧重于人们相互接触的心理侧面、非理性侧面。相对于正式组织侧重于人们社会关系的理性侧面、意识侧面、行为侧面，在非正式组织中更多地起作用的是非理性的、无意识的、心理的因素。

4. 非正式组织中通行的是通过感觉、情感、个性特征等因素的无形的、潜移默化的影响，个人品格往往是导向因素。

非正式组织在现实生活中有种种表现形式。

（二）非正式组织的基础和表现

根本上说来，非正式组织的基础在于个人的需要、目标和兴趣。

显而易见的是，正式组织再完美，也不可能把每个组织成员的需要、目标、兴趣都包容进去。个人需要不可能被正式组织提供的诱因充分满足。不同个体在组织中的需求是有差异的，不同时期的需求结构是不同的，而且需求也是随条件变化逐步改变的。形式上统一、公平的激励报酬体系不可能顾及每个人的需求特点。组织成员个人的不能或未被正式组织包容的部分或有差异部分，仍然是客观的存在，仍然会寻求正式组织之外的表达或实现的途径。非正式组织，就是个人需要、目标、兴趣在组织当中的一种表达和实现。

组织中的非正式组织通常表现为两种类型：

1. 情感型。情感型非正式组织是组织成员相互之间由于共同的背景、情感纽带、性格气质类型而形成的主要满足大家情感性需要的类型。日常各类组织中大量存在的、接触较为频繁的，表现为情投意合、哥们儿义气的相对稳定的同事、朋友小圈子关系，就属于这种类型。

2. 社会政治力量型。社会政治力量型是组织成员相互之间主要依靠共同的利益、社会性需要、追求、价值偏好而形成的，主要谋求该非正式群体共同利益、地位，体现共同价值倾向的类型。社会政治力量型大部分是在情感型基础上发展起来的，往往要依附、渗透在正式组织中，作为一种利益集团和社会政治势力起作用。

正式组织与非正式组织的关系

（一）正式组织对非正式组织的作用

1. 为非正式组织形成创造条件。正式组织一旦形成，就为非正式组织创造了条件，这是因为正式组织为人们聚集在一起发生接触、相互交往创造了基本条件。共同的场所和活动，一定的组织层次和结构，既为相互接触创造了条件，也提供了接触和交往的限度。

2. 为非正式组织长期存在和发展创造条件。离开正式组织这个依托，人与人之间的相互接触和交往只能是一时的、转瞬即逝的。有了正式组织，人与人之间的接触和交往才具有持续、反复特征，非正式组织的生长发育才有条件。

（二）非正式组织对正式组织的作用

1. 创造正式组织产生的条件。人与人之间非正式接触形成的共同的心理基础、习惯、行为方式，有助于正式组织确定的沟通和理解顺利实现，为正式组织正常运转创造条件。

2. 赋予正式组织以活力。离开非正式组织，正式组织仅仅是一堆干巴

巴的职能、制度、程序和目标，仅仅是理性的、机械性的行为系统。有了人们相互之间非正式的接触、感情交流、认同、刺激，才赋予正式组织以血肉、活力和创造性。这种非正式的、无意识的心理状态和行为，客观上会影响到正式组织的运转。非正式组织给个人提供了某种感情交流、心理认同、相互理解等方面的心理满足，甚至影响个人的价值偏好，因而有助于强化个人的协作意愿，维持正式组织的内聚力，培养个人对组织的忠诚。

3. 促进信息沟通。组织中不可能事无巨细都通过正式的信息沟通来传递，事实上非正式组织承担了相当可观的信息沟通量。非正式组织形成的共同理解基础和同质化思维方式为共同理解创造了条件，大大提高了信息沟通的效果。此外，非正式接触本身就是一种信息沟通过程。

4. 维护个人的完整人格。正式组织强调个人的社会化侧面，强调共同目标对个人的非人格性支配，导致人格偏离。非正式的接触有助于维护个体的自尊心、自主选择和人格整体感，弥补正式组织的缺陷。

当然，非正式组织对正式组织也有消极、负面的作用。

组织的正式侧面与非正式侧面

(一) 现实的组织是正式组织与非正式组织的统一

正式组织与非正式组织理论不是对现实的直接全面描述，而是一种理论上的抽象，不能把两者割裂开来理解，现实的组织是正式组织与非正式组织的统一。

1. 正式组织与非正式组织是同一组织的两个侧面，互为条件，共存于一个组织当中，离开其中任何一方，另一方都无法单独存在。

2. 只有在两者统一的意义上，才能理解组织的本质。通常我们观察一个组织，仅仅了解该组织的规模、结构、目标、章程、制度等明文规定的东西，只能得到一个外在的、大概的、粗略的印象。只有在对该组织的人际关系、活动特点、运转过程等各方面有了较深入的了解后，才能获得完整的概念，而这种了解仅仅依靠接触正式组织是不可能做到的。

3. 正式组织与非正式组织之间的结合程度，称为组织的一体化程度。正式组织与非正式组织的一体化程度反映组织的实际状况。显然，一体化程度很高和一体化程度很低这两个极端之间，存在一系列中间状态，大部分组织都处于中间状态。

一体化程度很高的场合，非正式组织的心理倾向、作用方向与正式组织的目标高度一致，个人不仅在职责规范行为层次上，而且在心理层次、价值偏好等方面都与正式组织一致。在这种场合，个人在较高程度上被"卷入"组织，组织整体力量大，组织整体目标和个人目标都能够在较高程度上实现。一体化程度很低的场合，非正式组织的心理倾向、作用方向与正式组织的目标相背离，但还没有达到个人要退出组织协作的程度。在这种场合，正式组织目标的实现受到很大限制，个人人格面临严重背离和分裂，正式组织与非正式组织的作用相互抵消，组织面临解体的危险。

（二）组织是正式侧面与非正式侧面的统一

正式组织与非正式组织是组织管理理论中的两个基本范畴，为我们认识和把握组织管理过程提供了基本工具和方法论，可以深化我们对组织管理过程的认识。

1. 正式组织与非正式组织理论把组织管理过程中科学化、理性化的部分和难以科学化的、非理性化的部分区别开来，为分别把握不同类型的管理问题提供了手段和方法。

组织的正式侧面与非正式侧面是一种引申说法。正式侧面强调组织中以总体目标为中心明确规定的结构、制度、规程、标准和办事规则，往往与组织管理过程中技术性、规律性、必然性、一般性强的部分相联系；非正式侧面强调正式组织关系之外人与人之间交往、活动的一面，更多地与个性、心理特征、思维方式、风土文化、价值观念等个人化、个性化的部分相关，通常与处理和解决问题的方式方法、技巧有关，与管理的艺术性相关。

2. 组织的正式侧面和非正式侧面的思想揭示了组织管理中一个最基本的事实，找到了问题的核心所在，为理解和把握现实的组织管理过程提供了有力武器。

我们知道，任何类型的组织在管理过程中，都存在正式的管理制度、体系的一面，同时也存在非正式的一面。实际的组织运转过程中，两方面都在起作用，有时非正式侧面的力量起着比正式侧面更为重要的作用，而又以正式的形式表现出来。明确这一点，对于把握管理过程，提高管理艺术和水平具有极其重要的意义。

组织平衡

组织平衡是有关组织生存、发展必须满足的条件方面的基本原理，是对组织生态的说明。不论具体组织形态如何，如果一个组织在内外环境条件变化中有效地实现了组织与个体、与环境的平衡，就说明组织中存在有效的管理过程。组织平衡是组织生存发展和管理职能之间内在必然联系的关键所在。

组织平衡可以从组织内部平衡、组织与环境的平衡、组织动态平衡三方面考察。

组织内部平衡

组织内部平衡指组织整体与个体之间的平衡。

组织内部平衡首先是诱因与贡献的平衡，即组织提供给个人的可用来满足个人需求、影响个人行为的诱因必须大于或等于个人对组织作出的贡献。

从个体角度看，个人对组织的协作愿望取决于个人对组织的贡献与个人从组织获得的诱因之比；从组织角度看，指组织所能提供的足以维持集体化协作所需的有效且充分的诱因数量的能力，即以诱因与贡献的平衡来维持成员个人的协作意愿，谋求组织生存发展的能力。

组织内部平衡与下述几种因素直接相关。

（一）个人的需求、动机及其标准

对个人而言，组织与个人间的关系是一对一的关系，尽管组织希望能以统一标准去对待和衡量每一个个体，即以"众"的概念去对待个体。但由于每个人都以自己的独立判断行事，由于"个"和"众"之间的差异，组织实现内部平衡就会变得异常困难。

显然，个人的需求、动机是制约组织内部平衡的关键因素，这里的问题在于：

（1）个人的需求结构不同，同样的激励因素会在不同人身上产生不同的效果。对同一激励因素不存在相同的评价标准，评价标准具有个别性质。

（2）个人的需求是一个不断膨胀的量，现实组织能够提供的可能永远也比不上个人需求期望增长的速度。因此，仅仅依靠满足个体的需求一种途径无法达到有效管理的目的，必须设法改变个人的动机。

（二）诱因的分配过程

提供诱因满足个体需求的方法有局限性：一是资源有限。人所需要的所有资源，物质、地位、荣誉，都是稀缺的。二是效果有限。金钱、地位、荣誉超过必要的限度，或过度使用，激励作用就会下降。说服教育方法和强制方法可以在一定程度上抑制和改变个体的动机，具有重要意义。说服教育方法的主要作用在于塑造和改变个体的需求、认知结构，影响个体的价值偏好。强制方法的功效在于限定个体行为的空间，规定个体行为的规范。提供诱因的方法、说服教育和强制的方法需要有效地综合运用，才能取得理想的效果。

此外，诱因地提供和说服教育、强制方法的使用，应考虑到正式组织和非正式组织两方面。

（三）组织目标实现程度

组织目标实现程度有时也称作组织的有效性，它直接关系到组织能否生产、创造出足以满足个体需求的诱因资源。组织目标实现程度直接关系到可供分配的资源。组织有效性的高低实际上与组织在环境中的生存发展状态有关。所以，组织内部平衡与组织和环境的平衡相关。

在企业管理实践中，组织内部平衡往往通过企业财产制度、组织结构、人员配置、制度化管理、激励、领导、企业文化等多种职能活动实现。

组织与环境的平衡

组织是环境中生存发展的生物有机体。组织并非简单被动地适应环境，它也有能动地发挥作用的余地：一是可在一定范围内对环境因素作出选择，二是可在一定范围内创造或影响环境。组织要适应环境而不可能是环境满足组织，这是组织与环境关系的基本点。

组织与环境关系的基本方面是适应性行为。从环境角度看，组织与环境的平衡在于组织是否在环境系统中承担了部分必要职能以及实现职能的状况是不是环境系统的一个合理组成部分；从组织角度看，组织是否适应

环境，确定了合理的目标和战略，有效地实现了组织目标，即组织有效性如何。

组织与环境的平衡主要取决于以下两点。

（一）组织目标与环境状况的适应程度

目标是组织与环境的纽结点，正确合理的组织目标是组织与环境取得平衡的先决条件。

目标的形成、确定过程，就是组织在各种内外制约因素间探索分析，确定关键性因素或战略因素，作出决策的过程。这里包括两个基本点：一是组织的业务职能定位是否符合环境特点，即组织从事的活动是不是环境所需要的，有无发展前途。二是在业务职能定位适应环境前提下，组织确定的目标和战略是否合理、可行。在现代企业管理中，表现为企业目标决策、企业战略决策制定与实施。企业战略问题之所以关系重大，概缘于此。

（二）目标实现程度

目标的实现程度即组织有效性，是组织运用一切资源实施、实现目标和战略安排的效果。目标实现程度主要取决于：（1）各种组织要素的协调性；（2）协作过程中各主要侧面之间的协调性；（3）组织内部平衡状况。

现实企业经营管理过程中，与外部环境的平衡更多地与企业战略决策、计划、控制过程、生产作业管理、市场营销、资金筹措和运用等方面职能管理相关。

组织平衡是内外平衡的统一。一方面，是个人与组织整体之间的平衡；另一方面，是组织与环境之间的平衡。内外两个方面互为条件、相互促进、相辅相成。诱因与贡献取得平衡，组织获得成员较高程度的努力，有助于实现组织与环境的平衡。组织有效性高，组织与环境平衡实现程度高，又可以为实现内部平衡积累资源创造条件。

组织平衡归根到底是正式组织与组织内外全部制约、影响因素的平衡。

组织动态平衡

以发展、变化的眼光看问题，组织内外所有相关因素都处在变化中。组织平衡不可能一蹴而就。当组织内外环境条件发生变化时，原有平衡即被打破，需要根据变化了的情况建立新的平衡，这是问题的一个方面。另一方面，组织本身存在打破平衡的力量，组织中客观上存在的差异、矛盾、冲突本身，就是平衡的一种破坏性力量。同时，组织的发展也会打破原有的平衡。应该说，组织的生存和发展，就是不断打破原有平衡、建立新的平衡的过程。

由此看来，除组织内外平衡外，组织动态平衡也是组织生存发展的必要条件。

实现组织动态平衡，最关键的是处理好稳定和变革的矛盾。组织生存发展过程中，随着内外平衡实现程度的提高，有一种围绕原有目标和战略趋于程序化、类型化、模式化、稳定化的倾向。这一方面是组织内外平衡实现程度提高、管理水平提高的结果，表明组织围绕一定时期的战略目标管理达到了新的水平；另一方面，这种程序化、类型化、模式化、稳定化的倾向潜伏着丧失环境敏感性、丧失活力、不能随环境变化调整自身的危险。

如何在稳定与革新、日常经营管理与阶段性变革之间取得平衡，是动态平衡发展过程管理中最困难的一个方面。

组织内外平衡和动态平衡构成组织管理的基础理论。

管理的概念与职能

管理的概念

管理是组织中维持集体协作行为延续发展的有意识的协调行为。

管理概念建立在组织理论基础之上。管理概念的基本点包括：

1. 管理是组织的特殊器官。组织作为一个行为系统，其内部行为包括两大类：一类是主要从事各种具体操作活动的操作行为；另一类是不从事具体业务操作，专门对各种操作行为起协调作用的一般性协调行为，即管理行为。

管理行为是一种分解和综合、协调其他行为的一般职能，是组织的一部分职能，是组织的特殊器官。离开了组织或协作行为，就不存在管理。

2. 管理的实质是协调。集体协作过程中存在大量的矛盾和不平衡，矛

盾、对立、不平衡是组织管理面对的基本事实。管理的实质在于围绕共同目标，解决矛盾，协调力量，形成一致。

3. 管理协调是有意识的协调。管理这种协调不是简单的调和或无原则的妥协，而是有意识、有目的的协调。是以组织目标为协调出发点、依据和标准的有目的的协调行为。

4. 管理是维持集体协作延续发展的行为。作为一种连续不断的，包括目标战略决策、调整、转化、实现过程的行为，管理是维持集体协作延续发展的行为，是一种维持组织生存发展的行为。

可见，管理是组织当中的一种职能，它产生于集体协作活动的需要，产生于组织活动的需要，随着集体化组织活动的发展和进步而发展和成熟起来。离开了集体化的组织活动，管理就没有生存基础。

管理的职能

按照巴纳德关于组织三要素的理论和组织平衡理论，管理的主要职能包括：（1）组织目标的设定和转化；（2）确立和维持信息沟通系统；（3）确保必要的活动；（4）领导过程。

其中，目标的设定和转化指设定组织目标，使之转化为具体协作活动，实现组织与环境动态平衡的过程，表现为企业战略管理、计划与控制活动等项职能。确定和维持信息沟通系统的基本内容包括：确定和调整组织结构，配备和调整管理人员，利用非正式沟通。确保必要的活动是指确保必要的、构成组织实体的个人的活动，包括劝诱个人参加组织协作和增强组织成员协作意愿两部分内容，具体管理过程与组织结构设计、人员配备、制度规范、激励等项职能相联系。领导过程则更多地与领导职能、企业文化联系在一起。

当代管理过程学派继承法约尔开创的管理职能、管理过程思想，吸收管理学发展的新成果，丰富和发展了管理职能的内容，以计划、组织、领导、控制职能概括管理的职能和过程，在管理领域被广泛采纳。

上述两种职能划分尽管角度不同，表述方式不同，但基本内容是相同的。从便于学习理解和接受的角度出发，我们按照组织与环境平衡、组织内部平衡、动态平衡的思路组织和展开各项管理职能的内容。

第二章

资金时间价值与风险管理

时间价值是客观存在的经济范畴，任何企业的财务活动，都是在特定的时空中进行的。离开了时间价值因素，就无法正确计算不同时期的财务收支，也无法正确评价企业盈亏。本章主要阐述了资金时间价值的基本概念、不同计息方式下的资金时间价值的计算，投资风险价值的概念及风险收益的衡量。

资金时间价值的概念

周转使用中的资金，不仅存在价值形态的变化，而且会发生价值量的变化。

资金的时间价值和投资的风险收益是现代财务管理的两个基础概念。我们先讨论资金的时间价值，然后讨论投资的风险收益。

资金持有者将资金投入生产经营过程以后，劳动者借以生产新的产品，创造新的价值，带来利润，实现增值。周转使用越长，利润越多，实现的增值额越大。资金在周转使用中由于时间因素而形成的差额价值，称为资金时间价值。

资金时间价值可以用两种方法表示：一种是绝对数数值，即用资金在再生产过程中的增加数额，也就是利润额来表示；另一种是用相对数，即用扣除风险和通货膨胀因素后的平均资金利润率，也就是利息率来表示。但在实际财务活动中，通常以利息率表示。

由于资金时间价值的存在，资金现在的价值和若干期后的包括本金和时间价值在内的未来价值是不等的，资金现在的价值叫现值，而若干期后的本息和叫终值。

资金时间价值的计算

（一）一次性收付款项终值和现值的计算

一次性收付款项是指在某一特定时间点上一次性支付（或收取），经过一段时间后再相应地一次性收取（或支付）的款项。

1. 单利法

单利法是指在规定时间内，只就本金计算利息，而利息不产生利息的

计算方法。其计算公式为

$F = P + P \cdot i \cdot n$

$= P(1 + i \cdot n)$

式中，F——单利终值；

P——现值；

i——利率；

n——计息期数。

由终值求现值，叫作贴现。因此，单利现值的一般计算公式为

$P = \dfrac{F}{1 + i \cdot n}$

单利利息的计算公式为

$E = P \cdot i \cdot n = F - P$（i 为利息）

单利利息是单利终值减去单利现值，单利现值是单利终值的逆运算。

【例2.1】甲某存入银行 10 000 元，年利率 5%，试问 1 年及 2 年后的单利终值分别为多少？

分析计算如下：

1 年后的终值为

$F_1 = 10\,000 \times (1 + 5\% \times 1) = 10\,500$（元）

2 年后的终值为

$F_2 = 10\,000 \times (1 + 5\% \times 2) = 11\,000$（元）

【例2.2】某公司选择一项投资机会，利率为 4%，期望 5 年后得利 60 万元的本利和，试问该公司应投资多少，其中 5 年总利息为多少？

分析计算如下：

应投资资金为

$P = \dfrac{F}{1 + i \cdot n} = \dfrac{60}{1 + 4\% \times 5} = 50$（万元）

5 年总利息为

$I = F - P = 60 - 50 = 10$（万元）

2. 复利法

复利法是本金计算利息，利息也计算利息的计息方式，俗称"利滚利"。它是指在规定的期限内，每年都是以上年末的本利和为本金，计算利息的方法。例如，将 1 000 元选择年利率为 5% 的投资机会，第一年的利息

为50元；第二年年初，将本金1 000元连同利息50元合并计算第二年的利息为52.5元［（1 000+50）×5%］，依此类推，按照这种方式计算就是复利法。

（1）复利终值

复利终值是按照复利法计算某一特定资金额在一定时期期末时的本利和。复利终值的计算公式为

$F = P(1+i)^n$

式中，F——复利终值；

P——现值；

i——利率；

n——计息期数。

上式中$(1+i)^n$被称为复利终值系数，用符号（F/P，i，n）表示，也可写成$FVIF_{i,n}$。实际计算时，其数值可查按不同利率和时期编制的复利终值系数表直接获得。

【例2.3】存入资金6 000元，年利率3%，5年后的复利终值为多少？

分析计算如下：

查复利终值系数表，年利率为3%，5年期复利终值系数（F/P，3%，5）为1.1593，则5年后复利终值为

$F = P(1+i)^n = 6 000 × (F/P, 3\%, 5) = 6 000 × 1.1593 = 6 955.80$（元）

（2）复利现值

计算复利现值可采用倒求本金的方法。由终值求现值，叫贴现。复利现值的计算公式为

$P = F(1+i)^{-n}$

式中，各符号代表的含义同前面的复利终值的计算式。$(1+i)^{-n}$被称为复利现值系数，用符号（P/F，i，n）表示，也可写成$PVIF_{i,n}$。实际计算时可查阅"复利现值系数表"直接获得。

【例2.4】企业购买某种债券，期望5年后获得18万元，债券年利率为5%，那么，该企业现在应购得的债券为多少？

分析计算如下：

查复利现值，年利率为5%，5年期的复利现值系数（P/F，5%，5）为0.7835，则现在应购债券为

P=F（1+i）n=18×（P/F，5%，5）=18×0.7835≈14.10（97元）

（3）复利利息

复利利息等于复利终值与复利现值之差，用公式表示为

I=P（1+i）n-P

在本金、利息、期数相同的情况下，按复利法计算出来的利息应该大于单利法计算的利息，因为复利法不仅本金产生利息，同时利息也产生利息。

（二）年金终值和现值的计算

年金是指每隔相同时期收入或者支付相等金额的款项，通常记做A。例如，甲某连续5年均存入银行2 000元。这句话表明，相隔时间相等，均为1年；每次存入金额相等，都是2 000元，那么2 000元即表示年金。年金的主要形式有折旧、租金、利息、保险金、养老金、等额分期付款、零存整取或整存零取储蓄等。

年金有不同的种类，凡是每期期末支付的年金，称为后付年金，即普通年金。发生在每期期初的年金，称为即付年金，或称预付年金。推迟数期之后收入或支付的年金称为递延年金；无限期连续收付的年金称为永续年金或无限支付的年金。递延年金和永续年金是普通年金的特殊形式。

1. 普通年金

（1）普通年金终值

普通年金终值是一定时期内每期期末等额收付的复利终值之和。

【例2.5】甲某连续n年，每年末存入银行A元，设年利率在n年内均为i，试问此人在第n年末可共得多少钱？

分析推导如下：

第一年年末的A元钱到第n年年末的复利终值为

E1=A（1+i）n-1

第二年年末的A元钱到第n年年末的复利终值为

F2=A（1+i）n-2

……

第（n-1）年年末的 A 元钱到第 n 年年末的复利终值为

$F_{n1} = A(1+i)^1$

第 n 年年末的 A 元钱的复利终值为

$F = A(1+i)$

由上可得到普通年金终值计算公式为

$F = F_1 + F_2 + \cdots + F_{n-1} + F_n$

即

$F = A(1+i)^{n-1} + A(1+i)^{n-2} + \cdots + A(1+i) + A(1+i)$

式中各项为等比数列，首项为 A(1+i)，公比为 (1+i)，据等比数列求和公式可知

$F = A \cdot [\frac{(1+i)^n - 1}{i}]$

式中，F——普通年金终值；

A——年金；

i——利率；

n——期数。

上式方括号中的数值，称为普通年金终值系数，用符号 (F/A, i, n) 表示，也可写成 FVIFAi, n。可直接查阅"年金终值系数表"获得。

【例2.6】某公司选择收益比较稳定的投资机会，在今后的 8 年中，每年年末均投入 20 万元，设利率为 5%，试问 8 年后的年金终值为多少，其中 8 年利息总共为多少？

分析计算如下：

年利率为5%，8年期的普通年金终值系数 (F/A, 5%, 8) 为 9.5491，则 8 年后的普通年金终值为

$F = A \cdot [\frac{(1+i)^n - 1}{i}] = 20 \times (F/A, 5\%, 8) \approx 190.90$（万元）

8 年总利息为

$I = F - n \cdot A = 190.90 - 8 \times 20 = 30.90$（万元）

（2）普通年金现值

普通年金现值是一定时期内每期期末等额收付的复利现值之和。

普通年金现值的计算公式为：

$P = A_1(1+i)^{-1} + A_1(1+i)^{-2} + \cdots + A_1(1+i)^{-n} + A_1(1+i)^{-n}$

式中各项为等比数列，首项为 $A(1+i)^{-1}$，公比为 $(1+i)^{-1}$，据等比数列求和公式可知

$P = A \cdot [1-(1+i)^{-n}/i]$

式中，P——普通年金现值；

A——年金；

i——利率；

n——期数。

上式方括号中的数值称为普通年金现值系数，用符号（P/A，i，n）表示，也可写成 $PVIFA_{i,n}$。可直接查阅"年金现值系数表"获得。

【例2.7】某公司选择一项投资机会，年利率10%，期限为6年，若公司每年末需得到15万元，试问该公司在期初应投入多少万元？

分析计算如下：

年利率10%，6年期的普通年金现值系数（P/A，10%，6）为4.3553，则 $P = A \cdot [1-(1+i)^{-n}/i] = 15 \times$（P/A，10%，6）$= 15 \times 4.3553 \approx 65.33$（万元）

2. 即付年金

（1）即付年金终值

即付年金终值是指在一定期间内，每期期初等额收付的复利终值之和。

即付年金终值的计算公式为

$F = A(1+i) + A(1+i)^2 + \cdots + A(1+i)^n$

上式各项为等比数列，首项为 $A(1+i)$，公比为 $(1+i)$，据等比数列求和公式可知

$F = A(1+i) \times [1-(1+i)^n]/[1-(1+i)] = A \cdot [(1+i)^{n+1}-(1+i)]/i$

$= A \cdot [(1+i)^{n+1}-1)/i - 1]$

式中，$[(1+i)^{n+1}-1/i-1]$ 是即付年金终值系数，用符号 [F/A，i，(n+1)] -1 表示，它和普通年金终值系数 $[(1+i)^n-1/i]$ 相比，期数要加1，而系数要减1，并可利用"普通年金终值系数表"查得（n+1）期的值，减去1后得出。

【例2.8】 某人于每年年初存款1 000元,年利率为12%,问3年后的本利和是多少?

分析计算如下:

3年后本利和为 $F=A\cdot[(1+i)^{n+1}-1 \diagup i-1]$

$=A\cdot[(F/A,12\%,4)-1]$

$=1\,000\times(4.779-1)=1\,000\times3.779=3\,779.00$(元)

(2) 即付年金现值

即付年金现值是指在一定时期内,每期期初等额收付的复利现值之和。

即付年金现值的计算公式为

$P=A+A(1+i)^{-1}+A(1+i)^{-2}+\cdots+A(1+i)^{-(n-1)}$

式中各项为等比数列,首项为A,公比为$(1+i)^{-1}$,据等比数列求和公式可知

$P=A\cdot[1-(1+i)^{-n}]\diagup 1-(1+i)^{-1}=A\cdot[1-(1+i)^{-n}](1+i)\diagup i$

$=A\cdot[1-(1+i)^{-(n-1)}\diagup i+1]$

式中,$[1-(1+i)^{-(n-1)}\diagup i+1]$是即付年金现值系数,用符号[P/A,i,(n-1)+1]表示,它和普通年金现值系数$[-1-(1+i)^{-n}]$相比,期数要减1,而系数要加1,并可利用"普通年金现值系数表"查得(n-1)期的值,加上1后得出。

【例2.9】 6年分期付款购物,每年初付200元。设银行利率为10%。该项分期付款相当于一次现金支付的购价是多少?

分析计算如下:

$P=A\cdot[1-(1+i)^{-(n-1}\diagup -1i+1)]=A\cdot[(P/A,10\%,5)+1]$

$=200\times(3.791+1)$

$=958.20$(元)

3. 递延年金

(1) 递延年金终值

递延年金的终值大小,与递延期无关,所以计算办法与普通年金终值相同。计算公式为

$F=A\cdot(F/A,i,n)$

(2) 递延年金现值

递延年金的现值有两种计算办法：

第一种是先计算不包括递延期的年金现值，然后将这个数值从递延期按复利现值折算到现在。计算公式为

$$P = A \cdot [1-(1-(1+i)^{-n}] \cdot (1+i)^{-m}$$
$$= A \cdot (P/A, i, n) \cdot (P/F, i, m)$$

第二种方法是计算包括递延期在内的年金现值，然后再减去按递延期计算的年金现值。计算公式为

$$P = A \cdot [1-(1+i)^{m+n}]i^{-1}-(1+i)^{-mi}$$
$$= A \cdot [(P/A, i, m+n) - (P/A, i, m)]$$

【例2.10】某人想从第三年年底开始，每年得到1 000元，总共5期，银行利率10%，那么他现在必须存多少钱？

分析计算如下：

第一种方法：首先将第三年以后得到的年金计算为第三年年初的年金现值，然后再利用复利现值将这个数值折算为现在的价值。

$$P = A \cdot (P/A, i, i, z) \cdot (P/F, i, m)$$
$$P = 1\,000 \times (P/A, 10\%, 5) \times (P/F, 10\%, 2)$$
$$= 1\,000 \times 3.7908 \times 0.8264 = 3\,133.0 \,(元)$$

第二种方法：假定包括递延期一共7期每期收取1 000元，计算其年金现值，然后从中减去前两年递延期未收取的年金现值。

$$P = A \cdot [(P/A, i, m+n) - (P/A, i, m)]$$
$$P = 1\,000 \times (P/A, 10\%, 7) - 1\,000 \times (P/A, 10\%, 2)$$
$$= 1\,000 \times (4.868\,4 - 1.735\,5) = 3\,133.00 \,(元)$$

4. 永续年金

永续年金没有终止的时间，也就没有终值。永续年金的现值可以通过普通年金的现值计算公式推导出来，即

$$P = A \cdot [1-(i+i)^{-ni}]$$

当$n \rightarrow \infty$时，$(1+i)^{-n}$的极限为零，所以上式可写为

$$P = A \cdot 12$$

【例2.11】拟建立一项永久性的奖学金，每年计划颁发10 000元奖金，

若利率为10%，现在应存入多少钱？

分析计算如下：

现金存入资金为

P = A · 1i = 10 000×110% = 100 000（元）

（三）终值、现值、利率、期数的换算

计算资金时间价值的三种方法为单利法、复利法、年金法，每种方法都涉及四个方面的因素。单利和复利法涉及终值、现值、利率、期数，年金终值的计算涉及年金终值、年金、利率、期数，年金现值涉及年金现值、年金、利率、期数。在每种计算中，只要已知其中三个任何因素，均可求得未知的另一个因素，有些可直接求出结果，有些则要查表求得，但四个因素的换算是非常简单的。

资金时间价值的应用

现实经济活动中，资金时间价值计算方法得到了广泛的应用，下面列出几种常见的应用实例。

（一）选择投资机会

【例2.12】某公司有甲、乙、丙三个投资方案，投资营运期均为6年，每个方案每年发生的成本费用相同，投资额均为100万元，贴现率均为10%。甲、乙、丙三个方案在6年的营运期间，实现的总收入均为300万元，但每年实现的收入，甲、乙、丙三个方案有所区别。其中，甲方案每年收入相等，均为50万元；乙方案前3年每年均为60万元，后3年每年均为40万元；丙方案前3年每年均为40万元，后3年每年均为60万元。试问该公司选择哪个投资方案较好？

分析计算如下：

因为甲、乙、丙三个方案投资额及费用都相同，那么，只要比较甲、乙、丙三个方案收入现值之和的大小便可做出选择，选收入总现值最大的方案。

甲方案收入现值之和为

$P=50（1+10\%）^1+50（1+10\%）^2+50（1+10\%）^3+50（1+10\%）^4+50（1+10\%）^6$

乙方案收入现值之和为

$P=60（1+10\%）^1+60（1+10\%）^2+60（1+10\%）^3+40（1+10\%）^1+40（1+10\%）^5+40（1+10\%）^6$

丙方案收入现值之和为

$P=40（1+10\%）^1+40（1+10\%）^2+40（1+10\%）^3+60（1+10\%）^4+60（1+10\%）^5+60（1+10\%）^6$

可以直观地判断出乙方案的总现值最大，也可以通过计算得出乙方案总现值最大，因此乙方案应是要选的投资方案。

（二）偿债基金中的使用

【例2.13】某公司从银行借款一笔，双方协议期限为5年，计划到第五年末一次归还600万元，年利率为6%。为了归还借款，试问每年应提取多少偿债基金，才能满足偿还要求？

分析计算如下：

该公司每年提取的偿债基金到第五年末的本利和的累计数应该等于需偿还的借款600万元。设每年应提取的偿债基金为R，则

$R+R（1+6\%）^1+R（1+6\%）^2+R（1+6\%）^2+R（1+6\%）^4=600$（万元）

即 $R·（1+6\%）^5 6\%=R·（F/A，6\%，5）=600$（万元）

$R=160.44$（万元）

（三）选择付款方案

【例2.14】某公司拟购置一种成套设备，总价值为1 000万元，有三种付款方式：

（1）购买时一次性付款1 000万元。

（2）分5年付款，每年末等额付款240万元。

（3）到第五年末一次性付款1 200万元。

设年利率为8%，试问该公司选择哪个方案对自己有利？

分析计算如下：

不同时点的资金价值，不能直接比较大小，只能将各时点的资金数量

换算到同一时点才可比较。此题有如下两种方法。

方法一（以第一年初作为基础点）：

付款方式（1）资金总现值为

P=1 000（万元）

付款方式（2）资金总现值为

P=240×（P×F/8%, 5）=240×3.9927≈958.25（万元）

付款方式（3）资金总现值为

P=1 200×（P/F, 8%, 5）=1 200×0.680 6≈816.72（万元）

经过比较，付款方式（3）对该公司有利。

方法二（以第五年末作为基础点）：

付款方式（1）资金总终值为

F=1 000×（F/P, 8%, 5）-1000×1.4693=1469.30（万元）

付款方式（2）资金总终值为

F=240×（F/A, 8%, 5）：240×5.8666≈1407.98（万元），

付款方式（3）资金总终值为

F=1 200（万元）

经过比较，同样是付款方式（3）对该公司有利。

（四）确定租金水平

【例2.15】某企业采用融资租赁方式，通过租赁公司从国外引进生产线，生产线的购进成本、租赁成本及利润共计5 000万元（总租金为5 000万元）。经过双方商定采用等额年金法，在每年末支付租金一次，分10年付清，设贴现率为12%。试确定该企业每年末应支付租金多少万元？

分析计算如下：

企业由于资金短缺，采用融资租赁办法解决资金困难，减轻一次性付款的压力，且能及时得到先进设备，提高劳动生产率。关于租金的支付方式有很多，在我国租赁业务中，常采用等额年金法，即

P=A·1-（1+i）-ni=A·（P/A, i, n）

=A×5.6502=5 000（万元）

A≈884.92（万元）

【例2.16】某企业租用一设备，在10年中每年年初要支付租金5 000

元，年利息率是8%，问这些租金的现值是多少？

分析计算如下：

$P = A \cdot [1-(1+i)-(n-1)-1i+1]$

$= A \cdot [P/A, i, (n-1)+1]$

$= 5\ 000 \times [P/A, i, (n-1)+1]$

$= 5\ 000 \times [(P/A, 8\%, 9)+1]$

$= 36\ 234.50$（元）

上一节阐述的资金时间价值是指没有风险和通货膨胀下的投资收益率，但在财务活动中风险是客观存在的，任何冒险行为都期望取得一种额外收益，这种风险与收益对应的关系被称为风险收益均衡观念。

企业进行财务决策，通常有三种情况：第一，决策者对未来的情况是完全确定或已知的；第二，决策者对未来的情况不能完全确定，但它们出现的可能性是已知或可以估计的；第三，决策者对未来的情况不仅不能完全确定，而且对其出现的可能性也不清楚。在这三种情况下，第一种是没有风险的，比如，某公司将100万元投资于利息率为10%的国库券，国家实力雄厚，到期的10%的报酬几乎是肯定的；第二种情况有一定的风险；第三种风险最大。我们将第二种及第三种情况统称为风险。与企业财务管理密切相关的风险，主要有以下几种。

1. 经营风险

经营风险是指企业由于生产经营方面的原因给企业的收益结果带来的不确定性。影响企业经营风险有许多内外因素。从企业外部环境来看，影响的因素包括市场供求的变化、价格的变化、竞争的激烈程度、国际与国内政治经济形势的变化、财税金融及科技新产品的出现、劳动力的供给、自然条件、通货膨胀、战争、自然灾害等，它们都会给企业带来风险。从企业内部条件来看，影响因素包括企业经营战略的调整、指导思想的改变、调整产品结构、员工素质、技术装备水平、固定成本比重、意外事故、投资方向的改变、企业应变力等。例如，开发自然资源时能否找到矿藏，储量多少，开发新产品能否成功、成功程度如何，产品广告推销的不利及货款回收不及时等都会使企业面临经营风险。

2. 财务风险

财务风险是指企业由于负债经营而给企业财务成果带来的不确定性。市场经济环境下，企业负债经营是普遍现象，企业能否负债经营，负债经营的条件是什么，主要看企业实现的息税前全部资金利润率是否大于借入资金利息率。当企业息税前全部资金利润率大于借入资金利息率时，企业可以负债经营，且负债资本占自有资本比重越大，企业资金收益率就越高，但相应会增加还本付息的负担，筹资时财务风险会加大。如果企业息税前全部资金利润率小于借入资金利息率，企业不可以负债经营，若提高负债比例，会降低企业自有资本收益水平。收益与风险是相互矛盾的两个方面。由此可见，财务风险与筹资有关，所以财务风险又称为筹资风险。

3. 投资风险

投资风险是指预期投资收益的不确定性。有两种情形：一是对未来投资收益不确定，但可依据客观因素加以估计；二是对未来投资收益不确定，也难以估计和把握。在财务管理中，投资风险主要是指长期投资风险。尤其是固定资产投资和长期债券投资。固定资产由于一次性投入资金多，回收期限长，资产变现能力差，未来收入、经营成本很难准确预测，所以风险较大；而长期证券投资由于受到政治、经济、法律、市场等客观因素及投资者心理素质等主观因素的影响，其风险更大。

风险价值的计算

在不考虑通货膨胀的情况下，投资收益率（投资收益额对投资额的比率）包括两部分：一部分是无风险投资收益率，即资金时间价值；另一部分是风险投资收益率，即风险价值。其关系为

投资收益率=无风险投资收益率+风险投资收益率

（一）预期收益

预期收益又称收益期望值，是指某一投资方案未来收益的各种可能结果，用概率为权数计算出来的加权平均数，是加权平均的中心值。

其计算公式为

E = ∑nt = 1Xi · P1

式中，E——预期收益；

Xi——第 i 种可能结果的收益；

Pi——第 i 种可能结果的概率；

n——可能结果的个数。

下面我们举例说明。

【例 2.17】某公司 A 投资项目有甲、乙两个方案，投资额均为 50 000 元，两个方案实现的收益值与相应的概率分布如表 2-1 所示。

表 2-1　两方案实现的收益值与相应的概率分布

经济情况	概率（P_i）	预期收益（E_i）	
		甲方案	乙方案
繁荣	$P_1 = 0.2$	$E_1 = 0.2$	$E_1 = 0.35$
一般	$P_2 = 0.5$	$E_2 = 0.1$	$E_2 = 0.1$
萧条	$P_3 = 0.3$	$E_2 = 0.05$	$E_2 = 0.05$

根据上表资料，分别计算甲、乙方案的预期收益是多少？

分析计算如下：

甲方案预期收益为

E = ∑nt = 1Xi · Pi

　= 0.2×0.2+0.1×0.5+0.05×0.3 = 10.5%

乙方案预期收益为

E = ∑nt = 1Xi · Pi

　= 0.35×0.2+0.1×0.5+（−0.05）×0.3 = 10.5%

在预期收益相同的情况下，就应该考虑投资的风险程度。投资的风险程度同收益的概率分布有密切的关系。概率分布越集中，实际可能的结果就会越接近期望收益，实际收益率低于预期收益率的可能性就越小，投资的风险程度也就越小；反之，概率分布越分散，投资的风险程度也就越大。为了清晰地观察到概率分布的离散程度，可根据概率分布表绘制概率分布图进行分析。表 2-1 假定经济情况有繁荣、一般、萧条三种可能的结果，

根据该表资料可绘制甲、乙两方案概率分布图，如图 2-1 所示。

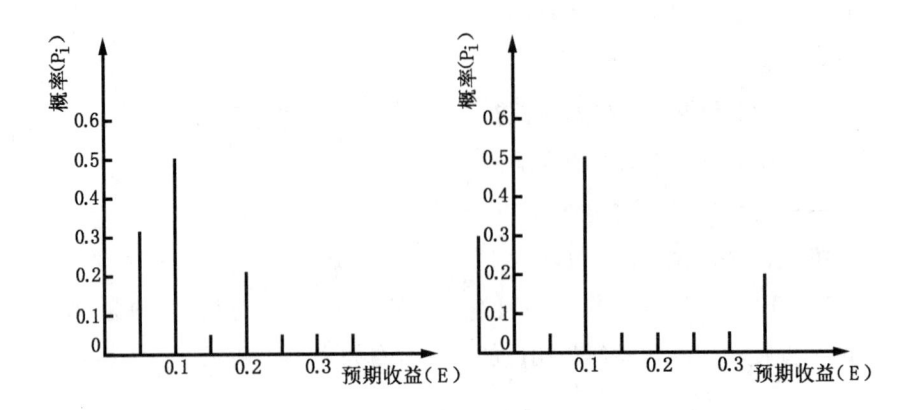

图 2-1 概率分布

显然，甲方案概率分布比乙方案要集中得多，因而其投资风险较低，所以对有风险的投资项目，不仅要比较不同方案的预期收益率，而且要考察其风险程度的大小。

（二）标准离差

标准离差又称标准差，是各种可能结果的收益值偏离期望值的综合差异，是反映离散程度的一种量度。计算公式为

$\delta = \sum (X_i - E)^2 \cdot P_i$

式中，δ——标准离差；

X_i——随机变量；

E——预期收益值（期望值）；

P_i——概率。

承前资料，分别计算甲、乙两方案的标准离差结果如下：

甲方案标准离差为

$\delta = \sum (X_i - E)^2 \cdot P_i$

$= (0.2 - 10.5\%)^2 \times 0.2 + (0.1 - 10.5\%)^2 \times 0.5 + (0.05 - 10.5\%)^2 \times 0.3$

$\approx 5.2\%$

乙方案标准离差为

$\delta = \sum (x_i - E)^2 \cdot P_i$

$= (0.35 - 10.5\%)^2 \times 0.2 + (0.1 - 10.5\%)^2 \times 0.5 + [(-0.05) -$

10.5%］2×0.3≈13.9%

由标准离差计算公式可以看出，标准离差的大小，主要是由于各种可能风险值的变动情况决定的。标准离差越大，投资风险越大；反之越小。上述方案中，乙方案的标准离差明显大于甲方案，则投资风险也较大。

（三）标准离差率

标准离差是个绝对值，只能用来比较预期收益值相同的各个投资方案的风险程度，而无法用来比较预期收益值不同的各个方案的风险程度。若要比较预期收益值不同的各个投资方案的风险程度，须综合考虑预期收益值和标准离差。

由此引用标准离差率来衡量，其计算公式为

$v = \delta E \times 100\%$

式中，υ——标准离差率；

δ——标准离差；

E——预期收益值（期望值）。

承前资料，分析计算如下：

甲方案标准离差率为

$\upsilon = \delta E \times 100\%$

$= 5.2\% / 10.5\% \times 100\%$

$= 49.5\%$

乙方案标准离差率为

$\upsilon = \delta E \times 100\%$

$= 13.9\% / 10.5\% \times 100\%$

$= 132.3\%$

甲方案的标准离差率明显小于乙方案的标准离差率，则甲方案的风险要小于乙方案。一般情况下标准离差适合用于相同预期收益值投资方案的总体比较。标准离差率，各个投资方案无论预期收益值相同抑或不同，均可用来比较大小，所以应用范围更广，结论更为准确。

（四）风险收益率

风险收益率的计算公式为

$RR = b \cdot \upsilon$

式中，RR——风险收益率；

b——风险价值系数；

υ——标准离差率。

要确定风险收益率，则先要确定风险价值系数和标准离差率。标准离差率的确定前面已讲过。风险价值系数由有关部门组织专家确定，或凭主观经验加以确定。在一些经济发达国家，国家有关部门或投资咨询公司，对各类投资项目事先确定了风险系数，可以用来作为参考。风险价值系数与投资决策者搜集到信息的全面性、准确性、自身的专业知识水平及对风险的态度有很大的关系。

承前资料，假定甲、乙两方案风险价值系数分别为15%、20%，甲、乙两方案的风险收益率如下：

甲方案风险收益率为

$RR = b \cdot \upsilon = 15\% \times 49.5\% \approx 7.4\%$

乙方案风险收益率为

$RR = b \cdot \upsilon = 20\% \times 132.3\% \approx 26.4\%$

结合前面所述，

投资收益率＝风险收益率＋无风险收益率

用公式表示为

$K = RR + RF = b \cdot \upsilon + RF$

式中，K——投资收益率；

RR——风险收益率；

RF——无风险收益率；

b——风险价值系数；

υ——标准离差率。

承前资料，假定以银行利率6%作为无风险收益率，分别确定甲、乙两方案的投资收益率。计算如下：

甲方案投资收益率为

$K = RR + RF = b \cdot \upsilon + RF = 7.4\% + 6\% = 13.4\%$

乙方案投资收益率为

$K = RR + RF = b \cdot \upsilon + RF = 26.4\% + 6\% = 32.4\%$

（五）风险收益额

风险收益额与风险呈正相关关系，也与投资额呈正相关关系。在确定了风险收益率后，风险收益额很容易确定，可用下述公式表示

$Pr = C \cdot Rr$

式中，Pr——风险收益额；

C——投资总额；

RR——风险收益率。

承前资料，分别确定甲、乙方案的风险收益额。计算如下：

甲方案风险收益额为

$Pr = C \cdot RR = 50\ 000 \times 7.4\% = 3\ 700$（元）

乙方案风险收益额为

$Pr = C \cdot RR = 50\ 000 \times 26.4\% = 13\ 200$（元）

相应地，可用下述公式求得投资收益额，即

投资收益额＝投资额×投资收益率

承前资料，分别确定甲、乙方案的投资收益额。计算如下：

甲方案投资收益额为：

投资收益额＝投资额×投资收益率

$= 50\ 000 \times 13.4\% = 6\ 700$（元）

乙方案投资收益额为：

投资收益额＝投资额×投资收益率

$= 50\ 000 \times 32.4\% = 16\ 200$（元）

需要说明的是，风险收益率、投资收益率、风险收益额、投资收益额等指标的计算均有一定的假设性的，其结果并不准确。分析研究风险收益问题，主要是为树立风险意识及风险观念。风险是客观存在的，企业外部因素变化引起的风险，对企业来说是不可控的。风险控制，除了正确客观地分析外部环境和内部环境条件，准确把握未来外，一个重要手段是采用多角化经营。筹资渠道多元化即投资方向多元化，通过筹资渠道多元化，将筹资风险分散给各股东及债权人；投资方向多元化，根据企业规模、实力、多业务经营，生产多种技术经济相关产品。经营业务多样化，各种产品盈亏情形不同，这样可达到互补作用，从而减少企业整体风险，促使企

业整体协调发展。风险是客观存在的，但我们不能因为有风险就退缩不前，有风险的项目就不敢投资，这样，就可能失去高回报的投资机会，不利于企业成长，不利于社会产品的丰富，不利于经济的发展。

风险收益均衡

投资风险价值是指投资者由于冒着风险进行投资而获得的超过资金时间价值的额外收益，也称为风险收益或风险报酬。风险与收益是一种对称关系，它要求等量风险带来等量收益，也叫风险收益均衡。

企业的投资人要承担风险，因此他们要求从企业取得与所冒风险相对应的收益，资本资产定价模型（CAPM）是衡量收益与风险关系的一个基本模型，该模型把风险收益率细化为"风险系数×（市场平均收益率−无风险资产收益率）"，即

某资产的收益率＝无风险资产收益率+风险资产收益率

＝无风险资产收益率+该资产的风险系数×（市场平均收益率−无风险资产收益率）

用公式表示为

$K_j = RF + \beta (K_m - RF)$

式中，K_j——第 j 项资产的必要报酬率；

RF——无风险资产的必要报酬率；

β_j——第 j 项资产的风险系数；

K_m——市场均衡报酬率。

可见风险系数越大，收益越高；反之，风险系数越小，收益越低。CAPM 模型的最大用途在于用该模型来测算不同风险状态下的必要投资收益率，这一必要投资收益率是项目投资决策中最低可接受收益率，即项目决策的贴现率。

风险收益均衡原理告诉我们，管理者需要在风险与收益的相互协调中进行利弊权衡，以期取得企业的稳健的可持续发展。财务管理的原则是：

在风险一定的条件下必须使收益达到较高的水平；在收益一定的情况下，风险必须维持在较低的水平。

成本效益观念

成本效益观念是指做出一项财务决策要以效益大于成本为原则，即某一项目的预期效益大于其所需成本时，在财务上即为可行；否则，应放弃。

成本效益观念在运用中较为简单。但需要注意的是，这里的成本概念与会计上的定义有所不同。这里的成本包括机会成本，而不包括沉没成本，但沉没成本却是会计成本的一部分。因此，下面分别对机会成本和沉没成本进行简单介绍。

机会成本

任何决策有得有失，机会成本讲的就是这个原理。假设创办了一家私营企业公司的盈利都归你个人，但你精通电脑，如果你作为程序员在别的公司工作每月可以赚8 000元。因此，你在自己公司工作，每个月就要放弃8 000元的收入，这种放弃的收入就是你的机会成本。

沉没成本

相对于机会成本的概念而言，沉没成本比较专业化，沉没成本是指项目决策中，在项目分析之前发生的成本费用。如项目启动前的市场调查费用，其无论项目是否立项，都已经花费出去，因此属于项目决策的无关成本。

　　在了解了成本后，我们需考虑一下效益。在有些情况下，效益既包括有形的也包括无形的；在考虑当前效益的同时也要考虑长远效益。

　　成本-效益观念是一种既原始朴素又具有生命力的财务观念，它被用于财务决策的很多方面。如项目投资决策、短期运营资本决策与管理等。这些决策项目所体现的成本效益观念将在后面的章节中予以解释。

第三章

筹资管理

筹集资金是企业的基本财务活动。筹资管理是企业财务管理的重要内容。本章主要阐述筹资目的与要求、筹资渠道与方式、筹资的种类、资金需要量的预测、自有资金和借入资金的筹集等筹资管理的基本理论与基本方法问题。

通过本章可以了解企业筹资的基本目的与要求，熟悉各种筹资渠道与方式，掌握资金需要量预测的基本方法和资金结构决策的基本原理，善于运用各种筹资方式从不同渠道筹集自有资金和借入资金。

企业筹资的概念与分类

任何企业，为了保证生产经营的顺利进行，必须持有一定量的资金。资金筹集是企业生产经营活动的前提，是企业再生产顺利进行的保证，也是企业投资的需要，它是一项重要而复杂的工作。筹资管理在企业财务管理中处于极其重要的地位。

（一）企业筹资的概念

企业筹资是指企业根据其生产经营、对外投资及调整资金结构的需要，通过一定的渠道，采取适当的方式，获取所需资金的行为。筹资管理是企业财务管理的一项基本内容。

（二）企业筹资的分类

企业筹集的资金可按多种标准分类。

1. 按照资金使用期限的长短，企业筹集的资金可分为短期资金和长期资金

短期资金一般是指企业使用时间在1年以内的资金。企业的短期资金主要投资于现金、应收账款、存货等。短期资金筹集常采用商业信用、流动资金借款等方式来解决。长期资金一般是企业使用时间在1年以上的资金。

长期资金主要投资于新产品的开发和推广、生产规模的扩大、厂房和设备的更新等。长期资金筹集通常采用吸收投资、发行股票、发行债券、长期借款、融资租赁、留存收益等方式来解决。

2. 按照资金来源渠道的不同，企业资金可分为权益资金和负债资金

权益资金是指投资人对企业净资产的所有权，包括投资者投入企业的资本及持续经营中形成的经营积累，如资本公积金、盈余公积金和未分配利润等。资本是企业在工商行政部门登记的注册资金，是各种投资者以实现盈利和社会效益为目的，用以进行生产经营、承担民事责任而投入的资金。负债是企业所承担的能以货币计量、需以资产和劳务偿付的债务。

企业通过发行股票、吸收直接投资、内部积累等方式筹集的资金都属

于企业的权益资金。权益资金一般不用还本，因而成为企业的自有资金或主权资金。

企业通过发行债券、银行借款、融资租赁等方式筹集的资金属于企业的负债资金。负债资金到期还本付息。企业采用借入资金的方式筹集资金，一般要承担较大的财务风险，但相对而言，付出的资金成本较低。

企业资金可通过多种渠道、多种方式来筹集。不同来源的资金，其使用时间的长短、附加条款的限制、财务风险的大小、资金成本的高低都不一样。企业在筹集资金时要充分考虑上述因素，以便选择最佳筹资方式，实现财务管理总体目标。

企业筹资渠道与方式

企业筹资活动必须通过一定的渠道并采用一定的方式才能完成。

（一）筹资渠道

筹资渠道是指筹措资金来源的方向和渠道。认识和了解各筹资渠道及其特点，有助于企业充分拓宽和正确利用筹资渠道。我国目前筹资渠道主要有以下几种。

1. 国家财政资金

国家对企业的直接投资是国有企业资金的主要来源，特别是国有独资企业，其资本全部由国家投资形成。现有国有企业的资金来源中，其资本部分除国家财政以直接拨款方式形成外，还有些企业是国家对企业"税前还贷"或以减免各种税款所形成。从产权关系上看，它们都属于国家投入资金，产权归国家所有。

2. 银行借贷资金

银行对企业的各种贷款，是目前各类企业最为重要的资金来源。我国银行分为商业性银行和政策性银行两种。商业性银行是以营利为目的，是从事信贷资金投放的金融机构。政策性银行是为特定性企业提供政策性贷款的金融机构。

3. 非银行金融机构资金

非银行金融机构资金主要指信托投资公司、保险公司、证券公司、企业集团所属的财务公司等。它们为企业提供各种金融服务,包括富余资金管理、物资的融通、承销证券等金融服务。

4. 其他企业资金

企业在生产经营过程中,往往形成部分暂时闲置资金,并为一定的目的驱使而进行相互投资;另外,由于企业间的购销业务可以通过商业信誉方式来完成,从而形成了企业间的债权债务关系,形成债务人对债权人的短期信用资金占用。企业间的相互投资和商业信用的存在,使其他企业资金也成为企业资金的重要来源。

5. 居民个人资金

企业职工和居民个人的"游离"于银行及非银行金融机构等之外的个人资金,可用于对企业进行投资,从而形成民间资金来源。

6. 企业留存资金

它是企业内部形成的资金,主要包括计提折旧、提取公积金和未分配利润等。这些资金的重要特征是它们无须企业通过一定的方式去筹集,而直接由企业内部自动形成或转移。

(二) 筹资方式

筹资方式是指企业筹集资金所采用的具体形式。它属于企业资金筹集的主观能动行为。企业筹集管理的重要内容是如何针对客观存在的筹资渠道,选择合理的筹资方式进行筹资。认识研究筹资方式的种类及各种筹资方式的特点,有利于企业选择适宜的筹资方式进行有效的筹资组合,从而达到降低筹资成本,提高筹资效益的目的。

目前我国企业筹资方式主要有以下几种:①吸收直接投资;②发行股票;③银行借款;④商业信用;⑤发行债券;⑥融资租赁。

(三) 筹资渠道与筹资方式的对应关系

筹资渠道解决的是资金来源问题,筹资方式解决的是通过何种方式取得资金的问题。它们之间存在一定的对应关系:一定的筹资方式可能只适用于某一特定的筹资渠道,但是统一渠道的资金往往可采用不同的方式去取得。其对应关系如表3-1所示。

表 3-1 筹资方式与筹资渠道的对应关系

筹资渠道＼筹资方式	吸收直接投资	发行股票	银行借款	发行债券	商业信用	融资租赁
国家财政资金	√	√				
银行信贷资金			√			
非银行金融机构资金	√	√	√	√		
其他企业资金	√	√		√	√	√
居民个人资金	√	√		√		
企业留存资金	√					

企业筹资的目的

筹集资金就是企业为了满足投放资金活动的需要，筹措取得所需资金的财务活动。企业筹集资金主要是为了生产经营、对外投资及调整资金结构的需要。

（一）满足生产经营的需要

满足生产经营的投资需要是企业筹资的基本目的。企业只有通过生产经营才能实现其盈利。因此，任何一个企业，为了保证生产经营的正常进行，必须持有一定数量的资金，筹集资金是企业开展生产经营活动的前提。

（二）满足对外投资的需要

企业对外投资一般出于三方面的考虑：一是为了满足自身生产经营中闲置资金收益而对外投资；二是对外投资有高于企业对内投资的获得机会而对外投资；三是控制被投资企业的业务，使其配合本企业的生产经营活动而对外投资。其中，满足后两种需要的对外投资，一般需要企业筹集资金。

（三）满足资金结构调整的需要

资金结构调整是企业为了降低筹资风险、减少资金成本支出，面对所有者权益和负债间的比例进行的调整。企业提高经济效益，除正确地选择投资项目、有效地组织生产经营外，还需要适时地调整资金来源结构。如当负债利率上升或预期经营前景不佳时，企业可减少负债筹资比例，增加所有者权益筹资比例；当负债率下降或预期经营前景较优时，企业可对所有者权益和负债间的比例进行相反调整。

企业筹资的要求

（一）确定资金的需要量，控制资金投放时间

企业筹措所需资金时，无论通过哪种筹资渠道，采取哪种筹资方式，都应该先行确定资金需要量。资金需要量是企业筹资量的界限。经营所需资金不足，会影响企业生产经营活动的顺利进行；经营所需资金过剩，也会影响资金使用效果。同时，资金的投放时间，也是合理安排筹资时间的依据。这就是财务管理上通常讲的"以投定筹"。

（二）选择筹资方式，降低资金成本

企业筹措所需资金的方式多种多样，无论通过哪种方式筹资，一般都需要付出一定的代价（即发生资金成本），不同筹资的方式其成本大小不同，企业一般应选择成本相对较低的资金来源方式筹措所需资金。

（三）妥善安排资金结构，适度举债

企业举债进行生产经营活动必须注意两个问题：一是要保证投资利润率高于借入资金利息率；二是负债多少要与企业资金结构和偿债能力相适应。若负债过多，则会面临较大财务风险，甚至破产。因此，企业不仅要从个别资金成本来考虑选择资金来源方式，而且是从总体上合理安排资金结构，既要利用负债经营的积极作用提高企业收益水平，又要维护企业财务信誉，减少财务风险，增加企业的经营稳定性。

（四）遵守国家有关法律法规，维护各方经济利益

企业筹资活动必须在国家相关的筹资法律法规约束下进行。国家在企业所有者权益和负债资金筹集各方面都制定了相关的法律法规。企业必须遵守这些法律法规：一方面保护了自身的经济利益，另一方面也维护了社会其他方面的经济利益。

企业筹资规模的确定

企业确定筹资规模，就是在符合国家法律法规要求的条件下，依据其

自身投资特点对资金需求量进行预测。资金需求数量预测的方法有定性预测法和定量预测法两类。

定性预测法主要是根据直观的资料，依靠有关人员的主观经验对未来资金的需要数量做出判断和估计的一种方法。定性预测法一般是在企业缺乏完备、准确的预测基础资料情况下采用的。

定量预测法是在分析资金需要量与有关因素之间的数量变化关系的基础上，确定资金需要量的一种方法。定量预测法由于依据资金需要量有关因素之间的数量关系进行预测，因而较定性预测法客观。下面介绍资金需要量定量预测常用的两种方法。

（一）销售百分比法

销售百分比法是企业短期综合资金需要量预测的常用方法。它是根据企业基期实现的销售与财务状况的依存关系，在预测期销售任务安排的基础上，推算预测期生产经营对资金需要量以及外部资金筹措量的一种方法。

【例 3.1】某公司 2001 年的销售收入为 200 000 元，销售净利率为 10%，利润留存比例为 50%，年末资产负债表如表 3-2 所示。

表 3-2　某公司资产负债表

2001 年 12 月 31 日　　　　　　　　　　　　　单位：元

资　产		权　益	
现金	10 000	预提费用	10 000
应收账款	30 000	应付账款	20 000
存货	50 000	短期借款	50 000
待摊费用	10 000	公司债券	20 000
固定资产净值	50 000	实收资本	40 000
对外投资	10 000	留存收益	20 000
资产合计	160 000	权益合计	160 000

该公司 2002 年计划销售收入为 240 000 元，销售净利率和利润留存比例预计同上年。应用销售百分法对该公司 2002 年的资金需要量的预测程序具体如下所示。

首先，将该公司 2001 年末资产负债表中诸项目，按是否随销售量变动而变动分为变动项目和不变项目两类。变动项目也称敏感项目，是指随销

售同方向同比例变动的项目；不变项目也称非敏感项目，是指不随销售变动的项目。

在该公司资产负债表中，资产方固定资产可满足扩大后的销售需要，不需要再投资，对外投资不直接服务于企业销售，因而，固定资产和对外投资属不变项目，其余项目都是随销售量的增加而增加的变动项目；在负债与所有者权益方，应付账款和预提费用是自然负债，其会随着销售量的增加而增加，属于变动项目，短期借款、公司债券、实收资本等项目不会自动增加，属于不变项目，留存收益虽与销售有关，但还制约着企业的股利政策，这里把其作为不变项目。

在该公司2001年年末资产负债表基础上，计算变动项目占销售的百分比，计算结果如表3-3所示。

表3-3 某公司销售百分比计算表

资　产	占销售的/%	权　益	占销售的/%
现金	5	预提费用	5
应收账款	15	应付账款	10
存货	25	短期借款	—
待摊费用	5	公司债券	—
固定资产净值	—	实收资本	—
对外投资	—	留存收益	—
资产合计	50	权益合计	15

变动项目占销售的百分比计算公式为：

某变动项目销售百分比＝该项目数量基期销售收入×100%

某变动项目销售百分比＝（该项目金额×基期销售额）×100%

最后，编制该公司2002年预计资产负债表如表3-4所示。

表 3-4　预计资产负债表

2002 年 12 月 31 日　　　　　　　　　　　　　　　　　单位：元

资　产		权　益	
现金	12 000	预提费用	12 000
应收账款	36 000	应付账款	24 000
存货	60 000	短期借款	50 000
待摊费用	12 000	公司债券	20 000
固定资产净值	50 000	实收资本	40 000
对外投资	10 000	留存收益	32 000
		外部筹资	2 000
资产合计	180 000	权益合计	180 000

在预计资产负债表中，不变项目维持基年；留存收益项目依据销售净利率和利润留存比例确定其计划年增加额；变动项目根据销售变动幅度计算。

计算公式为某变动项目预计值＝该项目基年销售百分比×计划年销售收入

外部筹资项目是根据预计资产负债表左右两方平衡关系推算 180 000元，其来源构成：160 000 元由 2001 年转入取得；6 000 元由 2002 年自然负债增加（12 000+24 000-10 000-20 000）取得；12 000 元由 2002 年留存收益增加（32 000-20 000）取得；2 000 元由 2002 年需要外部筹资量取得。

企业需要的外部筹资量还可按下列公式计算，即

外部筹资＝增量销售×（资产销售百分比-负债销售百分比）-计划年留存收益增加额

某公司 2002 年外部筹资＝40 000×（50%-15%）-12 000＝2 000（元）

（二）资金习性预测法

1. 资金习性预测法的基本原理

资金习性是指资金变动——业务量变动之间的依存关系。按照资金习性可将资金分为不变资金、变动资金和半变动资金。

1）不变资金是指在一定的业务量范围内，业务量变动而保持不变的那部分资金。这部分资金主要有为维持营业而占用的最低数额的现金、存货，

厂房、机器设备等固定资产和无形资产占用的资金。

2）变动资金就是随业务量变动而成同比例变动的那部分资金。这部分资金主要有最低储备以外的构成产品实体的直接原材料外构件、在产品、产成品、应收账款、现金等流动资产占用的资金。

3）半变动资金是指虽然受业务量变化的影响，但不成同比例变化的那部分资金。这部分资金一般有辅助材料、工具用具等占用的资金。半变动资金根据其发生的特点，可采用一定的方法分解计入不变资金和变动资金。

进行资金习性分析，最终把资金划分为不变资金和变动资金两部分，进而从数量上把握资金占用与业务量之间的变化规律。资金习性预测法的数学模型为

$y = a + b \cdot x$

式中，y——全部（或某项）资金需求总额；

a——全部（或某项）不变资金总额；

b——单位业务量变动资金额；

x——业务量。

运用资金习性预测法预测资金需要量，依据资金习性预测法的数学模式，在计划期业务量安排的基础上，以企业历史资料分析确定出 a、b 的数值，进行推算计划期资金需要量。

2. 资金习性预测法的具体应用

按资金习性预测法预测资金需要量，a、b 数值的确定方法一般有回归分析法和高低点法两种。

【例3.2】某公司2002年甲产品计划销售量为145元/件，近年来甲产品销售量和资金占用变化情况如表3-5所示。

表3-5 某公司甲产品销量和资金占用变化实际情况表

年度	销量/件（x_i）	资金占用量/元（y_i）
1996	120	100
1997	110	95
1998	100	100
1999	120	105
2000	130	110
2001	140	110

运用回归分析法预测该公司2002年资金需要量。回归分析法根据资金习性数量模型，结合历史销量和资金占用资料组建下列方程组：

$a = \sum y - b \sum x n$

$b = n \sum xy - \sum x \sum y n \sum x2 - (\sum x)2$

在求解方程组基础上确定 a、b 的数值。依据方程组要求，该公司2002年资金需要预测有关资料计算如表3-6所示。

表3-6 资金需要量预测计算表

年度	销量/件	资金/元	X_iY_i	X_i^2
1996	120	100	12 000	14 400
1997	110	95	10 450	12 100
1998	100	100	10 000	10 000
1999	120	105	12 600	14 400
2000	130	110	14 300	16 900
2001	140	110	15 400	19 600
合计	$\sum x_i = 720$	$\sum y_i = 620$	$\sum x_iy_i = 74\ 750$	$\sum x_i^2 = 87\ 400$

把表中有关计算结果资料代入求解 a、b 的方程组，解得

a = 61.3

b = 0.35

把 a、b 数值和2002年甲产品计划销售量代入资金习性预测法的数量模型，求得

y = 112.5

即按回归分析法预测该公司2002年资金需要量为112.5万元。

运用高低点法预测该公司2002年资金需要量。高低点法确定 a、b 数值，是根据历史销量最高期和最低期的销量和资金占用资料来计算的。b 数值计算公式为

b = 高点资金占用 - 低点资金占用 = 110 - 95 = 0.5

高点销量 - 低点销量 = 110 - 95 140 - 110 = 0.5

把 b 数值代入高点（或低点）期的预测数学模型，求解 a 数量：

a = 110 - (0.5×140) = 40

把 a、b 数值和 2002 年甲产品计划销售量代入资金习性预测法的数量模型，求得

y = 112.2

即按高低点法预测该公司 2002 年资金需要为 112.2 万元。

银行借款

企业要在激烈的市场竞争中站稳脚跟，完全依靠自身的力量是不可能的，举债经营不失为企业资金筹集的重要方式。负债资金筹集主要通过银行借款、发行债券、商业信用等方式来解决。

银行借款是指企业根据借款合同从有关银行或非银行金融机构借入的需要还本付息的款项。

（一）银行借款的种类

1. 按借款的期限分类

按借款的期限，银行借款可分为短期借款、中期借款和长期借款。短期借款是指借款期限在 1 年以内（含 1 年）的借款；中期借款是指借款期限在 1 年以上（不含 1 年）5 年以下（含 5 年）的借款；长期借款是指借款期限在 5 年以上（不含 5 年）的借款。

2. 按借款的条件分类

按借款是否需要担保，银行借款可以分为信用贷款、担保贷款和票据贴现。信用贷款是指以借款人的信誉为依据而获得的借款，企业取得这种贷款，无须以财产作抵押；担保贷款是指以一定的财产作抵押或以一定的保证人作担保为条件所取得的借款；票据贴现是指企业以持有的未到期的商业票据向银行贴付一定的利息而取得的借款。

3. 借款的用途分类

按借款的用途，银行借款可分为基本建设借款、专项借款和流动资金借款。基本建设借款是指企业因为从事新建、改建、扩建等基本建设项目需要资金时而向银行申请借入的款项；专项借款是指企业因为专门用途而

向银行申请借入的款项;流动资金借款是指企业为满足流动资金的需求而向银行申请借入的款项。

4. 提供贷款的机构分类

按提供贷款的机构划分,银行贷款分为政策性银行贷款和商业银行贷款。政策性银行贷款一般是指执行国家政策性贷款业务的银行向企业发放的贷款。商业银行贷款是指由各商业银行向工商企业提供的贷款。此外,企业还可以从信托投资公司取得实物或货币形式的信托投资贷款,从财务公司取得各种贷款等。

(二) 短期借款

短期借款是指企业向银行或其他非银行金融机构借入的期限在1年以内的借款,它是我国企业筹集短期资金最常用的一种方式。

1. 短期借款信用条件

(1) 信贷额度

信贷额度即贷款限额,是借款人与银行在协议中规定的允许借款人借款的最高限额。如借款人超过规定限额继续向银行借款,银行则停止办理。此外,如果企业信誉恶化,即使银行曾经同意按信贷限额提供贷款,企业也可能得不到借款。这时,银行不会承担法律责任。

(2) 周转信贷协定

周转信贷协定是银行有法律义务的承诺提供不超过某一最高限额的贷款协定。在协定的有效期内,只要企业借款总额未超过最高限额,银行必须满足企业任何时候提出的借款要求。

(3) 补偿性余额

补偿性余额是银行要求借款人在银行中保持按贷款限额或实际领用额的一定百分比(通常为10%~20%)计算的最低存款余额。

(4) 借款抵押

银行为了贷款资金的安全,在向财务风险较大、信誉不好的企业发放贷款时,往往需要有抵押品担保,以减少蒙受损失的风险。借款的抵押品通常是借款企业的应收账款、存款、债券等。银行接受抵押品后,将根据抵押品的面值决定贷款金额,一般为抵押品面值的30%~90%。

（5）偿还条件

无论何种借款，一般都会规定还款的期限。贷款的偿还有到期一次偿还和在贷款期内定期等额偿还两种方式。根据我国金融制度的规定，贷款到期后仍无能力偿还的，视为逾期贷款，银行要照章加收逾期罚息。

（6）以实际交易为贷款条件

当企业发生经营性临时资金需求，向银行申请贷款以求解决时，银行则以企业将要进行的实际交易为贷款基础，单独立项，单独审批，最后做出决定并确定贷款的相应条件和信用保证。

除了上述信用条件外，银行有时还要求企业为取得借款而做出其他承诺，如及时提供财务报表，保持适当资产流动性等。如企业违背做出的承诺，银行可要求企业立即偿还全部贷款。

2. 短期借款的成本

企业举借短期借款的成本是指借款支付的利息，借款利息一般有两种计算方法。

（1）利随本清法

利随本清法也叫收款法，是指在借款到期时向银行支付利息的方法。采用这种方法，借款的名义利率（约定利率）等于其实际利率（有效利率）。

（2）贴现法

贴现法是银行向企业发放贷款时，先从本金中扣除利息部分，到期时借款企业再偿还全部本金的一种计息方法。采用这种方法，企业可利用的贷款额只是本金扣除利息后的差额部分，因此，其实际利率高于名义利率。

【例3.3】企业从银行取得借款500万元，期限1年，名义利率10%，利息50万元。按照贴现法付息，企业实际可动用的贷款为450万元（500万元-50万元），该项贷款的实际利率为

贴现贷款实际利率=利息贷款金额-利息×100%

=50 500-50×100%≈11.1%

（三）长期借款

长期借款是企业向银行或其他非银行金融机构借入的，期限超过1年的借款，主要用于购建固定资产和长期流动资金占用需要。

1. 长期借款的种类

长期借款的种类较多，各企业可根据自身情况从不同的来源取得。

（1）按贷款有无担保品，可分为信用贷款和抵押贷款

信用贷款一般指不要求企业提供抵押品作担保，仅凭借款企业信用和担保人信誉发放的贷款。如我国国有企业由企业向各专业银行借入的款项一般都是信用贷款。

抵押贷款是指要求企业以不动产或者其他资产，如房屋、建筑物、机器设备、股票、债券等资产作抵押而取得的贷款。如借款企业到期不归还贷款，银行或其他金融机构有权取消企业对抵押品的赎回权，并将其出售变卖，所得款项用于归还贷款。

（2）从取得的来源不同，可分为政策性银行贷款、商业银行贷款、保险公司贷款等

政策性银行贷款一般指执行国家政策性贷款业务的银行向企业发放的贷款。如国家开发银行提供的贷款，主要是满足企业承建国家重点建设项目的资金需要；又如，进出口信贷银行则为大型成套设备的进口提供买方或卖方信贷。

商业银行贷款一般指由各商业银行向各工商企业提供的贷款，主要满足企业建设竞争性项目的资金需要。企业取得贷款后应自主决策、自担风险、自负盈亏，到期归还。

保险公司贷款指由保险公司向企业提供的贷款，贷款期限一般比银行贷款长，但利率较高，对贷款单位的选择也较严。

除以上由各金融机构提供的贷款以外，企业还可以取得财政周转金贷款。财政周转金贷款是国家预算采用信用形式安排的支出。周转金可贷放给企业有偿使用，到期收回，周转使用。财政周转金贷款的取得手续比较简便，利率一般低于银行利率，但由于数额有限，主要用于为企业投资少、工程短、见效快的技术改造等项目。

除此以外，企业还可以从信托投资公司取得实物和货币形式的信托投资贷款；从财务公司取得各种长期贷款等。外商投资企业还可以从国外取得贷款。

2. 长期借款的程序

(1) 提出申请,即由企业提出借款申请

申请借款的企业必须具备一定的条件,即企业应具有法人资格,这是指企业必须经主管部门和工商行政管理局批准设立,依法登记注册,实行独立核算;企业经营方向和业务范围符合国家政策;企业必须在银行开设账户,办理结算;企业经济效益良好,有偿还贷款的能力。对于某些建设项目,还要求建设项目必须纳入国家基建计划,并有批准的设计任务书、初步设计和概算;有一定数量的自有资金,并将提前存入贷款银行;对建设项目所需的材料、设备、施工力量已有安排,并能保证按期竣工;项目完成后能按时投产,生产产品应适合市场需要;应有代为偿还借款能力的单位作担保等。

企业申请借款还应遵守金融部门的信贷原则,即按计划发放、择优扶植、有物资保证、按期归还等原则。借款企业应向金融机构提供有关企业经营活动和财务情况的资料,接受信贷监督。

企业申请借款还应说明借款的原因、借款时间和使用计划,以及归还期限和归还借款的资金来源。

(2) 签订借款合同

企业借款申请经金融机构审查批准后,企业和金融机构即可签订借款合同。在借款合同中应载明借款的数额、利率、期限和一些限制性条款,如限制企业在借款期内借入其他长期借款,不准将已作借款抵押的财产用作其他借款的抵押等。

(3) 取得借款

借款合同签订后,企业即可在核定的贷款指标范围内,按计划和实际需要,一次或分次将借款转入企业存款账户以便支用。

3. 长期借款合同的内容

为了维护借贷双方的合法权益,保证资金合理使用,企业向银行借入资金时,双方必须签订借款合同,借款合同主要包括以下内容。

(1) 基本条款

基本条款是借款合同的基本内容,主要规定双方的权利和义务。具体包括借款数额、借款方式、款项发放的时间、还款期限、还款方式、利息

支付方式和利息率的高低等。

（2）保证条款

保证条款是保证款项能顺利归还的一系列条款，包括借款按规定的用途使用、有关的物资保证、抵押财产、担保人及其责任等内容。

（3）违约条款

违约条款是规定双方若有违约行为时应如何处理的条款。主要载明对企业逾期不还或挪用贷款如何处理和银行不按期发放贷款的处理等内容。

（4）其他附属款项

其他附属款项是借贷双方有关的其他条款，如双方经办人、合同生效日期等条款。

4. 长期借款筹资优缺点

（1）企业利用长期借款筹资的优点

1）各金融机构提供的长期贷款种类较多，资金力量雄厚，便于企业选择利用。

2）长期借款的取得手续比较简便，取得速度较快。

3）长期借款在使用期内，如企业经营情况发生变化，需要调整借款数量和时间时，可与有关金融机构协商，增减借款数量或延长、缩短借款时间，弹性较大。

4）借款利率一般低于债券利率，可得成本也较低。合理利用借款，可在财务杠杆作用下提高权益资本收益率。

（2）企业利用长期借款筹资的缺点

1）长期借款具有较强的计划性和政策性，容易受国家经济政策变动的影响。

2）长期借款必须按期归还，财务风险较大。如果借款时金融规定的限制性条款太多，会影响企业的筹资、投资活动。

3）长期借款数额有限，不可能像发行债券筹资那样一次筹集大量资金。

发行债券

债券是社会各类经济主体为筹集负债资金而向投资人出具的、承诺按一定利率定期支付利息,并到期偿还本金的债权债务凭证。发行债券是企业负债筹资的一种重要方式。

(一) 债券的基本内容

1. 债券的面值

债券面值包括币种和票面金额。面值的币种可用本国货币,也可用外币,这取决于发行者的需要和债券的种类。债券的发行者可根据资金市场情况和自己的需要情况选择适合的币种。债券的票面金额是债券到期时偿还债务的金额。

2. 债券的期限

债券都有明确的到期日,即债券从发行之日起至到期日之间的时间称为债券的期限。在债券的期限内,公司必须定期支付利息,债券到期时,必须偿还本金,也可按规定分批偿还或提前一次偿还。

3. 利率与利息

债券上通常都载明利率,一般为固定利率,但也有浮动利率。债券的利率一般是年利率,面值与利率相乘可得出年利息。

4. 债券的价格

理论上讲,债券的面值就应是它的价格,事实上并非如此。由于发行者的种种考虑或资金市场上供求关系、利息率的变化,债券的市场价格往往脱离它的面值,也就是说,债券的面值是固定的,它的价格却是经常变化的。

(二) 债券的种类

对债券从不同的角度进行分类,可划分为不同的种类。

1. 按债券发行主体划分,分为政府债券、金融债券和公司债券

(1) 政府债券

由中央政府或地方政府发行的债券。中央政府债券又称公债或国库券，是中央政府为了弥补国家财政赤字和为大型工程项目筹集资金而发行的债券；地方政府债券是指各地方政府，如省、市政府为地方建设筹集资金而发行的债券。

（2）金融债券

由银行或其他金融机构发行的债券。金融机构一般具有雄厚的实力，信用程度较高。

（3）公司债券

公司债券又称企业债券，是指由股份公司等各类企业所发行的债券。与政府债券相比，公司债券的风险较大，因而利率一般也比较高。

2. 按债券有无抵押担保划分，分为信用债券、抵押债券和担保债券

（1）信用债券

信用债券又称无抵押担保债券，是仅凭债券发行者的信用发行、没有抵押品作抵押或担保人作担保的债券。

（2）抵押债券

抵押债券是指以一定抵押品作抵押而发行的债券。

（3）担保债券

担保债券是指由一定担保人作担保而发行的债券。当企业没有足够的资金偿还债券时，债权人可要求保证人偿还。

3. 按债券是否记名划分，分为记名债券和无记名债券

（1）记名债券

记名债券是指在债券面上注明债权人的姓名和名称，同时在发行公司的债权人名册上进行登记的债券。转让记名债券时，除要交付债券外，还要在债券上背书和在公司债权人名册上更换债权人姓名或名称。投资者需凭印鉴领取本息。

（2）无记名债券

无记名债券是指债券票面未注明债权人姓名或名称，也不用在债权人名册上登记债权人姓名或名称的债券。无记名债券在转让同时随即生效，因而比较方便。

4. 债券的其他分类

除按上述几种标准分类外,还有其他一些形式的债券,具体有以下几种。

(1) 可转换债券

可转换债券是指在一定时期内,可以按规定的价格或一定比例,由持有人自由地选择转换为普通股的债券。

(2) 无息债券

无息债券是指票面上不标明利息,按面值折价出售,到期按面值还本金的债券。

(3) 浮动利率债券

浮动利率债券是指利息率随基本利率(一般是国库券利率或银行同业拆放利率)变动而变动的债券。

(4) 收益债券

收益债券是指在企业不盈利时,可暂时不支付利息,而到获利时支付累积利息的债券。

(5) 可赎回债券

可赎回债券指债券到期前,发行者可按规定的条件通知债券持有者提前偿还本息。

5. 按偿还期限,分为短期债券、中期债券、长期债券

短期债券偿还期在1年或1年以内;中期债券偿还期是1年以上5年以下;长期债券偿还期5年以上。

(三) 债券的发行

债券的发行与股票的发行基本相同,也要经过做好有关准备工作、向有关部门提出申请、选择合适的承销人、向社会公布"债券出售说明书"以及发行债券等若干步骤。对此这里不再详述,仅对债券发行的几个特殊问题做简要说明。

1. 基本条件

《企业债券管理条例》和《公司法》对企业债券管理基本要求是:企业规模达到国家规定的要求;企业财务会计制度符合国家规定;具有偿债能力;企业经济效益良好,发行债券前连续3年盈利;企业发行债券的总面额

不得大于该企业的自有资产净值；所筹资金的使用符合国家产业政策；企业债券的利率不得高于银行相同期限居民储蓄存款利率的40%。

《公司法》对发行债券企业的基本要求是：股份有限公司的净资产额不低于3 000万元，有限责任公司的净资产额不低于6 000万元；累计债券总额不超过公司净资产的40%；最近3年平均可分配利润足以支付公司债券1年的利息；所筹资金的投向符合国家产业政策。

2. 债券的发行方式

债券的发行方式通常分为公募发行和私募发行。

（1）公募发行

公募发行是指以非特定的多数投资者作为募集对象所发行的债券。

公募发行的优点包括：因向众多投资者发行债券，所以能筹集较多的资金；可以提高发行者在证券市场上的知名度，扩大社会影响；与私募发行相比，债券的利息率较低。

公募发行的缺点包括：公募发行的发行费用较高；公募发行所需时间较长。

（2）私募发行

私募发行是指以特定的少数投资者为募集对象所进行的债券发行。这里所谓的"特定的"投资者，一般可分为两类：一类是个人投资者，如企业职工；另一类是机构投资者，如大的金融机构。

私募发行的优点包括：节约发行费用；发行时间短；发行的限制条件少。

私募发行的缺点包括：需要向投资者提供高于公募债券的利率；私募发行的债券一般不能公开上市交易，缺乏流动性；债务集中于少数债权人，发行者的经营管理容易受到干预。

3. 债券的发行价格

企业债券上的利息率（票面利率）一经引出，便不易再调整，但资金市场的利息率却是经常变化的，受此影响，企业债券发行有等价发行、折价发行、溢价发行三种。等价发行是按债券的面值出售；折价发行是指以低于债券面值的价格出售；溢价发行是指按高于债券面值的价格出售。

债券发行价格计算公式为

债券发行价格＝票面金额（1+市场利率）n+∑ni=1 票面金额×票面利率（1+市场利率）t

式中，n——债券期限；

t——付息期数。

（四）债券的收回与偿还

债券的收回与偿还有多种方法，可在到期日按面值一次偿还，也可分批收回或分批偿还。

1. 收回条款

如果企业发行债券的契约中规定有收回条款，那么，企业可按特定的价格在到期日之前收回债券。债券的收回价格一般比面值要高，并随到期日的接近而逐渐减少。

2. 偿债基金

偿债基金是一种帮助企业有条理地偿还所发行债券的一种准备金。一般来说，如果债券的契约中规定有偿债基金，则要求企业每年都提取偿债基金以便顺利偿还债券。

3. 分批偿还

一个企业在发行同一种债券的当时就订有不同的到期日，这种债券为分批偿还债券。

4. 以新债券换旧债券

发行新的债券来调换一次或多次发行的旧债券叫"债券的调换"。

5. 转换成普通股

如果企业发行的是可转换债券，那么，可通过转换变成普通股来收回债券。

6. 到期一次以现金方式偿还

我国发行的债券目前多数采用此种方式。

此外，《企业债券发行与转让管理办法》对债券的偿还做出了明确的规定。面向社会公开发行的债券，在债券到期兑付之前，应由发行人或代理兑付机构于兑付日的15天以前，通过广播、电视、报纸等宣传工具向投资人公布债券的兑付办法。

(五) 债券筹资的优缺点

1. 债券筹资的优点

1) 资金成本较低（利用债券筹资的成本要比股票筹资的成本低）。

2) 保证控制权（债券持有人无权干涉企业的管理，如果股东担心控制权旁落，则可采用债券筹资）。

3) 有利于发挥财务杠杆作用（不论公司赚钱多少，债券持有人只收取固定的有限的利息，而更多的收益可用于分配给股东以增加其财富或留给企业以扩大经营）。

2. 债券筹资的缺点

1) 筹资风险高。债券有固定的到期日并定期支付利息。利用债券筹资，要承担还本、付息的义务。在企业经营不景气时，向债券持有人还本、付息，无异于釜底抽薪，会给企业带来更大的困难，甚至导致企业破产。

2) 限制条件多。发行债券的契约书中往往有一些限制条款。这种限制比优先股及短期债务严得多，可能会影响企业的正常发展和以后的筹资能力。

3) 筹资额有限。利用债券筹资有一定的限度，当公司的负债比率超过了一定程度后，债券筹资的成本要迅速上升，有时甚至会发行不出去。

融资租赁

租赁指出租人在承租人给予一定报酬的条件下，授予承租人在约定的期限内占有使用财产权利的一种契约性行为。

(一) 租赁的种类

租赁的种类很多，我国目前主要有经营租赁和融资租赁两类。

1. 经营租赁

经营租赁又称营业租赁，它是比较典型的租赁形式，通常为短期租赁。其特点是：

1) 承租企业可随时向出租人提出租赁资产要求。

2）租赁期短，不涉及长期而固定的义务。

3）租赁合同比较灵活，在合理期限条件范围内，可以解除租赁契约。

4）租赁期满，租赁资产一般归还给出租者。

5）出租人提供专门服务，如设备的保养、维修、保险等。

2. 融资租赁

融资租赁又称财务租赁，通常是一种长期租赁，可解决企业对长期资产的需要，故又称为资本租赁。融资租赁是现代租赁的主要形式。

（1）融资租赁的特点

①一般由承租人向出租人提出正式申请，由出租人融通资金引进用户所需设备，然后再租给用户使用。

②租期较长。融资租赁的租期一般为租赁财产寿命的一半以上。

③租赁合同比较稳定。在融资租赁期内，承租人必须连续支付租金，非经双方同意，中途不得退租。这样既能保证承租人长期使用资产，又能保证出租人在基本租期内收回投资并获得一定利润。

④租赁期满后，可选择以下办法处理租赁财产：将设备作价转让给承租人；由出租人收回；延长租期续租。

⑤在租赁期间内，出租人一般不提供维修和保养设备方面的服务。

（2）融资租赁的形式

①售后租回。根据协议，企业将某资产卖给出租人，再将其租回使用。资产的售价大致为市价。采用这种租赁形式，出售资产的企业可得到相当于售价的一笔资金，同时仍然可以使用资产。当然，在此期间，该企业要支付租金，并失去了财产所有权。从事售后租回的出租人为租赁公司等金融机构。

②直接租赁。直接租赁是指承租人直接向出租人租入所需资产，并付给租金。直接租赁的出租人主要是制造厂商、租赁公司。除制造厂商外，其他出租人都是从制造厂商购买资产出租给承租人。

③杠杆租赁。杠杆租赁要涉及承租人、出租人和资金出借者三方当事人。从承租人的角度来看，这种租赁与其他租赁形式并无区别，同样是按合同的规定，在基本租赁期内定期支付定额租金，取得资产的使用权。但对出租人却不同，出租人只出购买资产所需的部分资金（如30%），作为自

己的投资；另外以该资产作为担保向资金出借者借入其余资金（如70%），因此，它既是出租人又是借款人，同时拥有对资产的所有权，既收取租金又要偿付债务。如果出租人不能按期偿还借款，那么资产的所有权就要转归资金出借者。

（二）融资租赁的程序

1. 选择租赁公司

企业决定采用租赁方式筹取某项设备时，首先需了解各个租赁公司的经营范围、业务能力以及与其他金融机构的关系和资信情况，取得租赁公司的融资条件和租赁率等资料，并加以比较，从而择优选定。

2. 办理租赁委托

企业选定租赁公司后，便可向其提出申请，办理委托。这时，筹资企业需填写"租赁申请书"，说明所需设备的具体要求，同时还要提供企业的财务状况文件，包括资产负债表、利润表和现金流量表等。

3. 签订购货协议

由承租企业与租赁公司的一方或双方合作组织选定设备制造厂商，并与其进行技术与商务谈判，签署购货协议。

4. 签订租赁合同

租赁合同系由承租企业与租赁公司签订，它是租赁业务的重要法律文件。融资租赁合同的内容分为一般条款和特殊条款。

（1）一般条款

一般条款主要包括：合同说明，名词解释，租赁设备条款，租赁设备交货、验收、税款、费用条款，租期和起租日期条款，租金支付条款。这些内容通常以附表形式列示，作为合同附件。

（2）特殊条款

特殊条款主要规定：购货合同与租赁合同的关系，租赁设备的所有权，租期中不得退租，对出租人免责和对承租人保障，对承租人违约和对出租人补偿，设备的使用和保管、维修和保养，保险条款，租赁保证金和担保条款，租赁期满对设备的处理条款等。

5. 办理验货与投保

承租企业收到租赁设备后，经验收合格签发交货及验收证书并提交给

租赁公司，租赁公司据以向厂商支付设备价款；同时，承租公司向保险公司办理投保事宜。

6. 支付租金

承租企业按合同规定的租金数额、支付方式等向租赁公司支付租金。

7. 租赁期满的设备处理

融资租赁合同期满时，承租企业应按租赁合同的规定，实行退租、续租或留购。但在融资租赁中，租赁期满的设备一般低价卖给承租企业或无偿转给承租企业。

（三）融资租赁租金的计算

在租赁筹资方式下，承租企业要按合同规定向租赁公司支付租金。租金的数额和支付方式对承租企业的未来财务状况具有直接的影响，也是租赁筹资决策的重要依据。

1. 融资租赁租金的构成

1）营业租赁的租金包括租赁资产购买成本、租赁期间利息、租赁物件维护费、业务及管理费、税金、保险费及租赁物的陈旧风险补偿金等。

2）融资租赁的租金包括设备价款和租息两部分，其中，租息又可分为租赁公司的融资成本、租赁手续费等。

2. 租金的计算方法

在我国融资租赁业务中，计算租金的方法一般采用等额年金法。等额年金法是指利用年金现值的计算公式经变换后计算每期支付租金的方法。

根据普通年金现值的计算公式，可推导出后付租金方式下每年年末支付租金数额的计算公式，即

$A = P (P/A, i, n)$

【例3.4】远华公司采用融资租赁方式于1995年1月3日从租赁公司租入一设备，设备价款为100 000元，租期为10年，到期后设备归企业所有，为了保证租赁公司完全弥补融资成本、相关的手续费并有一定盈利，双方商定采用20%的折现率，则该企业每年年末应支付的等额租金为

$A = 100\ 000\ (P/A, 20\%, 10) = 23\ 849.27$（元）

(四) 租赁筹资的优缺点

1. 租赁筹资的优点

1) 筹资速度快。租赁往往比借款购置设备更迅速、更灵活。因为租赁是筹资与设备购置同时进行，可以缩短设备的购进、安装时间，使企业尽快形成生产能力。

2) 限制条款少。债券和长期借款都有相当多的限制条款，虽然类似的限制在租赁公司中也有，但一般比较少。

3) 设备淘汰风险小。当今，科学技术在迅速发展，固定资产更新周期日趋缩短。企业设备陈旧过时的风险很大，利用租赁筹资可减少这一风险。

4) 到期还本负担轻。租金在整个租期内分摊，不用到期归还大量本金。

5) 税收负担轻。租金可在税前扣除，具有抵免所得税的效用。

6) 租赁可提供一种新的资金来源。有些企业，由于种种原因，如负债比率过高，不能向外界筹集大量资金。在这种情况下，采用租赁的形式就可使企业在资金不足而又急需设备时，不付出大量资金就能及时得到所需设备。

2. 租赁筹资的缺点

租赁筹资的最主要缺点就是资金成本较高。一般来说，其租金要比举借银行借款或发行债券所负担的利息高得多。在财务困难时，固定的租金也会构成一项较沉重的负担；另外，采用租赁不能享有设备残值，这也是一种损失。

商业信用

商业信用是指商品交易中的延期付款或延期交货所形成的借贷关系。它主要是因为商品交易中钱货在时间上的分离而产生的。

(一) 商业信用的形式

1. 应付账款

应付账款是一种最典型、最常见的商业信用形式。在此情况下，买卖双方发生商品交易，买方收到商品后不立即支付现金，可延期到一定时间以后付款。

在这种形式下，买方通过商业信用筹资的数额与是否享有折扣有关。一般认为，企业存在三种可能性：

1) 享有现金折扣，而在信用期内付款。其占用卖方贷款的时间短，信用筹资相对较少。

2) 不享有现金折扣，而在信用期内付款。其筹资量大小取决于对方提供的信用期长短。

3) 超过信用期的逾期付款（即拖欠）。其筹资量最大，但它对企业信用的副作用也最大，成本也最高。

2. 预收货款

在这种形式下，卖方要先向买方收取货款，但要延期到一定时期以后交货，这等于卖方向买方先借一笔资金，是另外一种典型的商业信用形式。

3. 应付票据

应付票据是指单位之间根据购销合同进行延期付款的商品交易时，开出的反映债权债务关系的商业汇票，对于买方来讲它是一种短期融资方式，是反映应付账款的书面证明。

(二) 商业信用条件

所谓信用条件，是指销货人对付款时间和现金折扣所做的具体规定，如"2/10、n/30"，便属于一种信用条件。信用条件从总体上来看，主要有以下几种形式。

1. 预收货款

这是指企业在销售商品时，要求买方在卖方发出货物之前支付货款的情形。如企业已知买方的信用欠佳，销售生产周期长、售价高的产品。在这种信用条件下，销货单位可以得到暂时的资金来源，购货单位则要预先垫支一笔资金。

2. 延期付款但不提供现金折扣

这是指企业购买商品时，卖方允许企业在交易发生后一定时期内按发票金额支付货款的行为，如"net45"，是指在45天内按发票金额付款。这种条件下的信用期间一般为30～60天。在这种情况下，买方可因延期付款而取得资金来源。

3. 延期付款，但早付款有现金折扣

这种方法是企业为了加速应收账款的回收，如买方提前付款，卖方可给予一定的现金折扣，如买方不享受现金折扣，则必须在规定时期内付清账款。如"2/20、n/30"便属于此种信用条件，其含义是卖方在20天内付款，可享受销售金额2%的折扣，付款时间在20～30天内没有现金折扣，最长付款时间不超过30天。在我国，现金折扣一般为发票金额的1%～5%。

（三）现金折扣成本的计算

在采用商业信用形式销售产品时，为鼓励购买单位尽早付款，销货单位往往都规定一些信用条件，这主要包括现金折扣和付款期间两部分内容。

【例3.5】远华公司拟以"2/10、n/30"信用条件购进原料一批。这意味着企业如果在10天内付款，可享受2%的现金折扣，若不享受现金折扣，货款应在30天内付清。

如果销货单位提供现金折扣，购买单位应尽量争取获得此项折扣，因为丧失现金折扣的机会成本很高。具体资金成本的计算可按下式计算，即

资金成本率 = CD（1−CD）·360N×100%

式中，CD——现金折扣的百分比；

N——失去现金折扣延期付款天数。

如此例的资金成本应为

资金成本率 ≈ 36.7%

这表明，只要企业筹资成本不超过36.7%，就应当选择享受现金折扣，10天内付款。

（四）商业信用融资的优缺点

1. 商业信用融资的优点

1）筹资便利。利用商业信用筹措资金非常方便。因为商业信用与商品买卖同时进行，属于一种自然性融资，没有必要做正规的安排。

2）筹资成本低。如果没有现金折扣或企业不放弃现金折扣，则利用商业信用集资没有实际成本。

3）限制条件少。如果企业利用银行借款筹资，银行往往对贷款的使用规定一些限制条件，而商业信用则限制较少。

2. 商业信用融资的缺点

商业信用的期限一般较短，如果企业取得现金折扣，则时间会更短；但如果放弃现金折扣，则要付出较高的资金成本。

负债资金与权益资金的比较

企业通过负债筹集的资金构成企业的债务资金。企业资金从来源上看，不外乎是权益资金和债务资金。债务资金与权益资金比较，具有以下不同之处。

（一）企业偿还资金义务及资金使用时间不同

债务资金具有使用的时间性，到期必须偿还，退出企业经营，而权益资金在企业经营过程中不退出，可供企业长期使用，在解散清算之前，企业对权益资金无偿还或返还的义务。

（二）企业对资金所有者支付报酬的财务处理不同

债务资金的资金成本计入企业经营成本或费用在所得税前列支，而权益资金的成本由所得税后利润分配。

（三）资金所有者投资回报不同

不论企业经营效果好坏，对债务资金的提供者（债权人）需固定支付债务利息，从而形成企业的固定负担；而对权益资金的提供者（投资者）需看企业经营情况酌情支付红利。

（四）资金所有者对企业的管理权不同

权益资本所有者有着管理或法定管理企业的权利，债务资金提供者不像权益资金提供者那样拥有企业的管理权，不会分散企业所有者的控制权。但在企业处于破产清算时，权益资本所有者和债务资金提供者对企业管理

权发生巨大变化，债务资金提供者（即债权人）对破产企业拥有管理权。权益资本所有者则因企业经营失败，无力清偿债务而处于"被管"地位，从而丧失对企业的管理权。

（五）资金所有者对企业破产承担责任不同

企业发生亏损时，首先减少的是权益资本所有者的权益，只要企业尚未处于无力偿还或资不抵债的状况，企业就不会破产，债务资金提供者的权益就不受损失。当企业发生资不抵债时，债务资金提供者的权益才会遭受损失。但在独资企业和合伙制企业，债务资金提供者的追索权还可从个体业主和合伙人的个人财产中得到满足，只有在个人财产也不足以偿清债务时，债务资金提供者的权益才会受到损失，在企业清算时，债务资金提供者分配清算资产或破产财产的程序在权益资本所有者之前。企业经营失败，权益资本所有者不仅无利可得，甚至本金无归。权益资本是承担企业亏损、构成担当债务的物质基础。

权益资金和债务资金形成了资金的组合。从资本经营的角度，债务并不一定是坏事，债务可以成为企业的经营资本。对于债权人来说，它是一种借出资本，可以获得资本利息回报。对于债务人来说，它是一种借入资本，如同权益资金要获得收益一样，它同样可以增值，同样可以给资金的经营者带来收益。许多成功企业并不完全是依靠自己筹集的权益资金去进行经营，有相当多的企业恰恰是依靠借入资本使其成为规模庞大的资本拥有者的。

第四章

资本运营中的风险管理

企业的资本运营受到人、财、物、技术、信息等各个要素质量和结构的限制。当外部环境发生变化,资本经营活动的复杂性和难度超过企业的能力时,风险便可能发生。风险还与企业资本经营中"人"的要素有关,如决策者、管理者的素质、能力、风险意识、风险倾向、风险处理技巧等。

风险管理

一、风险管理的概念

风险管理（Risk Management）是指如何在项目或者企业一个肯定有风险的环境里把风险减至最低的管理过程。风险管理是指通过对风险的认识、衡量和分析，选择最有效的方式，主动地、有目的地、有计划地处理风险，以最小成本争取获得最大安全保证的管理方法。

风险管理是一门新兴的管理学科，在其形成和发展的过程中，由于风险管理出发点、目标和运用范畴等侧重点不同，学者对风险管理定义提出了各种不同的学说，并且随着时代的发展而不断演变。其中较有影响和代表性的学说有美国学说和英国学说。美国学者通常狭义地把风险管理对象局限于纯粹风险，也就是说只会带来损失而没有获得机会的风险，而且重点主要放在风险处理上。英国学者则把重点放在经济控制方面。关于风险管理较为全面而又确切的定义，最早是由美国学者威廉姆斯和汉斯给出的。他们把风险管理看成并非仅仅是一种管理过程，而是将其看作一门新兴的管理科学。他们在著作《风险管理与保险》（Risk Management and Insurance）中指出，"风险管理是通过对风险的识别、衡量和控制，以最小的成本使风险所致损失达到最低程度的管理方法。"

目前，我国理论界比较接受的也是类似的比较全面的定义，风险管理是研究风险发生规律和风险控制技术的一门新兴管理学科，各经济单位通过风险识别、风险衡量、风险评价，优化组合各种风险管理技术，对风险实施有效的控制，期望达到以最小的成本获得最大安全保障的目标。

二、风险管理的基本过程

作为一种管理活动，风险管理是由一系列行为构成的，其中风险识别、风险衡量、风险处理和风险管理效果评价是风险管理过程的四个实质性阶段。

(一) 风险识别

风险识别是整个风险管理工作的基础，不经过识别，风险是无法衡量的，无法进行科学管理。识别风险即认识风险的来源与所在。风险管理人员通过对大量来源可靠的信息资料进行系统了解和分析，认清企业存在的各种风险因素，进而确定企业所面临的风险及其性质，使之被完整地辨识出来。不论企业特性如何，识别风险的工作重点有三个：第一，检视经营业务的范围与项目。尤其是正在进行的工作与新的业务项目，如公司正对某公司进行购并。第二，检视运营过程或管理过程的纯熟度。第三，检视人员训练与相关资源是否充足。

有待识别的风险，不仅包括那些比较明显的风险因素，还包括那些潜在的风险因素。一般来说，认识后者要比认识前者更为困难，但常常更为重要。识别风险，一方面通过感性认识和历史经验来判断，其中类推比较是一种有用的方法；另一方面则是通过对各种客观的经营管理资料比如统计、会计、计划、总结等和风险事故记录进行分析、归纳和整理以及必要时的专家访问，从而发现各种风险及其损失情况，找其规律。

风险与时间是硬币的两面，有未来就有风险，所以识别风险必须持续、有制度、有系统地进行。持续可以减少不可知风险；有制度、有系统，才可能持续。因此，持续与有制度、有系统是风险识别工作的三个基本要求。

(二) 风险衡量

风险衡量是针对某种特定的风险，测定其风险事故发生的概率及其损失程度。风险衡量是在风险识别的基础上进行的。通过风险识别，发现企业面临的风险，弄清存在的风险因素，确认风险的性质，并获得了有关数据。风险衡量通过对这些资料和数据的处理，得到相关损失发生概率及其程度的有关信息，为选择风险处理方法，进行正确的风险管理决策提供依据。风险衡量以损失概率和损失程度为主要测算指标，并据以确定风险的大小或高低。风险衡量一般需要运用概率论和数理统计方法，必要时借助电子计算机来完成。

风险衡量与风险识别和风险处理在时间上不能截然分开。事实上，由风险识别到风险衡量，再从风险衡量到风险处理，都是逐渐进行的。有些数据分析活动是在风险识别的过程中发生的。有些风险处理措施则是在风险衡量时就开始采取了。比如说，在访问某位专家的过程中，某种风险得以识别，那么下一步的行动自然是取得风险损失程度方面的信息，确定风险事故发生会造成的后果以及采取的处理方法。这两项行为一般被视为风险衡量的组成部分，但它们都是在风险识别过程中就发生了。

(三) 风险处理

风险处理是指经过风险识别和风险衡量之后，对风险问题采取行动或者不采取行动，它是风险管理过程最后一个关键环节。风险管理人员对于经济单位所面临的风险进行识别和衡量，弄清了风险的性质和大小之后，必须运用合理而有效的方法对风险加以处理。这一阶段的核心是风险处理手段的选择。

风险处理的手段大体上可分为两类，即控制型手段（Control Means）和财务型手段（Financial Means）。

控制型风险处理手段是损失形成前防止和减轻风险损失的技术性措施，它是通过避免、消除和减少风险事故发生的机会以及限制已发生损失继续扩大，达到减少损失概率、降低损失程度，使风险损失达到最小目的。这种手段的重点在于改变引起风险事故和扩大损失的条件。控制型的手段通常有：避免、损失预防与抑制等。在采用这些处理手段时往往需要大量的专业技术知识，因此，风险管理人员必须经常求助于各种不同领域的专家。财务型风险处理手段是通过事先的财务计划，筹措资金，以便对风险事故造成的经济损失进行及时而充分的补偿。这种手段的核心将消除和减少风险代价均匀地分布在一定时期内，以减少因随机性巨大损失的发生而引起财务危机之风险。事实上，以一个较长时期来看，企业的风险都是要由自己承担的。因此，采用财务型手段将这种代价经过处理，风险的代价可以降低。财务型手段通常有：保留或承担，财务型保险转移、中和等。

风险处理手段的选择是一种综合性的科学决策。决策时，针对风险的实际情况，根据企业的资源配置状况，注意各种风险处理手段的可行性与效用。风险处理手段的选择，一般不是一种风险选用一种手段，而经常是将几种手段组合起来。只要合理组合，风险处理就会做到成本低、效益高，即以最小的成本获得最大的安全保障。

(四) 风险管理效果评价

风险管理效果评价是指对风险处理手段的适用性和效益性进行分析、检查、修正和评估。在前一阶段，选定并执行了最佳风险处理手段之后，风险管理人员还应对执行效果进行检查和评价，并不断修正和调整计划。因为随着时间的推移，企业所面临的社会经济环境以及自身业务活动的条件都会发生改变，这会导致原有风险因素的变化，也会产生新的风险因素。因此，必须定期评价风险处理效果，修正风险处理方案，以适应新的情况并努力达到最佳的管理效果。在一定时期内，风险处理方案是否最佳，其效果如何，需要有科学的方法来评估。风险管理效益的高低，主要看其能否以最小的成本取得最大的安全保障，而成本的大小则是为采取某项风险处理方案所支付的费用及其机会成本，而保障程度的高低则要看由于采取了该项方案而减少的风险损失，包括直接损失和间接损失。风险管理效果的评价，主要看效益比值的大小。

效益比值等于因采取该项风险处理方案而减少的风险损失除以因采取风险处理方案所支付的各种费用加机会成本。

若效益比值小于1，则该项风险管理方案不可取；若效益比值大于1，则该项风险处理方案可取。从经济效益看，使得效益比值达到最大的风险处理方案为最佳方案。

企业资本运营中的风险与测量

一、影响企业资本运营的因素

外部环境的不确定性：随着社会主义市场经济的发育和完善，企业所面临的外部环境也将日趋复杂，外部环境的不可控性也日益增大。企业的外部环境复杂多样，但主要包括三个方面：一是政治、经济和国家宏观经济政策的变化；二是市场状况的变化以及竞争对手的出现；三是投资者的投资结构、投资行为和投资偏好的变化。由于这些外部环境因素变化的不可预测性，因而具有极大的不确定性，从而在客观上给企业的资本运营带

来风险。

资本运营活动本身的复杂性：随着资本市场的发展，新的金融衍生物的产生，加上我国加入 WTO 资本经营日趋复杂，资本经营活动的难度加大，从而加大了企业进行资本经营的困难性。

企业能力的有限性：企业的资本运营受到人、财、物、技术、信息等各个要素质量和结构的限制。当外部环境发生变化，资本经营活动的复杂性和难度超过企业的能力时，风险便可能发生。风险还与企业资本经营中"人"的要素有关，如决策者和管理者的素质、能力、风险意识、风险倾向、风险处理技巧等。对外部环境的识别错误，对资本运营活动估计偏差，对风险活动决策失误，对风险过程监控不力，以及缺乏对风险的心理承受能力，均有可能导致主观风险的产生。

二、企业资本运营的风险分类

为了有效地对企业资本运营中的风险进行管理，有必要对各种风险分类，以便对不同的风险采取不同的处理措施，实现风险管理目标的要求。按不同的分类标准，企业资本运营的风险分为以下几类：

按风险的性质划分，可将企业资本运营中的风险分为：

静态风险，又称纯粹风险。这种风险只有损失的可能性而无获利的机会。静态风险的变化比较有规律，可利用概率论中的大数法则预测风险频率，它是风险管理的主要对象。

动态风险，又称投机风险。指既有损失可能又有获利可能的风险。它所导致的结果包括损失、无损失、获利三种可能。如股票买卖，股票行情变化既能给企业带来盈利，也可能带来损失。动态风险常与经济、政治、科技及社会的运动密切相关，远比静态风险复杂，多为不规则的、多变的运动，很难用大数法则进行预测。

按对风险的承受能力划分，可分为：

可接受的风险，指企业在对自身承受能力、财务状况进行充分分析研究的基础上，确认能够承受最大损失的限度，凡低于这一限度的风险称为可接受的风险。

不可接受的风险，与可接受的风险相对应，是指风险已超过企业在研究自身的承受能力、财务状况的基础上所确认的承受最大损失的限度，这

种风险就称为不可接受的风险。

按是否可以通过分散投资来规避，可分为系统风险和非系统风险。

系统风险是指由于政治、经济及社会环境的变动影响所有经济单位收益的风险。它的特点是由共同的因素所致；影响所有经济单位的收益；不能通过投资多样化来分散。这些经济、社会或政治等因素的变动主要来自各种可变的因素诸如利息率、现行汇率、政府货币与财政政策以及经济和政治体制等方面的变动。系统风险对市场所有企业的收益都有影响。只不过有些企业可能比另一些企业对系统风险的敏感程度低一些。系统风险对所有企业来说都是存在的，无法用投资多样化的方法加以避免和消除。因此，人们常把它称为非多样性风险。

非系统风险是指由于工人罢工、经营失误、投资者偏好变化、资源短缺等因素的影响所产生的个别企业的风险。它的特点是由单个因素造成；只影响个别企业的收益；可以通过多样化投资来分散风险。企业可以通过投资多样化的方式将非系统风险化解并且能够有效地进行防范。因此，非系统风险又称之为多样化风险。

三、资本运营的风险测量方法

在企业资本运营活动中为了规避风险，必须对风险进行测量与评估。风险的测量方法在实践中被不断地创造出来，最初是采用比较简单的算术法来对风险进行测量，其优点是简单、明了但比较粗糙，不能准确地反映风险的实际情况。企业在进行资本运营时，某一种具体风险出现的可能性不一样，于是，人们为了更精确地描述风险，引入了概率论的一些概念来度量风险。这样，风险的描述开始采用概率分布、标准差、方差、协方差等概念，对单一金融产品的风险的考察之后，又进一步发展为对组合形式的风险度量。由于系统风险的存在，金融产品的价格波动表现为某种共同的趋势，这可以通过数学上的各种平均方法来求得，当人们了解某一种金融产品相对于市场平均价格的变动时，β值法被创造出来，某一种金融产品的价格随着市场波动的趋势可以用它的β系数来反映。

（一）风险的算术测量法

算术测量法主要是用百分比、差值、净值、平均值来表示风险程度的。甲、乙两个公司分属不同行业，它们的股票价差的变动情况代表了该行业

的一般经营状况，企业在进行资本运营时，可以通过价差率的计算来衡量这两个不同产业的经营风险。

(二) 资本运营项目组合的风险衡量

项目组合之间相互关联的影响。在进行资本运营风险估计时，考虑到项目之间的相互影响是非常重要的。进行风险估计时，应当清醒地认识到忽略关联影响而可能带来的偏差，决策时必须考虑这一点。

多项目相互关联风险的估计。当企业同时进行多项目经营活动时，这种项目组合的风险测量就要复杂一些。各项目的风险和收益应该根据这些项目对它们所组成的项目组合的风险和收益的影响来进行分析。

(三) 企业并购中的风险度量

企业并购是一项复杂的系统工程，企业并购的成败与诸多因子相关，而这许多因子在大多时候是无法精确度量的。面临错综复杂的并购，我们该如何进行风险度量呢？下面我简单运用一个案例来给出企业并购风险度量的方法。

灰色系统理论把企业看作一个复杂的灰色系统，企业并购是这个灰色系统运作的一个重要方式，灰色关联度法就是运用灰色系统理念度量不同并购方案中的风险程度。灰色关联分析主要代表灰色关联系数和灰色关联度，灰色关联度是表征两个灰色系统相似性的一种指标，关联度表示并购方案与并购风险之间的密切程度，关联度取值越大，表明该方案的并购风险越高，通过对关联度的排序，可以为并购决策提供依据。

我国企业资本运营中的风险分析

一、经营风险

经营风险，是指企业在资本运营过程中由于经营状况的不确定性而导致的风险。企业的经营风险是和企业的发展结伴而行的，任何期望企业经营一路平安的想法都是不切实际的幻想。面对潜伏在企业经营中的风险，我们必须克服视而不见、冷漠处置的麻痹思想，以长期、充分的风险防范准备和正确的处理方式，最大限度地化解风险，使之不至于演变成不可收拾的残局或是灭顶之灾。

1994年8月，吴炳新与吴思伟父子组建三株实业有限公司，正式扛起三株大旗，随后三株创造了神话。1996年，其年销售额猛涨到80亿元，年利税18亿元，拥有员工15万人，到1997年，公司总资产为48亿元，且资产负债率为0。

1996年6月，湖南常德汉寿县某消费者买了10瓶三株口服液，喝了8瓶后全身溃烂，送往当地县医院，被医院诊断为三株药物高蛋白过敏症，其后病情反复无常，于该年9月死亡。这个消费者去世之后，其家人把三株集团告上了法庭。1998年3月31日，常德市中级人民法院做出一审判决，三株公司败诉，要求三株向死者家属赔偿29.8万元。一审判决下达之后，国内众多媒体以"八瓶三株口服液喝死人"为题，进行了狂轰滥炸式的报道。面对这一突如其来的危机，三株领导人束手无策，却一味被动地指望消费者和媒体的宽容与仁慈，希望给企业营造一个良好的生存氛围——不要告企业、不要给企业曝光。三株集团明显表现出一个典型暴发企业的脆弱与无助。从1998年4月开始，其销售收入猛然从原来的年销售80亿元，下跌到1000万元，随后出现全面亏损，工厂全面停产，6000名员工回家。一个企业帝国就这样无奈地倒下了。1999年4月，常德市中级人民法院二审判定三株胜出，但这已是迟到的祝福，因为倒下的三株已无力回天了。

三株公司从红极一时走向衰落的症结就在于对风险视而不见：靠单一产品支撑企业风险性本已很高，三株公司却没有进行系统研发，开发出系列产品，而且没有推行不同的营销战略；铺天盖地的广告宣传将三株产品形容为包治百病的神药，使消费者产生强烈的逆反情绪，已成为风险大规模爆发的诱因。加上营销队伍良莠不齐，用户服务成为管理盲点，三株公司运用大规模的人海战术，没有有步骤地致力于市场的精耕细作，面对不法分子的敲诈给企业带来的负面影响，公司没有引起足够的重视，既无对策，又无实际的行动。对经营风险的无视，没有相应的风险管理措施，这就导致了三株的衰落。

与三株有类似遭遇的还有秦池、沈阳飞龙等。探究其中缘由，一个重要的原因就是企业缺乏风险意识，无法驾驭从天而降的危机。前车之鉴，

失败的教训告诉企业：在现代动态竞争的环境中，企业一定要树立风险管理的意识，要有驾驭危机的能力。面对企业资本运营中的经营风险，若不能正确应对，可能导致企业的崩溃。

二、技术风险

在现代社会中，科学技术的飞速发展，使得新技术产业及产品层出不穷，科技含量的大小已成为评价产品功能的主要标准，也是产品竞争能力的重要因素。因而资本运营过程中必须充分考虑技术因素，尤其是资本流向高科技产业，现有技术可能因新技术的出现成为明日黄花，由于技术的落后或消失，必然为企业资本运营带来损失，这就是技术风险。

太阳神的失败一方面由于其盲目多元化，损伤了企业的元气，另一方面的致命错误在于其运营过程中没有认识到依靠单一品种的技术风险。1992年，太阳神斥资数千万将原来的企业科技部扩编为国内最先进的企业科研中心，下属16个研究室和实验室，并规定以后每年销售额的50%用于科研创新。1993年，太阳神力请原广东体育医院院长黄作侦任科技中心主任。但太阳神在产品开发以及新产品的推广上却一直止步不前。黄作帧曾说："这能怪研发不力吗？1993年我们研制出的新产品中就有8个获批国药健字和国药准字，市场前景看好，而决策层没让推向市场，打入冷宫数年，到如今要拿出来做的时候，却又过了批准期。在三株产值还只有2个亿时，我们就在微生物领域有所突破，微生物在干燥环境中比在液态环境中存活时间更长，我们研制的一种粉剂比三株更有效，如果当时能大力扶持这一产品，恐怕就不会有三株年销售80亿的奇迹了，可惜没有得到公司高层的重视。"实际上，1993年太阳神也力推过一个新品种——金针菇儿童口服液。保健品命名有两个原则，以其贵重原料的直接命名，如燕窝、人参、虫草等；采用低质原料的产品，则主要以功能、品名命名。而金针菇只是吃火锅用的低档菌种，以此命名首先就已失去了保健品本身的神秘感和贵族气。市场人员三次大范围铺货，三次都以退货而告终。此后还推出过双龙参口服液、熊胆口服液，均告中途夭折，这大大减弱了市场一线人员的冲击力和积极性。而且由于奖励制度的驱使，销售人员热衷于销售已形成市场的老产品，而对新产品的推广积极性不高。

企业资本运营的成功在于很多因素的综合，其中一个非常重要的因素就是企业的技术开发能力。企业如果意识不到这一点，离失败也就不远了。10多年来，中国保健品市场始终是"你方唱罢我登场"，产品一个接着一个地出，功效一个比一个神，但大多是各领风骚三五年。太阳神依靠着自己研制的生物健口服液和猴头菇口服液两个产品，在市场上盘踞10多年之久。在太阳神决策层看来，像可口可乐和百事可乐就是仅凭一个特有的配方独占市场鳌头，几十年经久不衰，太阳神也只要在浓缩液的基础上适当做些新的调配就行了。而事实上，太阳神的产品生命周期从1994年就开始进入了衰退期，产品的销售曲线一直在下滑。其实搞企业经营的都知道，可口可乐和百事可乐所走的都是低价位市场策略，可有效阻止其他竞争者的进入。而保健品市场高额的利润、丰厚的回报引来了众多竞争者的染指。据统计，20世纪90年代中期中国市场上有各类保健品3万多种，仅各种鳖精、鸡精之类就有数百种之多。但太阳神并没有深刻认识到这种变化，单纯地依靠其两个主导产品，从而产生了巨大的技术风险，导致最后全线崩溃。

三、财务风险

财务风险，是指在资本运营过程中，由于出资方式而导致股东利益损失的风险。在企业资本运营的过程中，尤其是产权资本运营、通常都伴随着融资活动，如发行股票或贷款等，进而会改变原有资本结构，并影响到股东利益的变化。资本运营追求的目标是使资本增值最大化，若进行资本运营可能反而使资本增值缩小甚至减值，这就形成了财务风险。比如企业采用负债融资，则存在着资金利润率小于贷款利率的可能性，这种可能性即为财务风险。财务风险的构成因素主要包括两方面：一是导致股东利益损失的可能性；二是因过度负债导致企业破产的可能性。比如企业兼并一家负债极高的企业，会导致本身负债率升高，进而加大财务风险。

中国香港瑞菱国际是1989年上市的一家从事磁带业务，以生产录影带为主的公司。起初，瑞菱只是一个生产录音带的厂家，但中国香港生产的录音带一般品质不高，在市场上影响不大。企业经过调查研究，得知世界上家庭录像带正在起步发展，而且在欧洲已经相当流行，只要能生产出优质带，就能取得成功，带动企业发展。于是，瑞菱国际管理层确定了以质取胜的经营宗旨，先后取得日本VHS以及英国EMI录影带的生产与销售的

专利权，行销世界，取得了极大成就。1990年，企业盈利0.93亿元，较上年增幅高达91.3%，营业额增长达128%。由于产品质地优良，欧洲共同市场给予瑞菱国际无条件所有反倾销豁免权，这是当时得到此豁免优惠待遇的第一家中国香港企业。正是在这样的背景下，瑞菱国际发动收购讯科，谋求进一步的多元化发展。

讯科国际是一家在1982年创办的企业。创办时，投资100万港元，到1988年上市时，公司市值已达26亿港元，盈利由1983年度的129万港元增至近1700万港元。公司初期主要生产电话及通信产品，1984年生产商用电话及电话留言录音机，受到市场欢迎。1985年，收购了高易达电子公司，开始设计、生产电视机及音响产品。1986年首次推出13英寸彩色电视机并出口美国，跟着又开始生产20英寸彩电出口，到1988年2月，已经发展成为中国香港第一家可以生产28英寸大彩电的制造商。1988年7月上市时，讯科已有4家工厂，拟在泰国建厂，厂房30万平方米，可容纳4条电视机生产线及12条电讯生产线，整个计划投资9000万港元。上市所集7000多万港元，主要是为了在泰国建厂。瑞菱在收购时宣布收购动机，公司管理组经过多年调查研究得出，公司应该发展电视机业务使业务多元化。电视机、录像带和录影带的客户相同，公司原持有10%讯科股权作为长期投资，讯科有良好基础，便于发展高科技产品，所以才收购讯科，旨在互惠互利。但瑞菱所称的善意收购却不被讯科理解，讯科拒绝收购。而收购战一开始，瑞菱义无反顾不肯罢兵，结果演变成针锋相对的敌意收购。

1990年，瑞菱和讯科大战的硝烟终于散尽，瑞菱最后以控得讯科59.27%股权，成功收购讯科。讯科的堡垒被瑞菱从内部攻破。

虽然，瑞菱在敌意收购中取得了胜利，但胜利的果实却是苦的。它使瑞菱从收购前的天堂坠入了收购后的深井。事实上，讯科从1989年已经初露亏损，被收购后每况愈下，接连大幅亏损，使瑞菱受其拖累，被迫进行债务分离。其实在8月初，讯科的财务顾问就曾公开说过：讯科近年来由于搬往泰国和马耳他，导致战略亏损，但长远看，讯科前景非常良好。但这并未引起瑞菱的注意。瑞菱在1989年上市后表现尤为突出，股份由1港元升至最高7.3港元。两年之间上升了6倍多。但由于决策不够冷静，瑞菱收购讯科虽然胜利了，但公司却陷入了困境。1990年收购前三个年度，瑞菱盈利 0.11，0.49，0.93 亿港元，后两年增长 3.4 倍和 91.3%，但收购后的 1990 年度亏损 1.04 亿港元，1991 年度亏损 0.62 亿港元，1992 年度亏损 0.98 亿港元。瑞菱苦战之后，不仅没有享受到任何胜利果实，反而背上了沉重的包袱。

瑞菱上市后，股价升至 7.3 港元，而收购讯科两年以后，股价最低跌至 0.4 港元。1993 年 2 月，瑞菱作价每股 0.1 港元出售讯科 44.47% 股权给嘉诚集团，放弃控股，仅保留 14.8%。自 1992 年 10 月 23 日至 1993 年 11 月，瑞菱及讯科都处于停牌中。直至 1994 年 5 月，瑞菱公布大规模重组建议，寻求改以 Newco 公司名义重新申请上市。新加坡 Goldtron 公司计划承担瑞菱约 5.1 亿港元的债务来换取其控股权。瑞菱的代价是向 Goldtron 发行 21.65 亿股以缴足股形式入股的股份。瑞菱的股份及认股证予以注销和废除。每 8 股瑞菱股份换取 1 股 Newco 新股，每张认股证换 1 份 Newco 新认股证，瑞菱成为 Newco 的全资附属公司，瑞菱股东成为 Newco 股东，而 Newco 则会申请以介绍方式上市，同时撤销瑞菱的上市地位。至此，瑞菱最后落了个被收购的结局，从股市上除名。

四、资金风险

资金风险是指企业在资本运营过程中，因资金筹集不足而导致资本运营中断的可能性。企业进行产业资本运营，虽然未必都需支付现金，但一旦支付现金，支付数量可能很大。企业能否达到预期的资金筹集目的，如果无法确定，便构成了资本运营的一种风险。这种风险一旦形成必然或多或少给企业带来损失，甚至导致企业的全线崩溃。

1994 年，李忠文辞了原来的工作，借了 4000 块钱，和哥哥两人开始在天津打江山。李忠文很有生意头脑，看到天津当时商店里的鞋都卖得很贵，他就反其道而行之，将所有的鞋廉价销售，生意一下就红火起来。在他做生意的第一年，那个由老式澡堂子改建的只有 420 平方米的鞋店为他带来了 400 多万元的收入。到 1996 年，李忠文和哥哥在天津已经拥有 4 家鞋店，每家单店面积都在四五百平方米，生意都不错。这一年的晚些时候，李忠文却突然决定将这 4 家鞋店都关掉，而另外租赁了 5 个店面，每个单店的营业面积都扩大到上千平方米，同时打出"百信鞋业"的旗号，以"平民化，低成本，低价位"为号召，搞起"鞋业超市"，并引进连锁概念，对外号称

"中国第一家鞋业连锁企业"。全新的经营模式，超低的商品价格，引来社会上好评如潮，慕名而来的顾客整天挤满了店堂，为李忠文带来了丰厚的收益。李忠文慢慢觉得光是一个天津已经不够自己施展了。他决心顺风扯帆，将"百信鞋业"之花开遍全国。

从1997年起到2000年，短短的4年时间里，"百信鞋业"在全国40多个城市开了80家连锁店，旗下拥有了2.8万名员工，总资产达到30多亿元。李忠文的鞋店，大的单店面积超过1万平方米，小的也有1千多平方米，显得大气磅礴，气势非凡。他宣称，到2002年，"百信鞋业"要在全国开100家连锁店，5年内跻身世界500强。

就在李忠文宣称他的"百信鞋业"要在5年内跻身世界500强的时候，灾难开始了。李忠文开鞋店，采取的是家电经销的那一套模式，即由厂家先垫货，待一段时间之后，再由商家给厂家结款。这种运作模式，可以很好地缓解商家资金紧张的局面，但同时也潜伏着巨大的风险。在"百信"起步的时候，李忠文的信誉非常好，说好10天给厂家结款就是10天结款，最多不会超过15天。但是短时间内开出几十家店，而且单店面积越来越大，最大的超过1万平方米。这些店铺占压了大量的资金，这使"百信"的资金始终处于极度紧缺的状态。"百信"开始对厂家失信，结款的日期越来越长，厂家怨气日积月累。与此同时，"百信"在短时间内急剧膨胀，老板自身的知识积累和知识结构跟不上企业的发展，管理混乱不可避免。这导致了两个后果，第一，替李忠文打理在全国各地几十家店铺的大多是他的亲戚朋友。这些亲戚朋友乘其一时分身乏术，开始公然地、大规模地损公肥私，化公为私，使企业利益受到极大损害；第二，劣质商品开始大量涌入"百信"，原来打天下仰仗的两项利器，一是价廉，二是质优，现在价廉仍旧，质优却已经谈不上了。顾客的不断投诉，引起政府管理部门的关注。因为产品质量问题，"百信"销售额急剧下降，使本已紧张的资金链进一步绷紧。"百信"内外交困，李忠文看起来固若金汤的企业帝国变得岌岌可危。正在这时，"百信"一直存在的"偷逃税"事件被揭发出来，成为压折骆驼腰的最后一根稻草。随着由工商、税务、公安等部门联合组成的调查组进驻"百信东北分公司"，被"百信"拖欠着上亿元巨额货款的各地供应商闻风而动。李忠文的"百信"帝国几乎是在一夜之间土崩瓦解。

建立资本运营中的风险管理机制

一、企业资本运营风险管理机制

企业的资本运营是一项充满风险的经营活动,企业无论是从开始筹措资本,还是在运营资本阶段,都伴随着大量的不确定因素,这些不确定因素给企业的整个资本运营行为带来巨大的风险。为此,发现资本运营活动中的潜在风险因素,探讨风险管理对策,对保证企业资本运营活动的正常进行,提高资本运营的效率和效果,增强企业发展的整体实力,无疑有相当重要的意义。

资本运营与商品经营相比较,所面临环境带来的风险威胁更大,操作过程更为复杂。因此建立资本运营操作风险管理程序及机制、制定风险策略、加强防范风险意识,是资本运营的主要内容,直接影响到资本运营目标的实现。由于风险因素的制约和影响,资本运营风险管理过程相对来说较为复杂。一般地,资本运营风险管理包括以下步骤:

(一) 界定范围,明确目标

首先确定风险管理对象的范围,明确风险管理活动所要达到的目标。管理者要从资本运营操作的整个过程中可能遇到的问题出发,根据目标要求建立资本运营操作风险管理的目标及各阶段分目标,并进行目标风险分析,然后根据潜在的风险威胁调整目标,最终建立一套完善的风险管理目标系统。

(二) 分析风险成因,识别风险类型

在建立了风险管理目标系统后,应根据风险管理目标要求,认真研究资本运营操作的内外部环境状况,分析风险形成的根本原因,并据此划分风险类型,从而为制定风险防范策略提供思路。

(三) 判断风险概率及风险强度

风险概率是指风险实际发生的可能性;风险强度则是指风险影响程度,即风险值。这两个指标都可以通过一定的定量方法确定。衡量风险的方法

有β系数法等，可根据不同内容及要求进行选择。

（四）风险效用评估

风险效用评估主要是根据人们对待风险的态度，确定出各种不同类型的资本运营主体对待风险的效用值。通过风险效用评估确定出资本运营主体的风险收益效用值后，就可以做出相应应付风险的对策。

（五）风险规避设计

风险规避设计是风险管理的核心，它主要由预警、防范、控制、应急等若干系统组成。预警系统的主要功能是监控可能的风险因素，尤其是重点监视风险值较大的关键要素，及时发现异常征兆，准确地预报风险。风险预警一般通过设置临界值来实现，当企业资本运营的内外部条件变化处于临界值以内，说明运营过程处于安全状态；当变化超出临界值时，则表明状态异常，应及时发出警报。企业应准备一定的应急措施，以便在发生意外风险的情况下应用，尽量减少风险带来的不良影响。

（六）风险管理效果评价

风险管理的效果一般采用"费用—效益比值法"进行评价判断，即比值—效益/费用。效益是指达到风险管理目标后所取得的实际效果，通常用经济效益和社会效益来表示；费用则是指风险管理活动的实际支出，可分为货币性支出与非货币性支出两种费用。比值越大，则说明风险管理活动的效果越好，否则相反。

（七）总结经验，提高水平

在整个风险管理活动结束后，企业经营者应对前一阶段的风险管理运作进行总结，以积累更多的经验，提高企业从事资本运营风险管理的能力。

二、建立资本运营风险管理机制时应注意的问题

建立资本运营风险管理机制的根本目的就是通过各种交易策略和技术的运用，将企业所承担的风险部分全部转嫁出去，从而保证所承担的风险的总规模不超过自身能够承受的规模。这就要求企业能比较准确地测量自己所承担的风险，并能够准确及时地做出风险决策。因此，企业在建立资本运营的风险管理机制时，必须注意以下这些问题：

（一）企业是否适合进行资本运营

企业在进行资本运营时应满足以下条件：1. 具有较强的经济实力，具

有控股和资产置换所需的资金、技术和管理能力,其项目符合国家产业政策支持发展的方向;2.资本运营、资产重组必须有明确的目的,都是为了企业自身和被控制对象的长期和长远发展;3.企业本身已形成较强的市场拓展能力和较为齐全的经营管理,具有吸收、消化被控资源的能力。上述各项条件是一组相关联的充分必要条件,缺一不可。如果企业并不满足这些条件,就盲目进行资本运营,将给企业招致更大的风险。

(二) 明确企业发展战略定位,制定企业长远发展战略

资本运营的基础是生产经营,一个企业要想通过资本经营赢得市场竞争优势实现规模经济,就必须通过对宏观经济运行的趋势、市场变动格局、行业发展前景、自身的生产经营素质和发展潜力的仔细评估,确定企业发展的战略定位,并在此基础上制定资本运营发展的中长期发展规划。有的放矢地确定资本运营的手段方式,使资本运营方式围绕着一个明确的目标进行。否则,为资本运营而进行资本运营,企业发展将无从谈起,资本运营也将成为无源之水、无本之木。

(三) 注重企业主营业务和核心业务的巩固和长远发展,以此为基础开展资本运营

实践证明,资本运营成功的关键在于一切并购业务都必须围绕主营业务进行,否则,必将本末倒置,使企业发展误入歧途。

(四) 应从财务的角度对资本运营进行充分的分析论证

这些分析包括:对资本运营成本的分析比较、对资本运营效益的预测、对企业的财务承受能力的分析等。通过这些分析,我们可以选择出最佳的资本运营方式,制定周详的资本运营方案,并针对可能出现的各种财务问题及早制定对策。某些企业可能会过分注重资本运营的表面形式,而没有对资本运营过程给予足够的重视,这种做法是十分危险的。

(五) 在企业资本运营过程中,要注意充分发挥中介机构,特别是投资银行的作用

实践证明,中介机构可以为企业设计重组模式,进行可行性分析,协助制定和实施重组具体方案,帮助企业提高资本运营的效率。

三、资本运营操作风险防范的一般策略

（一）宏观思维策略

资本运营受宏观政策及法律法规影响很大，因此，企业在资本运营过程中，必须对现在以及将来出台的各项政策进行仔细研究分析，准确把握各项政策，不局限于对政策的一般理解，要提前领会政策的意图，这样才能在资本运营中把握住先机，不至于与政策发生抵触。

（二）以我为本的策略

以我为本的策略是指企业进行资本运营过程中，必须对并购、重组等形成的新公司能起到控制作用，一旦发现新公司发生不利事件而产生风险时，可以通过控制权对其施加影响，以使新公司按资本运营目标发展，防止造成更大损失或发生新的风险。

（三）规模适度策略

资本运营是企业进行资本扩张和资本优化的有效途径，但并非是规模越大越好。应从企业经营能力和水平角度出发，确定适度的资本运营规模，防止资本扩张速度太快而产生负面影响，从而防范管理风险、筹资风险及财务风险等。

（四）风险转移策略

风险转移策略就是要将发生在企业自身的风险转移给他方，以减少自身承担的风险强度的行为。主要有两种方式：一是策略组合。其做法是根据不同的情况，设计不同的资本运营策略方案，形成一个备用的策略方案组合，一旦环境出现风险，就选用与其对应的或接近的方案去实施，从而达到部分转移风险的目的。二是策略调整。即将资本运营策略视为一个随机变化的动态过程，企业的运营主体根据环境条件的变化，不断调整资本运营策略方案使之尽量与环境的要求一致。

（五）风险分散策略

风险分散策略是指分散企业承受的压力，减轻企业从事资本运营的负担。比如资本组合实质上就是分散风险的具体表现，它通过资本的多角化经营，使不同形式的资本的非系统风险相互抵消。它包括三种分散形式：一是扩展风险主体。比如企业要收购一家公司，不一定非得购入全部股权，只要达到50%以上就能达到目的，这样被控股公司便由本企业控制，而且

企业可以通过控制权获得比其他股东更多的好处。比如借入资金、延期偿付货款等。二是选择合适的资本运营方式。三是扩大资本运营主体的优势覆盖面。即通过不断改善内部条件，加强自身的优势并增加优势覆盖面，从而减轻企业在风险面前遭受损失的程度。

第五章

企业战略选择

企业为了提高竞争力,实现在所处行业或经营领域中的竞争地位,赢得竞争优势,确保生存发展,就必须选择和确定适当的竞争手段。从获取竞争优势的一般手段这一角度看,可供企业选择的经营战略有成本领先战略、差异化战略以及市场集中战略。

成本领先战略

一、成本领先战略的含义

成本领先战略（低成本战略），就是企业通过实现规模经济、价值链的优化以及努力挖掘资源潜力，在行业内保持整体成本领先地位，从而以最低价格赢得竞争优势的战略。

成本领先战略，主要用于企业一种产品的产量规模大因而降低成本具有很大潜力，面临强大的竞争对手而要保持并扩大市场占有率，为防止更多的竞争者进入同类产品市场而试图构筑较高的进入壁垒，面临替代品的有力竞争等情况下。

应注意的是，采用成本领先战略以通过低成本来获得竞争优势的做法与一般的削价竞争并不相同。尽管爆发价格战时两者都采用压价行为，但前者是以成本领先地位为基础主动实行压价以维持或扩展已经拥有的市场，后者往往以牺牲企业利润为代价，有时甚至亏本运营以维持市场份额或自身的生存。

二、成本领先战略的优势

一旦企业在行业范围内取得成本领先地位便将拥有以下优势：

第一，可以有效地防御来自竞争对手的抗争。这是因为，较低的成本意味着当其他竞争对手由于销价对抗而把自己的利润消耗殆尽后，具有成本领先地位的企业仍能获得适当的收益，从而能够有效地防御来自竞争对手的抗争，起到保护企业的作用。

第二，可以有效地对抗来自购买者的议价压力。这是因为，购买者的议价能力只能迫使价格下降到下一个在价格上最低的竞争对手的水平，也就是说购买者议价的前提是行业内仍有其他的企业向其提供产品或服务，一旦价格下降到最有竞争力的对手的水平，购买者也就失去了与企业讨价还价的能力。

第三，可以有效地对抗来自供应者的议价压力。这是因为，供应者的

议价能力只能使价格提高到下一个愿意出价最高的购买者的水平,一旦价格提高到这一水平,供应者也失去了与企业讨价还价的能力。

第四,可以有效地对抗潜在进入者的威胁。这是因为,无论规模经济还是其他可以导致企业成本优势的因素,往往同时也是潜在进入者需要克服的进入障碍,所以导致成本领先的因素提高了行业进入障碍,可以有效地减弱潜在进入者的威胁。

第五,可以提高应付替代品竞争的能力。这是因为,替代品生产企业在进入市场时,或者强调替代产品的低价位,或者强调替代产品具有被替代产品所不具备的特性和用途,在前一种情况下具有成本领先地位的企业可以通过进一步降价来抵御替代品对其市场的侵蚀,在后一种情况下具有成本领先地位的企业仍可占领一部分对价格较为敏感的细分市场。

第六,可以强化企业的资源基础,使其在战略运用上具有更大的主动权。对某些行业来说,成本优势是获得竞争优势的重要基础。如果一个企业的产品是日用品或一般商品,那么避开成本而在其他方面竞争的机会是非常有限的。即使对重视差异化因素的产品市场,日益激烈的竞争同样使成本效率成为获利的重要前提。只要企业通过某种方式取得了行业范围内的成本领先地位,一般情况下就会有较高的市场份额,同时赢得较高的利润。而较高的收益又可以加速企业的设备更新和工艺变革,反过来进一步强化企业的成本领先地位,从而形成一个良性循环。

正是由于成本领先战略具有上述优势,因而历史上战略分析都将成本领先作为获得竞争优势的重要基础。对成本优势的这种强调,反映了将价格作为企业之间竞争的主要工具的倾向。

三、实现成本领先战略的措施

成本领先地位可以给企业带来很多战略益处,因而是众多企业追逐的目标,但要取得这种地位并不容易,需要采取一种或多种有效的措施。

企业降低产品成本的方法很多,最基本的方法有两个方面:一是通过实现规模经济,设计出便于制造的产品,改进生产工艺,采用先进的技术设备,充分利用生产能力等,以提高劳动生产率;二是通过改善经营管理,获得廉价的原材料,减少在制品贮备,减少废次品,缩短生产周期,节约各项生产性和非生产性开支等,以提高经营效益。

(一) 实现规模经济

实现规模经济也许是成本领先战略的最重要措施。规模经济的战略的意义在于，一个企业如果单位产品的成本随着累积产量的增加而下降，那么该企业相对于竞争对手的成本取决于他们之间的相对累积产量；如果该企业可以比竞争对手更快地扩大其产量，那么便可以拉大与竞争对手之间的成本差距，从而扩大成本优势。在具有规模经济效应的情况下，企业的主要战略目标应该是扩大市场份额。

(二) 产品的再设计

企业要实现规模经济进而取得成本优势就必须设计出易于制造的产品，企业能否利用新的制造技术和工艺来提高劳动生产率的关键在于产品的重新设计。例如，电视、手机等电子产品，越来越多地使用集成元件，这些集成元件可以很方便地插在相应的位置上，从而大大简化制造和安装过程，提高劳动生产率，降低产品成本。

实际上，产品的再设计还可以使企业在规模经济的基础上实现产品差异化。例如，为了在设计、开发和零部件生产上实现规模经济，世界上比较先进的汽车生产企业已经减少了基本的"平台"的数目，引进了统一的模型和标准化的发动机，与此同时这些企业增加了汽车在式样、颜色和其他方面的差异化，以满足顾客的不同需求。

(三) 充分利用生产能力

从长期的角度看，企业可以根据市场需求的变化来调节他们的生产能力与生产规模。从短期的角度看，企业的生产能力基本是固定的，市场需求的变化往往影响着生产能力利用率。在需求下降期间生产能力过剩，而在需求达到峰值时只有通过超时工作、夜班、周末加班和减少维修来增加产量。当生产能力过剩时，固定成本必然要分摊在较少的产出上。在诸如化工和钢铁等资金密集型行业，生产能力过剩将显著增加单位产品的成本，这样一些行业能否充分利用生产能力将成为能否取得成本优势的关键。固定成本比较高的资金密集型行业，可以通过各种方法充分利用生产能力，如增加生产线的适用性以增加产品线的宽度，通过开发和设计相关产品来提高生产能力利用率，尽可能提高分销效率以扩大产品的销售等。此外，衰退行业和需求经常有很大波动的行业，调整生产能力以适应需求变化的

管理能力也是取得成本优势的关键。

（四）降低输入成本

在大多数行业，由于各种各样的原因，不同企业生产要素的输入成本有很大的差异，这种差异往往是其中一些企业取得成本优势的重要原因。造成输入成本差异的原因较多，如地域原因、拥有低成本的供应来源、供应商的讨价还价能力、与供应商的关系等。

（五）采用先进的工艺技术

多数商品生产过程总有若干种生产工艺技术可供选择。在产出相同的情况下，如果某种工艺技术可以减少某种输入要素的消耗，同时又不多消耗其他输入要素，那么这种工艺技术就有一定的优越性。如果某种工艺技术的采用多用了某些输入要素，但同时却少消耗了另一些输入要素，则这种工艺技术相对成本效益的高低取决于各种输入要素的相对价格。一般来说，工艺革新总是与采用新的设备有关，因此那些迅速扩张和具有较强投资能力的企业容易取得工艺技术的领先地位，一旦取得这种领先地位企业就可以进一步降低能源和材料消耗。

应该看到，要想使新的工艺技术产生较高的效益，必须对产品设计、工作设计、员工激励、组织结构和管理体制等方面进行变革。事实上，采用敏捷制造和计算机集成制造系统，并不仅仅是简单地建立一个新厂或安装一台新设备的问题，因为这些系统能否充分发挥作用还取决于产品再设计、组织重构和人力资源管理变革等方面的情况。

四、成本领先战略的风险

成本领先可以给企业带来竞争优势，但采用成本战略也将面临一定的风险。

第一，一种新型工艺的出现可能导致原有工艺的淘汰，技术的迅速变化可能使过去用于扩大生产规模的投资和大型设备失效。例如，晶体管的发明和投产使原来大规模生产电子管的企业蒙受了重大的经济损失。

第二，由于实施成本领先战略，经营战略管理人员或营销人员可能将注意力过多地集中在成本控制上，以致忽略了用户消费偏好的变化。例如，20世纪20年代前，福特公司通过对汽车型号和品种的限制等各种措施严格控制成本，平稳地取得了成本领先地位。随着美国人均收入的增加，许多已经购买过一辆汽车的买主又在考虑购买第二辆，于是开始重视汽车的式样、型号、舒适性和密闭性等问题。然而，专注于成本领先的福特公司忽视了这方面的情况。通用汽车公司注意到这种变化，并迅速开发出型号齐全的各种汽车，结果赢得了竞争的优势。其实，即使福特公司注意到这种变化，要想对其生产线进行调整以适应消费需求的改变也不得不花费巨额费用，因为该公司以前的生产线是专为降低成本而设计的单一产品的大规模生产线。

第三，为降低成本而采用的大规模生产技术和设备专一化强而适应性差。在稳定的环境下，技术和设备的专一化也许不致引起多大的问题。但在动态的环境下，大企业往往比小企业更难适应需求的波动、技术的发展和产品结构的变化。因而，在外部环境日趋复杂多变的条件下，企业应该由强调静态效率转向强调动态适应性。

第四，当企业试图通过大规模生产来降低成本时，企业整体规模的扩展有可能导致运行费用大量增加，从而成为实现低成本战略的重要制约因素。

差异化战略

一、差异化战略的含义

差异化战略（别具一格战略），就是企业凭借自己的专有技术或特长，通过向顾客提供在行业范围内独具特色的产品或服务，并因产品或服务的溢出价格超过因其独特性所增加的成本而取得竞争优势的战略。

差异化战略是企业广泛采用的一种战略，由于每个企业都有自己一定的生产经营优势，因而存在很多差异化的机会。但是，一个企业能否将其产品和服务差异化，还与产品的特性有密切的关系。例如，汽车和餐馆比一些高度标准化的产品，如水泥和小麦有更大的差异化潜力。一般说来，日用品在物理特性上存在较少的差异化机会，但即使在这种情况下企业仍然可以通过良好的企业形象、独具特色的服务、分销方式的选择、严格的

库存控制等突破产品特性对差异化的局限。

虽然企业可以通过各种方法实现产品和服务的差异化,但这并不意味着所有的差异化都能为顾客创造价值,都能有助于企业差异化战略的成功。顾客的需求与选择偏好具有多样性,这种多样性是企业得以通过差异化创造竞争优势的前提。差异化只有通过比竞争对手更好地满足异质市场顾客的需要才能提高企业的竞争力,差异化所创造的价值只有超过它所增加的成本才能使企业盈利并获得竞争优势。

二、差异化战略的优势

差异化战略能够给企业带来的竞争优势主要表现为以下几个方面:

第一,由于差异化的产品和服务能够满足某些消费群体的特定需要,而这种差异化是其他竞争对手所不能提供的,顾客将对这些差异化产品产生一定的依赖性,使他们不大可能转而购买其他的产品或服务,从而可以使企业较少受其他品牌的冲击,缓解竞争抗衡的激烈程度。

第二,差异化本身可以给企业带来较高的溢价,这种溢价可以补偿因差异化所增加的成本,因而可以给企业带来较高的利润,使企业不必去追求成本领先地位。产品的差异化程度越高,所具有的特性和功能越难以替代和模仿,顾客越愿意为这种差异化支付较高的费用,企业获得的差异化优势也就越大。

第三,由于差异化产品和服务是其他竞争对手不能以同样的价格提供的,因而明显地削弱了顾客的议价能力。很显然,由于顾客缺乏可比较的选择对象,因而不仅对价格的敏感性较低,而且更容易形成品牌忠诚。这是很多名特产品售价虽很高却拥有稳定消费群的重要原因。

第四,采用差异化战略的企业在对付替代品竞争时比其竞争对手处于更有利的地位。这同样是由于购买差异化产品的顾客对价格的敏感性较低,更注重品牌和形象,一般情况下不愿意接受替代品所致。事实上,很多替代品生产企业也总是选择那些对价格比较敏感的消费群体作为自己的目标市场。

三、差异化战略的风险

在某些条件下追求差异化的企业也会遇到一定的风险:

其一,顾客是否选择那些具有鲜明特性和独特功能的产品,不仅取决

于这些产品比竞争对手的产品差异化程度的高低,而且取决于顾客的相对购买力水平,并受经济环境的影响。

如果获得成本领先地位的竞争对手提供的产品价格非常低,以至价格差额足以抵消差异化企业的特征、风格和形象的影响或吸引力,那么试图通过差异化取得竞争优势的企业将面临风险。当经济环境恶化、人们的购买力水平下降时,顾客将把注意力从产品特色转移到最一般的实用价值和功能上来,对一些基本的生活用品尤其如此。

其一,如果企业试图通过差异化来取得竞争优势,一方面要清楚自己产品与竞争对手产品的主要差异在哪里,是有着独特功能还是仅仅多了一些附加功能;另一方面还要分析这种差异能否作为顾客购买的长期基础,如顾客对这种差异的重视是否轻易改变等。

其二,随着消费环境的改变、顾客消费行为成熟化,产品的某些差异将失去吸引力和存在的价值。例如,沙发的折叠性、洗衣机的不同速度挡、电风扇的"自然风"与"四季风"等,随消费者居住条件的改善、购买者的成熟已逐渐变为"多余功能"。

其三,竞争对手的模仿可以缩小顾客感觉到的产品差异,这是随着行业成熟而发生的一种普遍现象。事实上,企业能否通过差异化取得竞争优势,在一定程度上取决于其技术和产品是否易于被模仿。企业的技术水平越高,形成产品差异化时需要的资源和能力越具有综合性,则竞争对手模仿的可能性越小。

四、实现差异化战略的途径

差异化战略的根本点在于创造产品和服务的独特性,企业实现差异化的基本途径是有形差异化与无形差异化。

(一)有形差异化

产品有形差异化的潜力受产品物理特性以及市场因素的影响较大。技术简单、满足顾客简单需要的产品以及必须严格按特定技术标准设计、生产的产品,有形差异化的机会将受到较多的限制。技术复杂、满足顾客复杂需要的产品以及技术标准较为灵活的产品,有形差异化的机会就比较多。

有形差异化主要涉及产品和服务的可见的特点,如产品的尺寸、形状、颜色、体积、材料以及技术等方面的差异,口味、速度、耐用性、一致性、可靠性和安全性等方面的差异，交货速度、交货方式、售前售后服务以及产品更新换代能力等方面的差异。

（二）无形差异化

不仅可见的产品特性或性能标准影响着顾客的选择，社会因素、感情因素以及心理因素等无形因素也影响着顾客对产品或服务的选择。因此，产品所能体现的社会价值、文化价值、品牌形象、个性特征等这样一些不可见的因素同样是差异化的重要来源。

（三）选择差异化途径应注意的问题

对于一般消费品来说，差异化因素直接决定着顾客从产品中获得的利益。对于产业用品来说，差异化因素直接影响着购买者在其业务领域赢利的能力。因此，只有当差异化因素能够给购买者带来实际利益时它们才能成为差异化的真正来源。企业所能提供的独特性与顾客需要相吻合是差异化有效性的基础。为了保证差异化的有效性，企业必须了解自己拥有的资源能力及其是否能够创造出独特的产品，同时必须深入了解顾客的需要和选择偏好。

战略分析，传统上一直将取得成本领先地位作为建立企业相对竞争优势的基础，但实际上维持成本领先地位比取得差异化优势更为困难。在竞争不断加剧，人们的生活水准越来越高，更加追求多样化和个性化的社会经济条件下，企业通过加大研究与开发的力度，潜心研究顾客需求的特点，企业凭借创造独特产品的能力来维持差异化的优势，可能是一种更为有效的竞争方法。

市场集中战略

一、市场集中战略的含义

市场集中战略（重点经营战略），就是企业将目标集中在特定的顾客群、特定的地理区域或者说行业中较小的市场范围上，通过独具特色的生产经营活动获取竞争优势的战略。

实行集中战略的企业，希望的不是在行业整体市场上拥有较小的份额，而是力求在一个较小或少数几个更小的市场部分上取得较高的甚至支配地位的市场占有率和竞争优势。市场集中战略竞争优势的取得，或是由于企业更好地满足了目标顾客的特殊需要而取得差异化方面的优势，或是通过实行高度专业化的生产经营而取得成本方面的优势，抑或两者兼而有之。

市场集中战略较适用于实力不够雄厚，无力在行业整体市场上与大企业抗衡，但又拥有局部优势的中小企业。实施市场集中战略，要明确企业的优势，要细分市场并选择好目标顾客群，同时要掌握市场的变化趋势，并根据这种变化利用自己的优势占领市场。

二、市场集中战略的优势与风险

市场集中战略的优势主要反映在以下两个方面：

其一，由于企业集中力量于较小的市场部分上，因而便于深入了解目标市场的需求情况并有针对性地开展经营活动，易于迅速占领市场并取得优势，提高自己在目标市场上的知名度。

其二，由于企业的目标市场范围较小，集中使用力量，充分利用自己的优势，实行专业化生产经营，因而可以减少投资和资金占用，降低生产成本和经营费用，加快资金周转，提高投资收益率，取得较好的经营效益。

由于市场集中战略对外部环境变化的适应性较差，因而采用市场集中战略会面临一定的风险。

第一，由目标市场范围较小引起的风险。有些狭小的市场难以支撑必要的生产经营规模，因而可能导致企业生产经营成本过高，难以取得期望的投资收益。

第二，由目标市场的需求特点与变化引起的风险。如果企业选择的目标市场与其他细分市场并无差异，那么集中战略就不会成功，这是因为同行业中的其他企业将易于向这部分市场进行渗透。由于企业采取市场集中战略主要是通过较为单一的业务满足顾客的当前需求，因而若企业未能预期到市场需求的变化就会使自己陷入被动境地。

第三，由竞争环境的变化引起的风险。由于企业选定的目标市场范围窄小、业务单一，因而一旦遇到强有力的竞争对手侵入，企业往往会因回旋余地小而陷入困境。

鉴于以上情况，采用集中市场战略的企业必须密切注意目标市场的需求动向及其他环境因素的变化，制定适当的应急措施；自身的力量一旦有了增强，就要寻找机会，适当地扩大目标市场范围和经营业务范围。

新兴行业的经营战略

新兴行业的企业经营战略选择，将对企业的未来发展构成重要影响。

一、新兴行业的基本特征

新兴行业，是指由于技术创新、相对成本关系的变动、新的消费需求的推动或其他社会经济因素的变化，使某种新产品或新服务成为一种现实可行的发展机会，从而新形成或重新形成的一个行业。从某种角度来说，一个老行业如果面临类似的情况时可视同新兴行业。

尽管各新兴行业可能在结构方面大不相同，但仍有许多共同的因素或特性，新兴行业的基本特性有以下几个方面。

第一，不确定性。不确定性，是指在信息约束和多种因素突变干扰下导致的企业决策困难和行为不稳定。新行业是环境变化的产物，环境变化导致企业在行为目标、判断准则和预测方面缺乏参照系，从而使企业决策困难和行为不稳定。新兴行业是创新的产物，企业的创新活动会与所处环境在一定程度上发生矛盾冲突，由此产生企业经营活动所需相关环境条件的不足或变化导致了企业决策困难和行为不稳定。新兴行业的不确定性主要表现在市场、竞争、技术、经济、组织、战略等多个方面。

第二，风险性。所谓风险性，是指企业在信息约束和多种因素突变干扰下，使实际结果和预测发生背离而导致收益损失的可能性。新兴行业的产生与发展是同创新联系在一起的，企业要想在新兴行业中站稳脚跟并获得发展也要倚赖创新，然而创新存在着受挫失败的风险。企业创新的风险性是与以上诸方面的不确定性联系在一起的。有关资料表明，美国高新技术企业完全失败的占20%~30%，经受挫折后可获得一定程度成功的企业占60%~70%，获得完全成功、取得显著效益的只占50%左右。美国每年建立

高新技术企业约50万家,其中有3/4在四五年内就破产掉了,只有1/4的企业在竞争与新技术开发中艰难曲折地成长起来。

企业的创新活动是否一定比常规性活动具有更大的风险性?统计分析表明,在环境迅速变化和市场激烈竞争的条件下,勇于和善于创新的企业至少不比保守型企业冒更大的风险。这是因为,除外部因素外创新风险是企业自身具体状态的变数,企业面临风险是可以大有作为的;创新固然有受挫失败的风险,但守旧则要冒在竞争中完全被淘汰的风险,创新虽有风险但有希望,守旧必有风险且无希望。

第三,集中化与分散化。一般来说,随着新兴行业中企业数目的不断增加会出现集中化和分散化这样两种趋势。集中化趋势,是指伴随着新兴行业内竞争的加剧,企业追求规模经济,提高竞争能力,获取竞争优势而引起的生产要素的集中。分散化趋势,是指新兴行业企业(尤其是高技术企业)中常有某些个人离开原有企业去创建新企业的现象。这种集中化与分散化现象,强化了新兴行业的不确定性与风险性,同时又有效地推动着新兴行业企业整体素质的提高。

第四,学习曲线与规模经济效应。新兴行业中的企业,新生性将使其生产经营成本很高以至处于亏损状态。但新兴行业中的企业通常处于学习曲线与规模经济效应曲线的急剧变化部分,因而伴随着经营管理的改善,市场的拓展,累积产出的增加,生产规模的扩大,员工对工作熟悉程度的提高,整体素质的增强,企业有可能获得明显的学习曲线效应与规模经济效应。

二、新兴行业的企业经营战略

企业经营战略选择必须与新兴行业的不确定性、风险性等特点相适应。尽管新兴行业的市场尚处于成长阶段且边界还不十分明晰,竞争者也很难加以判别,竞争的规则还没有完全明确,行业结构动荡不定,然而一个行业发展的新兴阶段可能是战略自由度最大的时期,并可能是通过良好的战略选择所产生的杠杆作用使企业获得最有效发展的时期。

在新兴行业中企业战略选择一般应考虑以下几方面问题。

(一)进入行业的选择

在当前科技发展迅猛的时代新兴产业是非常多的,企业首先要根据内部条件与外部环境初步确定可能进入的新兴行业，然后对每一个新兴行业的技术、产品、市场及竞争状态作出预测分析，最后再确定本企业应当进入的新兴行业。

企业在选择将要进入的行业时，不应只是从新兴行业初始的技术、产品、市场及竞争结构是否有吸引力出发，不应只是看到一个行业当前发展迅速、盈利率高、规模正在逐渐扩大便决定进入这一行业，而主要应根据充分发展后的行业结构能否为企业提供较好的发展机会和较高水平的收益出发考虑问题，以避免误入歧途而导致失败。

（二）目标市场的选择

企业进入新兴行业时要选择好目标市场，这是企业经营战略业务展开的直接基础。企业在选择目标市场时主要应考虑以下几个因素：

第一，用户的需求。用户购买新产品是由于新产品能给他们带来更大的效益。这里的效益主要表现在两个方面：一是性能上的效益，即新产品性能优于原来使用的产品；二是费用上的效益，即使用新产品的费用支出低于原来使用的产品。一般来说，新产品的最早购买者通常是那些性能上能得益的用户，然后才是那些费用上得益的用户。

第二，用户的技术状态。用户能否从早期的新产品得益，取决于用户应用新产品的技术能力。某些用户仅仅使用新产品的基本功能就可获益不小，某些用户却需要更复杂的结构和更完善的功能。

第三，转换费用和辅助设施。用户使用新产品会增加一些开支，如重新训练员工的成本、购买新的辅助设备的成本、变卖旧设备的损失、使用新产品所需的研究开发成本等，企业在开发新产品时应当尽量考虑到上述因素，用户的转换费用越小，需增添的辅助设施越少，新产品就越容易推广。

第四，对技术和产品过时造成损失的态度。有些属于高科技企业的用户认为，只有不断更新技术和设备才能占领有利的竞争地位，有些用户却可能认为新产品的过时和技术的变革对自己是一种威胁和损失，因此前一种用户持积极态度会早期购买，后一种用户持慎重态度会晚期购买。

第五，使用新产品导致失败的代价和风险。那些把新产品应用到他们的整个技术系统中去，若不能迅速取得预期效果将导致很大损失，用户一一般不会早期购买。另外，用户单位购买决策人的价值观和对风险的态度也影响着他们成为早期用户还是晚期用户。

(三) 进入时机的选择

企业进入新兴行业的一个重要策略问题是进入时机的选择。一般来说，较早进入市场风险较大，但进入障碍较低并可能得到较大的收益；较晚进入市场风险较小，但已经展开的竞争将对其进入与收益产生不利影响。

在下列情况下早期进入是有利的。用户重视企业的名声、品牌忠诚度较高，早期进入者可以享有创始者的声誉，可以从用户的品牌忠诚方面得到好处；行业的学习曲线效应显著，早期进入可以较早开始学习过程，而且经验难以为他人模仿；抢先进入可以取得原材料、零配件供应和产品分销渠道等方面的早期承诺，因而可以取得成本优势，资源短缺时可以获得优先权。

在下列情况下早期进入是不利的。行业早期市场与行业发展后的市场有很大的不同，早期进入者在以后将面临昂贵的调整费用；开创市场的费用（如顾客宣传、法规批准、技术首创等方面的费用）很高，而市场开创后并不能为本企业所专有；技术变革将使初创者的早期投资过时，后进入者有可能拥有最新产品并采用最新工艺。

(四) 对付竞争者战略的选择

新兴行业的早期进入者，由于投入了较多资源而在市场上享有领先地位，如何对待后进入者是一个重要战略问题。

新兴行业的早期进入者对付后进入者的战略选择应根据具体情况而定：

第一，在后进入者直接威胁着早期进入者的市场地位时，早期进入者对后进入者作出强有力的反应是必要的。

第二，在早期进入者可以从后进入者的技术开发、市场开拓、分销渠道扩展中得到好处，后进入者也愿意接受早期进入者并与之在技术、生产、市场划分等各方面进行合作，同行业内竞争者之间的互利合作会使整个行业发展更快，从而使行业中的每个企业更加有利的情况下，早期进入者容忍后进入者进入是可以的。

第三，在行业逐渐向成熟阶段过渡，早期进入者需要花费过多的资源才能保护较高的市场占有率或几乎无法保持很高的市场占有率的情况下，

早期进入者有限制地主动放弃一些市场份额可能是明智的。

应注意的是，行业新兴阶段的企业战略选择不应只着眼于对付竞争者，更重要的是要着眼于自身的完善、实力的增强、市场的培育以及促使行业结构向有利的方向变化等方面。早期进入者将过多的资源用于对付竞争者，可能正是一些后进入的强有力的竞争对手所期望的。

（五）促使行业结构向有利于企业发展的方向变化

随着新兴行业的发展，早期进入壁垒将很快降低，新兴行业中的企业不能仅仅依靠在早期阶段拥有的专有技术等手段来维护自己的地位，必须寻求新的优势。企业应通过其战略选择对行业结构施加较大的影响，尽力在产品、价格、渠道以及促销等领域内确定竞争规则，促使行业结构向有利于企业发展的方向变化，以便巩固和提高自身所处的地位。

成熟行业的经营战略

行业从迅速增长的成长期过渡到适度增长的成熟期后，企业的行业环境发生了很大的变化，要求企业在经营战略上作出适当的反应。

一、行业结构的变化

行业从成长期过渡到成熟期后企业会面临以下情况：

第一，行业增长速度的变化。进入成熟期后行业增长速度下降，行业内各企业为了保持自身的增长率就必须扩大市场份额，从而使行业内企业之间的竞争加剧。在争夺市场份额的激烈竞争中，企业之间在价格、服务、渠道和促销等方面爆发冲突是很普通的事，而且"不合理的"报复的可能性也很大。

第二，行业市场供求的变化。由于行业市场供过于求，用户的目标集中点从决定是否要购买该产品转向品牌选择；用户的经验和知识更加丰富因而在选购商品上越来越挑剔，购买者特性对用户的购买选择影响更加突出；行业的内在技术和产品都已成熟和定型，因而企业间的竞争常常在成本、售价和服务等方面展开。

第三，行业盈利能力的变化。行业增长速度下降与买方市场的形成，使行业内企业盈利能力下降，中间商的利润也受到影响，以致许多经销商会退出营业，这种趋势加剧了行业内企业争夺经销商的竞争，致使经销商的议价能力显著提高。此时，企业在成长期实行的扩张生产能力和增加人员的发展战略尚未做根本的调整，出现了生产能力的过剩和人员方面的冗余，从而使价格冲突的倾向更为突出。

第四，企业各项职能策略面临着新的挑战。行业成长期是迅速发展新产品和开发产品新用途的阶段，在行业进入成熟期后新产品的开发及产品新用途的开发难度大为增加，要使产品在技术性能、系列、款式、服务等方面不断有所变化会使成本及风险增加，此时企业要认真调整自己的研究与开发策略。企业在产量上不可能再有急剧的增长，而是要在改进工艺、节约成本、提高质量上下功夫，在市场营销方面应对价格、分销与促销策略进行必要的调整，在市场渗透和市场开发方面争取有新的突破。总之，行业进入成熟期后企业的各种职能策略都必须做出相应的转变和调整，否则就会给企业的生存和发展带来威胁。

第五，国际化竞争趋向于激烈。行业进入成熟期后，迫于国内市场与竞争的压力，企业都想把自己的产品销往国际市场并进行国际投资。有着不同产品结构、技术结构、成本结构、经营结构与战略目标的国外企业的进入，将促使新兴行业进一步成熟，使新兴行业的国内竞争进一步国际化与激烈化。因此，企业的战略调整必须考虑到这方面的情况。

二、成熟行业的企业经营战略

成熟行业的企业在经营战略调整与选择方面应注意以下问题：

第一，竞争战略的选择。在新兴行业的成长阶段，竞争战略类型试验的可行性是比较高的，行业的迅速增长可以掩饰竞争战略选择上的错误，并且会使行业内的大多数企业幸存下来，甚至在财政上兴旺起来。行业的成熟会迫使企业对三种竞争战略作出明确的选择。

企业在选择竞争战略时，对产品的不同生产规模进行成本分析是十分必要的。图5-1展示了不同竞争战略的成本曲线。产品差异化战略和市场集中战略都是建立在小额的特定用户订货的基础上的，即对某一类型顾客或某一地区市场做密集型的经营，使企业能控制一定范围的市场，以便取得比较稳定的竞争地位，因而小批量生产采用产品差异化或市场集中的特色经营战略是适宜的，而大批量生产采用成本领先战略是有利的。

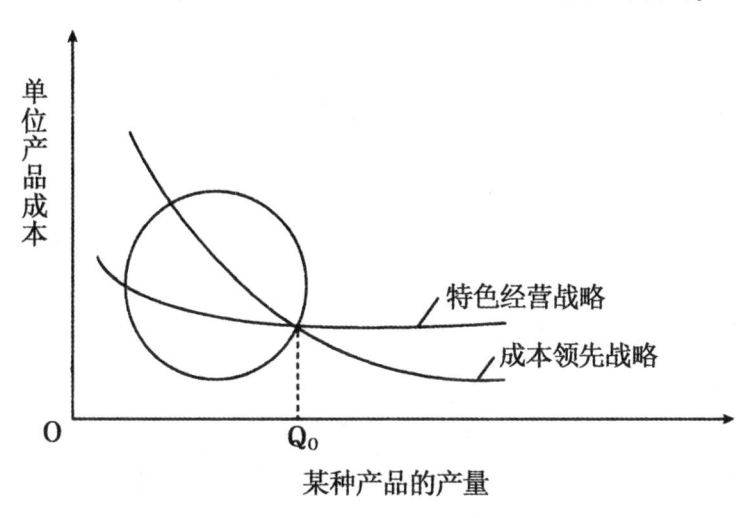

图 5-1　不同竞争战略的成本曲线

第二，产品结构的调整。在行业进入成熟期后，企业原先开发生产的产品不一定仍有良好的市场反应，市场竞争的不断激化也会使一般产品的价格逐渐下降，为此企业就需要进行产品组合分析，淘汰部分亏损和不赚钱的产品，将注意力集中于那些具有独特优势（如技术、成本、形象等）、利润较高、市场反应良好的产品项目上，努力使产品结构合理化。实际上，在行业进入成熟期前企业就应当把注意力放到产品结构调整上，及时开发产品的新用途和新系列，只有这样才能使企业避免在行业成熟期陷入被动局面。

第三，生产工艺的改进与创新。随着行业的逐步成熟，新产品开发越加困难，产品质量与生产经营成本在市场竞争中的重要性日益突出，工艺改进和制造方法创新的相对重要性在行业进入成熟期后将大为增加，因此企业应为进一步提高质量和降低生产成本而在工艺和制造方法改革上下功夫。

第四，用户的选择。行业进入成熟期后，企业寻求和扩大新用户往往意味着与竞争对手争夺市场占有率，因而会引起剧烈的竞争，耗资巨大并伴随着相当的风险。企业扩大销售额比较容易的方法是提高现有用户使用

量，因而就需要采取提高产品等级、扩展产品系列、提供高质量的服务、供应外围设备等措施，这样一种战略甚至有可能把企业从一个行业顺畅地带进其他有关行业。

第五，购买廉价资产。行业处于成熟期时，会出现一批经营不好或处境艰难的企业，此时如果本企业竞争地位较强，可以考虑购并这些企业，设法使本企业达到经济规模，创造低成本的地位，进一步增强本企业的竞争力。

第六，退出或实行多角化经营。当企业感到继续留在成熟的行业中已经仅有微利或无利可图时，可以考虑采用适当的退出战略退出该行业。当企业经营感到困难时，也可考虑采用多角化经营战略，即在努力避开行业内的激烈竞争又不脱离本行业经营的同时进入其他经营领域或行业。

第七，开发国际市场。当国内市场趋于饱和后，有条件的企业可采用开拓国际市场的方针。在本国已进入成熟期的产业，在其他国家可能刚刚进入幼稚期或成长期，这种情况为企业实施国际化经营战略提供了有利条件。

三、企业经营战略选择应注意的问题

成熟行业的企业在进行经营战略选择的过程中应注意以下问题：

第一，注意自我感觉与行业的感觉。在行业成长阶段，企业会逐渐形成对自身以及行业的特定感觉与形象。在行业进入成熟期后，如果企业仍然陶醉于行业处于成长期时企业取得的经营业绩，甚至并未觉察到行业已进入了成熟期，行业中的用户行为和竞争行为都已经发生了很大变化，而仍以上述感觉和形象作为经营战略管理的基础，不愿在价格、营销手段、生产方法及研究开发等方面做出及时的调整，就有使企业陷入困境的危险。

第二，要有自己的战略特色。处于成熟行业中，企业要有自己鲜明的战略特色。有的企业由于不适应新的成熟行业的环境变化，企业战略陷入没有重点的模糊状态之中，既未采用低成本战略，也未能形成差异战略或集中战略的特色，而是在三种战略之间徘徊。如果企业陷入中等规模状态，对于采用差异化或集中化战略来讲这种规模有些过大，对于采用成本领先战略来讲这种规模又有些过小，因而是非常不利的。市场占有率与投资收益率关系图表明，企业规模状态应避免处于 M 点附近（图 5-2）。

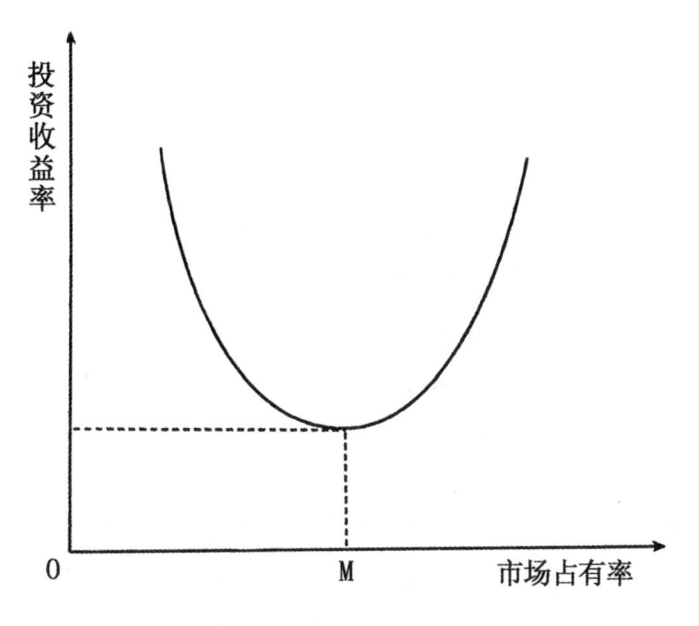

图 5-2　市场占有率与投资收益率关系

第三，要防止盲目投资。行业进入成熟期后，企业要想像行业成长期那样扩大市场占有率已非常困难，甚至保持已有的市场占有率也需要付出艰苦的努力。在这种情况下，企业若为扩大市场占有率而盲目追加投资往往不仅不能得到相应回报，甚至会使企业陷入非常被动的境地。

第四，不要为了眼前利益而轻易地放弃阵地。有的企业为了节省开支，试图通过放弃部分市场份额、放弃某些市场活动或放弃研究开发活动来保持眼前的盈利率，这种做法往往损害企业将来的市场地位和长期赢利能力。一般来说，在行业进入成长期后期与成熟期初期时，随着行业结构与市场结构等方面的调整，通常会出现一个微利（或亏损）阶段，企业不应对此作出过激反应。

第五，不应过分强调新产品开发。在行业处于成长期时，企业往往在新产品开发上容易取得成功；在行业进入成熟期后，往往意味着新产品和新应用是较难获得的。企业如果对新产品开发的困难估计不足，仍过分地强调新产品开发，而不注意通过质量保证、工艺改革、标准化、降低成本、价格调整和完善服务体系来提高企业竞争力，对企业的巩固与发展都是不利的。

第六，应避免过多地使用过剩生产能力。行业进入成熟期后，相当多的企业存在生产能力过剩问题，这种过剩生产能力的存在会使企业处于中间状态，从而给企业经营造成重大压力。一些企业为了充分利用这些过剩的生产能力而进一步投资，这种做法往往导致企业战略上的失败。对于过剩的生产能力，有效的办法是削减，但应避免出售给竞争对手。

第七，要重新教育和激励员工。为了适应行业环境的变化，要求企业严格控制成本，降低一切费用开支，加强用户服务和市场营销，更为重视对财务资产的控制，尤其要重新教育和激励员工。在行业成长期，企业的生产在扩大，组织也在壮大，员工被提升的机会较多，外部对员工的激励也较强，工作的满足感代替了对企业的忠诚。随着外部环境的变化，企业发展速度减缓，财务状况与利润水平有所下降，组织运行中的各种矛盾开始显露，人事提升的机会也越来越少，对员工的吸引力与激励也不如前，组织对员工的要求则更为严格。外部环境变化使企业战略有所调整，同时要求企业组织也要相应进行调整。企业领导必须注意对员工进行重新教育，更新企业文化，用更巧妙的方法激励员工为实现企业战略转变服务。企业领导者不重视这一点，也有使企业陷入困境的危险。

衰退行业的经营战略

行业进入衰退期是行业发展过程中的一个重大变化，处于衰退行业中的企业也存在着经营战略选择问题。

一、影响经营战略选择的因素

衰退行业是指在产业构成发展迟缓、停滞乃至萎缩的行业。发展迟缓和停滞属于相对衰退，萎缩则属于绝对衰退。从时间上看，产业结构总是向高级化方向演进的，在这一过程中必然会演生出衰退行业和新兴行业。从空间上看，同一行业在不同的社会生产力水平下会处于不同的兴衰阶段，发达国家（地区）的衰退行业可能正是欠发达国家（地区）的新兴行业。从战略分析的角度看，衰退行业是指在相当长一段时间里销售量持续下降

并处于萎缩状态的行业。

（一）行业衰退的原因

行业需求量下降的原因可能是由于技术进步，更好的替代产品的出现，购买该行业产品的顾客规模缩小，也可能由于政治、经济、社会等条件变化造成了需求的改变。行业衰退原因的研究，可以为企业对行业未来需求的不确定性程度分析与经营战略选择提供一些必要的线索。

第一，技术上的替代性。技术上的替代性，指的是由于技术创新所产生的替代产品（电子计算器替代计算尺），或由于相应的成本与品质的变化而使替代产品显得突出（人造革替代皮革）而引起的替代。技术发展所引起的替代与行业衰退，在有些情况下具有突发性、完全性与不可逆性，在有些情况下具有缓慢性、不完全性以至一定程度的可逆性。

第二，人口统计数的减少。人口统计数的减少，指的是购买一类行业产品的客户群体规模缩小。人口统计数减少导致的衰退与替代产品引起的衰退有所不同，如果生产力能够依次退出受到人口统计因素影响的行业，那些幸存的企业就会有与衰退前相比的获利前景。然而，人口统计因素的变化往往具有不确定性，这种不确定性使衰退过程中的行业竞争处于不稳定状态。

第三，社会需要的变化。社会需要的变化，指的是由于政治、经济、社会等条件变化造成需求的改变而引起的行业衰退。例如，雪茄烟消费量之所以下降，大部分原因是社会对雪茄的接受程度暴跌。社会需要的变化与人口统计因素的情况相似，尽管需要的变化未必导致替代产品对行业剩余销售额压力的加剧，但需要的变化也具有极大的不确定性，这种不确定性也会给企业的经营战略决策带来困难与风险。

（二）行业衰退的过程与特点

了解衰退行业需求递减的过程以及留存市场面的特征，对分析衰退阶段的行业竞争状况与企业经营战略的制定具有意义。

第一，行业衰退的趋势。如果确信行业需求量今后还有回升的可能，企业便可以继续留在该行业内；如果确信行业需求量今后没有回升的可能，企业就要采取加快从该行业中撤退的战略。但是，各企业对行业未来需求的觉察程度各不相同。如果一些企业认为需求可能会回升或趋于平稳而试

图留在行业内，这些企业不愿缩减销售额而仍努力维持其市场地位的做法有可能导致剧烈的冲突。如果所有的厂商都确信行业需求将继续下降，就会促使企业秩序井然地从行业内撤出生产能力。一家企业对未来衰退可能性的觉察程度，会受该企业的行业地位以及退出障碍的影响，企业的地位越强大或在撤离时所面临的退出障碍越高，越易于对行业未来变化持有乐观的期望。

第二，行业衰退的速度与形式。如果行业销售量下降速度很快，就会迫使企业果断地撤出，以至有的企业来不及作出决策就已经倒闭了。如果行业销售量下降速度缓慢，则企业会有较多的回旋余地，但下降速度过缓而不易察觉也会导致企业盲目乐观而贻误时机。如果行业销售量本来是不稳定的，那么要从各个时期之间的波动所引起的混乱状态中把销售量下降趋势区分出来就存在一定困难，这种情况易于导致企业判断失误。应该看到，行业的衰退速度部分上是企业撤出生产能力状况的函数。如果衰退行业的产品是产业用户的一种重要投入品，当行业内少数主要的生产商决定撤出时，由于用户担心不能继续得到该种关键的投入品就会倾向于迅速地转向替代产品，因此早期就宣布退出的厂商会强烈地影响衰退速度。由于缩减的产量提高了产品成本或价格，因此衰退的速度还具有随衰退进行而加快的趋势。

第三，剩余市场面的需求结构。如果在行业需求下降时还有一部分顾客忠实于该行业的产品，这些不受替代品的影响、对价格不敏感的剩余顾客将是部分企业继续留在该行业的希望，能够在这种市场面内维持某种地位的企业甚至随着行业的衰退也完全有可能获得高于平均水平的报酬。如果在行业需求下降时剩余顾客随之消失，企业就应尽早撤出该行业。

(三) 行业退出障碍

从衰退行业中退出是一个重要的战略选择，但退出要受行业退出障碍的约束。退出障碍越高，行业环境对于在衰退期间留存的一些厂商来说就越不利。

二、衰退行业的企业经营战略

可供选择的衰退行业经营战略主要有以下五种：

第一，取得领先地位战略。采取这种战略，旨在使企业成为行业中留

存下来的唯一企业或少数几家企业之一，并趁其他大企业纷纷退出的机会，通过有效的竞争措施使本企业在行业中处于领先或支配地位。

企业实施领先地位战略的基本做法如下：①通过积极的竞争行动在其他厂商迅速撤出的领域夺取市场份额；②通过整体兼并竞争对手或兼并其某些产品线的方式购得市场份额；③通过购进即将退出企业的生产能力以降低其退出障碍，并避免这些生产能力被留存在行业中的其他企业购得；④通过为竞争对手的产品制造零部件、为竞争对手生产私人品牌商品等方式使竞争对手得以终止生产活动，并降低竞争对手的退出障碍；⑤通过公开声明来明确表示要留在行业内的强烈的信念，并通过有力的竞争行动表明自己的明显优势，以便消除竞争对手想与其进行较量的企图；⑥通过发掘并透露有关行业未来衰退的可靠信息，以减少竞争对手过高地估计行业的前景而试图继续留存在行业内的可能性；⑦通过对某些产品或工艺开发进行再投资，以提高其他竞争对手想留在行业内的成本与风险感觉。

第二，取得适当地位战略。采用这种战略的出发点，是企业希望在衰退行业中仍有稳定需求或者下降很慢需求的市场部分占据有利位置，并从这部分市场中获取较高的收益，以后再视整个行业发展情况采取进一步对策。这种战略的风险性小于上一种战略，企业实施领先地位战略的某些做法对实施适当地位战略的企业来说也是适用的。

第三，逐步退出战略。采用这种战略的做法是，企业停止一切新的投资，大为减少广告宣传费用，削减设备维修开支，终止研究开发支出等，利用以往的信誉和过去积累起来的实力尽量把过去投资的潜力挖尽，尽可能多地从衰退行业中回收投资或尽量从销售中获取收益，从而有控制地逐步退出所在行业。这些步骤看起来具有合理性，但实际执行起来是很困难的。

第四，快速退出战略。这种战略主要基于以下考虑，即迅速清理业务、较早退出比缓慢地退出更有利，因为早期退出可以实现固定资产的快速转让，出售有关的业务可能得到最高卖价和收益，一旦行业衰退明朗化行业内外的资产买主就处于极有利的议价地位，从而使企业的退出成本与风险大为增加。当然，企业采取快速退出战略时也会冒着对行业衰退预测不准确的风险。

第五，地区性转移战略。由于生产力与经济发展水平存在着地区性差异，因而发达国家或地区的衰退行业可能正是欠发达国家或地区的新兴行业。因此，处于发达国家或地区衰退行业的企业向欠发达国家或地区进行转移，应该说是一种有效的战略选择。

三、衰退行业企业经营战略选择应注意的问题

衰退行业的企业在进行经营战略选择的过程中应注意以下问题：

第一，避免错误估计行业衰退形势。受行业长期存在、对替代品认识不清、较高的退出壁垒以及对复苏抱有期望等因素的影响，往往使企业经营者不能对周围环境作出客观的估计和预测，这种情况将给衰退行业的企业带来较大风险，因此应避免错误估计行业衰退形势。

第二，应避免打消耗战。在企业发现行业进入衰退期后，尽快采取退出战略，若与行业内的竞争者一味竞争下去打消耗战，会给企业带来灾难性后果。

第三，应谨慎采用逐步退出战略。当企业实力较弱时，采用逐步退出战略会使企业陷于崩溃之中。因为一旦行业内有一两家较强的企业退出，用户会很快地转移他们的业务，产品售价将被迫降低，市场状况急剧恶化。因此，企业要权衡自己的实力与环境风险，谨慎采用逐步退出战略。

行业分散与集中的原因

行业的分散与集中，是指在一定的行业市场容量下行业中企业数量与规模结构的状况。分散行业的企业数量多、个体规模较小，集中行业的企业数量少、个体规模较大。

一、行业分散与集中的原因

导致行业分散与集中的原因主要有以下几个方面：

第一，市场需求结构。市场需求结构是行业走向集中与分散的前提条件。在某些行业中，顾客地理分布具有分散化、顾客需求具有多样性的特点。顾客地理分布的分散化，将导致企业运输成本高、分销费用大，从而

要求企业分散布局，在一定程度上限制着企业生产经营规模的扩大与行业的集中。顾客需求的多样性，导致企业赢得市场的关键在于能否向顾客提供有特色的、多样化的、符合顾客特定需要的产品与服务，从而使大批量的标准化产品的生产受到限制，致使企业难以形成较大的生产经营规模，从而造成行业分散化的结构状况。在某些行业中，顾客的地理分布与顾客需求具有相反的特征，使企业可能以较大规模进行生产经营，从而造成行业集中化的结构状况。实际上，顾客地理分布的情况往往是通过对顾客需求、市场同质性发生影响，才最终对企业生产经营规模和行业结构状况产生制约作用的。在现代社会经济条件下，单纯的顾客地理分布状况并不能对行业的分散与集中构成决定性影响。

第二，规模经济效应。规模经济效应是行业走向集中与分散的动力因素。有的行业生产过程比较简单，难以实行有效的机械化和规范化，尽管这类企业的生产经营规模可以扩大，但成本并不随着企业生产经营规模的扩大而进一步下降，由此也就限制了企业的生产经营规模的扩大，导致了行业的分散化。有的行业具有明显的规模经济效应，竞争作为一种有效的媒介与催化剂，不可避免地会促使规模经济效应显著的行业走向集中化。

第三，行业进入障碍与退出障碍。行业的进入与退出障碍，可以分为自然障碍与制度性障碍，制度性障碍具有明显的不确定性，所以这里所涉及的只是自然障碍问题。行业进入障碍与退出障碍在一定程度上影响着行业走向集中与分散的过程。有的行业进入障碍较低，从而使许多小企业也能非常容易地进入，结果大量的中小企业成为该行业的主导力量。进入障碍比较低的行业，即使进入成熟期后一些弱势的企业被淘汰掉，当情况一旦趋于稳定时又会有新的企业进入，因此成熟期的集中趋向也不显著。有的行业进入障碍较高，只有具备充分条件的实力较强的企业才有可能进入，而且在行业的演变过程中进入障碍还会不断强化，最终形成了以大企业为主要竞争力量的行业结构。进入障碍较高的行业，即使处于成长期时也未必有明显的分散趋势。

二、行业演变过程中的集中与分散趋势

在行业发展的不同阶段上，行业市场的需求结构、规模经济效应以及进入障碍等具有不同的特点，因而会对行业的分散与集中产生不同的影响。

对行业演变过程中的集中与分散趋势进行分析，有利于企业根据具体情况制定有效的经营战略。

在行业处于成长期时，由于市场的同质性较强，产品销售额迅速增长，即使行业存在较强的规模经济效应企业也可以从迅速增长的市场中得到满足，竞争的激烈程度较低，因而吸引了众多的新进入者加入这一行业，致使这一阶段的行业趋向于分散。

在行业进入成熟期后，市场的异质性增强，产品销售额增长率逐步下降，尤其在规模经济效益明显的行业，企业之间争夺市场的竞争加剧，一部分实力较弱的企业就要退出行业或被淘汰，一部分实力较强的企业逐步扩大自己的生产经营规模，因而行业有明显的集中趋势，最终使行业内的企业数目保持在一个基本恒定的范围内。

在行业进入衰退期后，一部分企业的退出使得行业中企业数目减少，即使分散行业也会呈现出一定的集中趋势。

分散行业的经营战略

一、分散行业的企业经营战略选择

分散行业，是指规模经济效应较低，由许多中小企业所组成，任何一个企业在市场占有率方面都不具有决定性优势，缺少有影响力的领袖企业，或者说没有一个企业能够对行业运行发生有效影响的行业。

鉴于以上情况，在经营战略的研究与实践中一般只将分散行业中的企业分为强势企业与弱势企业。在经营战略方面，分散行业中的企业行业位次竞争战略的选择一般不是很复杂，主要问题是根据环境条件与自身的情况确定经营的基本业务从而实现产品与市场的结合，同时对成本领先、差异化经营和市场集中化经营这三种基本竞争战略作出选择。

分散行业的企业在制定经营战略方面应注意以下几个问题：

第一，建立有集中控制的分权组织体制。处于分散行业中的企业，下属的每个战略经营单位规模不宜过大，而且可以根据具体情况就近地方市场分散布点，并应有必要的经营自主权，这对在分散行业中开展有效竞争是非常重要的。

第二，连锁经营、特许经营与横向合并。连锁经营、特许经营与横向合并，是理论界和实业界针对行业分散的状态，试图改变分散的行业结构，以便有效地运用基本竞争战略获得竞争优势而提出的整合行业的战略方法。企业运用连锁经营方式，有助于获得规模经济效应，取得成本领先的战略优势。运用特许经营方式，既有助于提高规模经济效应，同时可以取得差异化的战略优势。企业可以在经营层次上合并一些产业中的小企业，这样可以产生规模经济效应或形成全国性市场，有助于成本领先战略或差异化战略的实现。

第三，产品或市场专业化。如果行业的分散是由于特色品种多造成的，那么集中力量专门生产经营其中少数有特色的产品是一种可取而且比较有效的竞争战略。如果行业的分散是由于用户分散造成的，那么采用为某些特定用户层面或为某些特定地区用户服务的专业化策略是较为适宜的。

第四，增加产品或服务的附加价值。某些分散行业提供的往往是一般性的、没有特色的商品或服务，在这种情况下企业可以采用增加附加价值的办法提高企业的竞争力。

二、分散行业企业经营战略选择中应注意的问题

企业在选择经营战略时，必须注意分散行业特有的性质才能避免经营上的失败。

企业在选择经营战略时应注意以下几个问题：

第一，避免全面出击。处于分散行业中的企业，要想面向所有的顾客，生产经营各种产品是非常困难的。这种做法不仅很难获得成功，而且会削弱企业的竞争力。

第二，不要一味追求市场占有率的领先地位。一般来讲，在分散行业中追求市场占有率的领先地位几乎注定要遭到失败，因为当企业迅速扩大其市场占有率时，由于难以克服导致行业分散的固有矛盾，故而会面临丧失特色、效率下降、费用上升以及遭受用户与分销商更大压力等问题，从而使企业在各方面都陷入被动局面。

第三，在经营领域决策上切忌优柔寡断。分散行业的特点，要求企业

集中力量于某些产品或市场，搞出经营特色来。实施这种战略往往要求企业经营者果断地放弃某些经营领域，或对某些经营领域进行较大的调整，假若对某些经营领域舍不得放弃，而是采用一些折中的、在短期内临时应付的机会主义战略，也许能一时奏效但最终将使企业在激烈的竞争中受挫。

第四，避免战略选择与执行的随机性。企业在经营战略的实施过程中，不应因环境的一般性变化或一些无关的新机会的出现而轻易地对经营总战略与资源配置进行频繁调整。在短期内，频繁地调整可能会产生效果；在长期的发展中，战略选择与执行过于随机会破坏企业的资源，削弱自身的竞争力。

第五，避免过分集权化。在分散的行业中，企业竞争的关键是在生产经营上对需求的变化作出及时与有效的反应。集权型组织结构对市场反应迟钝，战略经营单位的管理人员主动性小，因此难以适应分散行业的竞争需要。对分散行业中的企业来说，集中控制是必要的，但集权的组织结构是不适当的。

第六，对于竞争对手的经营目标、成本费用结构等方面要有清醒的估计。分散行业中存在着众多的小型企业，在有些分散行业中存在着大量的个体经营者，他们的经营目标、成本费用结构、对市场变化作出的反应可能与具有一定规模的正规企业极不相同，对这些竞争对手估计不足易使企业犯战略性的错误。

第七，对新产品的出现应有恰当的反应。新产品的高增长率、高盈利率总会吸引众多企业进行投资。分散行业的进入壁垒比较低，因而新产品的出现会吸引更多的企业和更多的投资，这种过分的反应不仅会使行业内企业之间的竞争加剧，还会使资源供应者与顾客有机会利用行业内的竞争而加强其讨价还价的力量，尤其新产品进入成熟期后行业市场需求降低、利润下降，企业投资所期望得到的收益就要落空。因此，如果对分散行业内新产品的出现反应过分热情，盲目地投入大量资金，不仅不会增强企业的竞争力，而且会使企业在竞争中处于十分不利的地位。恰当地对新产品作出反应，对任何行业都是一个重要的风险型决策问题，对分散行业的企业而言这种决策显得更为困难。

集中行业的经营战略

在规模经济显著的集中行业中，一般会形成规模很大、数目较少的寡头型企业结构。这是因为，在一定的行业市场容量下，规模经济越显著所能容纳的企业数就越少。在规模经济显著的行业中，企业有必要明确本企业在行业中的地位，并根据企业的位次选择相应的竞争战略。如果企业在实际竞争中忽视了自己在行业中的地位，采取了与自己的位次不相称的战略对策，不仅达不到经营战略目标，而且会给行业造成混乱。下面，根据市场占有率将集中行业中的企业划分为领导型、优胜型与平庸型这样三类并探讨其经营战略选择问题。

一、领导型企业的经营战略

大多数集中行业都有一个或少数几个企业处于领导地位，他们的市场占有率大大高于其他企业，并且在新产品投放、价格变化、销售区域、促销强度等方面起领导作用。领导型企业要想保持其现有地位，就必须采用有效的经营战略，尤其要注意以下几个方面的问题。

第一，要寻求扩大行业总需求量的途径。一般来讲，领导型企业总是在扩大的总需求量中占有多数份额。为了扩大行业总需求量，领导型企业可以寻求其产品的新用户、新用途和更多的使用量。

第二，应采用各种措施保护好现有的市场领域。为了保护现有的市场领域不受竞争对手的侵蚀，就要破除常规不断创新，在新产品开发、顾客服务、提高销售效率、降低成本等方面保持其领先地位。

第三，在可能的情况下努力提高市场占有率。市场占有率与投资收益率关系图表明，在一定范围内投资收益率是随着市场占有率提高而上升的，因而企业应在可能的情况下努力提高市场占有率。

第四，处理好与低位次企业之间的关系。处于领导地位企业，应该在保持整个行业市场稳定和扩大基础上，通过产品差别化、市场差别化、突出产品特色等战略与第二位企业在市场份额上保持差距；应对第三位企业

的产品开发采取容忍的态度，通过第三位企业的适度发展来牵制第二位企业；应注意监视第四位企业的动向，防止第四位企业与第二位企业结成同盟向处于领导地位的企业发动进攻；应注意与更低位次的企业采取联合战略，以提高自己的实力和战略运用上的灵活性。

二、优胜型企业的经营战略

在行业中占有第二、第三位次的公司可称为优胜型企业，这类企业在市场竞争中可以采取进攻型或跟随型战略。

（一）进攻型战略

优胜型企业采取进攻型战略时，进攻的目标可以是领导型企业，或是规模与实力同自己相当的企业，或是规模与实力比自己弱小的企业。

向领导型企业进攻具有较高的风险，因此优胜型企业不应贸然采取这种战略。在一般情况下，尤其在行业产品同质性较强的完全寡头垄断条件下，优胜型企业应避免直接采取削价策略向领导型进攻，而应注意企业形象的树立，加强产品开发与技术开发，更早地掌握环境与市场的变化，通过比第一位企业更快更好地适应环境与市场的变化，然后再慢慢地向第一位企业所占有的领地进行渗透，以便取得竞争的优势地位。与此同时，优胜型企业要注意防止第四位企业与第一位企业结成联盟，避免出现更难对付的竞争形势。

向规模与实力同自己相当或规模与实力比自己弱的企业进攻，其目标不应仅仅是为了夺取一定的市场份额，应着眼于联合、兼并这些企业以壮大自己的规模与实力，尤其在一些低位次企业有新的成功的技术与产品时更应如此，以便在同第一位企业的抗争中具有明显的竞争优势。

（二）跟随型战略

当优胜企业满足于现有的市场占有率、现有的利润水平时，它只要跟随领导型企业的战略变化相应地调整本企业的战略，就可以保持自身的战略地位。在这种情况下，优胜企业可以避免采用新的竞争行为去刺激第一位企业，也不用进攻性方式使顾客脱离领导型企业，而是采用不致引起领导型企业报复的集中化和差异化策略，即将企业注意力集中于领导型企业所忽视的细分市场或产品系列中的某些项目，从而形成企业独特的竞争优势。

三、平庸型企业的经营战略

平庸型企业是指集中行业中市场占有率比较低的企业。在集中行业中，尤其在产品同质性略低的不完全寡头垄断条件下，市场占有率低并不意味着企业只有提高市场占有率才能盈利，否则就只能从该行业中撤出。在企业经营实践中有不扩大市场占有率也不从市场撤退，单靠兢兢业业地专注于特定产品或业务而蒸蒸日上的例子。例如，美国的巴罗斯公司、皇冠公司和联营公司，他们的经营领域分别是计算机、容器、纸板与木材，这三家规模不大、市场占有率较低的企业不仅投资收益率超过同行业的平均水平，而且有些主要业务指标在行业中处于领先地位。

在集中行业中平庸型企业可以选择的经营战略主要有以下两种：

其一，补缺战略，即通过细分市场选择某一类型顾客、某种具有特殊性能的产品或在某一地区开展企业经营。细分市场，可以根据顾客、服务水平、制造程序、销售信用、流通渠道、技术状况以至产品等方面来进行。采用这种战略，企业必须利用自己的优势选择那些可能为实力较强的企业忽略或放弃的领域开展专门而有效的服务，避免和大公司发生冲突，充当一个市场补缺者的角色。如果企业走在变化的前面，发现能够有效利用本企业长处的市场环节，就容易率先开发出有特色的产品。补缺型战略风险是所选择的补缺基点可能会枯竭或其他企业认为有利可图而入侵该领域，因此平庸型企业应考虑采用多种补缺的办法以避免单一补缺的过大风险。

其二，联合战略，即以弱者之间的联合来形成能与实力强大企业进行相抗衡的力量，但应避免与高位次企业敌视，而是要努力稳定行业的市场，充分利用联合的有利条件，在特定的环节上保持一定的地位。

第六章
债券与期货投资管理

债券期货是一种金融衍生品,合约持有人有义务在特定日期以预定价格购买或出售债券。债券期货合约在期货交易所市场交易,通过提供期货交易的经济公司买卖。合同的条款(价格)在期货买卖时决定。

债券的性质与分类

一、债券的性质

(一) 债券的定义

债券是政府、企业（公司）金融机构为筹措资金而发行的到期还本付息的有价证券，是表明债权债务关系的凭证。债券的发行者即为债务人，即承担到期还本付息的义务与相应责任。债券的持有人即为债权人，具有到期按约定条件取得利息与收回本金的权利。

(二) 债券的构成要素

1. 债券面值，即债券票面标明的价值，是还本付息的依据。债券面值须标明币种及面值大小。面值币种取决于发行区域和种类，国内债券的面值自然是本国货币；外国债券用债券发行地国家的货币作为面值货币；欧洲债券的面值货币为"欧洲货币"。

2. 债券利率，是计算利息的依据。债券利率常受到许多因素的影响，如银行利率、物价水平、债券的信用等级、市场供求情况、社会经济状况等。目前我国债券利率有两种：一是固定利率即直到期满一直稳定不变的利率；二是变动利率或称浮动利率是经常变动的，根据各影响因素的变动而适当变动的利率。

3. 债券到期日，是在债券发行时规定的还本期限，到期时，发行人无条件偿还本金。目前常见的还本期限有长有短，短者只有几十天，而长者则长达几十年。发行人为了使其资金保持合理的结构，常常发行短期、中期、长期等各种债券。

4. 债券的价格。理论上，债券的面值就是它的价格，但事实上并非如此，由于发行者的种种考虑或资金市场上供求关系、利息率的变化，债券的市场价格常常脱离它的面值，有时高于面值，有时低于面值，但其差额并不很大，不像普通股那样相差甚远。也就是说，债券的面值是固定的，它的价格却是经常变化的，发行者计息还本，是以债券的面值为依据，而

不是以其价格为依据的。

（三）债券的特征

与其他有价证券一样，债券也是一种虚拟资本，是经济运行中实际运用的真实资本的证书，但债券也有其自身的特征，主要是：

1. 偿还性。债券发行时必须规定债券的偿还期限，债务人必须如期向债权人支付利息，偿还本金。

2. 收益性。这表现在两个方面：一是投资者根据固定利率，可取得稳定的、一般高于银行存款利率的利息收入；二是在证券市场上通过低买高卖获得差价收入。

3. 流动性。债券流动性是指债券具有较强的变现能力。对投资人来说，债券是可以随时转卖、变换现金的投资商品，也就是说，当投资者需要现金时，可到证券市场上出让债券，换取现金，或者到银行等金融机构进行抵押，以取得相应数额的抵押贷款。

4. 安全性。与其他有价证券相比，债券投资风险较小，这是因为，债券利率在发行时就已固定，不受市场利率变动的影响；债券本息的偿还与支付具有法律保障，有相应的机构作担保；法律对发行人条件有严格规定，且发行量也有一定限制。

债券的上述特征具有相逆性关系，一般情况下也很难同时兼顾。如果某种债券的安全性高、风险小、流动性强、投资者必定会争相购买，这样债券的价格必然上涨，收益率相对降低；反之如果某种债券的安全性差，风险较大，流动性差，则该债券价格相对较低，收益率相对较高。因此，对投资者来说，可根据自己的投资目的、财务状况和对市场的分析预测，权衡利弊做出最佳决策。

二、债券的种类

正是因为债券具有安全性高、风险小、收益稳定等特点，才成为许多投资者选中的投资对象。债券类别繁多，各具特色，可按不同的标准，进行合适的分类。常见的分类方法有以下几种：

（一）按发行主体进行分类

按发行主体的不同，债券可分为国家债券、地方债券、金融债券、公司债券、国际债券等几大类。这种分类是最主要的分类方式。

国家债券，又称中央政府债券或公债券，是中央政府根据信用原则，以承担还本付息责任为前提而筹措资金的债务凭证。在所有类型的债券中它具有最高的信用度，因此被称为"金边债券"。各国政府发行国家债券的目的主要是为了弥补国家预算赤字，建设大型工程项目，归还旧债本息等。按偿还期限的长短可分为短期债券、中期债券和长期债券。短期债券主要是为了弥补国库暂时性资金不足而发行的，所以称为国库券。而中长期债券是为某种特定目的而发行的。由于国债信誉高，所以其发行量和交易量在整个证券市场上都占有相当大的比重，在货币市场和资本市场上起着重要的融资作用，特别是国库券，因期限短、风险小、流动性强、抵押信用高、收益好，在金融市场上备受青睐，往往成为最抢手的投资工具。

地方债券，又称地方政府债券，是指由中央政府管辖下的各级地方政府因进行地区开发和公共设施建设的需要而发行的集资凭证。地方政府债券信用度接近国家债券，但发行量较小，一般不上市流通。

金融债券，指银行及非银行金融机构为筹集信贷资金而向社会发行的一种债务凭证。发行这种债券的金融机构，一般都具有雄厚的资金实力，资信度较高，利率也比同期存款利率高，具有存款不能取代的优点，所以商业银行等金融机构除了通过发行股票、吸收存款、发行大额可转让存单等方式吸收资金外，还通过发行金融债券筹措资金，以扩展业务。

公司债券，又称企业债券，是指公司或企业为筹集资金而公开发行的一种债券，其期限一般较长。由于公司或企业发行的债券风险要比政府债券的风险大，故其利率较高。

公司债券的种类很多，主要有：（1）可转让公司债券，即在一定条件下可将其转换为发行公司股票的债券。转换后，持券人由债权人转换成股东。（2）附加新股认购权公司债券，即在一定条件下持有人有权要求认购发行公司增资新股的债券。（3）不动产抵押债券，即为保证公司债券本金的偿还，以公司不动产作抵押的债券。（4）参加公司债券，即除固定利息外，能参加发行公司剩余利润分配的债券。（5）联合公司债券，即为提高债券信用度，由两家或两家以上公司联合发行并共同负担利息支出和偿还本金的债券。（6）收益公司债券，即应付利息随公司收益多少而定的债券，指在企业不盈利时，可暂不支付利息，到获利时支付累计利息的债券。

(7) 延期公司债券，即公司债券到期时公司无力偿还，征得持有人同意，可将到期债券予以延期偿还本金的债券。

（二）按期限长短分类

根据偿还期限的长短，可将债券分为短期债券、中期债券和长期债券。

各国对短、中、长期年限的划分不尽一致，较普遍的划分标准是：期限在一年以下的债券为短期债券；期限在 1 年以上 5 年以下的债券为中期债券；5 年期以上的债券称为长期债券。永久债券也称无期债券，是不规定到期期限，债权人不能要求清偿但可按期取得利息的一种债券。这种永久债券仅限于少数西方国家在战争年代发行过，目前各国已不再发行。

（三）按利息支付方式分类

根据利息支付方式的不同，债券一般分为附息债券和贴现债券。

附息债券，是指债券上附有各种息票的债券，息票上标明利息额，支付利息的期限和债券号码等项内容。息票一般 6 个月为一期。息票到期时，从债券上剪下来凭此领取本期利息。附息债券一般限于中长期债券。

贴现债券，也称贴水债券，指债券上不附息票，发行时按规定的折扣率（贴水率）以低于券面价值的价格发行，到期按券面价值偿还本金的债券。其发行价格与券面价值的差价即为利息。

（四）按是否记名分类

根据券面上是否记名，债券可分为记名债券和不记名债券。

记名债券，指在券面上标明债权人姓名，同时在发行公司的名册上登记的债券。转让此债券时，除要交付债券外，还须在债券上背书和在公司名册上更换债权人姓名。债券投资者必须凭印鉴领取本息。记名债券的优点是比较安全，缺点是流动性差，转让时手续复杂。

不记名债券，是指券面上不标明债权人姓名，发行公司名册上也不登记其姓名的债券。转让此债券，不需背书和到发行公司更换债权人姓名，随即具有法律效力。不记名债券的优点是流动性强，转让手续简便，缺点是毁损时不能挂失和补发，因而安全性差。

（五）按有无抵押担保分类

按有无抵押担保，债券可分为信用债券、抵押债券、担保债券。

信用债券，也称无抵押担保债券，是指仅凭债券发行者的信用发行的，

既没有抵押品作担保也没有担保人的债券。这种债券一般包括国家债券、地方债券和金融债券。少数信用良好、资本雄厚的公司也可发行信用债券，但在发行时必须签订信托契约，对发行者的有关行为进行限制，以保护投资者的利益。

抵押债券，是指以发行者的不动产或有价证券作抵押而发行的债券。其中抵押不动产债券，即以土地、房产、机器、设备等不动产作抵押品而发行的债券。同一不动产可多次为发行债券作抵押品，这时的债券可分为第一抵押债券和第二抵押债券。第一抵押债券对抵押品有第一留置权，第二抵押债券对抵押品有第二留置权，即在第一抵押债券清偿后以其余额偿付本息。

担保债券，指由第三者担保偿还本息的债券。这种债券的担保人，一般为银行或非银行性的金融机构或公司的主管部门，个别的是由政府担保。

（六）按本金的偿还方式分类

根据本金的偿还方式，债券分为定期一次偿还债券、定期分批偿还债券、随时偿还债券和浮动偿还债券。

定期一次偿还债券，是按规定限期，在期满时一次全部偿还本息的债券，期限不满不予偿还。

定期分批偿还债券，是指发行债券时明确规定在期满后分期分批偿还的债券。这种偿还方式对发行者有利，每年只还一定的比例，分散了债务负担。

随时偿还债券，又称提前偿还债券，分为一次性提前偿还债券或分批提前偿还债券。这种偿还方式，多数是发行者选择利率低的时机，发行新债还旧债。

浮动偿还债券，是在债券期限内，债券持有人可以自由选择偿还期的债券。

（七）按发行地域分类

按发行地域分类，债券可以分为国内债券和国际债券两种。

国内债券，是指一国政府或金融机构或企业在本国内，以本国货币面值发行的债券。

国际债券，是指某国政府或金融机构或企业在其国境以外发行的债券。

三、债券与股票的区别

（一）性质不同

债券是一种表明债权债务关系的凭证，债券持有者是债券发行单位的债权人，与发行单位间有一种借贷关系。而股票则是股权证书，股票持有者是股份公司的股东，股票表示的是对公司的所有权。

（二）责任和权利不同

债券的持有者只是发行单位的债权人，只享有定期获得利息和到期收回本金的权利，无权参与发行单位的经营决策，对其经营状况亦不负任何责任，而股票的持有者是发行公司的股东，有权参与发行公司的经营管理和决策，并享有监督权，同时也必须承担公司经营的责任和风险。

（三）发行主体不同

债券的发行主体较多，可以是股份公司，也可以是非股份公司，金融机构和政府。而股票的发行主体必须是股份公司和以股份公司形式创办的金融机构。

（四）期限不同

债券发行时一般都有固定的期限，到期偿还本息。而股票是无期限的，股金在公司长期留存，任何人不得以任何形式把股金抽走，只可以转让。

（五）取得收益的稳定性不同

债券持有者可获得固定利息，不论发行单位在发行后的经营状况如何，均有到期还本付息的义务，否则将被追究法律责任，因此债券的投资风险小，其缺点是债权人的利益不能随公司盈利的增加而增加。而股票持有人的收益是不固定的，收益大小取决于企业的经营状况和利润多少，利多多得，利少少得，无利不得，收益水平通常不受法律保护，因此具有较大的风险性。

（六）本金收回的方式不同

对债券投资人来说，可以在约定日期收回本金并取得利息，也可以通过转让债券收回本息。而股票不能退股，只能通过转让出售收回本金。

（七）付息办法不同

债券利息的分配是累积性的，若在到期前卖出，投资人除可收回本金外，还可获得持有期间的利息，且债券的利息是在税前开支的，可降低资

金成本。而股息则是按股权分配的，股票卖掉后，原投资人就不再享有分配股息或红利的权利，公司只根据股票名册上的名单分配股息、红利，且股息、红利是从税后利润中开支的，也就加大了股票的资金成本。

（八）交易的组织形式不同

股票的交易一般是在场内进行，即在证券交易所内进行，而债券多采用场外交易。

综上所述，股票和债券是截然不同的两种筹资工具，作为一个理性投资人，应权衡二者的利弊，结合当时市场状况，以做出明智的投资决策。

债券价格

一、债券价格的种类

债券作为一种融资工具或是一种投资对象，它具有很强的流动性，可在证券市场上发行和转让。作为一种特殊的商品，债券有其价格，其价格一般有票面价格（或票面价值）、发行价格和转让价格。

（一）债券的票面价格

即前文讲述债券的要素中已提到的债券的票面价值。

（二）债券的发行价格

理论上讲，债券的票面价值就应是它的价格，但事实上并非如此。资金市场上形成的利率叫市场利率，该利率受资金供求状况的影响，经常处于变动之中，它和债券发行时确定的票面利率可能有所不同，这样就导致了债券发行价格与债券票面价格之间的差异。当市场利率高于债券票面利率时，债券发行价格应低于债券票面价值，即折价发行；当市场利率等于债券票面利率时，债券的发行价格与票面金额相等即等价发行；当市场利率低于票面利率时，债券的发行价格大于债券票面金额即溢价发行。

确定债券的发行价格时常根据市场利率、票面利率、票面价值及债券期限等因素确定，而且还要考虑到利息的计算方式。目前计算利息常采用单利或复利两种形式，所谓单利是指计算利息时只对本金计算利息，而复利是指既对本金又对利息计算利息,即"利上加利"。

当采用单利计息时:

$$债券发行价格 = \frac{票面价值 \times (1+票面利率 \times 期限)}{1+市场利率 \times 期限}$$

当采用复利计息时:

$$债券发行价格 = \sum_{t=1}^{n} \frac{ci}{(1+r)^t} + \frac{c}{(1+r)^n}$$

其中:n 为债券的期限;c 为债券的面值;i 为票面利率;r 为市场利率。

例:宏达公司欲发行面值 1000 万元,利息率 4%,5 年期的债券用来筹措资金,而发行时资金市场的利率为 5%,问该债券的发行价格应为多少?

分析:已知 c=1000,n=5,i=40%,r=5%,则:

当采用单利计息时:

$$债券发行价格 = \frac{1000 \times (1+4\% \times 5)}{1+5\% \times 5} = 960(元)$$

当采用复利计息时:

$$债券发行价格 = \sum_{t=1}^{5} \frac{1000 \times \%}{(1+5\%)^5} + \frac{1000}{(1+5\%)^t} = 956.16(元)$$

通过以上计算可看出,不论计息方式如何,只要债券的票面利率低于市场利率就应用折价发行的形式,即对投资者因购买本债券而少得利息进行的提前补偿。

(三) 债券的转让价格

债券的转让价格是指:已在发行市场上发行,但尚未到偿还期限的债券在二级市场上不同投资人之间买卖、转让的价格,即在市场上的交易价格。债券的转让价格理论上是可计算的,但在实际操作中,债券交易受到许多因素的影响,债券的市场价格其实是无法计算的。对投资者而言,债券所能带来的未来货币收入便是债券的期值,投资者为获得这些未来收入在购买债券时所支付的价款为现值,即为理论价格,因债券发行方式及还本付息方式不同,其理论价格的计算方式也有所不同。

二、影响债券市场价格的主要因素

债券作为一种金融商品在市场上不断被买卖,它也就不可避免地受到

价值规律的作用。债券的供求状况决定了其市场价格围绕理论价格上下波动，当债券供不应求时价格上涨，当债券供过于求时价格下跌，能影响债券供求关系从而影响债券价格的因素主要有如下两大类：

（一）一般经济性因素

1. 社会经济发展状况。如果经济呈上升趋势，市场前景看好，企业必然会筹措大量资金以购置生产资料，而筹措资金的方式有很多，其中最常见的是出售企业拥有的债券、向银行等金融机构贷款或发行债券等，这必然会造成资金需求量扩大或债券的供给量增加，于是市场短期利率上升，从而使债券价格降低。反之，当经济呈下降趋势时，企业会压缩生产规模，减少资金占用，从而使资金需求量减少，使得金融市场上出现资金过剩，引起短期利率下降，债券价格便会上涨。

2. 财政收支情况。财政在整个年度内收入大于支出有盈余时，就会把剩余资金存入银行，同时也会购入一些证券如债券进行短期投资，以提高资金效益，从而造成债券需求量增大，债券价格便会上涨。反之，如果财政收入小于财政支出，就要向金融机构借款或依靠金融机构及其他机构卖出所持有的债券取得平衡，这样市场上债券的供给量就增大，债券价格便会下降。

3. 货币市场利率水平。债券价格直接受到货币市场利率的影响，当货币市场利率上升时，债券投资者便会抛出所持有的债券，而把资金投向利率更高的其他金融商品，引起债券价格降低。当货币市场利率降低时，流向债券市场的资金便会增加，使债券呈现供不应求之势，从而使债券价格上升。

4. 中央银行的金融政策。中央银行往往利用其公开市场管理的职能，当信用扩张时，在市场上抛售债券，导致债券价格下跌，而当信用萎缩时，中央银行又从市场上买进债券，这时债券价格便会上涨。

5. 物价水平。当物价上涨速度较快时，人们出于保值考虑，往往会把资金投向房产等不动产上，这样便会使金融市场上的债券出现供大于求的状况，从而使债券价格降低。

此外，外汇汇率的变动、新债券的发行量等均会引起债券价格的变动。

(二) 非经济性因素

1. 政治因素。经济的发展必须要以适宜的政治形势为基础，政治形势的变化必然会影响到每一个经济利益集团及每一个公众的经济行为。如果一国的政治形势不尽如人意时，股价则会首先做出反应，开始下跌，债券交易额也急剧下降，其价格就不可能上涨。反之，当一国政治形势有利时，债券交易活跃，价格必然上升。

2. 心理因素。人们心理状况的变化，有时会对投资者的投资行为产生重大影响，从而导致债券价格的变动。

3. 投机因素。同商品交易一样，在债券交易中也存在着买卖差价，投资者总是千方百计地低买高卖，获得差价收益，这是无可厚非的。但也确有某些"大户"凭借其资金和操作的优势，人为做市，扰乱债券价格，以从中获得更大利润。当债券市场上这种投机行为越多时，债券价格越不稳定。

债券的发行

一、债券发行的目的

债券发行的主体有中央政府、地方政府、金融机构、公司等，债券发行的目的多种多样。一般来说，中央政府和地方政府发行债券主要是为了弥补财政赤字和扩大公共投资；金融机构发行债券主要是为了扩大贷款额和投资。企业发行债券的目的较复杂，主要有：

1. 筹集长期稳定的资金。企业通过发行长期债券所筹集的资金使用期限较长，既可用于固定资产投资，也可用作长期流动资金。

2. 灵活运用资金。企业可根据对市场动态的预测、经济发展趋势及企业的资金需要，灵活地确定债券的发行额和期限，尽可能地使资金的筹集量与需要量相一致，使债券的偿还期限与资金的使用时间一致，满足企业灵活运用资金的需要。

3. 维护对企业的控制。对已设立的股份公司来说，筹措资金可发行新

股，也可发行债券。若发行新股必然会分散对企业的控制权，而发行债券则没有这种风险。

4. 转移通货膨胀风险。

5. 满足公司用多种方式筹资需要，降低资金成本。所谓资金成本是指筹集和使用资金而发生的各种费用，如注册费、代办费、利息等。在各种筹资方式中，普通股票的资金成本是较高的，而债券的资金成本较低，通过发行债券筹集负债资金，调整企业的资金结构，从而降低综合资金成本。

二、债券的发行条件

债券的发行条件主要由发行额、券面金额、票面利率、偿还期限和发行价格等方面的内容构成。确定合理的发行条件，是保证债券发行成功的一项重要工作，它直接影响到发行者的筹资成本和投资者的投资决策。

（一）确定发行额

发行额是指发行者预定发行债券的金额。发行者应根据自己的信誉状况、所需资金数额、市场状况等因素确定合理的发行额。一般说来，初次发行债券时，发行额可定得低一些，便于发行成功，以后再根据需要发行债券时，便可参照首次发行情况，确定有把握的发行额。

（二）确定票面金额

票面金额又称券面金额即债券券面所表示的金额，一般采用多券面金额较为理想。具体在确定票面金额时应考虑两个因素：一是认购者的购买能力，若认购者购买能力很强，市场吸收力大，票面金额就可大一些；若认购者购买能力有限，票面金额过高，就会把小户投资者拒之门外；此外，若是向特定的法人投资者发行债券，则可适当提高票面金额。二是发行成本。若票面金额过小，不但会增大发行成本，也会影响发行工作的顺利进行。所以综合上述两个因素，一般采用多种票面金额同时发行。

（三）确定票面利率

票面利率又称名义利率，是债券券面所载明的利率。它反映的是债券的固定利息和票面金额的比率，一般是固定不变的。确定债券票面利率时应按照既在发行单位的承受能力之内，又对投资者有吸引力的原则下进行，具体应考虑三个因素：

1. 银行同期存款利率水平。银行存款和债券投资的收益水平和风险程度是任何一个投资者都要进行比较的,从而选择最佳投资对象。一般来说,债券投资风险要高于银行存款,所以,债券票面利率应高于同期银行存款利率,即高风险伴随高收益,但不能高于同期居民储蓄存款利率的40%。

2. 其他债券利率水平。证券市场上拥有种类繁多的债券,债券信用等级不同,利率当然有别。那些信用较好的债券,利率自然会低些,如国债的利率通常是最低的。而那些信用稍低的债券,投资者购买时所冒风险较大,故而利率稍高。

3. 债券发行者的承受能力。债券发行者应正确估计自己的还本付息承受能力,在此基础上确定合理可行的债券利率。如果为了吸引投资者,盲目地将票面利率定得过高,轻者给发行人带来过重的利息负担,重者则不能偿还本金,降低企业信誉,对以后的发行工作造成严重障碍。

(四) 确定期限

债券的期限是指债券从发行到偿还本息的时间长度。发行者确定发行期限时,主要考虑以下因素:

1. 所需资金的性质和用途。发行不同期限的债券,主要是为了满足不同的资金需要,期限的长短与发行成本正相关,即期限越长,利率越高,成本越高;期限越短,利率越低,成本越低。

2. 对市场利率水平的预期。如果预测市场利率水平今后要下降,发行者就应尽量缩短债券期限,以发行短期债券为宜,反之就应尽量发行长期债券。

3. 流通市场的发达程度。流通市场发达与否是影响债券期限长短的重要因素,如果流通市场不发达,长期债券难以在流通市场上转让变现,发行者应尽量发行短期债券。相反,若流通市场较为发达,债券可随时转让变现,则发行者可根据自己的需要和意愿来确定债券的期限。

4. 发行者的信用程度。一般来说,知名度高、信用度好的大企业,即使发行期限较长的债券也容易推销。相反,信用差的企业,要想顺利推销自己的债券,应尽量缩短发行期限。

此外,投资者的投资意向,心理状况及市场上其他债券的期限构成,也是债券发行者确定债券期限时应考虑的因素。

(五) 确定债券的发行价格

债券发行价格的确定，除受债券期限这一限定条件影响外，主要取决于债券的票面利率和债券发行时市场收益率的动态变化。发行债券时可根据实际情况，选择合适的价格水平。

1. 按票面金额发行，即平价发行，也就是当市场收益率（市场利率）与债券的票面利率恰好相等的发行价格。当然，二者不相等，发行者也可以采用平价发行，只要调整票面利率即可。如果债券的票面利率已经确定公布或印在了债券票面上，而市场收益率发生了变化，就应及时调整债券的发行价格。否则便会出现两种情况：一是票面利率高于市场收益率时仍按平价发行，则发行者就会承担较高的筹资成本；二是在票面利率低于市场收益率时仍按平价发行，债券则会失去魅力，在市场上遭到冷遇。

2. 按高于票面金额的价格发行，即溢价发行。这是在票面利率高于市场收益率的情况下，投资者乐于购买，使得债券发行者能以高于债券面值的价格发行，从而冲减债券发行者按高于市场收益率的利率而多支付的利息。

3. 按低于债券票面金额的价格发行即折价发行。这是在票面利率低于市场收益率的情况下，为激发投资者的购买热情，引起其对债券的投资兴趣而采取的一种策略。通过折价发行，可补偿投资者因购买利率低于市场收益率的债券而蒙受的损失，实际上这可视为发行者预先支付给投资者的一笔利息。

总之，在确定债券的发行条件时，要将上述几个因素综合起来考虑，经过多方权衡后再做决定。通常先定利率和期限，因为它们最明显地反映着投资者的获利大小和出让资金的时间长短。然后再根据市场利率确定发行价格。而投资者在对债券进行投资时，除了看发行条件外，还要考虑发行者的信用度，所以大多数国家一般都对发行者定有不同的发行等级，级别越低的发行者越需较高的发行条件（如高利率、低价格）等来发行。

三、债券的发行方式

(一) 按募集对象分

1. 私募发行。私募发行是指向少数特定的投资者发行。私募发行的对象主要有两类：一是个人投资者如本公司职工，发行单位产品的用户等；

二是机构投资者，如金融机构或与发行者有密切业务往来关系的公司等。私募发行方式的优点是节约发行费用，一般不必向证券管理机构办理发行注册手续，从而节省发行时间和发行费用。此外，该方式因有确定的投资人因而不必担心发行失败。但私募发行方式也有其缺点，如需向投资人提供高于市场平均收益的特殊优厚条件，发行者的经营易受到干预，债券难以转让。

2. 公募发行。公募发行是指面向非特定社会公众发行。公募发行的筹资潜力大，无须提供特殊优厚的条件，发行人具有较大的经营管理独立性，而且债券可在二级市场上转让，但公募发行者必须履行有关报批注册手续，同时需要承销者的协助。为了保证债券的顺利发行和流通，通常采用以下三种方式发行债券：（1）出售发行。即预先并不规定债券的发行总额，而是以某一时期内债券的实际销售额作为发行总额。这种发行方法目前仅限于金融债券的发行。（2）募集发行。募集发行是预先将发行总额、发行日、申报时间、利率、价格等都确定下来，债券认购者需在申报时间内，明确表示申购意向，这是公债和公司债常采用的发行方法之一。（3）投标发行。即由承销商通过投标决定利率或发行价格的一种方法，这种方法常用于国家债券的发行。

（二）按有无中介分

债券发行方式按有无中介可分为直接发行和间接发行。

1. 直接发行。这种发行方式是发行主体不通过中介机构而直接向投资者销售债券。其优点是发行主体不通过中介机构而直接向投资者销售债券。其优点是发行手续简便，发行费用较低等，但该种方式不利于债券的大量发行。

2. 间接发行。这种发行方式是债券发行主体，通过证券发行中介机构即承销商向广大投资者销售债券。对发行主体来说，间接发行可节省许多繁杂手续，尤其可保证预期发行额的顺利完成，但发行成本比直接发行要高，一般数额较大的债券采用这种发行方式。

四、债券的发行程序

债券发行的一般程序为：

（一）提出申请

债券发行人向有关部门或金融机构或债券资信评定公司提出申请，并提供自己的详细情况资料，如公司简历、业务范围、财务状况及经营状况、发行债券数额及用途的可行性报告等。

（二）审核批复

主管部门或债券发行地国家有关当局接到企业申请后，进行审核验批，经批准后进行注册登记，发行人便取得了发行债券的资格，同时向社会公告。

（三）选择确定承销商

债券发行人选择确定债券承销商，负责债券的销售工作，同时要经过协商并签订好合同和协议。

（四）发行债券

正式在债券市场上发行债券，在规定期限内完成发行工作，并将款项交付发行主体。

债券的评级

一、债券信用评级概述

（一）债券信用评级及其制度的形式

债券信用评级是由专门的信用评级机构根据发行者提供的信息材料，并通过调查、预测等手续，运用科学的分析方法，对拟发行的债券质量、信用、风险进行公正、客观的评价定级活动，有时也称债券评级。

债券信用评级制度最早起源于1909年的美国，当时美国学者约翰·穆迪（John·Moody）在《铁路投资分析》一文中首先运用了债券评级的分析方法。随后债券信用评级方法便为许多国家接受并采用。现在，在世界上一些主要的金融市场上发行债券，一般都要经过国际知名的信用评估机构的评级。事实上，许多国家的证券法并不要求发行者必须进行债券评级，但是由于在发达的证券市场上，没有经过评级的债券往往不被投资者接受。

因此，除了信誉很高的国家债券发行者外，其他债券的发行者都自愿向债券评估机构申请评级。

信用评估机构的评定结果之所以得到广大投资者的信任，一方面是因为这些机构均不受政府控制并且独立于债券发行者、投资者以及中介人之外的私营企业；另一方面，他们提供的评级服务是对有关资料进行广泛分析，保持独立决策程序和严守被评估者机密的基础上进行的。评估机构对投资人只有道义上的义务，无法律上的责任，它所评定的信用等级只是帮助投资人在可比的基础上对投资做出判断和决定，而不是代替投资人做投资决策。

（二）债券信用评级的作用

1. 保护投资者的利益。虽然各国的证券法都规定了债券发行者要公开有关的信息，但由于债券品种多，信息的专业性强，所以除了专业的证券商或证券分析家外，一般的大众投资者往往无暇仔细分析，也缺少专业知识去研究这些资料，有了评估机构的评定结果，投资者只需参考和比较各种债券的信用级别及其变化情况，就能做出正确的选择。可以说，债券信用评级是对信息公开制度的一种补充，其作用是通过将发行者的信誉及偿还的可靠程度公之于众，来保护投资者的利益。

2. 提供发行参考依据。债券信用评级的作用之二，是在发行市场上为确定债券的发行价格和利率提供参考依据。由于投资者都追逐级别较高的债券，因此，债券的评级结果对债券的发行价格有决定性的影响。级别越高，说明债券还本付息的安全性越高，利率就越低；相反，级别评定越低，说明拖欠的可能性就越大，利率越高。

二、债券信用评级的分析方法

债券评级的分析内容主要有产业分析、财务分析、信托证书分析和国际风险分析四项。

产业分析包括两方面内容：一是判断该发行者所属的产业是"朝阳产业"还是"夕阳产业"，是在经济环境变化中稳定的产业，还是对变化十分敏感的产业；二是评价其在同行中的竞争能力以及今后的发展趋势。

对发行者的财务状况进行分析，是信用评级的重要一环，进行分析时常采用系列化的指标进行，归纳起来有四大类：（1）收益性指标，即反映

企业盈利能力或收益情况的有关指标,如销售利润率、投资盈利率、利息支付能力等。(2)长期负债比率指标,如负债构成比率、负债比率等。(3)财务弹性指标,如流动比率、速动比率、现金比率等。(4)清算价值指标,即为净资产与长期负债余额之比例。

信托证书是规定债券发行人与债权人权利和义务的文件。对信托证书的分析包括财务限制条款和债券的优先顺序两方面内容。财务限制条款是防止企业财务状况恶化的限制条款。在信托证书上将其视为保护债权人利益的特约条款,它由债券发行公司和承购公司共同制定,主要有对债务、分红、投资、营运资金等的限制,增加抵押品等负担的限制和处理资产的限制。债券的优先顺序是指当债务人不能履行偿债义务时,法律上对债权人清偿权力规定的优先顺序。一般顺序越靠前,则该债券的信用级别越高。

当一国政府、金融机构或企业在其他国家或国际金融市场上发行债券时,需要对其进行国际风险的分析。一个国家偿还债务的能力和愿望是由其政治、社会、经济状况决定的,因此,国际风险的分析涉及政治风险的分析和经济风险的分析两方面内容。前者包括政治制度、社会情况、国际关系,后者包括外债情况、国际收支状况、经济结构与经济增长以及经济总实力。通过进行国际风险的分析,最后提出定性结论。

三、债券信用等级的划分

债券信用等级的划分,一般都是由较著名的评估机构进行的,目前西方国家最著名的评估机构是美国的穆迪公司和标准·普尔公司,两个公司均把债券分为几个等级,但在表现形式上有些差异。标准·普尔公司的债券信用等级从高到低是 AAA、AA、A、BBB、BB、B、CC、C、DDD、DD、D,穆迪公司从高到低是 Aaa、Aa、A、Baa、Ba、B、Caa、Ca、C。相比而言,标准·普尔公司较为著名,其具体内容见表6-1。

我国上海远东资信评估公司采用国际惯例实行三等九级制进行资信评估,详细内容见表6-2。

表 6-1 标准·普尔公司评定公司债券等级一览表

级别	内容	利息支付能力和本金偿还能力
AAA	最高级	安全性最高，本息均有最大保障，基本无风险
AA	高级	安全性高，还本付息能力很强，与最高级只有微小差别
A	中高级	安全性良好，还本付息没问题，但保障性不如前两种
BBB	中级	有充足的还本付息能力，但经济不景气时会影响到本息安全
BB B CCC C	中下投机组	这四个等级的债券具有很强的投机因素，BB 级表示最低程度 B 中下 CCC 投机组的投机，CC 级表示最高程度的投机。这几种债券，另附带一些保护措施，但一旦出现不利因素，就有重大风险
C		这一等级仅适用于不支付利息的收益债券
DDD DD D	不履行债务	违约债券，还本利息毫无保障

表 6-2 上海远东资信评估公司债券等级一览表

级别	还本付息能力
A 等	AAA 还本付息能力极强，具有可靠的保证，承担风险最小
	AA 还本付息能力很强，承担风险很小
	A 还本付息能力一般，但有可靠担保，承担风险小
B 等	BBB 还本付息能力短期可靠，承担风险逐渐增大
	BB 还本付息能力暂时可靠，承担风险大
	B 还本付息能力不可靠，承担风险很大
C 等	CCC 还本付息能力很不可靠，随时可能发生违约
	CC 还本付息能力极不可靠，有极大的投机性
	C 完全的投机性

债券的交易

一、债券的交易市场

债券作为一种投资工具,既能满足发行人筹集资金的需要又能使投资人取得一定的投资收益,而债券与资金的相互流动是通过债券交易进行的。所谓债券交易即投资者买卖已发行的债券的活动。债券的交易市场有两个:一是场内交易市场,另一个是场外交易市场。

(一) 债券的场内交易市场

债券的场内交易是指在证券交易所进行的债券买卖活动。

1. 债券场内交易的条件。无论是国内或是国外,上市交易的债券必须具备一定的条件,只有被批准上市的债券才能在交易所交易,申请上市的债券必须具备以下条件:(1)企业经工商行政管理部门登记注册;(2)债券的期限不低于一年;(3)债券的信用评估等级不低于A级;(4)债券的实际发行额不低于1000万元人民币;(5)记名债券已在上海市区设立过户机构。

申请上市的企业债券要同时具备上述五项条件;申请上市的金融债券要同时具备上述(2)、(4)、(5)三项条件。

2. 债券场内交易的程序。能够在上交所直接买卖的只限于交易所的会员。因此,一般人如果要买卖上市债券,须委托有会员身份的证券公司,由接受委托的证券公司在交易所寻找买主或卖主,促成买卖成交。这一过程与股票的交易过程基本相同。

3. 债券场内交易的价格形式。

(1) 实价交易。实价交易是指债券的交易价格不包括已形成的利息,债券的买方需在债券交易价格以外另行支付这笔利息给卖方的交易形式。这种价格形式的交易主要适用于息票债券的交易。息票债券一般都是在既定日期每年付息两次。如果债券持有人在两个利息支付日之间将债券转让,从上次利息支付日到债券出售日这段时间的利息他就未能领取,而债券的

购买人在下次利息支付日就能领取整整半年的利息。按照实价交易原则，在买卖债券时，买者要向卖者支付从上次利息支付日到债券交割日这段时间的利息，这部分利息被称为"经过利息"。也就是说，在以实价交易形式卖出债券时，买方需支付的金额是债券的购买价加上经过利息。

（2）附息交易。附息交易是指交易双方直接以债券的交易价格进行结算，买方不再另向卖方支付利息的交易形式。这种交易价格形式主要适用到期一次付息的债券交易。

（3）贴现交易。贴现交易是贴现债券交易时的价格形式。贴现债券的券面是不附利息的，其交易是按贴现价格进行的，购入者未来的利息收入为债券面额与贴现价格的差额。贴现债券的剩余期限若在一年以内，其贴现价一般按单利计算；若在一年以上，一般按复利计算，其计算公式分别为：

$$贴现债券的转让价格 = \frac{债券面额}{1+年利率 \times 剩余年数}$$

$$贴现债券的转让价值 = \frac{债券面额}{(1+年利率)^{剩余年数}}$$

（二）债券的场外交易市场

1. 债券场外交易市场的定义和特征。场外交易市场是在证券交易所以外的各证券公司柜台上进行债券买卖的市场。场外交易一般是在证券公司或银行铺面上买卖双方直接进行的交易，债券的转让大部分是在场外市场进行的。

场外交易市场简称 OTC 市场，即 Over-the-counter Market，也叫柜台市场或者店头市场，随着通信技术的发展，目前许多场外交易并不直接在证券公司柜台前进行，而是由客户与证券公司通过电话与电传进行业务接洽，故又称电话市场。场外市场是进行分散、个别交易的抽象市场，其证券交易量大大超过证券交易所的交易量，如美国柜台市场的成交量占全部证券成交量的95%左右，参加交易的证券商达5000~6000家之多。

债券场外交易的特点有：（1）无固定集中的交易场所。场外交易有的是在证券公司或银行及债券服务机构的柜台上买卖双方直接进行的，有的是在证券公司负责买卖业务的业务员与投资机构及金融机构的业务人员通过电话联系成交的，没有固定的集中的交易场所。（2）交易品种较多。场

外交易的债券可以是上市债券，也可以是非上市债券，所以场外交易的品种较场内交易要多得多。(3) 每笔交易数额较大。债券场外交易多以法人机构为主，所以每笔交易数额较大。(4) 多数采用"居间"交易形式。也就是说，场外交易一般采用以证券公司或债券服务机构为中间商，中间商用自己的资金从想卖出债券的人手中买入债券，再以略高的价格卖给想买债券的人，从中赚取差价。(5) 大多数是议价交易。债券的场外交易原则上是在买方双方自愿的基础上进行的，买卖价格是双方自由商定的议价，因此即使同一种债券，在不同的证券公司往往有不同的价格。当然，场外交易有的是按证券公司所挂的牌价成交的，证券公司所挂的牌价一般是在交易所价格基础上加减一定的手续费形成的。

2. 债券场外交易的必要性。与股票交易不同的是，在债券交易中，绝大部分交易都是在场外交易市场完成，世界大多数国家的情况都如此。从以下几个方面可看出场外交易的必要性：(1) 随着市场经济的发展，运用债券筹集的资金越来越多，特别是一家企业只能发行一种股票，而一家企业可发行多种债券，众多的不同种类和名称的债券不可能都在交易所上市。因此，未达到上市标准的债券必然要到场外寻找买卖机会。(2) 债券具有较大的替代性，使得一些债券在交易所挂牌交易失去意义。也就是说，在期限相同、信用级别接近，收益相同的情况下，投资者可购买不同种类的债券，并非一定要购买挂牌的债券，而公司股票不具备这种替代性。所以，对于有替代品的债券在交易所挂牌就失去意义。股票交易的95%是在证券交易所进行，而债券流通的90%是在场外交易市场进行的。(3) 债券的交易额多集中于少数机构投资者，他们的交易量大，手法复杂，不便于在交易所市场上竞买竞卖；而在场外市场上采用以证券公司为买卖中间人的交易形式，既方便又容易成交。(4) 在债券交易的款项收付中，除去债券本身的价格金额外，有时还有应计利息的收付，这也是债券交易在交易所市场中遇到的难题，而在场外交易市场解决起来却轻而易举。

基于上述理由，债券的转让，不仅是非上市债券，即使是上市债券，多数也是在场外市场进行的。

3. 场外交易市场的参加者。债券场外交易市场的债券买卖也需证券的经纪商和自营商起媒介作用。

证券公司既是证券场外交易市场的组织者,又是直接参与者。它们通过参与市场交易来组织市场活动,为非上市证券创造出转让市场,因此证券公司被称为市场的创造者,柜台交易组织形式又称"市场创造制"。场外交易市场的参与者主要有:(1)自营商:是柜台市场的主要参加者。一般说来,这类商号既是交易所的成员,又自设营业厅直接从事场外交易。自营商从事两类业务,即新发行证券的承销分销和二手证券的自营买卖。(2)店头证券商:非证券交易所会员,但经批准设立证券营业机构,以买卖未上市证券及公债券为主要业务。(3)会员证券商:以在证券交易所的业务为主,但也设立独立机构经营店头市场业务,或自营、或做经纪人收取佣金。(4)证券承销商:专门承销新发行证券的公司,证券发行主要在场外市场销售。(5)专门买卖政府债券或地方政府债券,地方公共团体债券的证券商。(6)法人投资者和个人投资者。

4. 债券场外交易的行情。由于债券的场外交易多数是按买卖双方自由商定的议价成交,各证券公司必然各不相同,再加上债券的种类繁多,就很难掌握债券交易的行情全貌。为给债券交易者提供选择、决策的参考,便于债券交易的顺利进行,许多国家制定了柜台债券买卖行情公布制度,公布的行情指标主要有:(1)债券行情指标,即能反映债券市场动向并带有指标性的债券市场行情。(2)债券标准行情,即在不同的债券中按不同的利率、偿还期限等条件选择有代表性的若干种债券,并参考最近的指标行情和当时的金融形势而公布的债券双方要价,为交易者提供了一个参考标准。(3)债券买卖参考收益率,即交易所选择若干种有代表性的债券,参考证券公司向投资者出售债券时为基准的债券收益率而定出的买方收益率。

为了推动我国证券交易统一市场的形成,缩小地区和时间差价,经中国人民银行批准,1990年9月28日,全国证券报价系统成立,证交所即时发布全国性的国库券、金融债券、重点建设债券等行情,为买卖双方和证券公司经营机构提供参考行情。

二、债券的转让方式

债券的转让方式有现货交易、期货交易和回购交易等三种,前两种与股票的现货、期货交易方式相同,以下主要介绍回购协议交易。回购协议

交易是指买卖双方预先签订协议，约定在卖出一笔债券后，过一段时间按协议价格再买回这笔债券的交易方式。这是一种附带条件的债券交易，卖方是想把手中的债券暂时变成现款，在卖掉债券的同时许诺在一定时期后将债券重新买回，而买方则要取得这一时期债券占用资金的利息收入。因此，回购协议交易实质是一种以债券作抵押的资金借贷活动。

回购协议交易的债券主要是政府债券，期限最短为1天，称为隔夜交易，最长为1年，常见的是1~2个星期或1~6个月。协议的利率由协议双方根据回购期限，货币市场行情等因素议定，与债券本身的利率无直接关系。

与回购协议相对应的是逆回购协议，即债券买卖双方约定，买方在购入一笔债券后过一段时间再卖回给原卖方，也就是在回购协议交易中，对卖方来说是回购，对买方来说则是逆回购。在回购期间，卖方实际上是把债券抵押给了买方，买方能得到的只是双方议定的回购协议的利息，而不是债券本身的利息，债券本身的利息是属于卖方的。

债券投资技巧与投资效益分析

一、债券投资技巧

债券投资的方法与技巧有很多，而且与股票投资的方法与技巧也基本相同。债券投资主要是注重期限与利率的组合，即以什么样的期限与利率购买债券，更为有利一些。下面介绍几种常用的技巧方法。

（一）阶梯形购买法

阶梯形购买法，是将用来购买债券的资金平均投放在不同期限债券上的一种方法。如分别购买一年期、二年期、三年期……的债券，当最短期的债券到期时，再用收回的本金去购买以后期限的债券。如此反复循环，使你总有到期的债券，总能收入一部分利息，又同时能不断买进新的债券，使债券具有较强的流动性。这种方法是等量保持各种债券，以期在期限上保持稳定的组合，它能给投资者带来稳定的收入，且操作简单，容易管理。

但市场利率或是各期债券的利率发生变动后不易及时调整,故缺乏一定的灵活性。

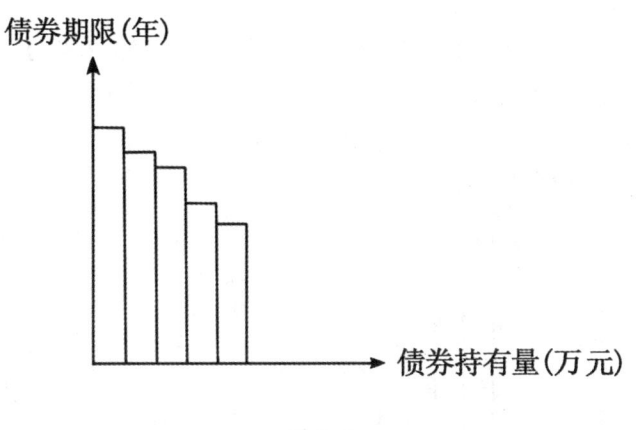

图 6-1

第一次购买债券的示意图如图 6-1 所示。

这种阶梯购买法,即使手中资金不多时也可使用,其方法有两个:一是减少每期的债券购买量;二是缩短循环周期,如只购买一年期和两年期的。

(二) 坡形购买法

这是一种期限与数量共同结合的投资方法,它可分为"上坡形"和"下坡形"两种情况。上坡形购买,是指随债券购买期限的增长而增加购买数量的方法,也就是说,期限越长,购买得越多。其图形如图 6-2 所示。

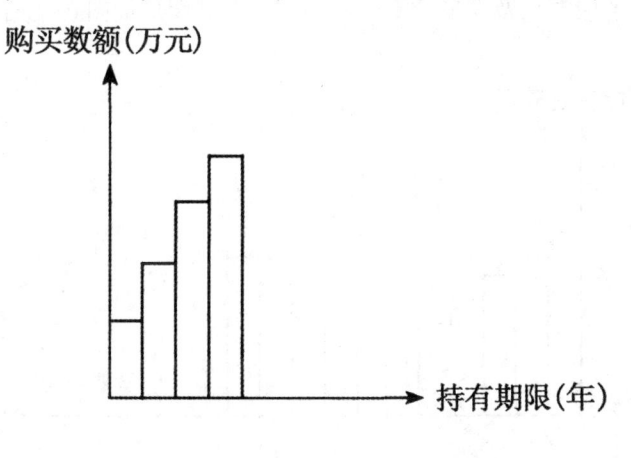

图 6-2

这种购买方法，适合于利率下调时使用。因为债券的利率是固定的，它不会随市场利率的调整而调整。因此这里掌握的原则是短期的要少买，长期的要多买。

下坡形购买与上坡形购买相反，购买数量是随着债券偿还期限延长而逐步减少，如图6-3所示。

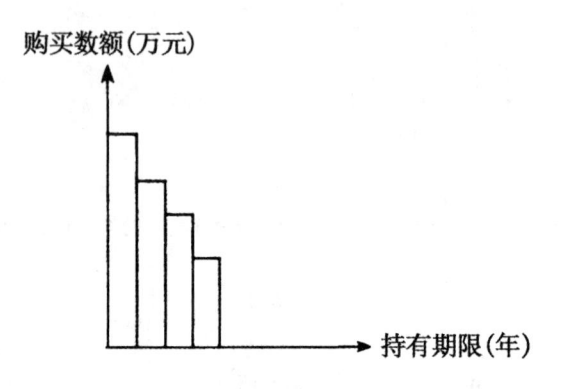

图 6-3

这种投资方法，适合于利率上升时期，既保持了一定的流动性，又避免了利率调整所带来的利息损失。即：大量的短期债券到期后，可用取回的本金马上再购回调高利息率的新债券。

（三）杠铃形购买法

所谓"杠铃形"购买法，是把资金集中投放在短期债券和长期债券的两头，对中期债券只做少量投资的一种方法。其图形如图6-4所示。

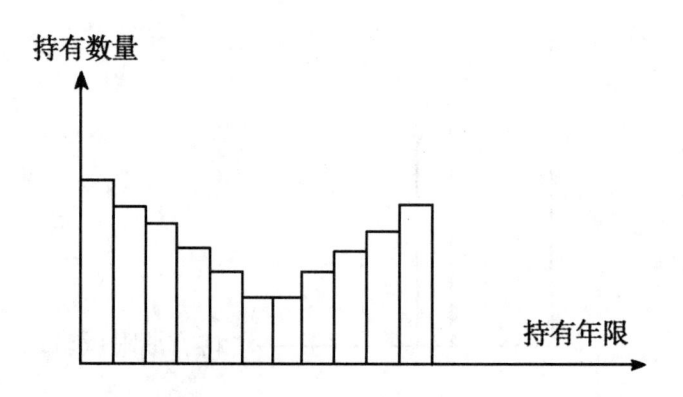

图 6-4

这种投资方法既不是平均分配,也不是长短对半,它是将"上坡形"与"下坡形"两种方法结合起来运用的一种方法。它的特点在于,可适应市场利率高、低、高呈马鞍形变动时的情况。即当一开始的短期利率相对较高,中期利率相对较低,而长期利率又相对较高时,就可采用上述购买方法——多、少、多。短期债券到期后,再用收回的本金买长期债券。

此外,平均成本法,不变比例法和可变比例法等都可用来进行债券投资。

二、债券的收益

债券收益主要包括如下内容:

(一) 利息收入

利息收入是债券的基本收入,是债权资产的法定收入,于债券发行时确定,一般情况下不会改变。

(二) 资本损益

资本损益是指债券买入价与卖出价或偿还价之间的差额,当债券卖出价高于买入价时,为资本收益,当卖出价低于买入价时,为资本损失。由于债券买卖价格受到市场利率和供求关系等因素的影响,资本损益很难在投资前准确预测,但因其利息收入和期限确定,故价格波动有限。

(三) 影响债券收益的因素

根据债券收益的来源,可看出影响债券收益的因素主要有债券利率、债券价格、债券的还本期限。

1. 债券的利率即指债券的票面利率。债券票面利率的高低是影响债券利息收入的决定性因素,在其他条件相同的情况下,债券票面利率越高,收益也越高。债券票面利率的高低既取决于债券发行者的资信情况,又受当时市场利率等多种因素的影响,它是债券发行的重要条件之一。

2. 债券的价格就是投资者在买卖债券时所面临的实际市场价格。投资者拟购新债时,若债券发行价高于面额,则收益率将低于票面利率。反之,收益率高于票面利率。投资者在二级市场买卖债券时面临债券交易价格,其高低也直接影响资本损益进而影响收益的高低。

3. 债券的还本期限一方面影响票面利率,即期限长,票面利率高,期限短,票面利率低;另一方面影响债券的实际收益。主要在于通货膨胀率

变动及市场利率水平变动的可能性增大，进而影响债券的收益率。另外，当债券以复利方式计算时，还本期限越长，其收益率越高。

（四）债券收益率

收益水平的高低，不是看收益的绝对数，而是看收益额相对于投资者额的比率，即收益率。收益率的基本计算公式如下：

$$收益率 = \frac{基本收入 + 资本收入}{初始投资} \times 100\%$$

债券的收益率有很多种，下面介绍几种常用的收益率指标。

1. 名义收益率又称息票收益率或票面收益率，实际上就是债券票面上印制的固定利率。其计算公式如下：

$$债券名义收益率 = \frac{债券当年利息收入}{债券面值} \times 100\%$$

显然，名义收益率只适用于投资者按票面金额买入债券并持之期满按票面金额收回本金的情况，它没有考虑债券的实际市场价格对收益的影响，也没有考虑到债券中途转让的情况。名义收益率对债务人每年应付利息的货币金额给予了确定，这正是名义收益率的意义所在。

2. 直接收益率又称本期收益率、当期收益率，指债券的年利息收入与买入债券的实际价格之比。其计算公式为：

$$债券直接收益率 = \frac{债券年利息收入}{债券实际价格} \times 100\%$$

例1：某面额为100元的债券采用折价发行，其发行价为95元，期限5年，票面利率5%，则投资者在认购债券后持至期满可获得的直接收益率为：

$$债券直接收益率 = \frac{100 \times 5\%}{95} \times 100\% = 5.26\%$$

债券的直接收益率反映了投资者的投资成本带来的收益，在本例中，投资者购买债券的实际价格低于债券面值，因此其直接收益率高于债券票面利率。反之，若购买债券的实际价格高于债券面值，则直接收益率低于债券票面利率。

在通常情况下，法人融资者较注重直接收益率，可用以匡算经营业绩。同名义收益率一样，直接收益率也存在不足之处，它不能全面地反映投资者的实际收益，忽略了资本损益，即没有计算投资者买入价格与持有债券至期满按面额偿还本金之间的差额，也没有反映买入价格与到期前出售或赎回价格之间的差额。

3. 债券的持有期收益率指投资者在发行日至到期日之间先买进后卖出债券所获得的收益率。其计算公式为：

$$债券持有期收益率=\frac{债券年利息+（债券卖出价-债券买入价）\div持有年数}{债券买入价}$$

例2：承例1中债券，投资者认购后持至第三年末以99.5元的价格售出，则该债券的持有期收益率为：

$$持有期收益率=\frac{100\times5\%+（99.5-95）\div3}{95}=6.84\%$$

用上述公式计算一次还本付息的债券持有期收益率时，公式中的债券卖出价便包含了债券全部收益，因此公式应变为：

$$债券持有率=\frac{（债券卖出价-债券买入价）\div持有年数}{债券买入价}\times100\%$$

例3：A企业购入面值100元，票面率5%，期限5年的债券，该债券为到期一次还本付息并按单利计息，其买入价为100元。第三年末，A企业卖掉该债券，售价118元，则该债券的持有期收益率计算如下：

$$债券持有期收益率=\frac{（118-100）\div3}{100}\times100\%=6\%$$

4. 到期收益率又称最终收益率，期满收益率或全期收益率。它用来衡量债券投资者将债券保留到期满还本时所获得的收益指标，是指债券的利息收入和资本收入与实际购买价格之间的比率。其计算公式为：

$$债券到期收益率=\frac{债券年利息收入+（债券面值-债券买入价）\div到期年数}{债券买入价}\times100\%$$

例4：企业用95元的价格购入一面值100元，票面利率5%，期限5年的债券，则

$$债券到期收益率=\frac{100\times5\%+（100-95）\div5}{95}\times100\%=6.32\%$$

以上公式反映了决定到期收益率的三个主要因素，便于进行分析，主要适用于息票类债券的计算。而一次性还本付息的到期收益率，则应用下面公式进行计算：

$$债券到期收益率=\frac{(债券本利-债券买入价)÷到期年数}{债券买入价}×100\%$$

其中债券的本利和因计息方式不同而有不同的计算方法，采用单利计息时：

债券本利和＝债券面值×（1+期限×年利率）

在我国，绝大多数债券，采用是单利计息方式。

例如：如上例中的债券，假定该债券为一次还本付息的：

$$债券到期收益率=\frac{[100×(1+5×5\%)-95]÷5}{95}=6.32\%$$

5. 贴现债券收益率。贴现债券是指券面上不规定利率，发行时按规定的折扣率，以低于票面金额的价格发行，到期仍按票面金额偿还本金。发行价与票面金额之差相当于预先支付的利息，因此，贴现债券不存在中间派息问题。贴现债券一般用于短期债券的发行，如美国政府债券。由于贴现债券有各种优点，现在也开始用于中期债券，但很少用于长期债券。贴现债券收益率的计算较特殊，也可分为到期收益率和持有收益率。

（1）贴现债券的到期收益率。贴现债券的到期收益是贴现额，贴现额是债券面值与发行价格之间的差额。贴现债券在发行时只公布面额和贴现率，并不公布发行价格，因此，要计算债券到期收益必须先计算其发行价格。

发行价格＝债券面值×（1-年贴现率×债券期限）

贴现债券到期收益率的计算公式为：

$$到期收益率=\frac{贴现债券面值-发行价格}{发行价格}×\frac{360}{债券期限}×100\%$$

例5：某贴现债券，面值1000元，期限180天，以5%的贴现率公开发行。则：

$$发行价格=1000×(1-5\%×\frac{180}{360})=975（元）$$

$$到期收益率=\frac{1000-975}{975}×\frac{360}{180}×100\%=5.13\%$$

显然，贴现债券的到期收益率高于贴现率，原因是贴现额预先扣除，使投资者的实际成本小于债券面值。

（2）持有收益率。贴现债券也可以不等到期满而中途出售，债券的卖出价一般按折扣率计算，据此计算持有期收益率，公式如下：

$$贴现债券的持有收益率 = \frac{债券卖出价 - 债券买入价}{债券买入价} \times \frac{360}{债券持有期限} \times 100\%$$

证券市场管理概述

一、证券市场管理及其必要性

证券市场管理的主要内容是运用经济、行政和法律等手段，对有价证券的发行及流通等行为进行有效的组织、协调和监督，确保证券市场有秩序地运行。

证券市场管理的目的就是充分发挥证券市场的积极作用，限制以致消除其消极作用。具体来说，表现在以下几个方面：

1. 保护投资者的利益。投资者购买证券即享有一定的权利，如购买普通股就享有参与公司经营管理、分配公司盈利和剩余财产的权利；如购买公司债券就享有要求发行公司到期还本付息的权利，如果公司破产也要按照法定的程序清偿。这些权利如果没有法律保障，或者有法但没有严格执法的监督机构，则会给投资者造成损害，从而影响了证券市场的健康发展。

2. 保障股份公司的筹资权益。为了保障真正需要资金的企业能以正当的方式筹集资金，就必须加强证券发行市场的管理。如规定企业发行证券之前要向政府有关部门登记注册；实行财务公开原则；公司发行新股时，要最近三年内连续盈利，并可向股东支付股利；公司最近三年内财务会计文件无虚假记载；公司预期利润可达到同期银行存款利率等。

3. 限制过度投机行为。适度的投机可以活跃股票市场，推动证券投资的发展，但过度的投机则会引起证券市场的混乱，甚至崩溃。因此，许多国家的股票市场都允许进行股票投机，但也都限制过度的投机行为。证券市场禁止的投机行为有买空卖空，联手操纵，散布谣言或不实资料或虚假信息等。

4. 充分发挥证券市场的积极作用,引导资金流向,促进经济发展和社会稳定。限制证券市场的消极作用,防止不良行为的发生,制裁不良行为者,增强投资者的信心,保护投资者的利益。

二、证券市场管理的目标

所谓证券市场管理目标,就是指通过证券市场管理活动使证券市场运行达到的目的和标准。它是证券市场管理的核心内容。

不论是发达国家还是发展中国家,发展证券市场的目的都是一致的,即从根本上保证市场供求平衡,减少市场波动,以确保其促进经济发展和社会稳定。我国证券市场管理目标具体有:

1. 完全公开目标。投资者对某种股票或债券的评价以及对其是否投资的抉择,取决于该证券发行单位的信誉、盈利能力等诸方面的因素,而要使投资者对此有所了解,必须将证券发行企业内部情况公开化,如该企业的资产及其构成、负债情况、财产情况、产销成本、损益及清偿能力等。此外,实行管理目标公开化,也便于市场管理机构按规定进行监督检查。

2. 平等竞争目标。公开、公平、公正是证券市场管理应遵循的基本原则。为防止股票交易人为操纵,无论政府还是交易所,都应做出具体规定,制定出严格的管理规则,从而使证券交易公开平等。

3. 保护投资者利益目标。为了保护投资者的利益,在证券发行或交易过程中,要用经济、行政和法律手段对证券发行和交易行为进行有效管理,从而对证券市场形成综合约束。此外,为了使想购买股票和债券的人准确掌握发行公司的信息,也对公司作了一系列规定,以增加该公司的透明度,防止发行公司提供虚假情况及证券经纪人和交易商的欺诈行为。

三、我国证券市场的管理

(一) 我国证券市场监管体制

目前,我国证券市场实行以政府监管为主,自律为补充的监管体制。我国证券市场监管体制经历了一个从地方到全国、由分散到集中的监管过程。从20世纪80年代中期到90年代初期,股票发行仅限于少数地区的试点企业,证券市场监管也处于区域性阶段。1992年,国务院决定成立国务院证券委员会和中国证券监督管理委员会(简称中国证监会),负责对全国证券市场进行统一监管。1998年,国务院决定撤销国务院证券委员会,原证委工作改由中国证券监督管理委员会承担，中国证监会对地方证管部门实行垂直领导，从而形成集中统一的监管体制。

证券市场管理的内容主要有：证券发行监管、证券交易监管、上市公司监管、证券经营机构的专业服务机构的监管。

证券市场自律是政府监管的重要补充，是我国目前证券监管体制的重要内容之一。自律是指证券市场参与者组成的自律组织，在国家有关证券市场的法律、法规和政策的指导下，依据证券行业的自律规范和职业道德，实行自我管理，自我约束的行为。证券市场的自律行为主要包括证券交易所的自律和保证经营机构组成的证券业协会的自律。

鉴于中国证券市场与国际证券市场之间的联系日趋密切，保护中外投资者的合法权益，加强国际证券监督合作，打击跨国证券违法违规行为，促进证券信息交流，中国证监会于1995年加入了国际证监会组织（IOSCO），先后与美国、新加坡、澳大利亚、英国、日本、马来西亚、巴西等国家和我国香港特别行政地区的证券监管机构签署了监管合作备忘录。

（二）主要证券监管机构

1. 中国证券监督管理委员会。中国证券监督管理委员会（简称中国证监会）成立于1992年10月，是国务院直属机构，是全国证券期货市场的主管部门，按照国务院授权履行行政管理职能，依照法律、法规对全国证券、期货业进行集中统一监督。证监会内设13个职能部门，其主要职责是：依法制定有关证券市场监督管理的规章、规则，并依法行使审批或者核准权；依法对证券的发行、交易、登记、托管、结算进行监督管理；依法对证券发行人、上市公司、证券交易所、证券公司、证券登记结算机构、证券投资基金管理机构、证券投资咨询机构、资信评估机构以及从事证券业务的律师事务所、会计师事务所、资产评估机构的证券业务活动进行监督管理；依法对证券业协会的活动进行指导和监督；依法对违反证券市场监督管理法律、行政法规的行为进行查处；法律、行政法规规定的其他职责。

中国证监会的地方派出机构是证券监督办公室。其主要职责是：认真贯彻执行国家有关法律、法规和方针、政策，依据证监会的授权对辖区内的上市公司、证券、期货经营机构，证券、期货投资咨询机构和从事证券业务的律师事务所、会计师事务所、资产评估机构等中介机构的证券业务

活动进行监督管理；依法查处辖区内前述监管范围的违法、违规案件，调解证券、期货业务纠纷和争议，以及证监会授予的其他职责。

2. 中国证券业协会。《证券法》第一百六十二条规定："证券业协会是证券业的自律性组织，是社会团体法人。证券公司应当加入证券业协会。证券业协会的权力机构为由全体会员组成的会员大会。"第一百六十四条规定证券业协会履行下列职责：（1）协助证券监督管理机构教育和组织会员执行证券法律、行政法规。（2）依法维护会员的合法权益，向证券监督管理机构反映会员的建议和要求。（3）收集整理证券信息，为会员提供服务。（4）制定会员应遵守的规则，组织会员单位从业人员的业务培训，开展会员间的业务交流。（5）对会员之间、会员与客户之间发生的纠纷进行调解。（6）组织会员就证券业的发展、运作及有关内容进行研究。（7）监督、检查会员行为，对违反法律、行政法规或者协会章程的，按照规定给予纪律处分。（8）国务院证券监督管理机构赋予的其他职责。

四、证券管理的原则及方针

（一）证券市场"三公原则"

我国证券的发行、交易活动，实行"公开、公平、公正"的原则。"公开、公平、公正"是贯穿于证券市场运行过程的一个基本原则。我国证券市场处于发展初期，中小投资者占绝大多数，"公开、公平、公正"尤为重要。

1. 公开原则：公开原则的核心是实现市场信息的公开化，使证券市场具有充分的透明度。只有市场信息能够公开、准确、自由地发布和传播，投资者才能自由地判断、选择投资决策。在证券市场中，投资者尤其是中小投资者在取得市场信息方面处于不利地位，证券发行人对自身经营的信息的了解具有天然的优势，如不对其信息披露行为进行严格规范，就有可能损害投资者利益。

2. 公平原则：是指证券市场的所有参与者有平等的法律地位。其核心是创造一个所有市场参与者进行公平竞争的环境。按照公平原则，发行人有公平的筹资机会，证券经营机构在证券交易所有公平的权利和责任，投资者享有公平的交易机会。

3. 公正原则：证券监督管理部门在公开、公平原则基础上，对一切被监管对象给以公正待遇。这是实现公开、公平原则的保障。

(二) 银行、证券、信托分业经营原则

在我国金融体制改革过程中,在各自的改革发展过程中,银行业、证券业、信托业、保险业出现了跨业务范围乱设滥设业务机构、乱用滥用资金、不正当竞争以及恶性竞争等问题,严重地扰乱了金融秩序,存在巨大的金融风险,并且在一些业务领域已陆续暴露这种风险,造成了国家的重大经济损失和社会的不安定。

总结这些经验教训,中央及时地做出决定,对金融机构进行清理整顿,大力整顿金融秩序,按照专业经营,保证资金安全,防范金融领域系统风险的指导思想,确定银行业、证券业、信托业、保险业实行分业经营、分业管理的原则。根据这一原则,商业银行明确规定,商业银行在中华人民共和国境内不得从事信托投资和股票业务;保险法也明确规定,保险公司的资金不得用于设立证券经营机构,保险公司的资金运用必须遵循稳健性、安全性原则。

(三) 证券监管"八字方针"

"法制、监管、自律、规范"是我国证券市场发展所坚持的八字方针。八字方针的核心是证券市场的规范化发展。规范是目的,是做好证券市场工作的基本出发点。没有规范,证券市场就不可能实现真正的发展。其他三个方面的工作都要围绕实现规范化的目的而展开。法律是基础,没有规矩不能成方圆,法律建设是保证市场沿着正确轨道健康发展的基本条件。政府监管和行业自律是证券市场法制能够得到切实落实的根本保障。因此,这四个方面相辅相成,相互作用,缺一不可。只有遵照八字方针,健全法制、强化监管、严格自律,证券市场才能在规范的基础上健康运行。

"法制、监管、自律、规范"就是要求我们在法制的基础上,通过监管、自律达到证券市场规范化的目的,更好地发展我国证券市场。只有法制健全、监管严明、自律有序的证券市场,才能称为规范的证券市场。只有规范的证券市场,才能充分发挥优化资源配置的作用,为企业和投资者提供高效、安全的投、融资服务,促进投资和资本形成,更好地为经济改革和国民经济发展服务。

五、美国证券市场的管理

美国管理股票市场的机构,是根据1934年的证券交易法设立的"证券

和交易所委员会"。它是一个由 5 人组成的委员会，由总统向参议院提名委任，每个委员任期 5 年，是个直属联邦政府的独立机构，有工作人员 1500 名。它的主要任务是管理资本市场，其有权深入调查股票发行公司的真实的经营情况、资产和负债情况及盈利的可能性。在确切地了解企业的全部经营管理情况之后，它还负责为股票发行者担保。根据证券交易法的规定，凡是股票交易所、股票经纪人和股票上市，均需在该委员会登记，并接受其监督。该委员会依法对证券市场进行管理。

为了避免过度利用信用进行股票投机，美国联邦储备系统对以购买或持有股票为目的的借款规定了法定保证金的比率，政府有权调整这一比率，通过调整比率控制借款规模。联邦政府银行条例还规定，商业银行不准投资购买其他公司的股票，只有商业银行所管理的各种信托基金才能购买其他公司的股票。

为了监督股票交易，美国证券交易法规定，交易所的股票买卖价格必须公开，非营业时间不准买卖。所有经营业务的会员组织，都要向保险公司投保信用保险，其雇员或其他人员有营私舞弊或其他不诚实行为，因而造成客户损失者，要给予赔偿。交易所会员应向交易所报送财务报告，接受交易所检查，否则停止会员资格或予以除名。

六、日本政府对证券市场的管理

日本政府对证券市场的管理监督由大藏省负责，大藏省专门设有证券交易管理处，具有负责有关政策的制定及业务监督的执行。证券交易管理处每年都要根据交易法的有关规定，突击抽查证券机构的账簿、报告，对证券公司的业务经营活动进行局部或全面检查。检查的内容是：

(一) 业务状况

此项检查的目的在于了解和掌握证券机构的经营方针和业务经营活动是否违背了国家的有关规定，是否体现了公平合理的原则，是否有损于客户的利益。

(二) 财务状况

检查财务状况，侧重于审查证券机构的收支情况，看财务制度是否完备、健全，资金来源和运用是否符合规定，账簿是否齐全，账目往来是否清楚、正确，经营是否正常，盈亏情况如何，以及是否有经营恶化现象。

(三) 内部管理情况

检查证券机构的内部管理情况一般从两个方面进行：一是检查证券机构是否有严密的管理制度，其所建立的制度是否有利于保护客户的利益和证券业务的开展；二是检查制度的执行情况，看证券机构是否按自己订立的制度开展业务经营，管理是否正常，有无重大问题发生。如发现问题，证券交易管理处有权进行监督，并令其限期整顿和纠正，否则将处以罚款，严重的可令其停业。如果问题特别严重，已触犯了法律，则按法律程序对当事人提出起诉，并没收处理其财产。

期货交易

现实生活中，人们了解比较多的是现货交易。现货交易以实物为交易对象，交易方式有两种，一是钱货两讫的即时现金交易，二是预定在未来一定时期内交收货物的中远期合同交易。在现货交易的基础上，随着经济社会的不断发展，又产生了期货交易。期货交易以商品合约为交易对象，商品合约的流通市场就称为期货市场。在期货市场上，所谓的商品合约就是约定在未来某一特定时间、特定地点、交割特定标准商品的标准化合同。期货交易也是证券交易的一种派生工具。除了股票以外，债券、股票价格指数甚至利率、外汇等都可以利用期货交易方式进行买卖。

一、期货交易概述

期货交易指交易双方在期货交易所买卖期货合约的交易行为。期货交易是在现货交易基础上发展起来的、通过在期货交易所内成交标准化期货合约的一种新型交易方式。

期货交易必须在交易所内以公开、公平竞争的方式进行交易，不能进行场外交易。一对一谈判交易被视为违法。期货交易所是买卖双方进行期货交易的场所。

在保护买卖双方的利益方面，期货交易主要是利用保证金制度来保证买卖双方到期履约。交易者在开始交易前，必须交纳一定数量的履约保证

金。保证金制度的实施,确保了交易双方能够履约,同时也使期货交易具有"以小搏大"的特征,即利用较少的资金做高于资金数额数倍的买卖。

期货交易方式的特殊性决定了它的交易品种是有限的,换言之,期货商品具有特殊性。许多适宜于用现货交易方式进行交易的商品,并不一定适宜于期货交易。一般而言,具有价格波动频繁,耐贮藏易运输,等级、规格、质量比较容易划分等特点的商品适宜于进行期货交易。目前期货交易的商品主要是农产品、石油、金属商品以及一些初级原材料和金融产品,如股票、股票价格指数、债券等。

期货交易具有集中性和高效性的特征。这种集中性是指,期货交易不是由买卖双方在交易所内直接见面进行交易,而是由场内经纪人代表买方和卖方根据双方的指令在期货交易场内进行。同时,这种集中也给期货交易带来了简便、高效的特点,所以期货交易也表现出了高效性的特征。

二、期货合约

期货合约是由交易所制定并发行的标准化的合同。期货交易买卖的直接对象是期货合约。期货交易的买卖又称在期货市场上建立交易部位。大部分期货交易的目的不是到期获得实物,而是通过套期保值回避价格风险或者投资获利。期货合约可通过交收现货来履行合约义务,也可通过对冲交易解除合约义务。交易者了结手中的合约进行反向交易的行为称"平仓"或"对冲",如果到期时合约仍未对冲,那么,持卖出合约者就要备好实物准备履约,持买人合约者就要付出资金以接受实物。一般情况下,大多数合约都在到期以前用对冲方式了结,只有极少数要进行实物交割。实行实物交割的合约只占总合约数的1%~3%。

合约组成要素一般有,交易品种、交易数量和单位、最小变动价位(报价须是最小变动价位的整倍数)、每日价格最大波动限制,即涨跌停板、合约月份、交易时间、最后交易日、交割时间、交割标准和等级、交割地点、保证金、交易手续费等。

期货交易通过买卖期货合约进行,而期货合约是标准化的合约。这种标准化是指进行期货交易的商品的品级、数量、质量等都是预先规定好的,只有价格是变动的。这是期货交易与现货远期交易的一个重要区别。期货合约标准化的好处是显而易见的,它可以简化交易手续,降低交易成本,减少交易双方的争议。

期货交易的"对冲"机制免除了交易者必须进行实物交割的责任。由于在期货市场进行实物交割的成本往往高于直接进行现货交易的成本，所以，交易者绝大多数以对冲方式了结手中的持仓（持有的合约），解除履行合约的义务。期货交割必须在指定的交割仓库进行。

三、期货市场

期货市场既是进行期货交易的场所，又是多种期货交易关系的总和。广义的期货市场包括期货交易所、结算所或结算公司、经纪公司和期货交易员；狭义的期货市场仅指期货交易所。期货交易所是买卖期货合约的场所，是期货市场的核心。比较成熟的期货市场是一种完全竞争的市场，是市场经济发展到一定阶段的必然产物，也是一种较高级的市场组织形式。

期货市场的两个最基本的经济功能是转移价格风险和价格发现。商品生产者和使用者因为担心价格变化带来损失，而参与期货交易，通过期货市场的特殊交易方式将价格风险转移给投机者。实际上是利用期货市场来回避现货市场的价格风险，达到锁定生产成本、稳定经营利润的目的。在金融期货市场上，投资者也可以利用期货市场的特殊交易方式将股票、股票价格指数、债券、外汇、利率等金融工具的价格风险转移给投机者。

期货市场上供需双方根据各自的成本和对未来供需状况的预测，通过竞买竞卖、讨价还价使价格水平不断变化，再经过各种媒体连续向全世界传播，该价格就会成为全世界的参考价格之一。这个功能称为期货市场的价格发现功能。由于期货市场是一个完全竞争的市场，它可以把千百万的商品生产者、加工者、使用者以及投机者聚集在一起完成一个价格竞争的过程。为来自四面八方怀着不同目的的买家和卖家带来了大量的供求信息，确保了市场的透明度和流动性；同时，期货市场还提供了严格的法律法规保障，如禁止垄断操纵市场、平等竞争等，并提供了公开叫价制和竞争制，为市场价格的形成提供了良好的条件，使形成的价格能真实地反映供求双方的意向和预测。在这个价格竞争过程当中，生产成本、利润预期、供求消息和价格走势预测等各种因素所起的作用表现得淋漓尽致。所以，形成的价格可以被全世界所接受。期货市场对于整个社会经济的贡献，主要在于它具有真实而公正的价格发现功能，并且能够起到实现资源合理配置的作用。

套期保值与套期图利

一、套期保值的基本原理

套期保值是指把期货市场当作转移价格风险的场所，利用期货合约作为将来在现货市场上买卖商品的临时替代物，对其现在买进准备以后售出的商品或对将来需要买进的商品价格进行保险的交易活动。

套期保值的基本做法是，在现货市场和期货市场对同一种类的商品同时进行数量相等但方向相反的买卖活动，即在买进或卖出实货的同时，在期货市场上卖出或买进同等数量的期货，经过一段时间，当价格变动使现货买卖上出现损亏时，可由期货交易上的盈利来弥补；如果期货市场出现亏损，则可以用现货市场的盈利来弥补。从而在现货与期货之间、近期和远期之间建立一种对冲机制，以使价格风险降低到最低限度。

二、套期图利

在期货市场上纯粹以牟取利润为目的而买卖标准化期货合约的行为，被称为期货投机。投机是期货市场中必不可少的一环。投机者或称风险投资者在期货市场中的交易行为包括投机和套期图利两大类。构成了期货交易中的又一重要业务。投机者参加期货交易的目的与套期保值者相反，它们愿意承担价格波动的风险，目的是希望以少量的资金来博取较多的利润。

期货交易的投机方式五花八门，多种多样。在期货市场上，如果没有投机者参与，其回避风险和发现价格两大功能就不能实现。投机者参加交易可增加市场的流动性，起到"润滑剂"的作用。

套期图利是指期货市场参与者利用不同月份、不同市场、不同商品之间的差价，同时买入和卖出两张不同类的期货合约以从中获取风险利润的交易行为。它是期货投机的特殊方式，它丰富和发展了期货投机的内容，并使期货投机不仅仅局限于期货合约绝对价格的水平变化，更多地转向期货合约相对价格的水平变化。通常被称为套利。

期权交易基本知识

期权是指在未来一定时期拥有买卖选择权的权利。具体含义是，买方向卖方首先支付一定数量的金额，然后便获得了期权。获得期权的买方可以在未来一段时间内或未来某一日期以事先规定好的价格向卖方购买或出售一定数量的特定标的物，但不负有必须买进或卖出的义务。买方有执行的权利也有不执行的权利，完全可以根据自己的利益灵活选择。卖出期权的一方没有选择的余地，只能根据买方的要求行事。

按期权购买方的买卖行为来划分，期权主要有看涨期权和看跌期权以及双向期权三种。

看涨期权，是指在规定的有效期限内，期权的买入方享有按约定价格从期权卖出方买进某一特定数量商品的期货合约的权利，但不同时负有必须买进的义务。

看跌期权，是指在规定的有效期限内，期权的买入方享有按约定价格向期权卖出方卖出某一特定数量商品的期货合约的权利，但不同时负有必须卖出的义务。

双向期权，是指在规定的有效期限内，期权的买入方既享有按约定价格买进某一特定数量的相关商品期货合约的权利，又享有在商定的有效期限内按同一约定价格卖出某一特定数量的相关商品期货合约的权利。

看涨期权的购买者在支付一笔很少的权利金后，就可享有买入相关期货的权利。一旦价格上涨，便履行看涨期权，以低价获得期货合约，然后按上涨的价格水平高价卖出相关期货合约，由此获得差价利润，利润与支付的权利金相抵后还有盈余。如果价格不但没有上涨，反而下跌，则可放弃或低价转让看涨期权，其最大损失为权利金。看涨期权的买方之所以买入看涨期权，是因为通过对相关期货市场价格变动的分析，认定价格较大幅度上涨的可能性很大，所以，买入看涨期权。一旦市场价格大幅度上涨，他将会因低价买进期货而获取较大的利润，收益远远大于他买入期权所付

出的权利金数额。同时，期权购买者也可以在市场以更高的权利金价格卖出该期权合约，从而对冲获利。如果看涨期权买方对期货市场价格变动趋势判断不准确，则会出现两个可能，一个可能是，如果市场价格只有小幅度上涨，买方可履约或对冲，获取一点利润，弥补权利金支出的损失；另一个可能是，如果市场价格下跌，买方则不履约，其最大损失是支付的权利金数额。看跌期权和双向期权的交易原理与看涨期权基本相似。

第七章 项目投资风险管理

一般风险管理的理论认为，风险是指由于当事者不能预见或控制某事物的一些影响因素，使得事物的最终结果与当事者的期望产生较大背离，从而使当事者蒙受损失的可能性。风险的主要原因是信息的不完备性，即当事者对事物有关影响因素与未来发展变化情况缺乏足够的、准确的信息。

项目风险和项目风险管理

项目的实现过程是一个存在着很大不确定性的过程，因为这一过程是一个复杂的、一次性的、创新性的，并涉及许多关系与变数的过程。项目的这些特性造成了在项目的实现过程中存在着各种各样的风险。如果不能很好地管理这些风险就会造成各种各样的损失，因此在项目管理中必须充分识别、度量和控制项目风险。确切地说，项目管理中最重要的任务就是对项目不确定性和风险的管理。因为确定性和常规性的管理工作都是程序化和结构化的管理问题，它们所需的管理力度是十分有限的。

一般风险管理的理论认为，风险是指由于当事者不能预见或控制某事物的一些影响因素，使得事物的最终结果与当事者的期望产生较大背离，从而使当事者蒙受损失的可能性。风险的主要原因是信息的不完备性，即当事者对事物有关影响因素与未来发展变化情况缺乏足够的、准确的信息。由于项目是一种一次性、独特性和不确定性较高的工作，所以存在着很大的风险，因此必须积极地开展项目风险管理。

一、项目风险的概念

项目风险所涉及的主要概念有如下几个方面：

（1）项目风险的定义

一般认为，项目风险是指由于项目所处环境和条件本身的不确定性，项目业主/客户、项目组织或项目其他相关利益者主观上不能准确预见或控制的影响因素。项目风险使项目的最终结果与当事者的期望产生背离，从而给当事者带来损失的可能性。形成项目风险的根本原因是人们对项目未来发展与变化的认识和应对等方面出现了问题。

通常，人们对事物的认识可以划分成三种不同的状态，即拥有完备信息的状态、拥有不完备信息的状态和完全没有信息的状态。三种不同的认识状态决定了人们的决策和当事者的期望。这三种认识状态的具体说明如下：

①拥有完备信息的状态

在这种状态下,人们知道某事物肯定会发生或者肯定不发生,而且人们还知道在该事物发生和不发生的情况下会带来的确切后果。一般人们将拥有这种特性的事物称为确定性事件。例如,某工程项目的露天混凝土浇灌作业,晴天每天可完成10万元工程量,下雨天则需要停工并发生窝工。天气预报报道第二天降水概率为0,即肯定不降雨,那该项目明天开展施工作业并完成10万元工程量就是一个确定性事件(不考虑其他因素)。

②拥有不完备信息的状态

在这种状态下,人们只知道某事物在一定条件下发生的概率(发生可能性),以及该事物发生后会出现的各种可能后果,但是并不确切地知道该事物究竟是否会发生和发生后事物的发展与变化结果。拥有这种特性的事物被称为不确定性事件或风险性事件。例如,上述从事露天混凝土浇灌作业的实例,如果天气预报报道第二天的降水概率为60%,即第二天下雨的可能性是60%,不下雨的可能性是40%。若第二天开展施工作业,该项目就有40%可能性会出现因下雨不但不能完成产值10万元,而且会损失工料费7万元的风险。在这种情况下,该工程队第二天开展作业并完成10万元就是一个不确定性事件或风险性事件。

③完全没有信息的状态

在这种状态下,人们对某事物发生的条件和概率并不知道,而且对该事物发生后会造成的后果也不清楚,对于该事物的许多特性只有一些猜测。拥有这种特性的事物被称为完全不确定性事件。例如,仍然是某项目从事露天混凝土浇灌作业的实例,如果根本就没有天气预报,所以第二天是否下雨根本不清楚,那么该项目第二天是否能够开展施工作业,是能够完成10万元产值,还是会损失工料费7万元就难以预料。在这种情况下,该项目第二天完成10万元产值就是一个完全不确定性事件。

在项目的整个实现过程中,确定性、风险性和完全不确定性事件都会存在,随着项目复杂性的提高和人们对项目风险认识的能力不同,三种事件的比例会不同。一般情况下,在上述三种情况中,项目的风险性事件(或叫不确定性事件)所占比重是最大的,完全不确定性事件是极少的,而确定性的事件也不多。虽然在实际工作中,人们往往将风险性不大的事件

简化成确定性事件，这样就显得有很多事物都是确定的，但是实际上这些只是在假设前提条件下的确定性事件。在上述三种不同的事件中，风险性事件和完全不确定性事件是项目风险的根源，是造成项目未来发展变化的根源。

(2) 项目风险产生的原因

项目风险主要是不确定性事件造成的，而不确定性事件又是信息不完备造成的，即人们无法充分认识一个项目未来的发展和变化造成的。从理论上说，项目的信息不完备情况能够通过人们的努力而降低，但是却无法完全消除。这主要是因为：

①人们的认识能力有限

世界上的任何事物都有各自的属性，这些属性是由各种数据和信息加以描述的，项目也一样。人们只有通过项目的各种数据和信息去了解项目、认识项目并预见项目的未来发展和变化。但是由于人们认识事物的能力有限，所以人们在深度与广度两方面对世界上许多事物属性的认识仍然存在着很大的局限性。从信息科学的角度上说，人们对事物认识的这种局限性，从根本上是人们获取数据和信息的能力有限性和客观事物发展变化的无限性这一矛盾造成的，这使得人们无法获得事物的完备信息。人们对项目的认识同样存在这种认识能力的限制问题，人们尚不能确切地预见项目的未来发展变化，从而形成了项目风险。

②信息本身的滞后性

从信息科学的理论出发，信息的不完备性是绝对的，而信息的完备性是相对的。造成这一客观规律的根本原因是信息本身的滞后性。因为世上所有事物的属性都是由数据和信息加以描述的，但是人们只有在事物发生以后才能够获得有关该事物的真实数据，然后必须由人们对数据进行加工处理以后才能产生有用的信息。由于数据加工需要一定的时间，所以任一事物的信息总会比该事物本身滞后，从而就形成了信息本身的滞后性。从这个意义上说，完全确定性事件是不存在的，项目更是如此。但是任何事物随着本身的发展和数据的生成，人们对它的认识会不断深入，其信息的完备性程度会不断提高，直到事物完结，描述该事物的信息才有可能是完备的。这种信息的滞后性是信息不完备性的根本原因，也是项目风险的根

本原因。

（3）项目风险的分类

我们可以按照不同的标准对项目风险进行分类，并通过分类去进一步认识项目风险及其特性。

项目风险分类的主要方法有：按风险发生概率分类的方法、按风险引发原因分类的方法，按风险结果分类的方法，按风险关联程度分类的方法，按风险发生对象分类的方法等。我们分别使用这些项目风险分类方法可以更好地认识项目风险的特性。例如，按风险发生概率分类的方法可以使人们充分认识项目风险可能性的大小。通常，这些分类方法是按图7-1中箭头指出的方向，依次（或分层）进行分类的。另外，在一个项目的全过程中，我们需要随项目环境与条件的变化和事物进展多次进行分类分析，因为每次分类分析都会帮助我们更进一步地认识项目的风险。例如，某项目风险概率在前次分析中是60%，在第二次分析有可能会变成80%或40%，这样对该风险的管理就可以根据第二次分析的信息进行改变。

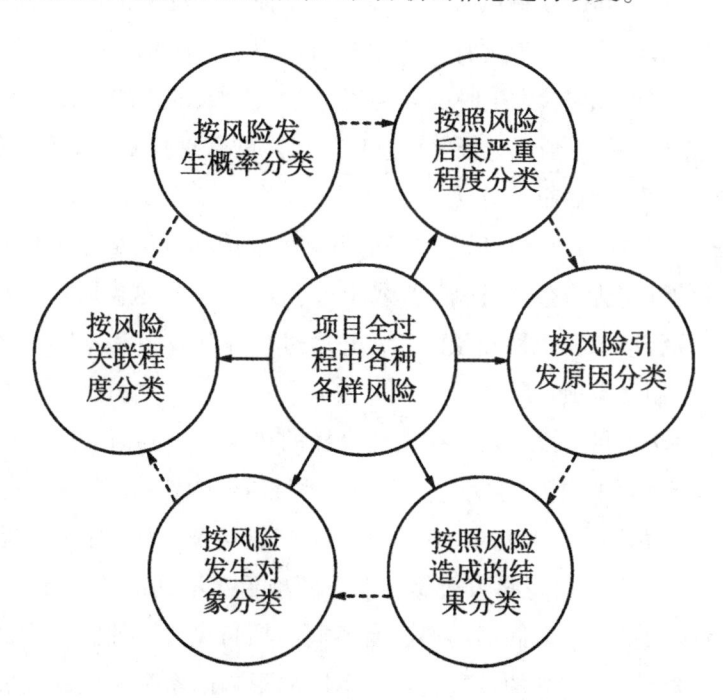

图7-1 项目风险分类方法及其关系

二、项目风险管理的概念

项目风险管理是指通过项目风险识别、风险界定和风险度量等工作去认识项目的风险，并以此为基础，合理地使用各种风险应对措施和管理方法对项目风险实行有效的控制，妥善地处理项目风险事件所造成的不利结果，以最小的成本保证项目总体目标的实现的管理工作。项目风险管理的主体是项目经理和项目业主/客户，他们必须采取有效措施确保项目风险处于受控状态，从而保证项目目标最终能够实现。项目的一次性使项目的不确定性比日常运营活动大得多，而且项目风险一旦形成，也没有改进和补偿的机会，所以项目风险管理的要求通常要比日常运营管理的要求高得多。此外，项目风险管理更注重项目前期阶段的风险管理和预防工作，因为在这一时期，项目的不确定因素较多，项目风险高于后续阶段。

（1）项目风险管理理论

按照项目风险有无预警信息，项目风险可以分成两种不同性质的风险，所以也有两种不同的项目风险管理理论。一种是针对无预警信息项目风险的管理方法和理论。由于这种风险很难提前识别和跟踪，所以难以进行事前控制，而只能在风险发生时采取类似"救火"式的方法去控制或消减这类项目风险的后果，所以无预警信息项目风险的管理控制主要有两种方法：一是消减项目风险后果的方法，二是项目风险转移的方法（即通过购买保险等方式转移风险）。项目风险管理的另一种理论和方法是针对有预警信息项目风险的（绝大多数项目风险都属于这一类）。对于这类风险，人们可以通过收集预警信息去识别和预测它，并通过跟踪其发生和发展变化而采取各种措施控制这类项目风险。

对于一个项目来说，究竟存在什么样的风险，一方面取决于项目本身的特性（即项目的内因），另一方面是指项目所处的外部环境与条件（即项目的外因）。内因主要是指参加项目的团队成员情况，如他们对风险的认识能力以及团队成员之间的沟通等。不同的项目、不同的项目环境与条件、不同的团队成员与团队间的沟通会有不同的项目风险。外因主要是指项目风险的性质和影响因素的发展变化。不同的影响因素和不同的发展变化规律决定了不同的项目风险。

(2) 项目风险管理的方法

项目风险的渐进性给人们提供了识别和控制项目风险的可能性。因为在风险渐进的过程中，人们可以设法去分析、观察和预测它，并采取相应措施对风险及其后果进行管理和控制。如果有了正确的方法，人们就可以在项目进程中识别出存在的风险和认识这些风险发展进程的主要规律和可能后果。这样，人们就可以通过主观能动性的发挥，在项目风险渐进的过程中根据风险发展的客观规律，开展对项目风险的有效管理与控制了。项目风险的阶段性给人们提供了认识和控制风险的可行性，项目风险的阶段性使人们可以在项目风险不同阶段去对项目风险采取不同的管理与控制措施。针对项目风险潜在阶段、项目风险发生阶段和项目风险后果阶段的主要控制方法如下：

①项目风险潜在阶段的管理方法

人们可以通过预先采取措施对项目风险的进程和后果进行适当的控制和管理。在项目风险潜在阶段，我们都可以使用这种预先控制的方法。这类方法通常被称为风险规避的方法。一般而言，最大的项目灾难后果是由于在项目风险潜在阶段，人们对项目风险的存在和发展一无所知。当人们在项目风险潜在阶段就能够识别各种潜在的项目风险及其后果，并采取各种规避风险的办法，就可以避免项目风险的发生。显而易见，如果能够通过项目风险规避措施使项目风险不进入发生阶段就不会有项目风险后果发生。例如，若已知某项目存在很大的技术风险（技术不成熟），就可以采取不使用该技术或不实施该项目的办法去规避这种风险。

②项目风险发生阶段的管理方法

在这一阶段中，人们可以采用风险转化与化解的办法对项目风险及其后果进行控制和管理。这类方法通常被称为项目风险化解的方法。人们不可能预见所有的项目风险。如果人们没能尽早识别出项目风险，或者虽然在项目风险潜在阶段识别出了项目风险，但是所采用的规避风险措施无效，项目风险就会进入发生阶段。在风险的发生阶段，如果人们能立即发现问题，找到解决问题的科学方法并积极解决风险问题，多数情况下，可以降低风险、甚至防止风险后果的出现，减少项目风险后果所带来的损失。

③项目风险后果阶段的管理方法

在这一阶段，人们可以采取消减风险后果的措施去降低项目风险的发生和发展所造成的损失。人们不仅很难在风险潜在阶段预见项目的全部风险，也不可能在项目风险发生阶段全面解决各种各样的项目风险问题，所以总是会有一些项目风险进入项目风险后果阶段。在这一阶段，人们仍可以采取各种各样的措施去消减项目风险的后果和损失，消除由于项目风险后果带来的影响等。如果人们采取的措施得当，就会将项目风险的损失减到最少，将风险影响降到最小。不过到这一阶段，人们能采用的风险管理措施就只有对项目风险后果的消减等被动方法了。

由此可以看出，人们对项目的不确定性，或者说项目的风险并不是无能为力的。人们可以通过主观能动性的发挥，运用正确的方法，去自觉地开展对项目风险的管理与控制活动，从而规避风险、化解风险，或者消减风险带来的后果。在项目风险的不同阶段，人们都是可以对风险有所作为的。正是由于项目风险的渐进性和阶段性，人们能够在项目风险的不同阶段采取不同的措施去实现对项目风险的控制和管理。

(3) 项目风险管理主要工作和内容。

项目风险管理的主要工作和内容包括如下几个方面：

①项目风险的识别

项目风险的识别是指识别和确定项目究竟存在哪些风险，这些风险可能影响项目的程度和可能带来的后果的一项项目风险管理工作。项目风险识别的主要任务是找出项目风险，识别引起项目风险的主要因素，并对项目风险后果做定性的估计。项目风险识别中最重要的原则是通过分析和因素分解，把比较复杂的事物分解成一系列要素，并找出这些要素对事物的影响。在识别项目风险时，我们需要将一个综合性的项目风险问题首先分解成许多具体的项目风险问题，再进一步分析找出形成项目风险的影响因素。在识别项目风险的影响因素时，需要使用分析和分解的原则；对项目风险后果的识别也需要使用分析和分解的原则。在这种分析和分解的过程中，各种树形分析方法，如故障树、风险树等方法，就成了常用风险识别方法。项目风险识别在很大程度上还取决于项目决策者与风险分析者的知识与经验，因此，像德尔菲法、专家会议法、情景分析法这样一些"软科

学"的方法使用的较多。

②项目风险的度量

项目风险的度量是指对项目风险和项目风险后果进行的评估和定量分析。项目风险度量的任务是对项目风险发生可能性大小和项目风险后果的严重程度等做出定量的估计或做出新情况的统计分布描述。项目风险是一种不确定性，即存在着会出现一定经济损失的可能性。人们之所以会冒一定风险去开展一个项目，就是因为项目风险可能发生，也可能不发生。因此，项目风险发生概率（P）是度量风险可能性的一个主要参数。项目风险的大小同其风险后果的严重程度有关，所以其项目风险后果严重程度（C，损失多少）也是度量项目风险大小的一个基本参数。因此，项目风险度量 R 就可看成项目发生概率 P 与项目风险后果严重程度 C 的函数，即：

$$R=F(P, C)$$

要估计项目风险可能性，就需要使用统计学的方法和一些主观估计的方法，因为有许多风险可能性的数据是要靠主观估计给定的。

③制定项目风险应对措施

确定项目风险的应对措施也是项目风险管理中一项非常重要的工作。项目风险识别和度量的任务是确定项目风险大小及其后果。制定项目风险应对措施的任务是计划和安排对项目风险的控制活动方案。在制定项目风险应对措施的过程中，需要采用一系列的项目风险决策方法。在制定项目风险应对措施的工作中，通常运用项目风险成本与效益分析、效用分析、多因素分析和集成控制等方法。在制定项目风险应对措施时，必须充分考虑项目风险损失和代价的关系。这里所说的"代价"是指为应对项目风险而进行的信息收集、调查研究、分析计算、科学实验和采取措施等一系列活动所花的费用。因此，我们一方面要设计好项目风险应对的措施，尽量减少风险应对措施的代价。另一方面，我们在制定项目风险应对措施时，还必须考虑风险应对措施可能带来的收益，并根据收益的大小决定是否需要付出一定量的代价去应对项目风险，避免出现得不偿失的情况。

④项目风险的控制。

项目风险的控制是指根据项目风险识别、度量和制定的项目风险应对措施开展的，对整个项目全过程中各种风险的控制工作。项目风险控制工作的具体内容包括：根据项目发展与变化的情况，不断地重新识别和界定项目的风险，不断地更新项目风险应对措施，不断地决策和实施项目风险应对措施，以最终确保项目目标的成功实现。确切地说，项目风险控制工作是一个动态的工作过程。在这一过程中，项目风险管理的各项作业（包括项目风险识别、界定和项目风险应对措施的制定）是相互交叉和相互重叠的。通常，在项目各个阶段，都要开展项目风险控制。这种控制是一种周而复始地、全面地开展项目风险识别和界定，制定和实施应对措施（项目风险应对措施的实施就是项目风险控制的核心内容）的工作循环。

项目风险的识别

一、项目风险识别的概念

项目风险识别是一项贯穿项目实施全过程的项目风险管理工作。这项工作的目标是识别和确定出项目究竟有哪些风险，这些项目风险究竟有哪些基本特性，这些项目风险可能会影响项目哪些方面等。例如：一个项目究竟存在着项目工期风险、项目成本风险，还是项目质量风险；一项项目风险究竟是有预警信息风险，还是无预警信息风险；这一项目风险会给项目范围、工期、成本、质量等带来什么影响等。

项目风险识别还应该识别和确认项目风险是属于项目内部因素造成的风险，还是属于项目外部因素造成的风险。对于项目内部因素造成的风险，项目组织或项目团队可以较好地控制和管理。例如，项目团队通过项目团队成员安排和项目资源的合理调配可以克服许多项目拖期或项目质量方面的风险。但是，项目外部因素造成的风险是项目组织或团队难以控制和管理的。项目组织和项目团队对这种风险的控制和影响是很小的，所以只能采取一些规避或转移的方法去应对。例如，项目所需资源的市场价格波动，项目业主/客户或政府提出的项目变更等都属于项目外部因素，由此引发的项目风险很难通过项目组织或团队的努力去化解。

严格地说，项目风险不仅包括蒙受损失的可能性，还包括一些获得收

益的可能性。因此在项目风险识别的过程中，必须识别项目风险可能带来的威胁和机遇两个方面。通常，项目风险带来的机遇是一种项目风险的正面影响，而项目风险带来的威胁是一种负面的影响。在项目风险识别中，我们在充分认识项目风险威胁的同时，也要识别项目风险可能带来各种机遇，并分析项目风险的威胁与机遇的相互转化条件和影响这种转化的关键因素，以便能够在制定项目风险应对措施和开展项目风险控制中，通过主观努力和正确应对，使项目风险带来的威胁得以消除，而使项目风险带来的机遇转化成组织的实际收益。

项目风险识别是项目风险管理中的首要工作，项目风险识别的主要工作内容包括如下几个方面：

（1）识别并确定项目有哪些潜在的风险

这是项目风险识别的第一目标。因为只有首先确定项目可能会遇到哪些风险，我们才能够进一步分析这些风险的性质和后果。所以在项目风险识别工作中，我们首先要全面分析项目发展与变化中的各种可能性和风险，从而识别出项目潜在的各种风险并整理汇总成项目风险清单。

（2）识别引起这些风险的主要影响因素

这是项目风险识别的第二项工作目标。因为只有识别清楚各个项目风险的主要影响因素，我们才能把握项目风险的发展变化规律，进一步才有可能对项目风险进行应对和控制。所以在项目风险识别活动中，我们首先要全面分析各个项目风险的主要影响因素和它们对项目风险的影响方式、影响方向，影响力度等；然后要运用各种方式将这些项目风险的主要影响因素同项目风险的相互关系描述清楚，图表的方式、文字说明或数学公式均可。

（3）识别项目风险可能引起的后果

这是项目风险识别的第三项任务和目标。在识别出项目风险和项目风险主要影响因素以后，我们还必须全面分析项目风险可能带来的后果和后果严重程度。项目风险识别的根本目的就是缩小和消除项目风险带来的不利后果，同时争取扩大项目风险可能带来的有利后果。当然，在这一阶段，对项目风险的识别和分析主要是定性的分析，定量的项目风险分析将在项目风险度量中给出。

二、项目风险识别的方法

项目风险识别的方法有很多，既有结构化方法也有非结构化方法，既有经验性方法也有系统性方法，但是使用最多的是如下几种方法：

(1) 系统分解法

项目风险识别中最常用的一种方法是利用系统分解的原理将一个复杂的项目分解成比较简单和容易认识的子系统或系统元素，从而识别各子系统或系统要素造成的风险的方法。比如，在投资建造一个化肥厂项目时，项目分析评价人员可以首先根据项目本身的特性，将项目风险分解成为以下几个方面：市场风险、投资风险、经营风险、技术风险、资源及原材料供应风险、环境污染风险等。然后，项目分析评价人员还可以对这些项目风险再做进一步的分解，如项目的市场风险又可以分解成三个方面：竞争风险（市场竞争造成项目失败或亏损的风险）、替代风险（项目建成后，可能出现替代产品而使项目蒙受损失的风险）、需求风险（项目建成后，产品市场出现需求不足、需求下降和市场饱和，从而使项目蒙受损失的风险）。

(2) 流程图法

项目流程图是给出一个项目的工作流程，项目各部分之间的相互关系等信息的图表。它包括项目系统流程图、项目实施流程图、有项目作业流程图等各种形式的、有不同详细程度的项目流程图。流程图法就是使用这些流程图去全面分析和识别项目风险的一种方法。这种方法的结构化程度比较高，所以对于识别项目的系统风险和各种风险要素是非常有用的。流程图法通过使用项目流程图帮助项目风险识别人员分析和识别项目的风险、项目各个环节存在的风险，以及各个项目风险的起因和影响。运用这种方法得出的项目风险识别结果还可以为后面项目实施中的风险控制提供依据。

(3) 头脑风暴法

对于风险识别来说，头脑风暴法是一种运用创造性思维、发散性思维和专家经验，通过会议的形式去分析和识别项目风险的方法。项目风险识别人员在使用这种方法识别项目风险时，要允许各方面的专家和分析人员畅所欲言，搜寻和发现项目的各种风险。使用这种方法时，组织者要善于提问并能及时整理项目风险分析的结果，并促使与会者不断发现和识别项目的各种风险和风险影响因素。一般使用这种方法可以回答下列问题：如果进行这个项目会遇到哪些风险？风险的危害程度如何？风险的主要成因是什么？风险事件的征兆有哪些？风险有哪些基本特性？

（4）情景分析法

情景分析法是通过对项目未来的某个状态或某种情况（情景）的详细描述并分析所描绘情景中的风险与风险要素，从而识别项目风险的一种方法。在项目风险分析与识别中，需要有这样一种能够识别各种引发风险的关键因素以及它们的影响程度等问题的方法。情景（对于项目未来某种状态或情况）的描述可以用图表或曲线给出，也可以用文字给出。对于涉及因素较多、分析计算比较复杂的项目风险识别，情景分析法可以借助于计算机完成。这种方法一般需要：先给出项目情景描述，然后变动项目某个要素再分析变动后项目情况变化和可能的风险与风险后果等。情景分析法对下列项目风险识别工作特别有用：

①分析和识别项目风险的后果

通过情景描述与模拟，这种方法可以分析和识别项目风险发生后会出现的后果。这可用于提醒项目决策者注意采取风险控制措施，以防止可能出现的项目风险和风险后果。

②分析和识别项目风险波及的范围

通过情景描述与模拟以及改变项目风险影响因素等方式，这种方法可以分析和识别项目风险发生会波及的项目范围并给出需要进行监视跟踪和控制的项目风险范围。

③检验项目风险识别的结果

当各种项目风险识别的结果相互矛盾时，情景分析法可用于检验各种项目风险的可能性和发展方向与程度，并通过改变项目风险变量的情景模拟和分析，以检验项目风险识别的结果。例如，可以给出两个极端情况和一个中间情况的情景模拟并通过观察这些情景中风险的发生和发展变化去检验项目风险识别的结果。

④研究某些关键因素对项目风险影响

情景分析法可以通过筛选、监测和诊断三项工作，研究某些关键因素对项目风险的影响。在"筛选"中，我们依据某种项目程序中对潜在的风险、风险因素进行分类选择排序，并筛选出项目风险。在"监测"中，我

们通过对某些风险模拟情景进行监测并根据风险发展变化找出影响风险的关键因素。在"诊断"中，我们通过对项目风险和项目风险影响因素分析，诊断出风险起因、症状、后果以及风险与起因的关系，最终找出项目风险的起因。

图7-2是一个描述筛选、检测和诊断关系的项目风险识别元素图，它们由项目风险识别情景分析法中的三个过程，即疑因估计、仔细检查和征兆鉴别构成。在筛选、监测和诊断二项工作中，这三个过程的具体顺序如下：

筛选：仔细检查→征兆鉴别→疑因估计。
监测：疑因估计→仔细检查→征兆鉴别。
诊断：征兆鉴别→疑因估计→仔细检查。

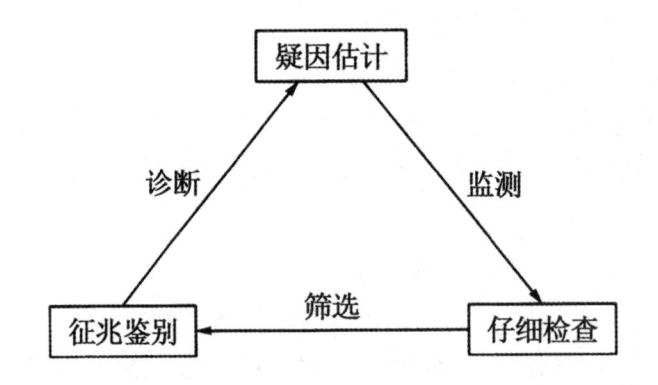

图7-2 情景分析法项目风险识别工作示意图

项目风险度量

一、项目风险度量的内涵

项目风险度量是对项目风险的影响和后果进行的评价和估量。项目风险度量包括对项目风险发生可能性大小（概率大小）的评价和估量，对项目风险后果严重程度的评价和估量，对项目风险影响范围的评价和估量以及对项目风险发生时间的评价和估量等方面。项目风险度量的主要作用是根据这种度量去制定项目风险的应对措施以及开展项目风险的控制。项目风险度量的主要工作内容有：

（1）项目风险可能性的度量

项目风险度量的首要任务是分析和估计项目风险发生的概率，即项目风险可能性的大小。这是项目风险度量中最为重要的一项工作，因为一个项目风险的发生概率越高，造成项目损失的可能性就越大，对它的控制就应该越严格，所以在项目风险度量中，首先要确定和分析项目风险可能性的大小。

（2）项目风险后果的度量

项目风险度量的第二项任务是分析和估计项目风险后果，即项目风险可能带来的损失大小。这也是项目风险度量中的一项非常重要的工作，因为即使是一个项目风险的发生概率不大，但一旦发生则后果十分严重，那么对它的控制也需要十分严格，否则这种风险的发生会给整个项目成败造成严重的影响。

（3）项目风险影响范围的度量

项目风险度量的第三项任务是分析和估计项目风险影响的范围，即项目风险可能影响到项目的哪些方面和工作。这也是项目风险度量中的一项十分重要的工作，因为即使是一个项目风险发生概率和后果严重程度都不大，但它一旦发生会影响到项目各个方面和许多工作，故也需要对它进行严格的控制，防止因这种风险发生而搅乱项目的整个工作和活动。

（4）项目风险发生时间的度量

项目风险度量的第四项任务是分析和估计项目风险发生的时间，即项目风险可能在项目的哪个阶段和什么时间发生。这也同样项重要，因为对项目风险的控制和应对措施都是根据项目风险发生时间安排的，越先发生的项目风险就应该越优先控制，而对后发生的项目风险可以通过监视和观察它们的各种征兆，做进一步识别和度量。

在项目风险度量中，人们需要克服各种认识上的偏见，这包括：项目风险估计上的主观臆断（根据主观意志需要夸大或缩小风险，当人们渴望成功时就不愿看到项目的不利方面和项目风险）、项目风险估计的思想僵化（对原来的项目风险估计，人们不能或不愿意根据新获得的信息进行更新和

修正，最初形成的风险度量会成为一种定势在脑子里驻留而不肯褪去)、缺少概率分析的能力和概念（因为概率分析本身就比较麻烦和复杂）等。

二、项目风险度量的常用方法

在项目风险度量过程中，常用的方法主要有：

（1）损失期望值法

这种方法首先要分析和估计项目风险概率和项目风险可能带来的损失（或收益）大小，然后将二者相乘求出项目风险的损失（或收益）期望值，并使用项目损失期望值（或收益）去度量项目风险。我们在使用项目风险损失期望值去度量项目风险大小时，需要确定出的项目风险概率和项目风险损失大小。

①项目风险概率

项目风险概率和概率分布是项目风险度量中最基本的内容，项目风险度量的首要工作就是确定项目风险事件的概率分布。一般说来，项目风险概率及其分布应该根据历史信息资料来确定。当项目管理者没有足够历史信息和资料来确定项目风险概率及其分布时，也可以利用理论概率分布确定项目风险概率。由于项目的一次性和独特性，不同项目的风险相差很远，所以在许多情况下，人们只能根据很少的历史数据样本对项目风险概率进行估计，甚至有时完全是主观判断。因此，项目管理者在很多情况下要使用自己的经验，要主观判断项目风险概率及其概率分布，这样得到的项目风险概率被称为主观判断概率。虽然主观判断概率是凭人们的经验和主观判断估算或预测出来的，但它也不是纯粹主观随意性的东西，因为项目管理者的主观判断是依照过去的经验做出的，所以它仍然具有一定的客观性。

②项目风险损失

项目风险造成的损失或后果需要从三方面来衡量：一是项目风险损失的性质，二是项目风险损失的大小与影响，三是项目风险损失的时间与分布。项目风险损失的性质项目风险可能造成的损失是经济性的，还是技术性的，还是其他方面的。项目风险损失的大小和分布包括项目风险可能带来的损失严重程度和这些损失的变化幅度，它们需要分别用损失的数学期望和方差表示。项目风险影响是指项目风险会给哪些项目相关利益者造成损失，从而影响它们的利益。项目风险损失的时间分布是指项目风险是突发的，还是随时间的推移逐渐致损的；项目风险损失是在项目风险事件发生后马上就能感受到，还是需要随时间的推移而逐渐显露出来以及这些风险损失可能发生的时间等。

③项目风险损失期望值的计算

项目风险损失期望值的计算一般是将上述项目风险概率与项目风险损失估计相乘得到的。有关这种期望的计算请参见相关的概率统计教材或著作。

（2）模拟仿真法

模拟仿真法是用数学模拟或系统仿真模型分析和度量项目风险的方法。这种项目风险度量方法使用蒙特卡罗模拟或三角模拟等分析法。这种方法可用来度量各种能量化的项目风险，通过改变参数并多次模拟项目风险，能得到模拟仿真计算的统计分布结果，并可以此作为项目风险度量的结果。例如，项目工期风险和项目成本风险等的度量就可以使用这种方法。这种方法多数用在大项目或是复杂项目的风险度量上，小项目一般使用前面给出的损失期望值法。由于项目时间和成本的风险都是项目风险管理的重点，所以模拟仿真法在这些项目风险度量中的使用较为广泛。

（3）专家决策法

专家决策法也是在项目风险度量中经常使用的方法，它可以代替或辅助上面所讲过的数学计算和模拟仿真的方法。例如，许多项目管理专家运用他们自己的专家经验做出的项目工期风险、项目成本风险、项目质量风险等的度量通常是很准确可靠的，甚至有时比数学计算与模拟仿真确定的项目风险度量还要准确和可靠，因为这些专家的经验通常是一种比较可靠的依据。另外，很多项目风险度量要求给出高、中、低三种项目风险概率和几种项目风险损失程度的数据，而且精确程度一般要求并不高，所以使用专家决策法做出的项目风险度量一般是足够准确和可靠的。专家决策法中用的专家经验可以从搞过类似项目的专家处获得，也可以通过查阅历史项目有关经验教训、原始资料等方法获得。

三、项目风险识别与风险度量的过程

项目风险识别与风险度量的具体步骤由图7-3给出。

图7-3中有关项目风险识别方法各个步骤的具体内容如下：

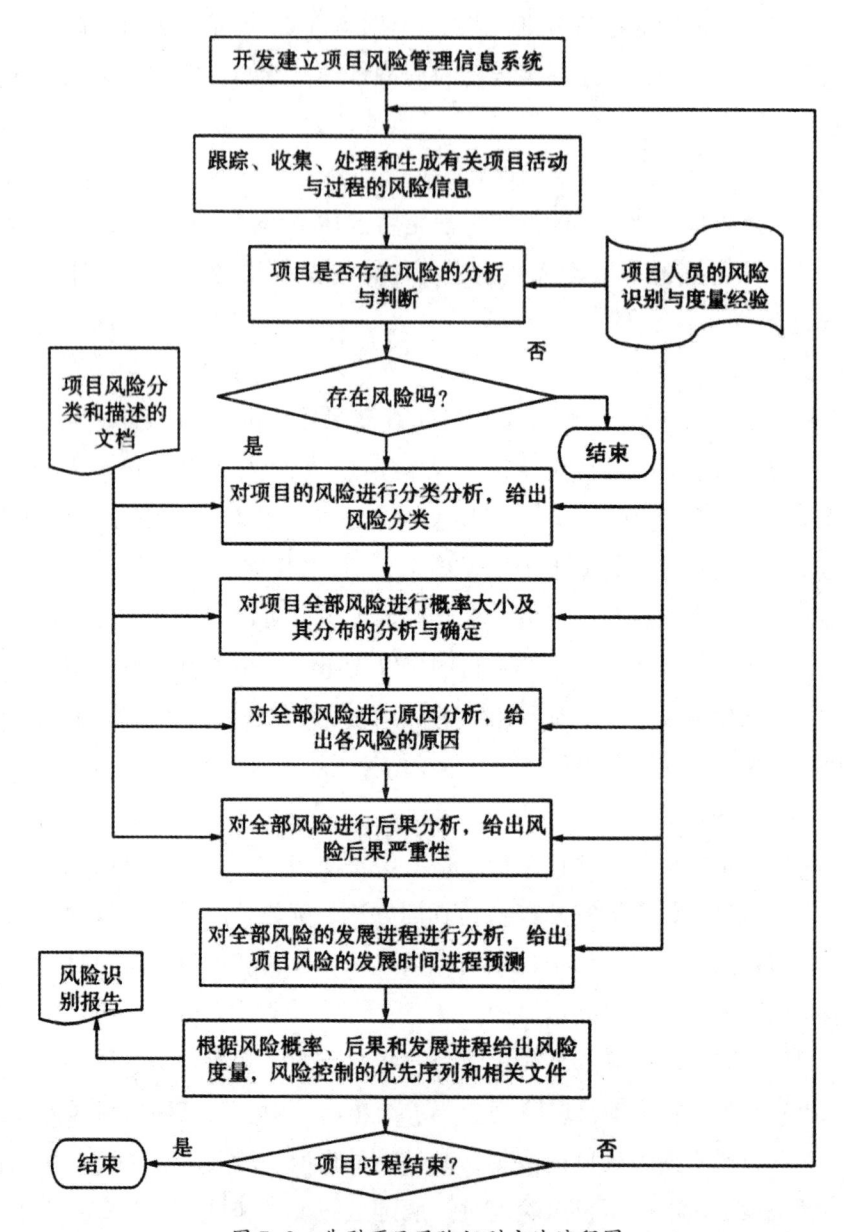

图7-3 典型项目风险识别方法流程图

(1) 项目风险管理信息系统的开发建立

首先要根据项目风险管理的需要建立项目风险管理信息系统。这种系统既可以是以计算机为基础的信息系统，也可以是纯人工信息系统，当然也可以是整个项目管理信息系统的一个子系统。这一系统的主要功能是及时收集、处理和存储有关项目每个具体活动与过程的各种风险信息，以便为项目风险的识别、度量和控制服务。

（2）项目风险信息的跟踪、收集、处理和生成

这一步是使用项目风险管理信息系统去跟踪项目过程以及项目活动的发展，项目所处环境与条件的变化等信息，去收集、处理和生成有关项目全过程、项目具体活动与过程的风险信息。这是一个不断的信息收集与处理工作，是为不断开展的项目风险识别活动提供动态信息的工作。

（3）项目风险的识别

项目人员运用项目风险管理信息系统生成的信息，加上项目管理人员的风险管理经验就可以对项目的各种风险进行全面分析与识别，并找出项目面临的各种风险了。特别需要注意的是，由于存在有关项目风险的信息缺口，所以项目风险识别工作实际上是一项运用信息和经验，运用开创性思维的分析与识别活动。许多时候，管理者需运用自己的经验、判断、甚至直觉去识别出各种项目风险。

（4）项目风险的分类

根据已识别出的项目风险，项目人员使用既定的项目风险分类标志，可对上一步识别出的项目风险进行分类，以便全面认识项目风险的各种属性。例如：既可以按照风险发生概率的高低进行分类，也可以根据项目风险的引发原因进行分类，还可以根据项目风险后果的严重程度进行分类等。项目风险分类并不是一次完成的，它是通过反复不断地分析完善而完成的。

（5）项目风险发生概率的分析与确定

这一步要对所有已识别的项目风险进行概率分布和大小的分析，以便为确定项目风险控制优先排序打下基础。这一分析需要借助现有信息、历史数据和经验等，尤其是以前做过的类似项目或相近项目所发生的风险情况记录是这一步分析工作的重要信息之一。另外，还需要依靠项目管理人员的经验判断和直觉。

（6）项目风险原因的分析与确定

这一步是运用现有项目风险信息与项目管理人员的经验，对已识别的全部项目风险进行风险原因的分析，并通过分析找出引发风险事件的主要原因。如果引发项目风险的主要原因有多个，还要进行主因素分析、多变

量分析等更深一步的项目风险因素风险。

(7) 项目风险后果的分析与确定

这一步是对项目全部风险后果及其严重程度所做的全面分析。这里不但要分析风险可能造成的后果,还要分析这些具体后果的价值大小。所谓"后果价值大小"的含义是指要把项目风险造成的后果进一步转换成用货币单位表示的项目损失。这种"后果价值大小"是确定项目风险控制优先序列的依据之一。

(8) 项目风险发展时间进程的分析与确定

这是指对已识别项目风险所进行的具体项目风险发展进程时间和发展变化标志的分析。项目风险发展进程的分析是要找出风险事件何时发生以及引发它的原因何时会出现,诱发原因出现以后项目风险会如何发展等。对项目风险的发展时间进程的分析是制定项目风险控制计划的依据之一。

(9) 项目风险度量与风险控制优先序列的确定

在完成上述分析与判断之后,还要综合各方面的分析结论,确定出项目风险的度量和项目风险控制的优先序列。因为在绝大多数情况下,一个项目会有许多种风险,而且这些风险可能会同时或在较短时间间隔内发生,这就需要根据项目风险的度量,确定出它们的优先序列安排。项目风险的发生概率、风险后果严重程度等度量都会影响对项目风险控制优先序列的安排。项目控制优先序列安排的基本原则是项目风险后果最严重、发生概率最高、发生时间最早的优先控制。对于已经识别出的项目全部风险,都应该按照这种原则确定出其优先序列。

(10) 给出项目风险识别和度量报告

每进行一次项目风险识别和度量都要在这一工作的最后给出一份项目风险识别和度量报告。该报告不但要包括项目现有风险清单,而且要有项目风险的分类、原因分析和说明,项目风险度量的表述和全部项目风险控制优先序列书等内容。

上述这套项目风险识别与度量的方法是识别一个项目各种风险,度量一个项目各种风险,以便为项目风险控制提供有关项目风险、风险后果严重程度、风险成因和风险时间进程等方面信息与决策依据的基本方法。

项目风险应对措施的制定

一、项目风险应对措施的概念

经过项目风险识别和度量确定出的项目风险一般会有两种情况：一是项目整体风险超出了项目组织或项目业主/客户能够接受的水平；二是项目整体风险在项目组织或项目业主/客户可接受的水平之内。对于这两种不同的情况，各自可以有一系列的项目风险应对措施。对于第一种情况，在项目整体风险超出项目组织或项目业主/客户能够接受的水平时，项目组织或项目业主/客户至少有两种基本的应对措施可以选择：一是当项目整体风险超出可接受水平很高时，由于无论如何努力也无法完全避免风险所带来的损失，所以应该立即停止项目或取消项目；二是当项目整体风险超出可接受水平不多时，由于通过主观努力和采取措施能够避免或消减项目风险损失，所以应该制定各种各样的项目风险应对措施，并通过开展项目风险控制落实这些措施，从而避免或消减项目风险所带来的损失。

二、项目风险应对的主要措施

一般的项目风险应对措施主要有如下几种：

（1）风险规避措施

这是从根本上放弃使用有风险的项目资源、项目技术、项目设计方案等，从而避开项目风险的一类风险应对措施。例如，坚决不在项目实施中采用不成熟的技术就是一种项目风险规避的措施。

（2）风险遏制措施

这是从遏制项目风险事件引发原因的角度出发，控制和应对项目风险的一种措施。例如，对可能出现的因项目财务状况恶化而造成的项目风险，项目人员采取注入新资金的措施就是一种典型的项目风险遏制措施。

（3）风险转移措施

这类项目风险应对措施多数是用来对付那些概率小，但是损失大，或者项目组织很难控制的项目风险。例如，项目人员通过合同或购买保险等

方法将项目风险转移给分包商或保险商的办法就属于风险转移措施。

(4) 风险化解措施

这类措施从化解项目风险产生的原因出发，去控制和应对项目具体风险。例如，对于可能出现的项目团队内部冲突风险，项目人员可以通过采取双向沟通、消除矛盾的方法去解决问题，这就是一种风险化解措施。

(5) 风险消减措施

这类措施是对付无预警信息项目风险的主要应对措施之一。例如，当出现雨天而无法进行室外施工时，管理者尽可能安排各种项目团队成员与设备从事室内作业就是一种项目风险消减的措施。

(6) 风险应急措施

这类项目风险应对措施也是对付无预警信息风险事件的一种主要的措施。例如，准备各种灭火器材以对付可能出现的火灾等属于风险应急的措施。

(7) 风险容忍措施

风险容忍措施多数是对那些发生概率小，而且项目风险造成的后果较轻的风险事件所采取的一种风险应对措施。这是一种经常使用的项目风险应对措施。

(8) 风险分担措施

这是指根据项目风险的大小和项目团队成员以及项目相关利益者不同的承担风险能力，由他们合理分担项目风险的一种应对措施。这也是一种经常使用的项目风险应对措施。

另外，还有许多项目风险的应对措施，但是在项目风险管理中，上述项目风险应对措施是最常使用的几种项目风险应对措施。

项目风险控制

一、项目风险控制的概念

项目风险控制是指在整个项目过程中根据项目风险管理计划和项目实

际发生的风险与变化所开展的各种项目风险控制活动。项目风险控制是建立在项目风险的阶段性、渐进性和可控性基础之上的一种项目风险管理工作。对于一切事物来说，当人们认识了事物的存在、发生和发展的根本原因，以及风险发展的全部进程以后，这一事物就基本上是可控的了；而当人们认识了事物的主要原因及其发展进程的主要特性以后，那么它就是相对可控的了；只有当人们对事物一无所知时，人们对事物才会是无能为力的。对于项目的风险而言，通过项目风险的识别与度量，人们已识别出项目的绝大多数风险，这些风险多数是相对可控的。这些项目风险的可控程度取决于人们在项目风险识别和度量阶段给出的有关项目风险信息的多少。所以，只要人们能够通过项目风险识别和度量得到足够的有关项目风险的信息，就可以采取正确的项目风险应对措施从而实现对项目风险的有效控制了。

项目的风险是发展和变化的，在人们对其进行控制的过程中，这种发展与变化会随着人们的控制活动而改变。因为对项目风险的控制过程实际是一种人们发挥其主观能动性去改造客观世界（事物）的过程，而与此同时，在这一过程中所产生的信息也会进一步改变人对项目风险的认识和把握程度，使人们对项目风险的认识更为深入，对项目风险的控制更加符合客观规律。实际上，人们对项目风险的控制过程也是一个不断认识项目风险的特性，不断修正项目风险控制决策与行为的过程。这一过程是一个通过人们的活动使项目风险逐步从相对可控向绝对可控转化的过程。

项目风险控制的内容主要包括：持续开展项目风险的识别与度量、监控项目潜在风险的发展、追踪项目风险发生的征兆、采取各种风险防范措施、应对和处理发生的风险事件、消除和缩小项目风险事件的后果、管理和使用项目不可预见费、实施项目风险管理计划等。

二、项目风险控制方法的步骤与内容

项目风险控制方法的步骤与内容见图7-4。

项目风险事件控制中各具体步骤的内容与做法分别说明如下：

（1）建立项目风险事件控制体制

这是指在项目开始之前要根据项目风险识别和度量报告所给出的项目风险信息，制定出整个项目风险控制的大政方针、项目风险控制的程序以

```
根据项目风险识别和度量报告建立项目风险控制体制
          ↓
根据项目风险识别和度量报告确定要控制的具体项目风险
          ↓
确定和分配项目各具体项目风险的控制责任
          ↓
确定具体项目风险控制行动时间安排
          ↓
制订各具体项目风险的控制行动方案
          ↓
实施各具体项目风险的控制方案
          ↓
跟踪具体项目风险的控制结果
          ↓
       风险解除了？ ——→ 返回风险识别
          ↓                    ↑
     项目风险控制结束 ──────────┘
```

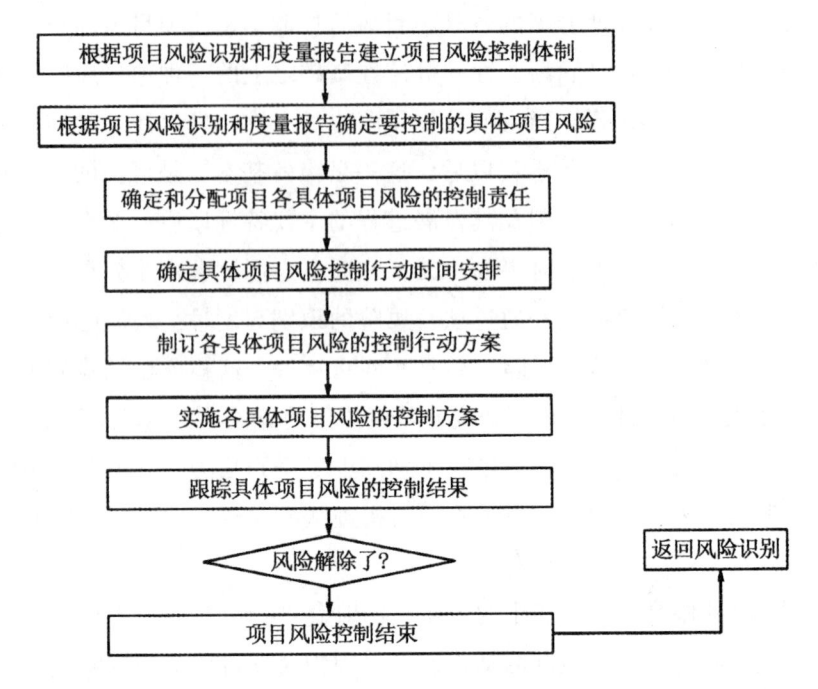

图 7-4 项目风险控制方法流程图

及项目风险控制的管理体制。这包括项目风险责任制、项目风险信息报告制、项目风险控制决策制、项目风险控制的沟通程序等。

(2) 确定要控制的具体项目风险

这一步是根据项目风险识别与度量报告所列出的各种具体项目风险确定出对哪些项目风险进行控制，而对哪些风险容忍并放弃对它们的控制。通常这要按照项目具体风险后果严重程度和风险发生概率以及项目组织的风险控制资源等情况确定。

(3) 确定项目风险的控制责任

这是分配和落实项目具体风险控制责任的工作。所有需要控制的项目风险都必须落实具体负责控制的人员，同时要规定他们所负的具体责任。项目风险控制工作必须要由专门人去负责，不能分担，也不能让不合适的人去担负风险事件控制的责任，因为这些都会造成大量的时间与资金的浪费。

(4) 确定项目风险控制的行动时间

这是指对项目风险的控制要制定相应的时间计划和安排，计划和规定

出解决项目风险问题的时间表与时间限制。因为没有时间安排与限制，多数项目风险问题是不能有效地控制的。许多项目风险失控造成的损失都是因为错过了风险控制的时机，所以必须制定严格的项目风险控制时间计划。

（5）制定各具体项目风险的控制方案

这一步由负责具体项目风险控制的人员，根据项目风险的特性和时间计划去制定出各具体项目风险的控制方案。在这一步当中，要找出能够控制项目风险的各种备选方案，然后对方案做必要的可行性分析，以验证各项目风险控制备选方案的效果，最终选定要采用的风险控制方案或备用方案。另外，还要针对风险的不同阶段制定不同阶段使用的风险控制方案。

（6）实施具体项目风险控制方案

这一步是要按照确定出的具体项目风险控制方案开展项目风险控制的活动。这一步必须根据项目风险的发展与变化不断地修正项目风险控制方案与办法。对于某些项目风险而言，风险控制方案的制定与实施几乎是同时的。例如，设计制定一条新的关键路径并计划安排各种资源去防止和解决项目拖期问题的方案就是如此。

（7）跟踪具体项目风险的控制结果

这一步的目的是收集风险事件控制工作的信息并给出反馈，即利用跟踪去确认所采取的项目风险控制活动是否有效，项目风险的发展是否有新的变化等。这样就可以不断地提供反馈信息，从而指导项目风险控制方案的具体实施。这一步是与实施具体项目风险控制方案同步进行的。风险项目人员通过跟踪而给出项目风险控制工作信息，再根据这些信息去改进具体项目风险控制方案及其实施工作，直到对风险事件的控制完结为止。

（8）判断项目风险是否已经消除

如果认定某个项目风险已经解除，则该具体项目风险的控制作业就已经完成。若判断该项目风险仍未解除就需要重新进行项目风险识别。这需要重新使用项目风险识别的方法对项目具体活动的风险进行新一轮的识别，然后重新按本方法的全过程开展下一步的项目风险控制作业。

第八章

企业人力资本投资管理

企业对人力资本投资的需求,是企业人力资本投资决策的基本依据。企业人力资本投资需求是由企业人力资本需求与企业人力资本供给所决定的。本章根据人力资本投资的基本理论,从分析企业人力资本需求与供给角度入手,探求企业人力资本投资需求产生的机理,分析影响企业人力资本投资需求的基本因素。

企业人力资本需求

人力资本是基本的生产要素。企业在组织生产时除了投入必要的物质资本外,还需要具有一定知识、技能和体能的劳动力,即需要人力资本的投入。企业人力资本需求是由所需要的劳动力数量和质量两方面确定的,它受到以下因素的影响。

一、企业技术构成的影响

每个企业所具有的技术装备水平,即技术构成,决定着企业资本与劳动的比例,从而决定了企业对劳动数量和质量的需求,即对人力资本的需求。当企业的技术构成提高,即企业的技术装备水平提高时,企业对劳动力数量的需求减少(劳动力同质条件下,资本替代劳动),但相应地企业对劳动力的质量(知识和技能)需求提高。同时,在一定的技术构成下,由于劳动力的质量不具有可加性,劳动力的数量与质量不能相互替代,企业对人力资本的需求,实际上是在确保一定的劳动力质量(知识、技能)前提下对劳动力数量的需求。因此,企业技术构成的提高使得企业对劳动力数量的需求减少,但对劳动力质量的需求提高。

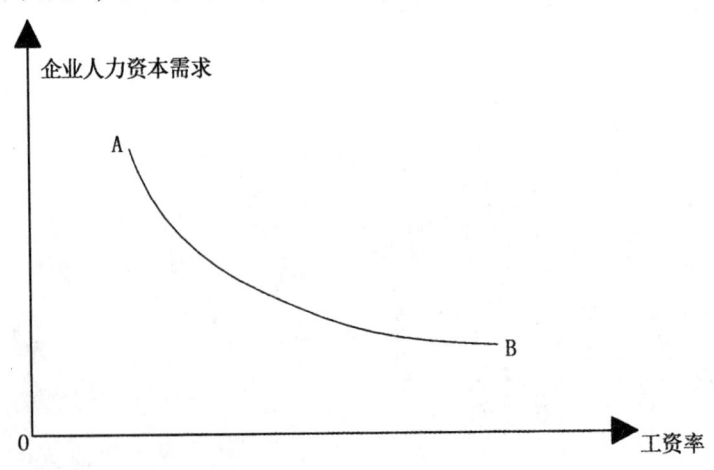

图 8-1　企业技术构成不变情形下工资率与企业人力资本需求关系

二、工资率的影响

在企业技术构成基本不变的情况下，当工资率提高时，一般会降低企业对人力资本的需求；而当工资率下降时，一般会增加企业对人力资本的需求，如图8-1所示。这是因为，在一定时期内企业技术装备水平不发生质的变化的情况下，企业对劳动力素质的要求也是相对一定的，而工资率的变化，并不会影响企业劳动生产率，此时工资率的提高，会引起企业产品或服务的成本提高（边际成本提高），导致产品或服务价格上升，消费需求减少，最终迫使企业降低产出规模，减少劳动力的需求。同理，在企业技术构成不变的情形下，当工资率下降时，则会降低企业产品或服务的成本（边际成本减少），产品或服务价格下降，消费需求增加，企业扩大生产规模，从而企业对劳动力的需求增加。因而在企业技术构成不变的情况下，企业人力资本需求主要表现在劳动力数量的变化。

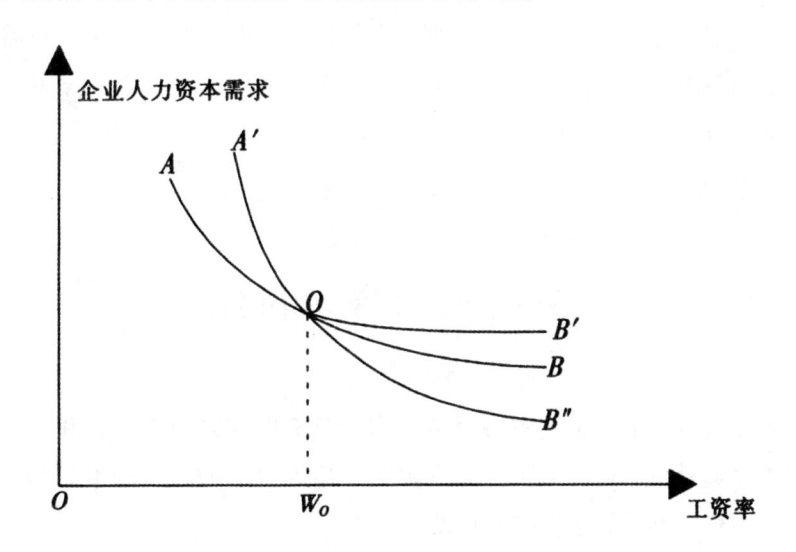

图 8-2　企业技术构成提高情形下工资率与企业人力资本需求关系

在企业技术构成提高的情形下，工资率对企业人力资本需求的影响需要具体分析。如图8-2所示，图中 AOB 为企业技术构成提高前的工资率与企业人力资本需求关系曲线。一方面，不论工资率如何变化，企业技术构成的提高，都会使企业对单个个人的人力资本存量水平的需求提高；另一方面，如上面所分析的，在企业技术构成一定的情形下，工资率的提高会降低企业对劳动力数量的需求，而当工资率下降时，企业对劳动力数量的需求增加。因而，在企业技术构成提高的情形下，工资率下降，企业对人力资本的总需求总是增加的，如图8-2所示的OA′。对于工资率提高的情形，企业对人力资本总需求的影响是不确定的，企业技术构成提高会引起对个人人力资本存量的需求增加，而工资率提高会引起企业对人力资本需求减少。因此，企业对人力资本的总需求有三种可能，变大、变小或不变，视技术构成与工资率对人力资本需求的影响效应大小而定，如图8-2所示的OB′、OB″、OB。当然有一点是非常明确的，企业技术构成的提高，不论工资率如何变化，企业对个人人力资本存量水平的需求总是增加的，对劳动力的质量要求增加。

三、物质资本价格的影响

按照一般劳动力需求理论，当企业所需的设备、基本建设和原材料等物质资本的价格下降时，产品的成本下降，市场需求增加，企业为实现利润最大化或利润增长，将扩大企业生产规模，继而企业对劳动力的需求增加。而如果物质资本价格提高，由于工资率上升一般具有刚性，则产品成本增大，企业将缩小生产规模，减少劳动力需求。

企业人力资本供给

企业人力资本是企业中每个劳动力所具有的人力资本的总和，企业人力资本供给是企业现有或可招募到的员工所能提供的人力资本总和。影响企业人力资本供给的主要因素有以下几种。

一、现有人力资本存量的影响

现有的人力资本存量的高低是影响企业人力资本供给的根本因素。企业的劳动力供给主要来自企业的所在地域或本国境内，所在地域或国家的整体人力资源是企业人力资本的主要来源，因而现有人力资源的人力资本存量水平影响着企业人力资本的供给。这种影响也是从人力资本的数量和质量两方面表现的。如果企业所在地域或国家的人力资源数量有限而且质量较低，则可能会使企业人力资本的供给严重短缺；如果企业所在地域或国家的人力资源数量丰富但质量低下，则人力资本供给存在结构性的稀缺，高质量的人力资本供给不足；如果企业所在区域或国家人力资源质量较高但数量有限，则可能会引起企业人力资本供给数量短缺。只有当企业所在地域或国家的人力资源数量丰富且质量较高时，才可能使企业人力资本供给相对充足。

二、工资率的影响

工资率是影响企业人力资本供给的另一个重要因素。按照劳动供给理论，工资率是影响劳动力供给的主要因素，而人力资本是体现在劳动力身上的知识、技能和健康，因此，企业人力资本的供给必然受到工资率的影响。

不同人力资本存量水平的劳动力之间工资率的影响

高人力资本存量水平的劳动力工资率（W_H）与低人力资本存量水平的劳动力工资率（W_L）之差（W_H-W_L）对人力资本供给量产生影响。当（W_H-W_L）越大，越能够刺激劳动力加大自身的人力资本投资，增加自身的人力资本存量，从而增加人力资本的供给量，但当（W_H-W_L）达到一定值后，人力资本供给趋于稳定，工资率与人力资本供给的变动弹性趋于0，即企业再提高工资率，即再增大（W_H-W_L）时，对人力资本供给的变化影响很小或没有影响，这是因为由于在一定时期，人力资本存量是基本一定的，工资率的影响并非是无限的；而当（W_H-W_L）变小时，劳动力就会减少对自身人力资本投资，劳动力的人力资本存量水平增长下降，从而降低了人力资本的供给量。如图8-3所示。

平均工资率水平对企业人力资本供给量的影响

平均工资率的提高，短期内一般不会增加人力资源或劳动力市场中人力资本存量供给，企业的劳动生产率也不会提高。但此时，由于工资率提高，企业产品或服务的成本提高（边际成本提高），引起产品或服务价格上升，消费需求减少，最终企业被迫降低产出规模，从而使人力资本供给呈现相对增加的趋势。

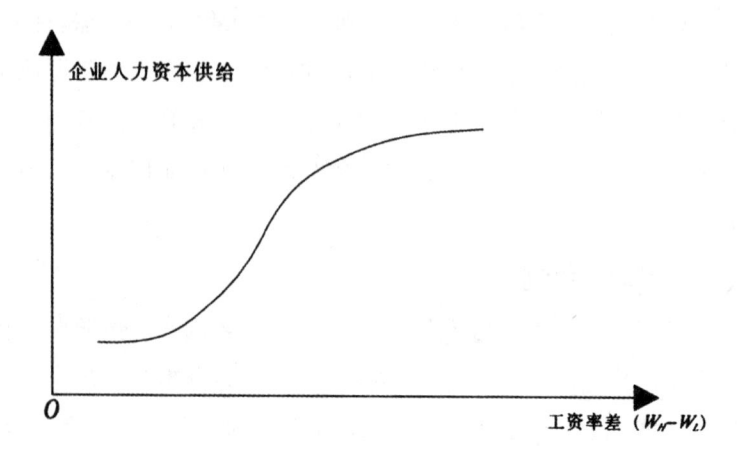

图 8-3　工资率差与企业人力资本供给关系

三、劳动力个人偏好的影响

作为人力资本载体的个人一般追求的是个人效用最大化，而非收入最大化。收入和娱乐休闲都能满足个人需求，不同人追求收入效用和娱乐休闲效用的偏好不同。由于工资率对偏重于追求娱乐休闲效用的个人人力资本供给影响较弱，人们追求娱乐休闲可能会增加休息时间，而减少工作时间，在其他条件不变（如受教育水平不变）的情况下，单位时间内全社会人力资本供给量下降。同时，对于某些行业或企业来说，即使工资率很高，但由于人们偏重于娱乐休闲效用的追求，也可能使这些行业或企业人力资本供给不足或处于低水平满足。相对来说，那些工作、生活、文化环境等都很好的企业或行业，即使工资率较低，也会因为劳动力追求娱乐休闲效用而使这些企业或行业的人力资本供给量相对充足。

企业人力资本投资需求

从上面企业人力资本需求与供给分析中可以看出，当企业人力资本供给不能满足企业人力资本需求时，企业人力资本供给短缺，从而企业需要进行人力资本投资以满足企业自身人力资本需求。但是，根据上述影响企

业人力资本需求与供给因素的分析，企业人力资本短缺可以分为多种，由此产生了多种企业人力资本投资需求。这与企业因追逐利润而直接产生物质资本投资需求不一样。

一、企业人力资本现期供给短缺产生企业人力资本投资需求

企业原始人力资本供给短缺产生企业人力资本投资需求

企业在既定劳动定员情况下，由于现期劳动力市场上人力资源质量较低，企业所雇佣的人力资本存量不能满足企业的人力资本需求，因而表现为企业原始人力资本供给短缺。这里，企业所雇佣的人力资源质量不能满足企业的人力资本需求有两种情形：（1）现有的单个员工的人力资本存量不足以供给员工单独从事某项工作任务的需要；（2）现有的单个员工的人力资本存量即使可以满足其单独从事某项工作任务的需要，但由于企业存在一些工作任务只能以团队形式完成，或者以团队形式完成任务的相对成本较低或相对效益较高，此时单个员工简单组成所形成的人力资本存量不足以满足团队的需要。更不用说，个人人力资本存量不足以满足单独从事工作需要的情形。因此，现有的劳动力市场上的人力资本存量水平，可能使企业的工作团队所需的人力资本得不到满足。企业存在以个人为基础组织生产时的企业人力资本投资需求和以团队为基础组织生产的企业人力资本投资需求。另外，由于人力资本存量水平是体现于员工个人身上的知识和技能水平，而知识和技术的获得，需要较长时期的教育和培训，以及工作经验的积累，所以全社会人力资源或企业所在的劳动力市场中，人力资本存量在短期内是相对不变的，因此，企业技术构成提高，企业的人力资本需求与现实中人力资本存量的质量水平差距越大，企业人力资本投资需求越大。

扩张型人力资本供给短缺产生企业人力资本投资需求

当市场对企业产品的需求增加，企业便会扩大生产规模，对劳动力需求增加，需要到劳动力市场上去雇佣新的劳动力。由于劳动力市场上人力资本供给不足，以及企业现有人力资本存量不能满足企业扩大生产规模的需要，形成扩张型人力资本供给短缺。由此增加企业劳动力数量及其质量而产生企业人力资本投资需求。扩张型人力资本需求越大，企业人力资本投资需求就越大。

人力资本结构性供给短缺产生企业人力资本投资需求

一方面,在劳动力市场上,各种专业、知识层次的人力资源数量与质量并不平衡,人力资源的供给存在结构性的差异;另一方面,不同企业生产不同的产品或提供不同的服务,或者同一企业生产不同的产品或提供不同的服务,对员工的知识、技能等人力资本存量要素构成的需求也不一样。即使不同的企业生产相同的产品或提供相同的服务,还会因为相互间的企业文化的不同、企业的内外环境的不同等,而产生对员工知识水平、技能水平等人力资本存量要素构成的需求不一样。人力资源的供给结构性差异越大,企业人力资本投资需求也越大。这种由人力资本供给与人力资本需求之间的结构性矛盾所引起的人力资本供给短缺,也是企业人力资本投资产生的重要动因。

工资率高低及其变动引起企业人力资本供给下降,产生企业人力资本投资需求

在技术装备等其他条件相同情况下,工资率高的企业能够在劳动力市场上雇佣到人力资本存量较高的劳动力;而工资率低的企业雇佣到的劳动力人力资本存量一般较少,因而,低工资率企业相对于高工资率企业人力资本供给短缺,低工资率企业可能面临人力资本供给短缺。虽然提高工资率是企业吸引高质量劳动力的一个有效办法,但在产品和服务质量不变的情况下,企业工资率的提高,会使产品的成本提高,降低产品的市场竞争能力,从而使产品销售不畅,获利甚微,甚至亏损,最终影响企业的发展。鉴于此,企业会针对现有员工的基本情况进行人力资本投资,增加其人力资本存量,满足企业的需求。

二、企业人力资本预期供给短缺产生企业人力资本投资需求

不仅现期的人力资本供给短缺产生企业人力资本投资需求,而且,企业会基于对未来发展战略的预期,以及未来技术更新、高新技术应用、新产品开发等的预期,考虑到企业现存人力资本不能满足或不适应未来发展的需要,从而产生企业人力资本投资需求。同时,随着时间的推移,知识、技术更新的加快,一个人、一个团队的人力资本存量会因陈旧而贬值,如果不进行新的投资和积累,企业的人力资本存量不能适应新的发展要求。因此,企业要保持现有人力资本存量不贬值,要适应企业未来发展要求,

产生人力资本投资需求。

总之，随着时间的推移，企业的成长和发展，企业的人力资本短缺具有绝对性和后继性，因而企业的人力资本投资需求也是长期的，绝对存在的。预测未来人力资本需求与现实的差异而产生的人力资本投资需求，是一种前瞻性、储备性的人力资本投资需求，是企业发展的重要战略组成。

企业人力资本投资风险界定

企业人力资本投资风险既有因其环境所引发的风险，也有与人力资本固有属性相伴随而存在的"天然"风险。

一、企业外部环境引起的风险

企业外部环境引起的风险是指对人力资本投资系统环境因素变化认识不足而导致的投资收益不确定或产生投资损失的可能性。这种风险是所有企业都可能面临的，具有不可预知性，往往很难避免。具体包括以下几方面的风险：

1. 自然环境因素变化引起的风险。人在生命周期中可能会遭遇各种各样的灾难，如地震、灾害、战争、瘟疫、突发事故等。这些灾难很可能使人力资本的投资收益突然停止，从而带来损失。特别是企业关键人物的死亡或伤残给企业带来的巨大人力资本投资风险。

2. 政治环境因素变化引起的风险。国家颁布的任何法律、法规、政策会因形势和环境的变化而加以调整，必然使原有法律、法规、政策的研究机构（者）、执行单位（者）的人力资本可能过时，从而产生人力资本投资损失。

3. 经济环境因素变化引起的风险。人力资本投资具有周期长和回收期长的特点，经济繁荣时期所进行的人力资本投资可能在萧条状态下受市场需求影响导致人力资本贬值，投资收益预期减少，或者根本无法收回投资。企业人力资本投资一般受国家产业政策影响较大，产业政策调整会引起某些行业地位上升，某些行业地位下降。地位下降的行业其企业效益必然下滑,其人力资本投资经济效益也将随企业经济效益的下降而下降。另外,国家利率、汇率政策的调整必然影响企业生产经营活动,从而也引起人力资本投资收益存在不确定性。

4. 科技发展因素变化所引起的风险。知识经济时代是科技创新的时代,科学技术创新周期越来越短,科学技术的重大突破会导致已有技术老化和相应的人力资本迅速陈旧而贬值。如20世纪70年代末80年代初,传真机作为快速的信息传播工具受到世界各国的青睐,但到了80年代中后期,传真机技术因互联网技术的迅速发展而变得陈旧,致使传真机技术方面的人力资本投资迅速贬值,其相应的投资预期效益不能实现,甚至产生投资亏损。

5. 国际与国内市场变化所引起的风险。由于经济全球化的发展,国际市场与国内市场越来越具有关联性。不仅产品出口型企业受到国际市场容量和结构变化的影响,其他企业也可能因出口型企业市场战略的调整而受到影响。如国际市场需求设立绿色壁垒或提高产品技术标准,影响出口型企业国际市场销售,企业按原标准进行的人力资本投资就会产生损失,出口型企业的经济效益会因此而受到影响;同时,出口型企业可能采取拓展国内市场的战略,加剧国内市场竞争,相应地影响同行业其他非出口型企业的生产经营与企业的经济效益,给人力资本投资带来风险。

6. 企业所处行业前景可能引起的风险。按照产品生命周期理论,任何行业生命周期都包括幼稚期、成长期、成熟期和衰退期四个阶段。在产品生命周期的不同阶段进行人力资本投资,其收益和风险是不一样的。如果企业在产品处于或即将走向衰退期时进行人力资本投资,其风险相对较大。

7. 企业竞争所引起的风险。在市场经济条件下,同行业内企业间的竞争是不可避免的,而且随着世界经济的全球化,国际国内市场竞争日趋激烈,企业面临的竞争对手越来越多,越来越强。这种越来越激烈的企业间竞争必然会给人力资本投资带来风险。

8. 社会发展政策改变引起的风险。社会发展会导致相应的发展政策的改变或调整,如环境保护的加强、社会保障制度的完善等,必然影响到企业,从而影响到企业人力资本投资的收益。

二、企业内部环境引起的风险

企业内部环境引起的风险主要是管理风险,具体又分为管理者行为风险和被管理者反应行为风险。前者潜存于人力资本投资过程中的每个环节，如预测决策风险、招聘风险、培训风险、配置使用风险等；而后者是由于被管理者对出资管理者、经营管理者激励约束的反应行为所导致的投资收益的不确定性和产生损失的可能性，包括人力资本投资代理风险和流失风险。企业人力资本投资的代理风险主要来自投资客体的隐藏行动和逆向选择；而人力资本投资流失风险则来自投资客体的离职。

需要指出的是，企业外部环境引起的风险是不可预测和不可抗拒的，相比较而言属于小概率事件；而企业内部环境引起的风险，发生的可能性要大得多。在企业内部环境引起的风险中，管理者行为风险相对于被管理者的反应行为风险（企业人力资本投资代理风险和流失风险）而言，依靠企业管理主体（管理者）自身努力比较容易得到控制。对于管理者行为风险控制问题，已有比较多的研究，这里不再重述。下面重点阐述代理风险和流失风险及其控制。

企业人力资本投资代理风险

代理风险是企业人力资本投资风险中最具综合性、复杂性，最难以控制的风险，是由企业中委托人和代理人之间利益不一致所致，其根源来自人力资本的固有属性。只要企业中存在着委托代理关系，且委托人和代理人之间存在着利益不一致，那么，企业就不可避免地会面临人力资本投资代理风险。一般地，企业人力资本投资代理风险的危害往往隐蔽且巨大。

一、企业人力资本投资代理风险的产生

企业人力资本投资主体在进行人力资本投资，形成企业人力资本过程中，需要投资客体的自身投入（主要表现为投资客体的努力与配合）；企业人力资本投资主体在使用潜存于投资客体内的人力资本时，需要通过一定的激励手段，才能激发潜存于客体中的人力资本显现化，才能真正实现企业人力资本为企业所用，产生实际收益。可见，在企业人力资本形成与使用过程中，投资主体并不拥有投资客体的投入信息和投资客体把多少潜存

的人力资本效能发挥出来并服务于企业，这些信息只有投资客体——企业人力资本载体所拥有和掌握。因而，在企业人力资本投资活动中，投资主体与投资客体这两个参与者之间存在信息不对称，即企业人力资本投资活动中存在委托—代理关系。按照信息经济学的定义，企业人力资本投资客体拥有私人信息（行动或知识）为"代理人"（agent），而不拥有私人信息的投资主体为"委托人"（principal）。在这个委托—代理关系中，首先，投资客体知道自己的类型，而投资主体并不知道，即投资客体对自身人力资本存量和构成比投资主体拥有更多的知识，因而在企业人力资本投资中存在"逆向选择"的可能；其次，在投资主体与投资客体达成人力资本投资（形式上的或事实上的）合约时，相关投资活动的信息是对称的，但在实施人力资本投资过程中和发挥人力资本效能时，投资客体选择行动（努力与配合或不努力与不配合），企业人力资本投资主体（委托人）并不能直接观测到投资客体所采取的行动本身，只能观测到投资客体选择行动的结果，因而存在隐藏行动的"道德风险"。

  显然，在企业人力资本投资活动中，投资客体可能存在"隐藏行动"和"逆向选择"这两种行为。当投资客体（代理人）对投资主体（委托人）激励约束不满时，投资客体为了最大限度地追求自身效用，会选择不利于投资主体（企业）的行为（"隐藏行动"或"逆向选择"）。企业人力资本投资的委托—代理关系中，投资客体可能的"隐藏行动"或"逆向选择"行为所导致的企业人力资本投资收益的不确定性或产生投资损失的可能性，即为代理风险（Agency Risk）。企业人力资本投资代理风险的大小取决于委托人（投资主体）和代理人（投资客体）的利益的一致程度，一致性程度越高，代理风险越小。当代理人（投资客体）和委托人（投资主体）的利益高度一致时，虽然彼此之间存在委托代理关系，但利益的一致性导致代理人不会选择不利于委托人的行为，即不会选择对代理人自身不利的行为，在这种情况下一般不会发生代理风险。而当代理人（投资客体）和委托人（投资主体）的利益不一致时，如果委托人（投资主体）不能完全满足代理人（投资客体）的个人效用追求，人力资本的固有属性起作用，代理人（投资客体）利用信息的不对称，可能选择不利于委托人（投资主体）的行为，由此而必然产生代理风险。

二、企业人力资本投资代理风险的特征

代理风险有许多具体表现形式，但无论其表现形式怎样，它们都有一些共同特点：

1. 不确定性。代理风险的不确定性表现在风险发生所造成的损失或预期的损失是不确定的。投资客体"隐藏行动"或"逆向选择"时，给企业带来多大的损失是难以预先确定的。

2. 广泛性。代理风险的广泛性源于企业内存在着广泛的委托—代理关系。企业组织内部各层次成员之间都可以看作一个又一个契约关系，小到生产部门的小组组长与组员之间，部门经理与具体的执行员工之间；大到经理与部门经理之间，以及投资者与经营者之间，无不存在一个又一个的有形或无形契约。这种不完全契约实质上揭示出委托人和代理人之间利益的不一致，正是由于这种利益的不一致才使得他们之间的委托代理关系蕴含着代理风险的可能。另外，也正是由于这种不完全契约的广泛存在，才使得代理风险也具有广泛性。

3. 固有性。固有性是代理风险的最大特征。主要表现为代理风险随着所有权和经营权分离，所有者和经营者之间利益不一致的现代企业系统的产生而产生，又随着该系统的消失而消亡。它是与现代企业系统相互依存而共生共亡的风险。在前面的研究中已经指出，体现企业人力资本投资主体地位的是具有决策权的企业经营者，而企业的经营者同时也是企业的员工，也需要接受企业人力资本投资，同时也是企业人力资本投资的客体，即具有自反性。因而，在人力资本投资活动中，当企业的所有权和经营权分离时，既存在企业所有者与经营者之间的委托—代理关系，也存在着经营者与其他员工之间的委托—代理关系。

显而易见，当代理人行为或努力方向与委托人目标完全一致时，代理人的潜在能力得到最大限度的运用，激励与约束的效果最好。因而，代理人努力方向与委托人目标完全一致时的激励和约束制度是委托人对代理人激励和约束最为有效的方式，也是控制代理风险的最有效方式。

三、代理风险控制对策

人力资本的固有属性决定了投资客体"天然"拥有自身信息的优势，因而，在投资主体与投资客体之间总是存在委托—代理关系，人力资本投

资总是存在代理风险,产生代理风险的程度取决于代理人与委托人利益不一致的程度。因此,代理风险控制的关键是激励投资客体,促使人力资本自利性的积极作用得以发挥,限制和约束其消极作用的产生。最终通过这种激励和约束促使代理人的利益与委托人利益尽可能一致。

激励制度

一个完善的激励制度体系有助于企业防止代理风险的发生,降低代理风险的程度和减小代理风险引发的损失程度。激励有物质激励和非物质激励之分。在物质激励中,有薪金激励、产权激励和福利激励等;非物质激励有机会激励、精神激励等。

第一,薪金激励。这是代理风险控制最传统、最基本的一种激励方式,是通过发给员工激励薪金以达到激励目的。激励薪金是薪金中随着员工努力程度和劳动成果的变化而变化的部分。激励薪金通常被用来激发、指引或控制员工的工作行为。

第二,产权激励。这是代理风险控制最现代、最有效的一种激励方式,是采用股权分享的方法进行的。同其他激励形式相比,产权激励的特点是让人力资本成为股东或者所有者,赋予其剩余索取权,从而促使人力资本所有者的目标函数与所有者目标函数呈现高度正相关,或者两者利益目标一致达到最佳结合点。显然,这种激励方式是委托人激励代理人的最行之有效的方式。员工持股计划和股票期权制度是两种重要的产权激励形式。

产权激励实质上是用利润的一部分为员工购买本公司的股权,从而使企业内部员工不仅是雇员,更是企业的所有者。由于它使员工成为所有者,员工的切身利益与企业的发展紧密地结合在一起,员工的行为目标与企业的追求目标一致,由此带来极大的效益。股票期权制度实质上是企业资产所有者对其经营者实行的一种长期的激励制度。它着眼于企业未来,把经营者的预期收益与他对企业未来发展的贡献联系起来,只有当企业未来的经营业绩上升,股票价格上涨,经营者个人才能获得好的收益,从而把经营者个人利益与企业未来业绩结合在一起。

第三,福利激励。福利激励也是控制人力资本代理风险的重要措施。良好的福利待遇,可以吸引较高质量的人力资本和留住企业所需要的人力资本。从根本上来说,福利激励的实质也是为了提高投资客体的人力资本

存量和质量，如医疗保健方面的福利支出，其本质就是一项人力资本投资的内容，只不过不是企业专用人力资本投资而已。

第四，机会激励。经济发展的全球化，使得人才竞争日益激烈，也日趋全球化。当今科学技术的飞速发展加速了已有科学技术陈旧的速度，相应的人力资本贬值的速度加快。员工特别是技术创新员工为了不被竞争所淹没就必然会强烈要求尽快实现、保持和增加自身的价值，必然会高度重视个人专长和获得知识更新的机会，因而，知识实现与知识发展将成为员工特别是技术创新员工最为强烈的主导需求。机会激励（包括引进、教育培训、晋升、权力和地位激励等）将对员工产生非常显著的激励作用，是企业控制代理风险的一种非常有效的方式。在机会激励中，要真正发挥激励员工、控制代理风险的作用，企业应做到：①制定科学培训计划，开展多层次的培训。对新员工，应在了解其个人需要、职业发展愿望的基础上，为其提供适合他们自身要求的学习深造机会，使其早日成才；对老员工，则以知识更新为主。②对不同的人员其培训内容应有所侧重。一般员工应重点进行岗位技能培训；技术、销售人员应培养其研发、营销能力；一般管理人员应进行管理协调能力的培训；高级经营管理人员应侧重培养其经营能力和创新能力。③适时引进企业急需的人才，及时晋升具备条件和资格的员工，给予其权力和地位激励，赋予或承认其职责范围内支配和指挥的力量。机会激励可以增加个人效用的满足，有利于提高人力资本投入的积极性，控制代理风险。

第五，精神激励。企业员工的需求是多方面的，不仅需要物质激励，也需要精神激励，需要人文关怀。精神激励有时能够给员工以很大的精神动力，继而转化为创造企业财务的宝贵资源。

约束制度

在实施激励制度控制企业人力资本投资代理风险的同时，采取必要的约束制度控制代理风险也是必要的。约束制度设计主要包括企业人力资本投资客体的绩效考核约束和行为规范约束两方面。

第一，绩效考核约束。企业人力资本投资客体的业绩是衡量企业人力资本投资效果的最根本的指标，通过建立和实施人力资本绩效考核评价制度，能够增强企业人力资本投资客体的责任感，有效实现对人力资本的约

束，防止代理风险的发生。对经营者来讲，可以根据企业治理结构、内部审计、民主管理监督、资本市场与产品市场，实现对经营者行为的约束与控制。

第二，行为规范约束。对企业人力资本投资客体的行为进行约束，有利于监督和控制人力资本投资活动过程，有利于保证人力资本效能的发挥。对企业人力资本投资客体的约束应从岗位职责约束和劳动合同约束入手，并建立相应的职位流动竞争机制、反馈机制、报酬机制，来实现对员工行为的约束与控制。

激励与约束制度设计

委托人和代理人利益不一致，人力资本的同有属性，使企业人力资本投资存在代理风险和人力资本流失风险。只要激励与约束制度设计得当，代理风险和流失风险可以控制。同时，激励与约束制度设计是否合理得当，也标志着企业人力资本投资管理水平的高低。激励与约束制度设计时，必须考虑以下几点：

第一，激励制度必须具有公平性。这种公平性既包括纵向公平，也包括横向公平。因为代理人总是在不断地与同等级、同行业、不同行业，甚至与国外的员工进行横向比较，同时也不断地与企业内部不同层次的员工进行纵向的相对比较。一旦发觉自己的付出与获得的激励明显不如他人时，便会对委托人的激励产生强烈不满，采取隐藏行动或逆向选择的策略，或留在原岗位敷衍度日，或积极寻求机会另谋高就。

第二，激励制度要注重核心员工与核心团队的激励。因为在企业中少数员工对企业的生存、发展与战略起着非常重要的核心作用，对企业的全局具有关键性的作用，他们的行为选择对企业产生的影响极为重要，一旦他们采取隐藏行动或逆向选择的行动策略，或离开企业，对企业产生的危害极大。因而，控制企业人力资本投资代理风险和流失风险，要控制来自企业关键人员的代理风险和流失风险。

第三，代理风险控制包括激励和约束，二者缺一不可，但在具体设计与运用过程中，要以激励为主，约束为辅。激励能使代理人产生积极配合委托人行动的作用，而约束易使代理人产生消极抵制的心理作用。当然，必要的、合情合理的约束是必需的。

企业人力资本投资流失风险

由于经济发展不平衡的客观存在，人才在不同发展水平的国家、地区之间，不同企业之间存在单向流动的趋势。特别是随着经济全球化和信息化程度的日益加强，人才在经济发展中的地位更加重要，人才资源的流动性增强，意味着人力资本流失问题更易发生，企业人力资本投资的风险增大。

一、企业人力资本流失方式

从多角度对企业人力资本流失进行分类，有助于确定企业人力资本流失风险控制的重点，设计有针对性的激励与约束制度来控制人力资本流失风险。

从流失的决策主体出发，人力资本流失分为主动流失和被动流失。主动流失是指员工主动流出企业，如辞职等；而被动流失，是指人力资本被迫流出企业，如被解雇、被开除等，一般来说，主动流失给企业造成的损失要大于被动流失所造成的损失。

从流失方式来看，人力资本流失可以分为契约型流失和非契约型流失。前者是指员工与企业彻底脱离工资关系或任何法律承认的劳动契约关系流出企业，如聘用合同到期员工的流出；而后者则是指员工流出并非因员工与企业的契约规定而离开企业。一般契约型流失给企业所造成的损失要小于非契约性流失所产生的损失。

从流失的目的出发，人力资本流失可分为恶意流失和非恶意流失。恶意流失是指员工主观意愿上违反竞业避止合同规定，给企业带来巨大损失的流失；而非恶意流失则主要是为了自己正当利益的增加，不违反与原企业合同约定的流失。很显然，恶意流失给企业造成的损失一般远大于非恶意流失所造成的损失。

从流失的规模来看，人力资本流失有个体流失和群体或团队流失之分。前者是指具有独立工作性质的员工单个流失；而后者则是指同一企业中两

个或两个以上的员工组成的工作群体或工作团队经事先互相约定，同时或相继离开企业产生的人力资本流失。由于群体或团队流失不仅使企业损失了个人为基础的人力资本，同时也损失了以团队为基础的人力资本，群体或团队流失给企业所造成的损失总是要大于个体流失所造成的损失。

二、企业人力资本流失根源

企业人力资本流失的原因很多，但其根源都与人力资本固有的、不同于其他生产要素的属性有关。人力资本的自利性决定了人力资本载体追求个人效用最大化；人力资本的独占性和能动性决定了人力资本载体具有追求效用最大化的前提条件，并且能够能动地控制这种追求，因而人才资源一般总是流向政治、法律、文化、管理等软环境良好、上层建筑结构合理的组织，流向物质资本雄厚、生产要素先进、文化积淀丰厚、人才有群体优势、资源配置合理、运作高效、能为自身特有的人力资本存量提供更为优良的综合匹配条件的国家或单位；人力资本的时效性决定了人力资本载体趋于流向那些及时量才用人，发挥人力资源潜能，并能连续对人力资本投资，使人力资本损耗不断得到补偿和增值的组织；人力资本的社会性决定了人力资本载体流向那些既具有较好经济、社会、政治、科教大环境，又具有良好生活、工作、领导和人际关系小环境的组织。

三、企业人力资本投资流失风险控制对策

企业人力资本流失直接给企业带来许多损失，并产生许多负面影响，如离职员工的初始成本变为"沉没成本"、离职前的效率损失、寻找新员工前岗位空缺所产生的损失等，因而企业控制人力资本的流失是非常必要的。由于人力资本流失的根源在于人力资本自身固有的属性，那么，正确认识、合理引导和利用人力资本属性，激励人力资本属性积极作用的发挥，限制其消极作用的产生，是人力资本流失风险控制的关键。

企业人力资本投资代理风险来自投资客体的"隐藏行动"或"逆向选择"，其发生的结果表现为企业投资形成的人力资本未能发挥作用；流失风险来自人力资本的流失，其结果表现为企业投资的人力资本损失。不论是代理风险的产生或流失风险的产生，有一点是相同的，即风险产生的结果都是企业投资形成的人力资本未能为企业所用，只是程度有差异。因而，控制企业人力资本投资代理风险的激励制度同样适合于控制流失风险，同

样可以用来防止投资损失和提高投资效益。

要控制企业人力资本投资流失风险和流失所产生地对企业的危害，企业除具有良好的激励制度外，还必须在投资前设计一定的约束制度，以控制投资后形成的人力资本的流失，降低投资的风险。在约束制度中，契约约束是企业控制人力资本流失，保护企业投资利益，降低投资损失的一个重要而有效的手段。这些契约包括任职合同或劳动合同、教育培训合同、技术攻关合同、岗位聘任合同、竞业避止合同、担保合同、保险合同等。同时，企业要注意使用与知识产权相关的法律与法规，保护企业人力资本投资而形成的成果。

一般来说，企业因人力资本投资流失所产生的损失要大于因代理风险发生所产生的损失，因为代理风险产生的结果只是企业人力资本效能得不到充分发挥，企业投资形成的人力资本闲置，企业只要适当地改进激励与约束制度，这些闲置的人力资本还能为企业所用，而流失风险产生的结果使企业完全失去人力资本，不可能再为企业所用。因而企业在采取一定的激励措施和约束措施外，还要预先设置一些备用措施，以应付人力资本流失风险的突然发生，防止人力资本流失给企业带来重大损失。企业控制人力资本流失可采用的备用措施有：（1）建立知识库，将关键员工的知识汇集成一个知识库，以达到"人流脑留"的目的。由于对人力资本流失控制是有限的，而人才的发明、创造以及处理问题的方法、经验或模式，包括客户资源等，则可以保留下来。这样，企业不会因关键岗位员工离职而使企业人力资本投资损失殆尽，企业可以根据知识库的内容，减少企业对新员工的人力资本投资，减少人力资本流失对企业造成的危害。（2）建立关键岗位人才储备制度，识别关键职位的候选人，并有意识地进行培养，以便在关键职位人员流失时能够通过内部人力资源的流动迅速填补空缺岗位，减轻员工离职给企业造成的损失。（3）建立人力资本信息库，随时了解员工流失率及其变动的情况和变动的原因，从而及早采取有针对性的措施予以控制。随时掌握同行业人才需求信息、人才供给信息、同行业关键岗位员工信息等。及时了解其他企业特别是竞争对手的激励制度和约束制度，以便企业快速而有效地调整激励与约束制度，为员工特别是关键员工离职后的空缺岗位补充急需的人才，以减轻员工流失对企业的冲击和危害。

企业人力资本投资评估要素

企业人力资本投资评估是对企业人力资本投资活动从开始到结束的全面总结，是企业人力资本投资管理的主要内容，也是企业人力资本投资过程中的重要环节。由于企业人力资本投资是一个复杂的系统工程，因而企业人力资本投资评估系统也是非常复杂的。企业人力资本投资评估中涉及的要素主要包括评估时间、评估标准、评估内容和评估方法。

一、评估时间

企业何时进行人力资本投资和评估的时间区间应有多长，目前国内外人力资本投资研究文献并没有专门论述，对此问题尚缺乏统一的认识和科学的依据。有些观点认为评估应在投资项目完成并生产运营一段时间后进行，而另外一些观点认为应在投资决策完成后，进入实施阶段即开始，到投资项目完成，项目评估时间区间则是投资项目完成到生产运营后的3到5年。

事实上，由于企业人力资本评估系统也是由各个具有不同功能的评估子系统组成，服务于不同的评估目的，从企业进行人力资本投资活动开始就进行评估，虽然是人力资本投资的阶段性评估，但可以用于控制和监测人力资本投资活动，也应是企业人力资本投资评估系统的一个组成部分。因而，企业人力资本投资评估时间应从投资活动开始。对于评估的时间区间，理论上应与企业人力资本投资的收益期间一致，不应随意确定。本书在后面讨论企业人力资本收益计算内容时再进行详细的论述。

二、评估标准

企业人力资本投资活动不同阶段的评估标准是不一致的。在决策评估阶段，其评估主要从人力资本投资给企业带来的经济效果和投资风险两个方面进行。评估人力资本投资的经济效果的标准，主要是人力资本投资与企业发展战略的匹配程度，人力资本投资对企业的贡献份额；评估人力资本投资的风险主要从管理者行为和被管理者反应行为两个基本方面出发，评估的标准是企业对潜在风险可接受的程度。在企业人力资本投资计划阶段，主要评估计划的可行性，评估的标准主要是劳动生产率、投资收益率和计划的合适性。在企业人力资本投资实施阶段，评估的标准主要是计划目标的实现程度，投资客体对投资计划的满意程度。在企业人力资本投资后的评估阶段，主要对企业人力资本投资活动的效果作出全面的检验性的评估，评估的标准有企业人力资本存量增量与增幅，企业人力资本流量的方向和幅度，以及企业人力资本收益率、生产率和企业效益的提高。

三、评估的内容

企业人力资本投资评估，从投资进程可以分为事前评估、事中评估和事后评估；从范围可以划分为整体评估和单个项目评估；从内容划分可以有投资决策评估、实施评估和项目后评估，其中，决策评估包含投资收益评估与风险评估，项目后评估包含项目经济效果评估。

企业人力资本投资项目决策评估的内容

投资项目决策评估是投资项目评估的重点，其内容包括：

1. 项目背景。包括项目依据、项目准备和决策依据，项目目标的范围和内容，项目的技术经济与环境条件等。

2. 投资方向。根据企业人力资本现状和经济效益水平，分析企业人力资本投资的合适方向。

3. 协作条件。评价项目在所在部门内外的协作与配合条件。

4. 决策程序。评价决策过程的效率和决策科学化的程度，按照项目管理要求，评价管理组织机构的执行能力。

5. 风险评价。分析企业外部环境和内部环境引起的风险及风险发生可能引起的损失，评价现有激励与约束制度是否满足控制企业人力资本投资风险的要求。

6. 效益评价。从提高企业生产率、提高企业效益、节约企业成本等方面研究企业人力资本投资的贡献份额，计算企业人力资本收益率。

企业人力资本投资项目实施评估

投资项目实施评估包括从项目开始到项目结束这一阶段工作的全过程，是项目投资发展周期中最长的一个时期，也是投资发生和集中使用的时期。根据项目实施程序，这一阶段的评估内容包括：

1. 项目设计评价。对项目设计方案的指导思想、优选方法、项目设计水平，以及最终确定的方案实施中修改和变更情况进行分析。

2. 项目实施准备工作评价。对项目实施的资金条件、人员素质和技术装备水平进行评价。

3. 实施方案。分析项目实施的时间进度、实际进度与预测进度的偏差及其原因。

4. 项目实施管理工作评价。主要对项目实施过程中时间进度、成本目标和效益指标等的完成情况和特点进行评价。

企业人力资本投资项目后评估

企业人力资本投资项目后评估是对项目实际运营状况和投资效果作出全面评价。其具体内容包括：

1. 企业人力资本投资管理系统评价。主要分析投资管理系统在人力资本投资活动全过程中管理与协调功能的发挥与存在的问题。

2. 企业人力资本投资项目功能评价。主要分析企业人力资本投资项目是否达到了预期的目标，发挥了预期的作用。

3. 企业人力资本投资项目的经济效果评价。包括两个方面：一是通过分析项目实施后企业产品生产成本、销售收入、利润水平变化，评价项目经济效益；二是评价项目实施后员工素质改善、企业文化建设、人力资本存量和人力资本流量等方面的变化。

本书基于企业人力资本投资决策这个中心，主要阐述企业人力资本投资风险评估和投资收益评估。

四、评估方法

现代企业为了增强竞争优势，形成自己的核心竞争力，人力资本的投入越来越多。但企业人力资本投资活动的不确定性、风险性、多样性和长效性，给企业人力资本投资的评估带来很大的难度。目前对企业人力资本投资的评估方法主要包括企业人力资本投资绩效测量和企业人力资本投资收益计算。

企业人力资本投资绩效测量方法

企业人力资本投资绩效评估方法主要是针对企业研究与发展活动，其测量方法归结为三类：

1. 以企业人力资本投资的产品测量企业人力资本投资的绩效。以专利、技术出版物或被技术出版物引用作为测量企业人力资本投资绩效的指标。由于企业经理们最关心销售额和利润指标，所以这种方法并不为企业所接受。但是由于专利、出版物和技术出版物引用等具有可数性，很容易量化，又没有其他的可计量的替代品，所以这种方法还是不断地被研究中心、企业人力资本投资部门和许多学者所采用。

2. 以单一的经济指标测量企业人力投资资本的绩效。企业经营者最关心的指标是销售额和利润。事实证明，企业人力资本投资活动对企业提高销售额、利润、劳动生产率、降低产品成本具有重要作用。因此，企业常常用新产品带来的利润、市场份额和销售额的增加等经济指标和方法来测量企业人力资本投资的绩效。此外，还有现金流动分析、费用目标加权平均法和项目纵剖图等测量人力资本投资绩效的方法。

3. 以多种指标综合测量企业人力资本投资的绩效。企业人力资本投资活动是一个复杂的过程，有很多因素会影响企业人力资本投资活动的绩效，如企业人力资本投资项目选择，项目的计划和管理，产生新产品的思想，人力资本投资过程和技术质量，激励制度，企业人力资本投资部门与其他部门的关系等。因此，使用单一的指标和方法不可能反映企业人力资本投资活动的全部过程。现在理论界越来越倾向于使用多种指标综合测量企业人力资本投资活动的绩效。其主要是投入—产出模型法。企业人力资本投入包括人才的引进、分配和使用；投入产出过程包括研究、开发、教育和培训4个方面；企业人力资本投资产出包括①专利、产品、工艺、出版物和信息，②对内部消费者、外部消费者和社会三者的贡献。

企业人力资本投资收益计算方法

直接计算企业人力资本投资收益是十分困难或不可能的。在现有的有关测量企业人力资本投资收益的方法中，以企业人力资本的某项活动为分析对象，主要是针对企业培训提高生产率的测定上。主要方法有以下几种。

1. 假设工资率基本上是生产率的反映，且职工在生命周期内的工资的增长大多是由于培训或工作经验引起生产率提高的结果，但由于企业并不是严格根据工人的生产来支付工资的，决定工资的因素还有许多（例如最低工资标准等），从而影响用工资率来计算培训提高的生产率。当然，由劳

动质量差异、劳动市场分割对工资的影响实质上主要是由于人力资本的差异所造成的。但不可否认，由于各种职业之间的差异对职工的吸引力不同，职工的工资可能会包括吸引人力资源而产生的补偿性工资差异，如危险性较大工作的工资等。这些非人力资本投资形成的工资差异也阻碍了用工资率代替生产率的可行性。

2. 非实验性评估方法，使用已经参与培训的典型企业及个人的数据资料，与一般没有培训过的企业及人员进行比较。这种方法的缺陷是观察与非观察的两组人员特征等方面具有差别，以及使用的现有数据是在重新实验条件不可控制下产生的。

3. 经验公式法，是一种通过对与职工在职培训有关指标的计算，间接计算在职培训投资收益的方法。间接计算方法很多，其总的思路是先找出影响在职培训收益的因素，即把收益分解为一些具体指标，然后根据这些指标的相互关系计算培训投资收益。下面列举的是国外常用来对企业职工在职培训收益计算的经验公式：

$$B = T \cdot N \cdot d_t \cdot SD_y - N \cdot C$$

式中，B 为培训的收益，N 为受训者数量，T 为受益时间，dt 为效用尺度，即受训者与未受训者工作成果的平均差值，SDy 为未受训者工作成绩差别（即标准差，约等于年工资的40%），C 为人均培训成本（包括直接成本和误工造成的间接成本）。dt 由下列公式计算：

$$D_t = \frac{\overline{Y}_T - \overline{Y}_U}{SD(\sqrt{R_{YY}})}$$

式中，YT 为已培训者平均工作效率，TU 为未受训者平均工作效率，SD 为未受训者平均工作效率的标准差，$\sqrt{R_{YY}}$ 为不同评价者评定结果的相关程度。

4. 调查法。尽管企业整体生产率易于被测定，但要把培训产生的效果从总生产率中分离出来是十分困难的。因而可以用替代的调查方法让经理、工人和管理部门估计培训对生产率的影响，从而获得把培训效果从生产率中分离出来的主观数据。由于是主观判断，因而很少可能产生"过硬"的数据。

5. 案例研究法。对于寻求成功的培训模式以增强培训效果，案例研究

法是一种比较好的方法。但在实际中，典型案例的可推广应用性易受到质疑。

企业人力资本投资风险评估

企业人力资本投资不仅具有高收益，而且也具有高风险。美国微软公司长盛不衰所展现的人力资本投资高收益的无穷魅力和英国巴林银行倒闭、中航油新加坡事件所揭示的人力资本高风险的腥风血雨，就是最为典型的例证。

企业要想获得高收益就要控制高风险。企业人力资本投资管理风险主要来自管理者行为和被管理者反应行为，因此，评估企业人力资本投资管理风险应主要围绕管理者行为风险和被管理者反应行为风险来进行。

一、管理者行为风险评估

管理者行为风险主要是人力资本投资管理过程中的预测与决策、招聘、培训、配置、使用等环节所产生的风险。

1. 预测与决策风险评估。对预测与决策的风险评估主要通过一定时期内人力资本投资决策正确的次数与人力资本投资决策总次数的比例、每项决策平均利润额，以及技术创新方面的人力资本投资决策次数与决策总次数的比例等指标来进行评估。决策正确的比例、平均利润额和技术创新人力资本投资决策的比例越小，表明人力资本投资的风险越大。

2. 招聘培训风险评估。企业可以通过实际应聘人数与计划应聘人数的比例、一定时期内企业引进所需要的高层次人数占员工平均人数的比例、招聘引进员工在规定的时间内保质保量完成工作的比率、人力资本投资对企业的贡献份额等指标来评估招聘培训风险。

应聘人数与计划应聘人数的比值越小，说明企业吸引力越小，人力资本招聘投资面临对象选择的风险就越大；一定时期内企业引进高层次人数占员工平均人数的比例小，说明企业所招聘员工的素质相对较低，企业人力资本投资风险相对较大；招聘引进的员工能在规定的时间内保质保量地

完成工作的比率越高，企业人力资本投资的风险相对越小；人力资本投资对企业的贡献份额越大，企业人力资本投资的风险越小。人力资本投资对企业效益的贡献能力，应主要表现在企业产值、销售收入和利润的增加、成本的节约和劳动时间的缩短。

3. 配置风险评估。人力资本配置主要包括人与物的配置、人与岗的配置、人与事的配置和人与人的配置，因此，企业可以通过人力资本与总资本的比例和高层次人力资本与总资本的比例来评估人与物的配置风险，其比值越高，人力资本投资的风险越低；通过闲置员工数量与员工总数的比例和闲置员工人力资本投资与企业人力资本总投资的比例来评估人与岗（事）的配置风险，其比值越高，人力资本投资的风险越大；通过企业现有核心能力关键人员数与核心能力所需关键人数的比例来评估企业人与人的配置风险，其比值越高，人力资本投资的风险越小。

4. 使用风险评估。企业可以通过一定时期内出勤人数占员工总数的比例和实际生产工时数与全部制度工作工时数的比等指标评估企业人力资本使用风险。这两个指标越大，表明企业人力资本使用越充分，人力资本投资的风险相对就小。

二、被管理者反应行为风险评估

代理风险评估

代理风险的产生源于代理人（投资客体）对委托人（投资主体）激励约束制度不满而选择不利于委托人的行动策略，因而评估代理风险可以从投资客体满意度、违纪违规率（额）、劳动合同执行率、投诉率、建议提案率、员工事故率、员工纷争率等方面来评估。其中满意度可以细分为对激励约束制度的满意度、对人力资本投资评价制度的满意度和对人力资本使用制度的满意度。

流失风险评估

高层次管理人员是企业的支柱，掌握和决定企业的命运，他们的流失会给企业带来致命的打击，严重的会造成"失一人者失天下"的后果；高层次技术人员掌握着企业一定的专门技术，有的甚至是核心技术，他们的主动流失会给企业带来不同程度的损失，或使产品开发难以继续，或使正常生产难以进行，或使产品质量难以保证，或使技术成果拱手相送。因此，

企业可以通过一定时期内主动流失的高层次员工人数与高层次员工总数的比来评估人力资本投资流失风险，其比值越大，说明企业人力资本投资风险越大。

企业人力资本投资收益评估

研究企业人力资本投资均衡是基于生产函数是共同知识的基本假设。然而，企业和职工在有关生产率的信息上实际是不对称的，双方存在对生产的函数形式的谈判，各自都存在着对其预期投资收益和成本的比较问题，都依据各自收益率的大小而决定是否进行或参与企业人力资本投资活动。因此，从企业角度，有必要对企业人力资本投资进行成本—收益分析。在现有的人力资本投资报酬率研究文献中，人力资本投资报酬率均是指人力资本承载者个人的投资报酬率，即人力资本供给者的投资报酬率，没有研究企业——人力资本需求方的人力资本投资报酬率。然而，由于企业人力资本投资不同于个人人力资本投资，企业人力资本投资受到人力资本承载者个人投入等因素的制约，而人力资本投资承载者对自身所进行的人力资本投资主要由自身条件所决定。因此，现有的个人人力资本投资收益及其报酬率计算方法不能完全适用于企业人力资本投资报酬率的计算。此外，由于企业的各种人力资本投资活动是相互关联的，不能截然分割，需要整体考察，如从单个投资活动分析投资收益，难以直接计算单项投资活动的收益，也难以确定收益计算分析期等。所以本书把企业作为一个整体，从人力资源进入到退出企业的生产经营活动的全过程，来考察企业人力资本投资的成本与收益，研究企业整体人力资本投资收益及其投资报酬率。

一、企业人力资本投资成本

人力资本往往是由多方面、多种形式、多阶段投入所形成。从投入主体上看，既有国家、社会，也有个人、家庭、企业及其他社会团体；从投入形式上看，既有实物（货币）投入，也有非实物投入，既有有形投入，也有无形投入；从投入强度看，既有集中学习、培训，更有分散的干中学；

从时间看，人力资本的形成也常常是多个时期不同阶段投入所致。这里主要从企业角度，分析企业为人力资源的获得、使用、维护等而支出的各种成本。

企业人力资源成本，在一些文献中有不同的划分和计量方法。一是以时间为基础计算人力资源成本，将其划分为应付时间费用、投资成本（包括招募、定向、咨询与开发、正式培训课程、研究费用）、维护成本（包括开发实习、专业事务与公共关系、管理、节假日、病假与事假费用）。其中，将投资成本作为能够获得未来服务潜力的时间成本，使人力资源成本资本化，它不包括选拔、雇佣、遣散成本。应付时间费用的计算考虑了机会成本。维护成本指不能够获得未来服务时间潜力的时间成本。二是将人力资源成本分为原始成本（包括招募成本和安置成本）、开发成本（包括正式培训和在职培训），不包括机会成本。三是将人力资源成本分为原始成本、学习成本、遣散成本。原始成本分为直接成本和间接成本。直接成本包括招募、选拔、雇佣和安置成本。间接成本包括内部提升或调动成本。学习成本也分为直接成本和间接成本，直接成本包括正式培训和定向成本，以及在职培训成本。间接成本包括培训者的时间成本。遣散成本也分为直接成本和间接成本，直接成本包括遣散费，间接成本包括遣散前的效率损失和物色替代人员期间的空职成本。四是将人力资源成本分为原始成本、开发成本、遣散成本。原始成本分为招雇成本和受雇成本。招雇成本又分为招募成本、选拔成本；受雇成本指新雇过程的薪金成本。开发成本分为定向成本和培训成本。遣散成本分为补偿成本和离开成本。五是将人力资源成本分为原始成本、开发成本、重置成本。其中原始成本分为招募、选拔、雇佣和就职成本；开发成本分为定向、正式培训和在职培训成本，重置成本分为原始成本、开发成本和遣散成本，其中遣散成本又包括遣散补偿成本、遣散前的业绩差别成本和空职成本。

本书从人力资源进入企业到退出企业生产经营，即从人力资源投入企业、在企业工作及发展、最后退出企业的过程，把企业人力资本投资成本分为取得人力资产使用权（原始成本）、提高人力资产使用价值（开发成本）、维持人力资产使用价值（使用成本）、保障人力资产暂时或长期丧失使用价值时的生存权而必须支付的费用（保障成本）、结束人力资产使用价值（离职成本）和其他为取得、开发、保全人力资产使用价值而付出的代价。这些成本包括企业已支付的实际成本和企业应承担的损失成本。

人力资源原始成本

人力资源的原始成本是企业在招募和录取职工的过程中发生的成本，包括招募、选择、录用和安置所发生的费用。

1. 招募成本，是指为吸引和确定企业所需内外人力资源而发生的费用。主要包括招募人员的直接劳务费用、直接业务费用、间接管理费用、预付费用等。直接劳务费是企业进行人力资源招募时发生的招募人员的工资和福利费用。直接业务费用由招募人力资源时发生的直接费用构成，包括招聘洽谈会议费、差旅费、代理费、广告费、宣传材料费、办公费、水电费等。间接管理费用由行政管理费、临时场地及设备使用费构成。预付费用为吸引未来可能成为企业成员人选的费用。因而招募成本的计算公式为：

招募成本＝（直接劳务费＋直接业务费＋间接管理费＋预付费）÷候选人数

另外，在招募成本中可能发生的另一种情况是，企业是在内部调动人力资源，其计算的招募成本主要由间接管理费中的行政管理费构成。

2. 选择成本，是指企业为选择合格的职工而发生的费用，包括各选拔环节，如在初选、面试、测试、调查、评论、体检等过程中发生的一切与决定录取或不录取有关的费用。选择成本随着应聘人员所要从事的工作不同而不同。一般来说，选择外部人员比选择内部人员的成本要高，选择技术人员比选择操作人员的成本要高，选择管理人员比选择一般人员的成本要高。选择成本随着被选择人员的职位增高以及对企业影响的加大而增加。选择成本主要由选拔人员面谈的时间费用、申请资料及其汇总费用、考试费用、测试评审费以及体检费用组成。

选拔者面谈的时间费用＝（面谈准备时间＋面谈所需时间）×选拔者工资率

申请资料及汇总费用＝（申请表资料费＋资料汇总费）÷候选人数

考试费用＝（材料费＋考试阅卷评分成本）÷候选人数

测试评审费用＝（测试所需时间×参与测试评审人员的汇总工资率×次数）÷候选人数

（本单位）体检费＝每人检查所需时间×检查者工资率＋每人检查所需器材、药剂费

3. 录用成本，是指在招募、选择之后企业为取得已确定聘任职工的合法使用权而发生的费用，包括录取手续费、调动补偿费、搬迁费等由录用引起的有关费用。录用成本一般是直接成本，被录用者职务越高，录用成本也就越高。但是从企业内部录用职工仅是工作调动，一般不会发生录用成本。录用成本以实际发生额计量。

4. 安置成本，是指企业将被录取的职工安排在具体工作岗位上所发生的各种行政管理费用、录用部门为安置人员所损失的时间费用、为新职工提供工作所需装备的费用（包括从事特殊工种按人员配备的专用工具或装备费），以及录用部门安排人员的劳务费、咨询费等。在企业大批录用人员时，这种成本会较高。安置成本一般是间接成本。

安置成本＝安置行政管理费＋必要装备费＋安置人员时间损失成本＋其他有关费用

人力资源开发成本

为了提高工作效率，企业还需要对已获得的人力资源进行培训，以使他们达到预期的、合乎具体工作岗位要求的业务水平。这种为提高员工的技能而发生的费用称为人力资源的开发成本，是企业为提高职工的生产技术能力，增加企业人力资产的价值而发生的成本。在我国企业中，人力资源开发成本主要由上岗前教育成本、岗位培训成本、脱产培训成本等组成。

1. 上岗前教育成本，又称为定向成本，是企业对上岗前的新职工在规章制度、基本知识、基本技能等基本方面进行教育所发生的费用。上岗前教育成本包括教育与受教育者的工资、教育与受教育者离岗的人工损失费用、教育管理费用、资料费用和教育设备折旧费用等。

上岗前教育成本＝[（负责指导工作者平均工资率×培训引起的生产率降低率＋新职工的工资率×新职工人数）×受训天数＋教育管理费＋资料费＋教育设备折旧费]/新职工人数

2. 岗位培训成本，是指企业为使职工达到岗位要求对其进行培训所发生的费用。岗位培训成本是在职工不脱离工作岗位的情况下对职工进行的一种培训。岗位培训成本包括上岗培训成本和岗位再培训成本。

上岗培训成本是使职工上岗后达到岗位熟练职工技能要求所花费的培训费用，由直接工资福利成本和间接成本组成。

上岗培训直接工资福利成本＝（培训期分摊的指导者小时工资福利费用+培训期分摊的被指导者工资福利费用）/受训人数

上岗培训的间接成本指由于开展岗位培训活动间接使有关部门或人员的工作效率下降而使企业受到的损失，实际上也是企业对人力资本的投资。包括培训人员离岗损失费用、被培训人员工作不熟练给企业生产造成的损失、培训材料费、各种管理费等。

上岗培训间接成本＝培训人员离岗损失费+被培训人员不熟练损失+培训材料费+各种管理费

岗位再培训成本是岗位技能要求提高后对职工进行的再培训费用，包括为培训而消耗的材料费用和人工费用，以及在培训过程中因培训人员占用时间学习新技术而给生产造成的损失费用等。岗位再培训成本计算与上岗培训成本计算类似，只是再培训成本比上岗培训成本损失费用要小些，时间可能短些。

3. 脱产培训成本，是指企业根据生产和工作的需要，允许职工脱离工作岗位接受短期（一年内）或长期（一年以上）培训而发生的成本，其目的是为企业培养高层次的管理人。它由上岗前教育成本、岗位培训成本、脱产培训成本等组成。

脱产培训主要有委托外单位进行培训和企业自行组织培训。在企业外部培训机构的脱产培训成本，包括培训机构收取的培训费、被培训人员工资及福利费、差旅费、资料费等；在企业内部培训机构的培训成本，包括培训所需要聘任教师或专家的工资福利费用、被培训人员工资及福利费、培训资料费、企业专设培训机构的各种管理费用等。同时，无论在企业内部还是外部进行培训，还都会发生被培训人员的离岗损失费用。

委托外单位培训成本＝培训机构收取的培训费+被培训人员工资及福利费+差旅费+资料费+被培训人员的离岗损失费用

企业自行组织培训成本＝培训所需聘任教师或专家工资及福利费用+被培训人员工资及福利费+培训资料费+专设培训机构的各种管理费用+被培训人员的离岗损失费用

人力资源的使用成本

人力资源使用成本,是企业在使用职工的过程中发生的成本。人力资源使用成本包括维持成本、奖励成本、调剂成本等。

1. 维持成本,是指保证人力资源维持其劳动力生产和再生产所需要的费用,是职工的劳动报酬,包括职工计时或计件工资、劳动报酬性津贴(如职务津贴、生活补贴、保健津贴、法定的加班加点津贴等)、劳动保护费、各种福利费(如住房补贴、幼托费用、生活设施支出、补助性支出、家属接待费用等)、年终劳动分红等。

维持成本=职工计时或计件工资+劳动报酬性津贴+劳动保护费+各种福利费用+年终劳动分红

2. 奖励成本是指为激励企业职工,使人力资源发挥更大作用,对其超额劳动或其他特别贡献所支付的奖金,这些奖金包括各种超产激励、革新奖励、建议奖励和其他表彰支出等。

奖励成本=各种超产奖励+革新奖励+建议奖励+其他表彰支出

3. 调剂成本,是指为调剂职工工作与生活节奏,消除职工疲劳,满足职工必要的需求,稳定职工队伍并吸引外部人员进入企业工作而采取的有关措施的费用。类似于对固定资产所进行的"维修"和"加固"而支付的费用。调剂成本包括职工疗养费用、职工娱乐及文体活动费用、职工业余社团开支、职工定期休假费用、节假日开支费用、改善企业工作环境的费用等。

调剂成本=职工人数×调剂成本率

职工人均调剂成本等于调剂成本率,一般由经验数据统计分析后确定。

人力资源保障成本

人力资源保障成本,是保障人力资源暂时或长期丧失使用价值时的生存权而必须支付的费用,包括劳动事故保障、健康保障、退休养老保障、失业保障等费用。这些费用往往以企业基金、社会保险或集体保险的形式出现。该成本是人力资源暂时或长期丧失其使用价值时社会保障机构、企业对职工的一种人道主义的保护,是解决职工后顾之忧,调动职工积极性的一个重要方面。

1. 劳动事故保障成本,是指企业承担的职工因工伤事故而给予的经济

补偿费用，包括企业承担的工伤职工的工资、医药费、残废补贴、丧葬费、遗属补贴、缺勤损失、最终补贴费等。

劳动事故保障成本＝劳动事故职工工资×事故补贴率

事故补贴率一般由有关政策法规的规定和当事双方所签订的劳动合同确定。

2. 健康保障成本，是企业承担的职工因工作以外的原因（如疾病、伤害、生育、死亡等）引起的健康欠佳不能坚持工作而需给予的经济补偿费用，包括医药费、缺勤工资、产假工资及补贴、丧葬费等。

健康保障成本＝职工病假人员工资×病假补贴率

病假补贴率一般由有关政策法规的规定和当事双方所签订的劳动合同确定。

3. 退休养老保障成本，是企业承担的保证退休人员老有所养和酬谢其辛勤劳动而给予的退休金和其他费用，包括养老金、养老医疗保险金、死亡丧葬补贴、遗属补偿金等。

退休养老保障成本＝退休养老人员工资×养老补贴率

养老补贴率一般由有关法规、劳动合同及企业具体情况分析确定。

4. 失业保障成本，是企业对有工作能力但因客观原因而暂时失去其工作的职工所给予的补偿费用，包括一定时期的失业救济。主要是为了保障职工重新就业前的基本生活要求。

失业保障成本＝失业人员工资×失业救济率

失业救济率一般根据有关法规规定和当事双方所签订的劳动合同确定。

人力资源离职成本

人力资源离职成本，是由于职工离开企业产生的成本，包括离职补偿成本、离职管理费、离职低效成本、空职成本以及填补离职人员职位的重置成本等。

1. 离职补偿成本，是企业辞退职工或职工自动辞职时，企业所应补偿给职工的费用，包括一次性付给职工的离职金、必要的离职人员安置费等支出。离职补偿成本的确定一般需要根据有关当事双方所签订的劳动合同以及有关法律法规的规定进行计算。

2. 离职管理费，是指职工在离职过程中，企业管理人员与职工要进行谈话、进行有关调查了解，以及协商同意其离职后为其办理离职手续等一系列管理活动所支付的费用。

面谈时间成本＝（面谈准备时间+面谈所需时间）×面谈者工资率

离职员工的时间费用＝面谈所需时间×离职员工的加权平均工资率

与离职有关的管理活动费用＝各部门对每位离职者的管理活动所需时间×有关部门职工的平均工资率

3. 离职前低效成本，也称为遣散前业绩差别成本，是职工即将离开企业而造成的工作或生产低效率的损失费用。在职工离职前由于办理各种离职手续、移交本岗位的工作，以及职工情绪的变化，其工作效率一般都会比原有生产率降低，从而造成离职前的低效率损失。这种成本不是支出形式的费用，而是其使用价值降低而造成的收益减少。

差别成本＝正常情况下的平均业绩－离职前期间内平均业绩

4. 空职成本，是职工离职后岗位空缺的损失费用。由于某职位空缺可能会使某项工作或任务的完成受到不良影响，从而会造成企业的损失。主要包括：由于某职位空缺而造成该职位业绩的减少，以及由空职影响而引起的企业整体效益降低、相关业绩的减少。这种成本是间接的隐性成本。

5. 人力资源重置成本，是指因现有人员离职后企业需补充满足该职位要求的人员所支付的原始成本、开发成本和遣散成本之和。现有人员的离职实际上造成的后果，是企业人力资本投资所增加的人力资产的流失，而要补充流失的人力资产，理所当然企业需要重新进行人力资本投资。

6. 其他成本，如由于企业内部结构调整、劳动力合理配置等产生的成本支出。

二、企业人力资本投资收益特征与内容

企业人力资本投资收益特征

企业人力资本投资收益与物质资本投资收益具有显著不同的特征，具体表现为以下几点。

1. 企业人力资本投资收益具有滞后性。企业人力资本投资收益的滞后性有三方面的含义，一是人力资本投资周期长。物质资本的投资常常是一次性完成，或在中短期内即可全部完成。然而，"十年树木，百年树人"，人力资本存量是长期积累的结果。一是从教育方面看，培养一个具有一定

知识与技能的专门人才一般需要十几年，使一个人成为高级专业技术人员则需花费更长的时间。对于卫生保健方面的投资，则要贯穿于人的一生。而人力资本投资的长期性，必然导致这种投资发生效益的时间滞后。二是投资所产生的收益不能在投资当期产生。相对于物质资本收益而言，人力资本投资与收益之间的时间跨度一般要长得多，一般来说，教育与培训方面的投资，要在这种投资全部完成之后才会收到效益。对于卫生保健方面的投资，其效益常常在人到中年以后才更为突出地表现出来。三是人力资本投资对人力资本的载体来讲可能是终身收益。与物质资本相比较，人力资本的收益一般不会在一次生产经营活动或生产过程中结束，至少有一部分人力资本的收益会延及到其他活动中发挥效益，而物质资本投资的收益一般随着项目使用寿命的结束而结束。

2. 企业人力资本投资收益具有不确定性和风险性。首先，决定人力资本收益的重要因素——人力资本承载者的寿命长短是不确定的，人力资本承载者的能力也是不确定的；在年龄和能力既定的情况下，由于许多无法预料的外部因素的干扰，收益也是不确定的。其次，企业人力资本投资存在代理风险和流失风险。再次，企业人力资本投资对象的现有人力资本存量和人力资本积累能力，也关系着企业人力资本投资收益的大小。

企业对人力资本投资的不确定性和风险性只有在其投资效益实现后才能得到释放，在效益没有实现前，企业总是无法完全控制风险和不确定性。企业人力资本投资收益的不确定性和风险性，除了来自"先天不足"的产权原因外，还来自职工自身的人力资本存量和人力资本积累能力、学习与工作努力程度等，由此而形成的人力资本发挥作用的不确定性，引起生产率的不确定。

3. 企业人力资本投资具有广泛的间接性。具体地表现在：（1）教育、培训、卫生保健和人员流动等方面的人力资本投资，并不直接作用于生产过程，也不直接产生物质财富。因此，这种投资不能直接从生产过程中得到补偿，投资效益也无法直接通过物质生产过程反映出来。人力资本投资的直接结果不是经济上的收益，而是人力资本存量的提高，成为经济与社会发展的推动力量，从而产生经济与社会效益。（2）人力资本并不全部转化为使用价值，这种投资的效益也不是全部以使用价值的形式体现出来，

而是有相当一部分表现在非经济方面。例如，这种投资使人们的教育与文化水平大大提高，在文化、精神、道德等方面得到满足。根据心理学的规律，这种高层次的满足将进一步提高劳动者的积极性，从而间接地成为经济与社会发展的动力。（3）单纯的人力资本投资在任何时候都不能单独形成生产力。人力资本的改善总是与非人力资本的改善结合在一起，才能对生产发生实际的影响。因此，人们很难把人力资本的作用与物质资本的作用单独分解开来，这也使得人力资本投入的收益总是间接形成的。（4）企业人力资本投资收益的间接性更多的还表现在人力资本的外部性上。企业人力资本投资不仅使企业受益，而且会惠及社会、职工个人及其家庭。

企业人力资本投资收益间接性除表现在与物质资本的相互作用外，还表现在人力资本的组成及其相互作用关系上。现代化的生产，常常是许多人以团队形式，发挥集体协作的作用而共同完成的，常常一个人的作用要依赖于其他人或其他组织的力量才能发挥出来。

4. 企业人力资本投资具有长效性与多效性，具有广泛的社会作用。人力资本的积累过程是一个循序渐进的过程，对新的知识、技能、健康的投入所产生的收益与其存量水平有关，是人力资本存量的函数。当期人力资本投资收益受到存量的影响，而当期人力资本投资又或多或少影响后期人力资本投资的收益水平。企业人力资本投资产生的效益是长期的，它不像物质资本的使用产生有形损耗，而人力资本的使用只会因为新知识、新技术的诞生产生功能性陈旧损耗，已有的知识、技能具有共享性。储存在人身上的人力资本可以长期为人所用。一个劳动者因接受教育和培训所增长的知识和能力，能够在很长时间内发挥效益。在卫生保健方面的投资，更是使人终身受益。由于劳动者接受教育和培训而产生的科技发明与发现，对人类经济与社会发展所起的作用往往超出一个人有生之年，有的甚至可持续几百年。企业人力资本投资具有广泛的外部"溢出"效应。

企业人力资本投资不仅为企业产生效益、为个人产生效益，而且也更为社会产生许多效益。第一，人力资本投资可以通过多种途径发挥作用，并产生效益。例如，可以通过教育投资提高劳动者的文化与技术水平，从而促进经济与社会发展；可以通过教育提高劳动者职业精神水平，进一步提高劳动积极性，从而提高劳动生产率等；可以通过教育培训，提高劳动者生产技能，优化人力资本与非人力资本的配置，提高生产率。第二，从受益对象的角度观察，人力资本投资既使个人受益，也会产生社会效益。所谓社会效益，包括全社会都能享有的收益，以及人力资本投资者本人不能占有而为社会其他成员所得到的收益。第三，从收益形式观察，人力资本投资所产生的收益既有经济上的，也有非经济上的。例如，通过提高人的教育水平，可以提高其社会地位，有利于社会平等，通过提高人的文化与技能，不仅使劳动者可以增加收入，而且使他们增加了就业机会和对就业岗位的选择余地。第四，由于职工的流动，获得企业培训的职工的技能的传播与扩散，将对社会产生良好的示范效应。企业对人力资本的投资除了企业获得预期的收益（技术力量的储备、技术开发能力的提高、市场适应能力的增强等），有时还对个人本身带来一定效用。

企业人力资本投资收益内容

人力资本投资收益在人力资本理论研究上被经济学家称为"臭名昭著"的难题，其原因在于人力资本的广泛的难以计算的外部效应和与物质资本的不可分性。企业是经济发展的微观载体，不像社会福利单位，企业对人力资本投资更加注重经济实效。企业进行人力资本投资，必须能够给企业带来现实的利益，往往要求短期取得成效。人力资本投资收益是一个非常棘手的问题，从现有的研究人力资本的文献来看，除了对人力资本投资收益的计量存在困难，对人力资本投资的潜在收益的识别也是非常困难的。根据有关研究成果，企业人力资本投资收益大致概括为以下几方面。

1. 企业人力资本投资提高企业生产率。企业人力资本投资最主要的、也是最为直接的收益是提高企业的生产率。许多有关培训和生产率的国际比较研究表明，培训、技能水平与生产率之间具有很强的关联。尼赫鲁运用现代计量经济方法对1960—1987之间一些国家的生产率增长进行的研究发现，在产出增长中，人力资本积累对产出增长的重要性比原始劳动力（raw labor）重要3到4倍。日本企业比美国企业具有更高生产率的原因，是日本企业比美国企业给雇员提供了更多适合于日本企业工人需要的培训。梭思凯斯研究发现，德国学徒制的一个突出特点是企业为合适的一般培训提供了大量投资，因而德国内部劳动市场的特点使得工人具有长期留在企业工作（低流动性）并寻找内部提升的激励，这意味着企业愿意为一般培

训提供投资，因为只要受训工人能够保留在企业就能获得效益。欧洲学徒制实际是一种雇主主持培训中非常重要的通用性培训的一部分，由于受训的工人具有更广范围的相关经验与理论知识，具有很强的适应性，从而使欧洲企业具有竞争优势。德国和日本两个经济强国都是有培训文化特点的国家，而且劳动力具有低流动性，企业提供的大量培训是这两个国家具有很强国际竞争力的原因。

从大量研究成果表明的培训、技能水平和生产率之间的强关联度，可以看出企业人力资本投资对提高企业生产率至关重要。企业人力资本投资的主要直接收益表现为企业生产率的提高。

2. 企业人力资本投资有利于企业发展战略的转移。企业能否进行发展战略的转移，最重要的影响因素之一是企业的人力资源。企业可以在短期内采用某种方式获得物质资本，而高质量的人力资本需要企业进行长期专门投资才能形成。发展战略转移是企业培训的主要驱动力量，战略的重要性附着在培训上，培训逐渐成为企业发展战略的中心。产品质量、生产柔性和服务责任渐渐成为发达国家企业力图与低工资国家竞争的唯一选择。这个战略对劳动力生产的产品质量和快速适应生产变化的适应性要求更高，承担的责任更大，相应的能力要求也更高。

3. 企业专用人力资本投资有利于企业的技术进步。新技术的引入和新技术的使用之间是逻辑关联的，没有正式或非正式的培训之分，工人没有使用新技术所要求的技能，也就无法使用新技术。在处理未预见的问题和新情况时，受到有组织培训的工人比没有组织的非正式培训的工人具有更强的处理能力。受过教育的工人更能够处理新的、不熟悉的技术使用中的不确定性，并且能开发新的更有效的工作方式。

要实现产业技术转移和产业技术进步，企业必须通过培训才能够提高企业职工接受技术转移和技术进步的适应性。企业特别是大型企业要实现现代化大生产，适应技术进步的要求，适应技术、产品和市场的变化，其职工应具有更多的适应性的通用技能去处理未来的变化，因而要求企业进行长期的培训投资。

4. 企业人力资本投资可以降低职工离职率。一般来讲，培训过的职工为企业服务的时间越长，企业获益越多，因而培训投资就越具有价值。而另一个方面，培训过的职工所学的技能对该企业越有用，从而导致工资越高，因此培训过的职工与提供培训的企业具有建立长期雇佣关系的激励。由 OECD 进行的一项研究表明，具有较低的劳动力流动性的企业具有较高程度的培训，具有高劳动力离职率的企业很少具有增加培训投资的积极性。企业提供培训能够减少企业员工离职；当员工离职率低时，表明雇佣关系具有长期性，从而激励企业提供培训；反过来，培训也降低了离职率。离职率的降低一方面可以减少因职工离职而给企业产生的直接损失，另一方面，离职率的降低，增长了人力资本投资回报期，从而增加企业获得其他的一些收益。

除上面所述外，企业人力资本投资增加了职工工资和企业生产率，政府从更高的工资和更高的生产率中增加了税收；此外，企业人力资本投资将减少政府在福利方面的支出，由于职工工资增加和受教育水平提高也会带来犯罪率降低和健康水平的提高。

三、企业整体人力资本投资收益计算原理

现有计算人力资本投资收益的方法对于企业整体人力资本投资收益的计算并不十分合适。因为现有人力资本投资收益的计算主要是以某一人力资本投资活动或以人力资本投资的载体——个人为分析的对象，割裂了企业人力资本投资活动之间的相互关联性，没有从企业的整体角度来计算企业人力资本投资的收益问题；现有的人力资本投资收益率则是指个人人力资本投资收益率，没有研究企业人力资本投资收益率，不利于考察企业人力资本投资对企业战略转移、技术创新等的总体影响。因此，有必要探讨企业整体人力资本投资收益率的计算方法，以利于从整体角度评价企业人力资本投资收益，为企业人力资本投资决策提供参考。

对于一个企业来说，它既是生产者又是消费者，作为生产者，为社会提供商品和劳务，创造财富与价值，作为消费者，在其生产过程中不断消费各种资源、厂房设备、材料和劳动力。企业消费的目的是为了生产产品，创造超过其所消费价值的剩余价值。

这种剩余本文暂且定义为企业的经济剩余。从宏观角度看，所有的剩余价值都是劳动者创造的。但对于一个企业来讲，企业的经济剩余并不都是由该企业的劳动者创造的。企业的经济剩余除了企业的劳动者创造的生

产者剩余部分外，还有一部分是由各种生产资料、厂房设备等对于消费者（企业）的价值或效用超过这些商品的购买价格所形成的消费者剩余。这里要说明的是，如果把人力资源看成企业购入的商品，则企业生产者剩余亦可以看成为企业的一种消费者剩余。因而企业的全部经济剩余可以等同于企业所有投入要素的消费者剩余。当然企业经济剩余的大小不仅与企业和各项资源有关，而且与各项资源的投入比例和利用效率有关。从一般经济理论可知，在一定技术条件下，投入要素的不同组合可以改变企业的经济剩余，企业对任何投入要素的需求都不是无限的。

基于上述的观点，可以将企业的经济剩余按照投入的生产要素来进行分配，从而计算出企业整体人力资本投资的收益，其具体思路是：

1. 将企业的生产要素以货币形式表示，并划分为：人力资产、固定资产、流动资产、其他无形及递延资产。

2. 对于企业整体人力资本投资收益计算期内的各种投入要素的货币计量，分别以等效价格来计算，其方法为：

①一个时期内的人力资产的等效价格可以以成本法来计算（见前文所述）；②一个时期内固定资产的等效价格可以按照折旧或租金来计量（如果企业使用的固定资产不是企业的，而是租入的，则按租金计算）；③流动资产的等效价格按照流动资金的利息来计算。因为可以将流动资产全部看成是企业用货币资金购买的，在企业初创时该资金一部分是企业所有者投入的，一部分是企业从债权人处借入的，使用流动资金的代价是支付股利或支付借款人的利息；④其他无形资产及递延资产的等效价格按计算期内的摊销额计算。

3. 以企业总效益减去生产中消耗的购入材料（包括人力资源成本）计算经济剩余，并以各种投入的价值大小（等效价格乘以数量）计算各种投入分配的消费者剩余。那么，企业人力资本所对应的消费者剩余即为企业人力资本投资净收益。为叙述方便，本书将此方法称为资产分离法。

第九章

企业环境管理

企业环境管理最基本的是战略选择问题,从基本的竞争战略到多元化经营战略、国际化经营战略,都是企业在市场上寻找适宜的立足点,展开适度经营努力过程中要碰到的基本问题。与此相对应的另一端,是选择适合企业特点,有利于企业稳定发展的基本财产制度和治理结构,有效解决财产所有、决策、经营管理之间的制衡关系。当然,由于企业环境管理中涉及许多方面的利害关系,因此外部关系协调也是一项不可忽视的工作。

企业与环境的关系

在市场经济条件下,企业与市场环境最基本的关系是交换关系。企业经营所需要的各种资源,都要通过交换才能获得,不管是资金、原材料、设备、劳动力,还是技术、经验、知识、信用等,都直接或间接地来自交换关系。与此同时,企业向环境提供各种商品和服务。在这种与环境的输入输出关系中,两相比较能有所盈余,是企业生存下去的基本条件。

盈余主要表现为盈利,但又不仅仅是盈利。在业务经营过程中累积起来的各种不表现为货币财富的资源,也属于盈余的范畴,如技术、经验、信用、公众形象、稳定的顾客等,都是对企业长期发展有重要意义的资源。这些资源都是长期交换关系形成的盈余。

显然,与市场环境交换活动的过程组织得如何,获得盈余的多寡,不仅直接决定着企业能否发展,而且直接与企业生存相关。企业环境管理的基本问题,就是要选择交换的对象、范围和规模,随环境的变化适当调整,尽可能多地创造盈余。

市场上的企业

一家企业与环境之间发生的交换关系是多种多样的,把与企业发生交换关系的对象大体归一下类,主要有:(1)顾客;(2)资金供应者;(3)劳动者;(4)原材料、设备、商品供应者;(5)政府。

除了这些交换对象,企业环境管理还必须考虑的一个相关者是竞争对手,即与企业在同一行业、经营同种业务的经营者。竞争对手不与企业发生直接的交换关系,但对企业管理的影响至关重要,是企业环境管理必须重视的对象。

所有这些交换关系和竞争关系,都是在市场上发生的。与顾客和竞争对手的关系发生在商品市场上;与资金提供者的关系发生在资金市场上;与劳动力的关系发生在劳动力市场上;与设备和原材料供应者的关系发生在设备、原材料市场上。作为所有这些市场交换关系基础的是政府。由此,

可以看出企业在市场中的位置（见图9-1）

我国目前市场体系尚未完善，有些要素市场还不成熟，随着改革开放的深入发展，市场体系进一步完善，企业的市场环境将越来越典型，环境管理对企业越来越具有举足轻重的意义。

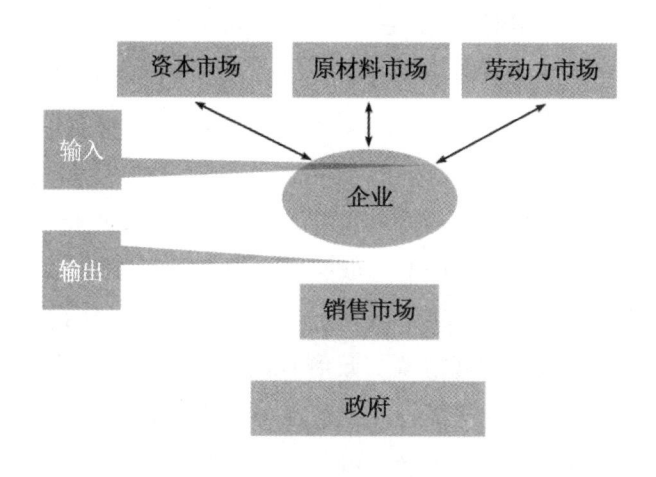

图 9-1 市场上的企业

企业面临的三种关系

企业环境管理，处理与环境中各类主体的关系，都需要企业作出决策或选择。以市场为中心对这些相关者或主体进行分类，企业面临三种关系，需要作出选择。

1. 与销售市场的关系。与销售市场的关系侧重企业的输出方面。

输出方面主要涉及企业向市场提供商品和劳务方面的问题，如企业向顾客提供何种商品和服务，业务经营的范围和类型、深度以及企业如何取得竞争优势、确定市场位置、扩大市场占有率等问题，这是涉及企业管理基本选择的问题，是企业环境管理要解决的首要问题。企业战略及竞争战略和多元化经营战略专门解决这些问题。

2. 与供应市场的关系。第二种选择强调企业的输入方面，即企业与供应市场的关系。

输入方面涉及资金、劳动力、原材料、工具设备，日常所谓人、财、物等基本经营要素的供应、购置和补充。这一方面最基本的是企业与劳动者的关系和企业与出资者的关系。是国有企业，还是民营企业，抑或合资企业？雇佣形态不同，企业与职工的关系有很大不同。另外，资金提供是在何种条件下进行的，企业资产构成如何等，都是与企业管理关系重大的选择。上述问题是企业基本制度选择问题，因为这是涉及企业资产构成、收入分配、企业性质的基本制度问题，此其一。其二，这些问题在很大程度上受国家基本经济制度、法律法规、经济体制的制约。

与原材料、工具设备市场的关系，与企业基本制度关系不大，更多的是与企业经营战略相联系，所以它实际上是企业经营战略选择的一个方面，基本上不涉及制度问题。

3. 与政府的关系。第三类必须作出选择的问题，是企业与政府的关系。

这一问题在市场经济条件下一般有两个方面：一方面，是企业与所在国政府的关系问题，即在一定的政治经济体制背景下，为了实现企业的经营目标和战略，如何处理和协调与政府有关方面的关系；另一方面，是企业采用国际化经营战略，从事国际经营业务时碰到的与该国政府的关系问题。由于不同国家的法律、政治、社会、经济制度有很大差别，当企业经营涉及两个以上国家的市场时，往往需要同时考虑几种不同的社会制度和与当地政府的关系。这方面关系处理得是否得当，直接关系到企业经营的成败。

到目前为止，我国企业面对的主要是前一方面的问题。由于市场经济体制还远远没有健全，行政力量对企业的支配相当大，企业在很大程度上仍然受各级政府管理部门的束缚，因此问题的性质与完全市场经济条件下的状况有很大不同。随着经济体制改革逐步完成，这方面的情况会逐步发生变化。

虽然目前国际化经营在我国企业经营中所占比重还比较小，但扩大的趋势日趋显著。随着国际化、全球化程度日益加深，企业在经营发展中会越来越多地碰到这方面的问题。

企业环境管理的基本目的

企业的发展与稳定

前面我们明确了企业在市场中的位置和必须处理好的三种基本关系，但仅有这些是不够的，还必须明确企业环境管理的目的。没有明确的目标，企业环境管理就缺乏基本的依据和尺度、标准。

通常人们容易把赚钱、利润理解为企业环境管理的目的，这在一定意义上是正确的。企业作为一个经济组织，收支相抵后必须有一定的盈余，这是人们从事经济活动的基本目标，也是企业生存的起码条件。如何在经营发展中实现利润长期的最大化，是企业作为一个经济组织逻辑上的必然结论，不追求利润的组织不成其为企业。

然而，如果我们不仅仅从经济逻辑上考虑问题，而是综合分析与企业发展相关的所有因素，就会发现，事情远没有这样简单。

首先需要考虑的是，企业不仅是一个经济组织，而且是一个由人组成的集团。经济的考虑和追求固然是人类生存的基础条件，但光是经济利益概括不了全部组织生活。不管是企业家还是企业中的职工，都不仅仅是一种经济的存在，除了追求经济利益，还有事业、感情、自我追求和实现等多方面的需求。经济利益并非企业的全部。

除了经济的计算和考虑，管理者还必须注意企业作为一个社会组织的特点，注意组成企业的各类人员的需要、追求和价值倾向，尽可能为成员提供各种满足、机会和刺激，以维持集团的整体性，调动企业成员的工作积极性。

更为重要的是，企业要为满足个人的自我实现需求服务。从企业家、工程技术人员到普通职工，都有自己的价值偏好、理想和追求，很少有纯粹为了金钱而工作的情况。企业越能为个人实现自我提供机会，个人的工作积极性越大，企业才越能得到发展。

在市场经济发展的初期，在某些特殊情况下，存在片面或单纯追求利

润的现象。但仅靠利润和经济利益，对人的激励作用是有限的，也不是企业发展和经济发展的合理选择。

企业环境管理的基本目的是企业的发展和稳定。企业环境管理的首要目的是企业的发展，因为发展能够带来满足企业内外各方面需求的结果。长期的利润最大化，维护企业作为社会组织的性质，以及满足个人自我实现的需要，都可以通过企业成长与发展实现，没有企业的发展，这些都不可能实现，所以说企业发展是环境管理的基本目的。

在市场经济条件下，发展的机会与风险相伴并存，是市场经济中企业命运的真实写照。所以企业在追求发展的同时还要设法降低风险，保持一定的安全性和稳定性，防止出现一着出错、满盘皆输的局面。

乍看起来，这两者是互相对立的，要发展就必然有风险；要稳妥就无法抓住最好的发展机会，不可能有两全的选择。面对这种两难境地，不存在两方面都非常理想的选择，只能说有些企业可能更注重发展，有些企业可能更偏好稳定；有些情况下应该倾向发展，有些条件下更适于选择安稳，要看具体的情境和偏好。

一般而论，既要谋求企业发展，又要设法降低风险，是企业环境管理的基本要求，也是企业环境管理的难点、微妙所在。如何在保障企业安全的条件下尽可能地谋求企业发展，是企业环境管理追求的基本目标。

企业发展所需的决策

为了实现企业发展的目的，可供企业选择的决策大体上有两个方面，其中一方面是企业战略，即与竞争对手争夺市场占有率和覆盖率，加强或巩固行业地位，提升竞争优势方面的决策。

除了要作出竞争和多元化经营等方面的企业战略决策，企业经营发展必须作出选择的还有企业制度方面的问题，如是否可以探讨合资、购并、股份化、上市融资等形式，扩大资金来源，争取良好的政策环境，转换内部经营机制，以期从人员和资金两项基本经营要素方面保证企业发展所需。

企业战略、企业制度两方面的决策是企业发展必须解决的问题，是企业环境管理、适应环境的基本手段。

适应变化的途径

从降低风险目的出发，又需要从哪些方面采取对策呢？仍然是企业战

略和企业制度两方面。

企业经营中潜伏着各种各样的风险和危机。销售市场的变化，流行、时尚的转变，技术的变化，政治、社会事件的影响，都可能给企业经营带来难以预料的甚至致命的影响。从根本上说，这是因为企业是在一定环境中生存的有机体，生存的基础和活动的舞台都受市场环境状况的影响，而市场环境每时每刻都在发生变化。

在威胁企业生存发展的危机或风险因素中，有些（如火灾、交通事故等）是可以通过保险制度回避的，但与事业发展相关的大部分风险是无法通过保险回避的，也是与事业经营伴随在一起的。

相对而言，这种事业经营的风险更多地存在于企业的销售市场上，即与市场需求变化相关因素的变化，如新技术、新行业的出现，消费重心的转移，消费时尚的变化等。从引起变化的角度分析这些因素，可以看出，变化的来源主要有竞争和经营环境变化两方面。

其一，由于无法预见竞争对手可能采取的竞争战略而带来的风险。如对手采取了更有效、更强有力的经营战略，导致本企业市场占有率下降、市场地位下降，就属于这种情况。

其二，由于经营环境变化导致企业处于不利地位。环境因素中任何一个因素的变化，都可能导致这种结果，如羽绒制品流行对皮革服装业的冲击，电视机普及给电影业带来的困境，网络普及对邮政业的影响等，都属于这种情况。

在经营实践中，企业应对风险，通常采用两种办法，第一种是设法降低风险，第二种是转移风险，通过这两种办法，提高企业经营的稳定性。

采用第一种方法，企业主要通过利用已有资源、知识、经验和其他经营条件，采用相应的战略和措施，设法使不确定性减小，增强自身把握环境的主动性。相应地，对付上述两种不同来源的风险，所用的办法各有不同的特点。

应对主要来自竞争的风险，企业需要具备有关竞争的知识和经验，需要形成自身的优势资源和能力，掌握有关对手的情报信息，熟悉竞争的规律和过程，以便及时作出反应。有了这些条件，企业就可以针对竞争对手的战略和可能出现的情况采取相应的对策，制定出使自身立于不败之地的

竞争战略。

应对由于经营环境变化带来的风险，需要预见性地把握本行业发展变化的趋势，了解本企业服务的目标市场上需求变化的规律，及时捕捉有关环境变化的情报信息，从而确定和调整企业的经营结构，如增加处于成长期的产品的经营比重，压缩甚至取消即将退出市场的产品，增加产品的科技含量等。必要时可考虑兼营其他业务或同时经营几种业务，即采取多种经营战略，降低经营风险。

由此可见，从降低风险、增强稳定性出发，竞争战略和多种经营战略也是两个基本的杠杆。

风险的转移

在有效地降低和防止由竞争和经营环境带来风险的前提下，仍然有威胁企业生存的风险存在。有时，为了降低未来的风险，及时采取相应的措施，也能产生良好的效果。涉及有关企业输入问题，即人、财、物市场方面的风险，可以采取转移或分担的方式解决。这是有别于上述方法的一种新方法。例如，通过适当的养老金提成制度可以缓解职员年龄结构偏大给企业带来的压力；通过银行贷款可以转移资金方面的风险；通过转包可以转移工程或生产方面的风险。

转移风险的办法往往与企业制度及利益的分配相联系。有关风险管理方面的问题，除竞争、经营环境、企业制度三类手段外，具体的风险管理业务也是一个重要组成部分。

综上所述，企业环境管理一方面是与销售市场（输出）相关的企业战略决策问题；另一方面是与供应市场（输入）相联系的制度选择问题。这两方面决策的基本目的或要求，一是企业发展，二是企业稳定（见图9-2），由此，构成了企业环境管理的基本框架。

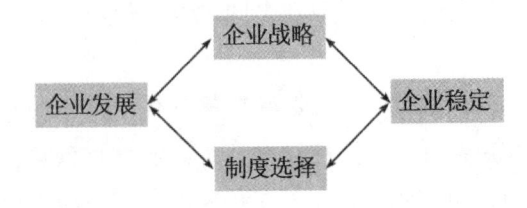

图9-2 企业环境管理基本框架

企业目标与企业战略

企业经营战略问题要解决的是企业与销售市场之间的结合问题，这是企业环境管理的核心问题。有了正确的战略选择，其他经营活动才有现实意义；战略上的失败是企业最根本的失败。

企业经营战略问题总体上包括竞争战略问题和事业范围选择（多元化经营战略）问题两类。本章在一般性说明经营目标和战略基础上专门论述竞争战略问题。

企业经营目标

企业经营目标，是在分析企业外部环境和内部条件的基础上确定的企业各项经济活动的发展方向和奋斗目标，是企业经营思想的具体化。

企业经营目标不止一个，其中既有经济目标又有非经济目标，既有主要目标又有从属目标，它们相互联系形成一个目标体系。

一般而言，企业的基本目标由经济收益和企业组织发展方面的内容构成。经济收益或利润是企业生存发展的基本条件，是衡量企业经营活动效果的基本尺度，也是企业满足各方面要求，实现其他目标的前提。企业的发展是企业基本目标核心所在，是真正体现企业组织价值、激励企业组织成员努力奋斗的方面，通常表现为销售额、总资产、规模等。对于管理者，它是事业成功的标志；对于职工，它能带来工作机会的增加和报酬的提高；对于所有者，则意味着原有资产的增值。企业组织的发展，还反映了企业完成基本职能的程度，既促进国民经济的发展，同时也相应提高了企业本身的地位。

除了基本目标本身，企业还必须满足所有者、经营管理者和职工这三个基本方面的目标或要求。这些目标必须与基本目标相一致，要与基本目标结合起来，形成一个具有内在一致性的目标体系。

企业的社会责任，并不属于企业目标的组成部分，而是企业正常经营，实现企业经营目标的一个基本约束条件。

经营目标在企业组织中主要有下述几个方面的重要作用：

（1）目标反映一个组织所追求的价值，是衡量企业各方面活动的价值标准，也是企业组织生存和发展的意义所在。

（2）为企业各方面活动提供基本方向，是企业一切经济活动的目标和依据，对企业经营活动具有指导、统帅作用；可以使企业有选择、有针对性地部署各种资源，发挥企业优势。

（3）实现企业与外部环境的动态平衡，使企业获得长期、稳定、协调的发展。经营目标是企业在反复权衡内部条件和外部环境、科学预测和把握外部环境发展趋势的基础上确定的，既能在一定时期、范围内适应环境趋势，又能使企业的经营活动保持稳定性和连续性。

企业战略及其类型

企业战略是企业为实现经营目标，通过对企业的外部环境和内部条件的分析而制定的较长期的全局性的重大决策。它是企业组织活动长期性质的基本设计图，主要解决企业组织与市场环境结合的问题。企业战略有以下几方面的特征：

（1）企业战略是根据企业总体发展的需要而制定的，追求的是企业的总体效果。

（2）企业战略阐述的是企业与市场环境相联系的方针。战略的要点并不在于企业内部管理，而主要是考虑环境对企业的要求。

（3）企业战略不限于短期的利益，它是企业为谋求长期生存和发展而进行的统筹规划。

（4）企业战略是与行动有关的设计，不是简单的口号和观念，它注重与现实的结合。

（5）企业战略不仅仅是无生命的财和物的设计图，还是有生命的人类组织活动的设计图。战略设计最重要的内容就是人。

（一）企业战略的构成要素

根据安索夫企业战略理论的定义，企业战略由产品和市场范围（经营范围）、增长向量（资源配置）、竞争优势和协同作用等四个要素组成。

1. 经营范围。经营范围是指企业从事生产经营活动的领域。它反映企业现阶段与其外部环境相互作用的领域、范围和程度，也是企业计划与外

部环境发生作用的领域。大多数企业根据自己所处行业，自己的产品和市场确定经营范围。

2. 资源配置。战略必须同公司的资源优势和劣势以及竞争能力很好地匹配起来。一家公司拥有什么样的资源和能力以及公司拥有的这些资源和能力具有多大的竞争价值都是非常重要的战略影响因素。

一个企业的资源、能力及竞争能力是重要的战略因素，因为：（1）这些因素可以为公司提升竞争优势，以便充分利用某些机会；（2）它们可以为公司在市场中提供竞争优势；（3）它们有可能成为战略成功的关键。获取竞争优势的最佳途径是：公司拥有具有竞争价值的资源和能力，而竞争对手不拥有相当或可以与己对抗的资源和能力，同时竞争对手开发相应的能力要付出沉重的代价，或者要很长的时间。

3. 竞争优势。所谓竞争优势，是指当两个或更多公司处于相同的市场中时，如果一个公司获得（或有潜力获得）持久的更高利润率，那么该公司就拥有超过其竞争对手的竞争优势。竞争优势是指企业通过有效的资源配置与经营范围选择，在市场上所形成的与其竞争对手不同的竞争地位。

竞争优势既可以来自企业在产品和市场上的地位，也可以来自企业对特殊资源的正确运用。一般来说，产品和市场的定位对于公司战略来讲相当重要，而资源配置则对企业战略起着十分重要的作用。

4. 协同作用。协同作用是指企业从资源配置和经营范围的决策中所能寻求到的各种共同努力的效果，也就是"1+1>2"的效果。一般来说，协同作用可以分为以下四类：投资协同、作业协同、销售协同和管理协同。协同作用的值可以是正值，也可以是负值。

(二) 企业战略的层次

在大中型企业中，企业战略可划分为三个重要的层次：公司战略、经营战略和职能战略。

1. 公司战略和事业范围（见图9-3）。公司战略是企业战略中最高层次的战略。它根据企业目标，选择企业可以竞争的经营领域，合理配置企业经营所必需的资源，使各项经营业务相互支持、相互协调。公司战略描述公司总方向，主要是在增长、多种业务和产品种类的管理等方面的选择。包括总的战略方向、业务组合选择、内部资源配置。

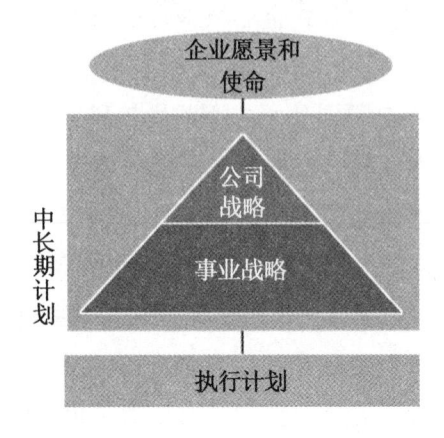

图 9-3　公司战略和事业范围

　　公司战略是为了确保企业持续竞争优势的基本战略选择。它是拥有若干事业领域的企业在各自独立的事业战略之外的、更高层次上的、为了确保竞争优势所采取的战略方针。它决定企业在哪些事业领域，以一种什么样的事业组合竞争，不同事业间如何分配资源等。它是在市场上，企业与竞争对手竞争的基本方针。它的目标是使企业的经营活动能在所有竞争对手中技高一筹，使企业在与竞争对手的竞争中占据有利的位置。公司战略是企业环境管理最基础性的东西，从小零售店铺到大企业集团，都离不开企业战略。因为企业的事业范围一经确定，在这个范围内企业如何开展活动就必须遵循一定的方针，而这个基本方针就是公司战略。

　　公司战略要受到人才、资金两方面资源的制约。要想在每个事业领域都采取最优战略是不现实的，这是企业必须有战略选择的第一个理由。第二个理由是，企业所拥有的若干经营事业之间并不是完全独立的，通常不同的事业之间有相乘效果。不管是技术、商标品牌、市场网络还是经验，都可以在不同的事业之间转移和共享。

　　通常，企业的活动并不一定限于一个市场或一种事业，事业范围选择本身也是企业的一种战略。企业在考虑扩大事业范围时，通常都会把企业发展以及降低风险作为目标。事业范围扩大战略，也称多元化经营战略。

　　事业范围的选择，需要结合考虑市场与技术两方面的因素。将这两方面选择结合起来，企业的事业范围也就确定了（见图9-4）。

　　企业活动是否有效主要取决于被市场接受的程度，因此在图 9-4 中将市场范围作为主轴（横轴），而把技术作为纵轴。这样，企业战略就是在市场范围基本确定之后，在市场上如何展开竞争行动的战略。

竞争有时要求企业必须扩大技术范围，因此企业在考虑战略时需要考虑企业技术范围的扩大。例如，对很多企业来说，过去并没有采用计算机技术，但现在随着计算机技术的普及应用，企业为了在市场中继续竞争，保持自己在市场上的地位，必须引进计算机技术，提高信息管理水平。这样企业的技术范围也就扩大了。

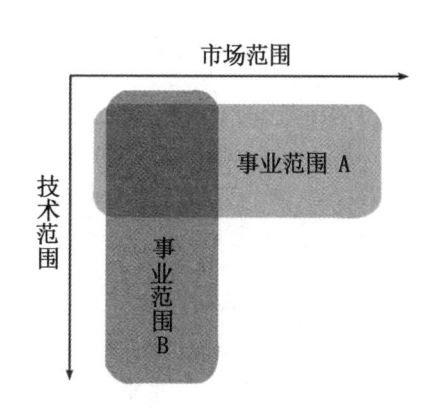

图 9-4　事业范围

扩大企业市场范围，一方面是指扩大市场的地理范围，另一方面是指向新的顾客群发展。扩大市场范围的战略是企业战略的一部分，也是事业范围扩大战略的核心。

一般情况下，事业范围扩大战略同时包括技术范围扩大和市场范围扩大两方面的内容。市场范围和技术范围同时扩大，即多元化经营或多种经营战略。

2. 经营战略。经营战略就是具体战略经营单位、事业部或子公司的战略。经营战略也叫业务战略。经营战略是在公司战略的制约下，指导和管理具体经营单位的计划和行动的战略层次。

经营战略通常发生在事业部或战略经营单位层次，重点强调公司产品或服务在某个产业或事业部所处的细分市场中竞争地位的提高。包括竞争战略与合作战略。

3. 职能战略。职能战略是企业内主要职能部门的短期战略计划，目的

在于使职能部门管理人员更清楚地认识到本职能部门在实施公司战略中的职责和要求,有效地运用研究开发、营销、生产、财务、人力资源等方面的经营职能,保证企业战略的实现。

职能战略为营销、研究开发等职能领域所采用,通过使公司资源产出率最大化来实现公司和事业部的目标和战略。

企业战略分析

战略是公司与其环境之间的纽带,外部分析(了解产业环境)和内部分析(了解企业的资源和能力)是制定战略过程中的两个主要因素。一个成功的战略是在公司的行业环境内,利用公司的资源和能力实现其目标。它具有以下四个要素:长期、简单、一致的目标,深刻了解竞争环境,客观评估自身资源,以及有效的实施和执行。

战略分析包括对企业所处的宏观环境,包括经济环境、政治环境、科技环境和社会文化环境的分析,此外,公司环境的最关键部分就是公司竞争所在产业。产业结构强烈地影响着竞争的态势以及潜在的可供公司选择的战略。分析行业的结构对企业决定竞争原则和可能采取的战略等方面具有基础作用。

(一)产业结构分析

根据美国著名的战略管理学者波特(M. E. Porter)的观点,潜在进入者、替代品、购买者、供应者以及产业中现有竞争者这五种基本竞争力量的状况及其综合强度决定着产业内部竞争的激烈程度(如图9-5所示)。这五种竞争力量共同决定了产业的吸引力和盈利性,管理者可以应用下列五种竞争作用力来评估产业的吸引力和最终利润潜力。

1. 产业中现有竞争者之间的抗衡。现有竞争对手以人们熟悉的方式争夺地位,战术应用通常是价格竞争、广告战、产品引进、增加顾客服务及保修业务。在大多数产业中,一个企业的竞争行动对其竞争对手会产生显著影响,因而可能激起竞争对手们对该行动进行报复或设法应对。这种作用与反作用的结果可能导致也可能不会导致首先采取行动者及产业整体的情况改善。

2. 潜在进入者或新进入者的威胁。对于一个产业来讲,潜在进入者威胁的大小取决于进入壁垒的高低和可能遇到的现有企业的反击。如果壁垒

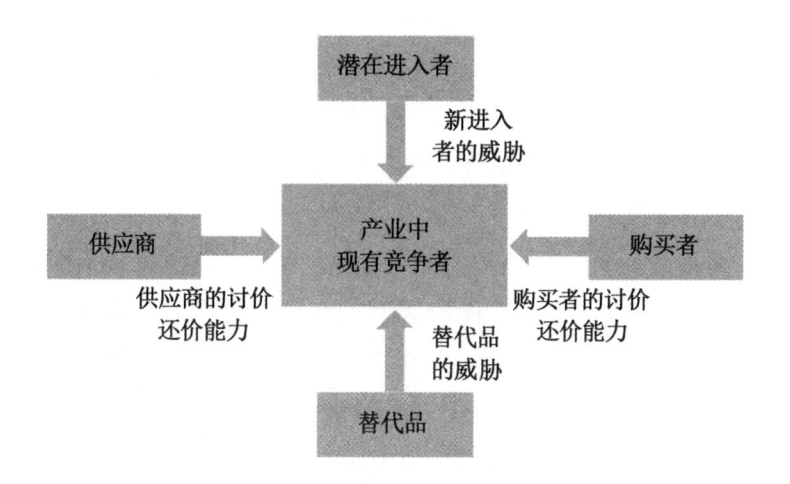

图 9-5　产业中的五种竞争力量

高筑或新进入者认为严阵以待的守城者会坚决地报复，则这种威胁就会较小。一般而言，存在六种主要的进入壁垒：规模经济、产品差异化、资本需求、转换成本、获得分销渠道和政府政策。

3. 替代品的压力。广义地看，一个产业的所有公司都与生产替代产品的公司竞争。替代品设置了产业中公司可谋取利润的定价上限，从而限制了一个产业的潜在收益。替代品所提供的价格——性能选择机会越有吸引力，产业利润的上限压得就越紧。识别替代产品也就是去寻找那些能够实现本产业产品同种功能的其他产品。有时做到这一点可能很不容易，它可能导致分析者去分析与从该产业看来相去甚远的业务。针锋相对地顶住替代产品往往需要全产业的集体行动。例如，一个公司大做广告可能还不足以支撑该产业顶住替代品，但全产业从业公司都持续地注重于广告活动则很可能大大改善产业的整体处境。在改良产品质量、加强营销努力、提供更强的产品供货能力等方面的集体反应也都有类似情况。

4. 购买者的讨价还价能力。购买者的产业竞争手段是压低价格、要求较高的产品质量或索取更多的服务项目，并且从竞争者彼此对立的状态中获利。所有这些都是以产业利润作为代价的。产业的主要客户集团每一成员的上述能力的强弱取决于众多市场情况的特性，同时取决于这种购买对于客户整个业务的相对重要性。

5. 供应商的讨价还价能力。供应商可能通过提价或降低所购产品或服

务质量的威胁来向某个产业中的企业施加压力。供应商压力可以迫使一个产业因无法使价格跟上成本的增长而失去利润。例如，化工公司通过提价导致喷雾剂罐装公司的利润受到损害，这是因为罐装公司面临客户自己解决制罐的问题而形成的强大竞争压力，使其提价自由受限。供应商的实力是与客户实力互为消长的。

一个企业的竞争战略目标在于使公司在产业内部处于相对有利的地位，保卫自己，抗击来自上述五方面的竞争压力，或根据自己的需要来影响这五种竞争力。由于五种竞争力量的压力对于所有竞争者都是显而易见的，因此，战略制定的关键就是要深入到表面现象之下分析竞争压力的来源。对于表象之下压力的来源的认识可使公司的关键优势与劣势凸显出来，使产业发展趋势中最具有机遇和危险的领域显露出来。总之，产业结构分析是确立竞争战略的基石。

（二）SWOT 分析法

SWOT 分析法是一种综合考虑企业内部条件和外部环境的各种因素，进行系统评价从而选择最佳经营战略的方法（见表9-1）。S 是指企业内部的优势（strengths）；W 是指企业内部的劣势（weaknesses）；O 是指企业外部环境的机会（opportunities）；T 是指企业外部环境的威胁（threats）。

表 9-1 SWOT 分析

企业外部机会与威胁 \ 企业内部优劣势	内部优势(S) 1, 2, 3, …	内部劣势（W） 1, 2, 3, …
外部机会（O） 1, 2, 3, …	SO战略 依靠内部优势 利用外部机会	WO战略 克服内部劣势 利用外部机会
外部威胁（T） 1, 2, 3, …	ST战略 利用内部优势 回避外部威胁	WT战略 减少内部劣势 回避外部威胁

企业内部的优势和劣势是相对于竞争对手而言的，一般表现在企业的资金、技术设备、职工素质、产品、市场、管理技能等方面。判断企业内部的优势和劣势一般有两项标准：一是单项的优势和劣势。例如，企业资金雄厚，则在资金上占优势；市场占有率低，则在市场上占劣势。二是综

合的优势和劣势。为了评估企业的综合优势和劣势，应选定一些重要因素，加以评价打分，然后根据其重要程度加权确定。

企业外部的机会是指环境中对企业有利的因素，如政府支持、高新技术的应用、良好的购买者和供应者关系等。企业外部的威胁是指环境中对企业不利的因素，如新竞争对手的出现、市场增长率缓慢、购买者和供应者讨价还价能力增强、技术老化等。这些是影响企业当前竞争地位或未来竞争地位的主要障碍。

SWOT分析法依据企业的目标，对企业生产经营活动及发展有着重大影响的内部及外部因素进行评价，按因素的重要程度加权并求和。然后根据所确定的标准，从中判定出企业的优势与劣势、机会和威胁。在此基础上，企业选择所要采取的战略。

SWOT矩阵能使公司把面临的外部机会和威胁与内部优势和劣势相匹配，得到四类可能的战略选择。

SO战略通过思考利用公司的优势，抓住机会的途径产生。在SO类型的情况下，企业具有很好的内部优势以及众多的外部机会，应当采取增长型战略，如开发市场、增加产量等。

ST战略考虑利用公司优势躲避威胁的途径。在ST条件下，企业具有一定的内部优势，但外部环境存在威胁，应采取多元化经营战略，利用自己的优势，在多元化经营上寻找长期发展的机会。

WO战略力图通过克服弱点利用机会。在WO类型的情势下，企业面临巨大的外部机会，却受到内部劣势的限制，应采用扭转型战略，充分利用环境带来的机会，设法清除劣势。

WT战略基本上是防守性的，主要是为了使劣势最小化以躲避威胁。WT状态出现时，企业内部存在劣势，外部面临强大威胁，应采用防御型战略，进行业务调整，设法避开威胁和消除劣势。

除了上述提到的产业结构分析法、SWOT分析法等，战略分析工具还包括BCG分析法、价值链分析法等。总之，战略的制定过程既包含理性分析，又包括直觉、经验和情感。

企业基本竞争战略

市场竞争的优与劣

(一) 市场竞争的本质

现代市场经济是一种竞争的经济。从社会角度来看,社会资源的分配形式有两种:一是通过市场竞争来实现;二是通过计划来完成。由于在全社会范围内按计划分配资源很难取得满意的效果,因此必须考虑市场竞争机制的引入,注意通过市场竞争来实现社会资源的分配。但对企业内部资源的分配来说,尽管竞争也在起作用,但基本上是按计划进行的。

市场竞争有其优势,但也有一定的局限性。

(二) 市场竞争的意义

竞争是企业发展的动力。受价值规律的支配,商品生产者和经营者为了获取更多利益,必然相互竞争。通过相互竞争,可以使企业提高生产率和适应市场需求的能力,增强企业活力。市场竞争的意义主要表现在以下几个方面:

1. 最大限度地确保企业活动的自主性。企业可以不受行政组织指示、命令的束缚,自己作出判断,自主地开展经营活动。

2. 合理分配资源。在满足一定条件的基础上,市场竞争能带来合理的资源分配。

3. 充分调动经营者的积极性和主动性。优胜劣汰是市场竞争的规律,市场竞争的结果必然会产生失败者。企业要想在竞争中获胜,必须付出加倍的努力。另外,竞争本身所具有的挑战性,也可以激发经营者的上进心和成就意识,激发经营者努力奋斗。

(三) 市场竞争的局限性

市场竞争不是万能的,它本身也有一定的局限性,主要表现在:

1. 不确定性。尽管当代信息技术正以突飞猛进的速度进步,但企业仍无法做到全面掌握自己决策所需的信息,竞争市场上存在很大的不确定性。

不确定性会导致企业行为一定程度的盲目性，市场竞争在一定意义上做不到有效配置资源。

2. 不公平竞争。竞争必然产生失败者。有的企业因努力不够而招致失败，但一般情况下，失败者通常是弱者，一些企业由于某些自身难以克服的原因，不具备参与竞争的基本条件，这些企业在竞争之前实际上就已成为失败者，让这样的企业与其他企业在平等的条件下竞争，本身就是不合理的。

3. 资源浪费。每一个企业在寻求自己最大利益的过程中，了解信息、谈判交涉，以及在与其他企业交易过程中都要花很多费用。某些情况下，市场竞争会导致资源分配的浪费。如一些应该实行垄断经营的产品和服务（重要的原材料等），如果完全通过市场竞争来调节，势必造成分配上的不合理和浪费。

4. 机会主义行为的出现。为了在竞争中获胜，一些企业可能不择手段，欺诈顾客，损害竞争对手的利益。

非直接竞争的战略态势

从有关市场竞争的优势和局限性的分析可以看出，绝对的竞争和无竞争状态都不是理想状态。绝对的市场竞争，特别是直接的、你死我活、两败俱伤式的竞争，对竞争的任何一方都有害无益。它会使资本收益率降到竞争平衡收益水平，部分企业会由于亏损的压力而被迫退出市场；竞争中获胜的企业也会由于竞争中花了太多的费用而降低收益水平，变得很不合算。更重要的是，无限度的竞争会导致经济生活混乱无序，造成资源的极大浪费。

对企业而言，最理想的状态是减轻或避免激烈的市场竞争，同时获得发展和盈余。这种愿望虽然很难实现。但它反映了市场竞争中企业追求的基本倾向。换言之，现实经济生活中企业往往通过回避直接竞争，寻求优势和差异化的方式从事竞争，以谋求自身的发展和收益。

由此来看，回避直接竞争或者说非直接竞争的战略态势成为企业竞争的基本手段。例如，企业不采用直接的降价、优惠等手段与对手竞争，而是通过技术开发，取得其他企业短期内难以达到的技术水平，形成一定技术优势，或者树立起良好的企业形象和产品形象，形成品牌优势，以取得

竞争中的胜利,最终实现企业目标,这些都是非直接竞争的战略选择。

另一个极端,即无竞争、绝对稳定的状态,对企业和社会也不是理想的状态。对企业而言,无竞争状态下企业缺乏必要的比较和优胜劣汰机制制约,会逐步演变为一个事业机关,丧失企业本性。

因而,企业竞争战略问题根本上说来就是一个如何把握竞争与非竞争的平衡的问题。一方面企业发展需要一定的持续性和稳定性,另一方面又要不断调整自身以适应变化了的环境情况。正是在这种一定程度和一定范围内的竞争环境中,企业才能健康地发展,社会经济才能健康发展。

这里,需要着重强调的是非直接竞争的战略态势不是回避竞争或消除竞争的选择,而是一种积极回避直接竞争,避免两败俱伤,通过形成自身优势而获取竞争成功的战略。近年来,管理学界兴起的新名词——"蓝海战略",就是非直接竞争的一个很好的例子,指企业超越传统产业竞争、开创全新的市场的企业战略。

基本的竞争战略

战略的主要目标就是为公司建立竞争优势。大前研一(Kenichi Ohmae)已经把战略定义为对竞争优势的追求。公司获得竞争优势的方式有两种:它能以较低成本提供完全相同的产品或服务;或者它可以提供差异化的产品或服务,以使顾客愿意支付超过差异性产品成本附加价格的溢价。前一种情况下,公司拥有成本优势;后一种情况下,公司拥有差异化优势。

依据企业竞争优势的类型和战略目标涉及的范围的不同,可以把企业可选择的竞争战略分为四种类型,即成本领先战略、差异化战略、集中差异化战略和合作战略。

当成本较低和差异性被顾客认同,针对大规模市场时,就分别采用成本领先和差异化战略。而针对某一特定市场或某些特定顾客群体时,则分别采用成本集中和差异化集中战略(见图9-6)。

(一)成本领先战略

成本领先就是瞄准较宽的大规模市场的低成本竞争战略,要求积极建立高效大规模空产设施,通过经验曲线与严格的成本和费用控制努力寻求成本削减,避免边缘客户订单,在研发、服务、销售队伍、广告等方面成本最小化。为了达到这些目标,有必要在管理方面对成本控制给予高度重

图 9-6 基本的竞争战略

竞争优势类型

战略目标范围	价格比其他企业低	差异性被顾客认同
整个产业	**成本领先战略** 以整个企业的广泛市场为目标，采取低价策略，赢得竞争优势	**差异化战略** 不同的产品性能、系列、渠道、服务等被顾客认同，形成优势
特定部分	**集中差异化战略** 集中资源投入特定市场以争取竞争优势的战略	
	成本集中 在特定市场建立价格优势地位取胜的战略	**差异化集中** 在特定市场建立差别化优势地位取胜的战略

视。尽管质量、服务以及其他方面也不容忽视，但贯穿于整个战略中的主题是使成本低于竞争对手。

采用成本领先战略需要具备的条件是：（1）必须使用先进生产设备；（2）产品产量要达到经济规模；（3）必须要有高的市场占有率；（4）节约一切费用开支。

（二）差异化战略

差异化战略瞄准较宽的大规模市场，生产或提供在整个行业来看都比较独特的产品和服务。实现差异化战略可以有许多方式：产品设计或品牌形象、技术特点、客户服务、经销网络及其他方面的独特性。差异化战略并不意味着公司可以忽略成本，但此时成本不是公司的首要战略目标。

差异化战略利用客户对产品非价格特征的关注，以及由此产生的价格的敏感性下降使公司得以避开竞争。

（三）集中差异化战略

集中差异化战略可以分为成本集中和差异化集中两种。成本集中是针对某一购买群或区域市场采用低成本战略，只服务于这一市场空隙。差异化集中是针对某一顾客群、产品细分市场或区域市场采用差异化战略。

这两种选择是主攻某个特定的顾客群、某产品链的一个细分区段或某

个细分市场。正如差异化战略那样，集中差异化战略也可以有多种形式。虽然低成本与差异化都是要在全产业范围内实现其目标，集中差异化战略的整体却是围绕着很好地为某一特定目标服务而建立的。

采取这种战略选择的条件是：公司能够以更高的效率、更好的效果为某一狭窄的战略对象服务，从而超过更大范围内的竞争对手。结果是，公司或者通过较好满足特定对象的需要实现了差异化，或者在为这一对象服务时实现了低成本，或者二者兼得。尽管从整个市场的角度看，集中差异化战略未能取得低成本或差异化优势，但它的确在其狭窄的市场目标中获得了一种或两种优势地位。

（四）合作战略

合作战略是通过与其他公司一起行动，而不是针锋相对来获得竞争优势的战略。很多公司除了独自追逐和实施各自的基本竞争战略外，都已经开始同其他公司组建战略联盟和合作伙伴关系，追求在各自战略行动方面的互补，以及加强它们在国内国际市场上的竞争力。合作战略的主要类型是战略联盟。

战略联盟是两个或两个以上的公司或事业部为了达到具有共同利益的战略目标而形成的伙伴关系。战略联盟是一种合作协议，在这种协议下，各个协议公司之间的关系超越了一般的公司间的关系，但也不是一种合并关系。联盟和合作协议可以涉及联合开发、技术分享、生产设施的联合使用、相互营销各自的产品，或者合作生产配件或进行成品的组装。

公司组建战略联盟或者签订合作协议以战略有利性为原则。其中最重要的五个原因是：进行技术合作或者合作开发有前途的新产品；提高供应链的效率；获得生产和市场营销方面的规模经济；填补在技术和制造技能方面的缺口；获得或改善市场准入。在共同研究、共享技术诀窍以及合作互补型技术和产品的时候，各个联盟公司可以学到很多东西。制造商追求同零配件供应商建立联盟，其目的在于获得改善供应链管理的效率，以及加快新产品推向市场的速度。通过合作生产零配件、组装模型，或者营销联盟公司的产品，可以实现单靠自己的小规模实现不了的成本节约；也可以通过相互研究和学习各自的制造方法来改善它们的质量控制和产品生产程序。一般情况下，联盟的组建是为了分享分销设施和特约经销商网络或

者联合促销能够互相补充的产品，从而相互加强和扩大到达顾客的渠道。

依照关系强弱程度不同，战略联盟主要包括四种类型（见图9-7）。

共同服务协议　　合资　　许可证协议　　价值链伙伴关系

弱且远　　　　　　　　　　　　　　　　　强且近

图9-7　战略联盟的类型

1. 共同服务协议。共同服务协议是处于相似产业的相似公司之间的伙伴关系，它们把资源放在一起以获得某项利益。如果一个公司单独去开发，要获得同样的利益，可能成本非常昂贵。

2. 合资。合资是一种合作经营活动，由两个或者多个彼此分离的组织为了某个战略目标而组建一个独立经营实体，并且事先明确规定所有权、运营责任、财务风险以及经营成果的分配，各组织仍保留各自原来的身份和自主权。合资是一种常见的战略联盟形式，由于财务、政治、法律因素的缘故，合资在国际经营中盛行。

3. 许可证协议。许可证协议是发出许可的公司允许另一家公司在另一个国家或者市场上生产或销售某产品，接受许可公司要对发出许可公司的技术专长进行回报。如果进入新市场比较困难，可以采用许可证协议。但不能把关键技术许可出去，否则会培养竞争对手。

4. 价值链伙伴关系。价值链伙伴关系是强且近的联盟关系。是公司或事业部为了共同的利益而与关键的供应商或分销商形成的一种长期协议。

差异化战略

虽然基本的战略选择包括了总成本领先、差异化和集中差异化几种选择，但由于成本优势很容易获得或复制，难以长久维持；也由于企业回避直接竞争的竞争取向，竞争战略主流的选择，仍然是差异化战略。

差异化战略是回避直接竞争的基本手段。差异化战略中最主要的问题是确定在哪些方面，或把哪些要素差异化。差异化战略已逐步发展为企业与竞争对手竞争的武器。在选择时需要从以下三点综合考虑：（1）顾客的需求是什么？（2）竞争对手是谁？（3）能否持续保持比较优势？

前两点决定了企业在市场中的竞争状态，第三点主要是考虑企业的经营资源和经营能力。差异化不是短期的策略，而是需要长期使用、不断战胜对手，进而保持比较优势的手段。

以顾客需求为核心

实行差异化战略，首先要了解市场竞争是围绕什么进行的，这是实行差异化的出发点，也是差异化的要点所在。

顾客是感知企业间差别、识别企业优势的主体。因此，企业实行差异化必须立足于顾客的需求，把顾客需求作为差异化的起点。

顾客的需求是多方面的，是一组需求，我们称之为需求束。需求束包括：（1）价格；（2）产品（性能、质量、设计、连带性服务等）；（3）服务（支付条件、售后服务等）；（4）形象（社会对产品和企业的认识）。

需求束会因产品特性和顾客特性的差异而不同，即使在同一需求束中，顾客关心的焦点也是不一样的。如人们不会过多地注意化妆品的价格，而对日用消费品的价格却格外关心；高薪阶层注重的是产品的品牌和性能，一般消费者更关心的却是商品的性能价格比。

如果企业把满足顾客多方面的需求作为差异化的出发点，即在需求束的所有部分都实行差异化，那么这样的差异化战略是很难成功的，它会导致企业资源分散，削弱企业实力。差异化必须围绕需求束中顾客需求最集中的部分进行。如果我们把需求束中顾客最敏感的部分称为需求核心，那么企业实行差异化战略的关键，就是要把顾客的需求核心作为差异化的要点。企业如果认为价格是需求束中顾客最关心的因素，就可以实行价格差异化。也可以围绕产品本身实行差异化，即产品差异化。产品差异化可以具体反映在性能差异化、质量差异化、设计差异化等多种形式上。另外，企业围绕服务和形象实行差异化，也会取得同样的效果。

以顾客需求核心为中心的差异化战略很容易取得成功。具体情况有两种：

1. 把市场上的顾客按需求核心的不同分为几个不同的顾客群。企业选择一个顾客群，寻找需求核心进行差异化，而竞争对手则以其他顾客群的需求核心为中心进行差异化。

市场不是由购买行为完全相同的顾客构成的。有的人关心品牌，有的人关心价格，有的人也许更注重商品的质量与设计，这样，市场就可以分为几个不同的部分。这些不同部分称为细分市场，例如，服装市场可以分为高档市场和中低档市场；还可以按顾客年龄层次分为中老年服装市场、青年人服装市场和童装市场。市场在经过这样的细分后，各个细分市场中顾客的需求核心是一致的。对企业来说，对市场整体实行差异化可能不易取得成功，而与竞争对手分别在不同市场上实行差异化则很容易取得成功。为此，企业需要进行有效的市场细分。

2. 企业在满足顾客需要方面具有其他竞争对手无法比拟的优势。在这种情况下，顾客的购买兴趣完全被吸引到自己身上来。这种优势实际上成了顾客的需求核心，可以说企业加深了需求核心的差异化程度。

例如，在相当长的一段时期内，微软操作系统在市场上占有压倒优势，成为计算机市场上顾客需求的核心。这种压倒性差异化的出现，会使企业有相当高的市场占有率。此外，成功的技术开发也会带来同样的结果。

以顾客的需求核心为中心进行差异化也有一定的局限性。因为顾客的需求核心也是竞争对手普遍关注的，竞争对手也在进行同样的差异化，因此，竞争的结果很可能是谁都无法长期保持与对手的差异化。

超越单纯差异化

如果各个企业都以需求核心为中心进行差异化，最终结果势必各个企业都不相上下，难分高低。这种情况下，如何使差异化战略脱颖而出，取得成功呢？

应该在满足顾客需求核心的基础上进一步找出与竞争对手差别的战略。可以考虑采用两种方法：

（一）微妙差异化

微妙差异化，是将顾客的需求核心作为企业招徕顾客的要点，试图在这些要点上进一步找出与其他企业的微妙差异。这种微妙的差异，是顾客选择企业产品的根本动机。微妙差异化可以针对某个特殊的顾客群，也可

以针对某一特殊用途的产品。这种战略的市场面很窄，但在这部分市场上，企业却可以取得较其他企业优越的地位，保证企业获得平均利润率以上的收益，如不同风格的咖啡店、酒吧。

（二）个性差异化

个性差异化，是在以顾客需求核心为中心进行差异化的同时，找到一个或几个能充分发挥企业优势的点，在这个点上形成与其他企业不同的特色。这是树立企业形象的战略。企业特色一旦形成，就具有很强的竞争力，可以将需求束中重要的顾客群吸引向自己的企业。这种情况下，顾客到企业购买的不是特定的产品，而是在"买企业"。

有的企业在价格上形成个性，有的企业在产品开发上形成个性。不仅新进入市场的企业应追求个性差异化，市场占有率低的企业为了能让顾客更好地认识自身，也应追求个性差异化。对这类企业来说，被某个细分市场接受，要比被整个市场接受更容易些。

在竞争日趋激烈的现代市场中，微妙差异化和个性差异化正日益成为企业重要的战略类型。但是，由于顾客的需求是多方面的，仅仅满足顾客核心需求是不够的，核心需求以外的许多环节，也有未满足的因素存在。

明确竞争对手

微妙差异化、个性差异化以及追求成本优势，都是在假设竞争对手已经明确的前提下进行的。但通常情况并非如此简单，许多竞争对手是企业意想不到的，有些竞争对手的出现，甚至是企业自己选择的结果。无论哪种情况，差异化战略既然是将本企业与其他企业的不同之处告诉顾客，就必须首先认清竞争对手是谁。

在意想不到之处出现竞争对手，有两种比较典型的情况。一种情况是，竞争对手是顾客自身，对于企业所提供产品和服务的选择，决定权在于顾客，这种情况下，企业最难对付的竞争对手就是顾客自身。另外一种情况是，竞争对手是提供与自己产品和服务功能相同的替代品的企业，市场上所有企业都要与提供替代品的企业进行竞争，替代品在一定程度上限制了企业利润的获得。识别替代品就是寻找那些与自己所提供产品具有相同功能的其他产品。替代品范围很广，可能与企业的产品相去甚远。例如，如果只把圆珠笔看作一种书写工具，那么企业就会把其他生产圆珠笔的企业和生产其他书写工具的企业作为竞争对手，在文化用品市场竞争。但如果把圆珠笔看成是与一次性打火机、赠送品一样的礼品，作为宣传企业和产品的手段，那么企业就要把提供各种礼品的企业当作自己的竞争对手。

竞争对手在有些情况下不会因企业的不同选择而不同。在上面的例子中，如果企业认为在礼品市场上与对手竞争比较困难，完全可以避开这个市场。市场范围的确定可以由企业自己决定。

确定市场范围

市场范围的确定并不是一件容易的事。如果说钢铁市场，范围是很明显的。但如果说高性能低价格建筑材料市场，范围就不那么明显了。钢铁是制造方的产品定义，但从买方来看，它买的并不是钢铁本身，而是钢铁所提供的功能。如果出现了具有相同功能的替代品，如工程塑料等，那么钢铁企业就不得不考虑与提供这些替代品的企业竞争。从商店买口红的女性也不是单纯为在嘴唇上抹红颜色，她买的是一种"美的愿望"。从这种角度考虑，企业向市场销售的不单纯是物质的化妆品，而是范围比物质更广泛的产品，是一种"美的愿望"。

确定市场范围最主要的问题是如何正确理解产品或事业的定义。然而，确定市场范围的难度，不只是对产品和事业理解的困难。市场上有许多可以相互替代的产品，要识别替代品也不容易。事实上，如何确定市场范围始终存在很大争议，也无法给出一个公认的明确界限。目前，在产业分类中比较流行的是考虑需求的交叉弹性。它表示某种商品价格上升（或下降）一个百分点时，其他商品的需求增加（或减少）的百分点。替代品之间的交叉弹性比较大。如钢材价格固定，而工程塑料价格下降，那么顾客对钢材的需求就会减少，因为两者存在一定的替代关系，也可以说两者的交叉弹性大。与此对应，工程塑料的价格不管降到多低，也不会影响到顾客对服装的需求，这是因为两者的交叉弹性小。一个产业就是由提供互有替代关系的产品或服务的企业构成的。

关于市场界限的划分，并不存在一个普遍适用的标准。这不是分析方法上的缺陷，主要是理解上的问题。市场由三部分构成：竞争对手、顾客、产品或服务。企业在确定市场范围时，必须对此进行定义。企业不同，对市场的定义也不同，由此，也就产生了企业独特的差异化战略。

保持比较优势

企业能否持续地保持比较优势，主要取决于两个方面。

1. 为形成比较优势，企业具有多少具体的竞争手段。一般来说，企业拥有的竞争手段越多，越容易形成比较优势。

2. 使用各种竞争手段的能力以及拥有的资源数量。与相同竞争手段的企业相比，资源多、能力强的企业更容易形成优势。一些企业即使能够使用的竞争手段比较少，但由于竞争手段的功效和使用方法出色，与那些具有广泛竞争手段的企业相比，也容易形成优势。

企业拥有的竞争手段的范围取决于多种因素，其中，经营资源的数量是决定竞争手段范围的主要因素。如企业在竞争中所使用的技术、信誉、商品等手段，实际上大都与企业拥有的资源有关。因此，企业能否持续地保持比较优势最终取决于企业拥有的经营资源。

选择竞争领域

除经营资源外，决定企业竞争手段功效和范围大小的另一个主要因素是企业的竞争领域，即企业产品线的广度和垂直统一的深度（见图9-8）。

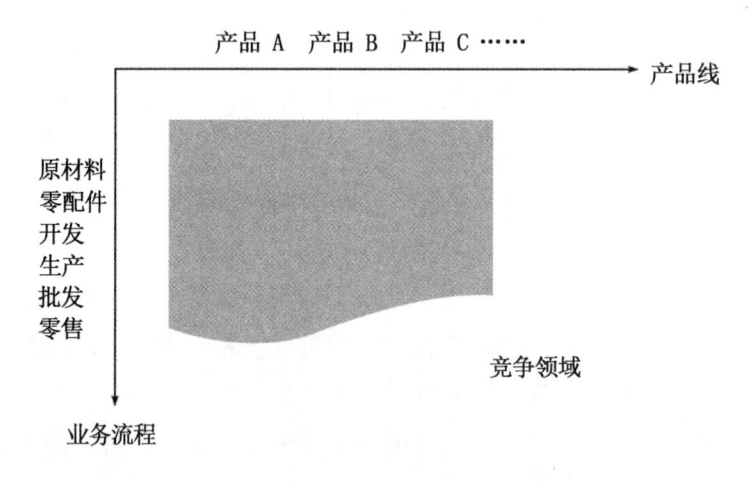

图 9-8　企业竞争领域

竞争战略所说的产品线的广度是指企业将多大范围的产品提供给市场。产品线的横向扩展实际上就是增加与企业现有产品和服务相类似的新产品和新服务。

产品线的广度是企业可以选择的。将市场分为几个目标市场，各个企业可以自主选择在哪个细分市场上参与竞争。将几乎所有细分市场作为目标市场，称为无差别的战略；将一个或少数几个细分市场作为目标市场则称为重点战略。

垂直统一是指把向市场提供产品所必需的各种业务和生产阶段（如原材料供应、产品开发、批发、零售、服务等）都纳入企业内部，实行产供销一体化。各企业垂直统一的深度是有差别的。有的企业自己生产零部件和原材料，有的则向外部采购；有的企业有自己的流通渠道和销售网，有的企业却要依靠批发商和零售商。

产品线的广度和垂直统一的深度的乘积就是企业竞争领域的面积。扩大竞争领域面积，也就扩大了企业竞争手段的范围。竞争领域的选择对企业竞争力有很大影响。目前，许多生产企业都通过向流通领域拓展，不断扩大产品线的广度等方式扩大竞争领域，有人称之为市场支配型战略。这种战略的优势在于，竞争领域扩大，可以使企业拥有更多的竞争手段，而且借助这种战略的实施，企业可以积蓄更多的经营资源，形成其他企业难以取得的战略地位。这种战略性的保护，能够使企业持续保持比较优势。

经营资源

与竞争对手相比，企业拥有的经营资源是否具有优势，是决定企业竞争战略能否取得成功的关键。为了对此作出正确判断，必须对经营资源本身有足够的认识。

经营资源的通用性和固定性

企业的经营资源是指企业在生产经营过程中的投入。企业中有些资源是有形的、显性的，如以现金、有价证券等反映的财务资源，以土地、厂房设备和原材料反映的实物资源，以专利、商标和专有技术所有权体现的技术资源，以及从数量和成本上反映的劳动力状况等；企业中另一些资源则是无形的、隐性的，如员工的知识和智慧，相互间的信任和协同工作的方法，企业在社会上的声誉以及对外联系的特有方式等。企业拥有的经营资源是其独特能力的基本来源。

对经营资源分类有多种口径，上面所说的有形、无形是一种常用的口径，这里我们主要以经营资源的通用性和固定性来划分。

通用性指某种类型资源适用的范围。按资源的通用程度划分，企业经营资源主要有以下几类：

（1）资金。在企业拥有的经营资源中，资金的通用性最高。因为在以货币为媒介的市场经济中，充足的资金可以使企业在市场上买到一切需要的东西。现金、存款、可兑换成现金的有价证券都属于此类。

（2）物质资源。土地和设备等物质资源的通用性比资金低，但也有较高的通用性。一些企业内部自制的机械设备，因为受适用范围的限制，通用性较低。

（3）人力资源。作为劳动力的人的资源，与物质资源具有相同的通用性。

人力资源的通用性程度，取决于人力资源本身的特性。一般来说，非熟练劳动力通用性高，而掌握企业特殊技能的熟练劳动力通用性较低。

（4）信息资源。信息资源的通用性程度最低。商业秘密、技术、顾客、市场情报以及企业形象、信誉、产品商标等都属于这类资源。虽然有些技术有相当高的通用性，但一般情况下，技术会因企业的不同而产生很大差异。

信息资源大多是反映企业特异性的资源，不是其他企业拿来就能用的。因为大多数信息资源是在企业日常工作过程中产生的，如果其他企业没有类似的过程，就不可能适用。企业文化、职工道德等有时也被看作信息资源的一部分。这是存在于人的头脑和心中的看不见的因素，与其他资源相比更为重要。

固定性指某种资源在企业间可流动的程度。按经营资源的固定性划分，可以分为固定资源和可变资源。这种分类可以看作按取得某种资源所费时间和成本的多少进行的划分。企业所使用的非熟练劳动力、原材料和简单的机械设备，以及从外部引进的资金等固定性较低的都属于可变资源；企业的熟练劳动力、大型设备、可长期使用的资金，固定性都比较高；顾客信用、产品知名度、技术、组织文化等信息资源，固定性更高，它们都属于固定资源。

按通用性程度和固定性程度可对经营资源的类型进行归纳。从图 9-9 中可以看出，经营资源的通用性和固定性之间是一种反向关系。通用性高的资源一般可以从市场上获得，而且不用花费太多时间；而固定性高的资源，由市场上获得非常困难，它的取得需要一定的时间。通用性高的经营资源量比质更为重要；固定性高的资源质比量更重要。

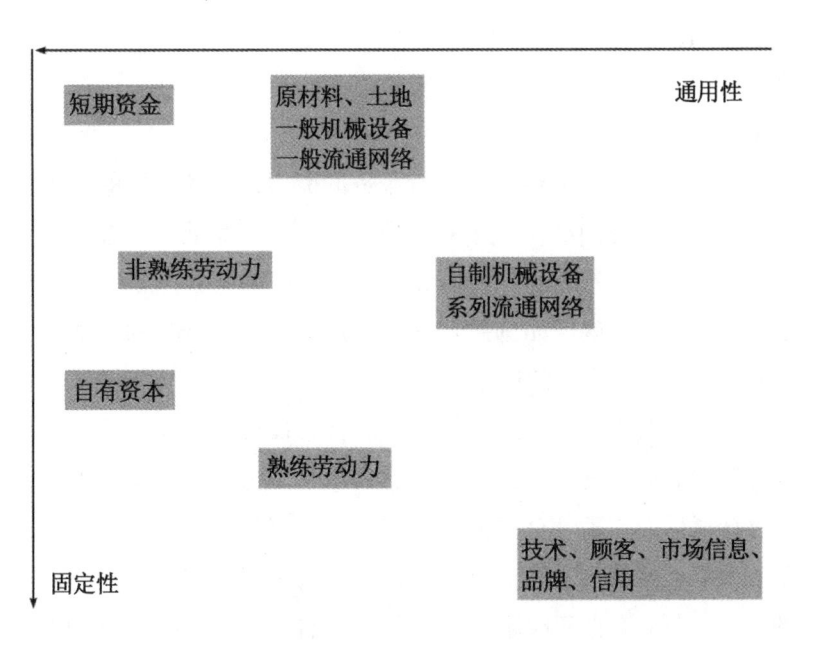

图 9-9　经营资源的通用性和固定性

核心能力

企业除了拥有经营资源，还拥有能力。如果企业形成了与众不同的具有竞争优势的资源和能力，那么这种能力就被称为组织的核心能力（core competence）。核心能力是企业主要的价值创造技能，它能使该企业比其他企业做得更好，并且有着重要的竞争意义。核心能力与能力的区别在于：核心能力对公司的竞争力和盈利能力起着至关重要的作用。

核心能力是一个企业能够长期获得竞争优势的能力。是企业所特有的、能够经得起时间考验的、具有延展性（为企业提供了一个进入多种产品市

场的潜在途径），并且是竞争对手难以模仿的技术或能力。核心能力具有有用性（能够为顾客带来价值）、不可替代性、不可模仿性等特征。

企业的核心能力可能指完成某项活动所需的优秀技能，可能指公司技术诀窍的范围和深度，也可能指那些能够产生具有很大竞争价值的生产能力的一系列具体技能的组合。通常来说，核心能力的产生是组织各个不同部分有效合作的结果，是个体资源整合的结果。一般来说，核心能力存在于公司的员工身上，而不是存在于公司资产负债本身。核心能力深深地根植于技巧、知识和人的能力之中。

在实践中，各个公司所表现出来的核心能力多种多样：生产高质量产品的技能，创建和操作一个能够快速而准确地处理客户订单的系统的诀窍，新产品的快速开发，提供很好的售后服务的能力，选择良好的零售地点的技能，开发受人欢迎的产品的革新能力，采购和产品展销的技能，在重要技术上的特有知识，研究客户需求和品位以及准确寻找市场变化趋势的良好方法体系，与客户就产品的新用途和使用方式进行合作的技能，综合使用多种技术创造一个全新的产品的能力。

例如，美国斯塔泰克环球通信公司的首席执行官使其领导的公司成为世界级的国际通信公司之一，该公司的成功是因为满足了遍布美国和全世界的多种族群体的需求。公司的核心能力是用当地语言与顾客沟通，并且将高附加值的项目和产品按照顾客不同的需求进行裁剪。由于公司在这些领域的能力，斯塔泰克环球通信公司的顾客数自20世纪90年代中期以来增长了40倍。

简而言之，核心能力使公司拥有某种竞争能力，从而是一种真正的公司强势和资源。一个公司拥有的核心能力可能不止一种，但是，同时拥有几种核心能力的公司并不常见。

经营活动的产出

通常我们都是从经营活动投入的角度来理解经营资源。但也有这样一些资源，它们既是经营活动的必要投入，也是经营活动的产出。同时具有投入、产出两重性质的资源，对经营活动尤为重要。

1. 资金。资金作为经营活动产出的资源，它既是经营活动的投入，也是产出。以一定量的资本带来更大的资本，是企业进一步扩张的必要条件。

2. 信息。信息是经营活动产出的另一种资源。在经营活动过程中产生的过去没有的信息，对经营活动未来的发展具有重要意义。如企业市场、技术信息的积累，不仅会对企业今后的发展产生很大影响，也会成为企业进入相关新领域的资源。

3. 人。人是信息资源的载体，因此，人才是企业最重要的资源。作为劳动力的人或许可以用机械替代，但信息资源的承载者只能是人。经营过程中锤炼出来的既有经营眼光，又有动手能力，对企业文化心领神会的经营骨干，是企业最珍贵的宝藏。正是从这个意义上说，竞争最终是人才的竞争。

环境变化与经营范围

企业的生存和发展通常面临两大威胁：市场竞争和环境变化。对此，企业往往依靠多元化经营战略，通过扩大经营范围来降低风险、谋求发展。但是，企业的经营资源和经营能力往往有限，而市场和顾客对其需求却相对无限。一个企业不可能进入所有的市场，也不可能满足所有顾客的需要。每一个企业都必须选择和确立一定的经营方向和经营结构，以求发挥自身的经营优势，多元化经营战略便成为企业发展到一定阶段需要考虑的问题。

经营水平的高低并非企业盛衰兴亡的唯一原因。某些企业的兴盛或衰亡，并不是自身经营水平低所致，而是由于其所立足的产业和市场均已步入衰退期。在这种经营环境中，就算企业战略得当、竞争有术，也难有所作为。以耐用消费品为例，商品的普及、需求的饱和、新技术革命和同行竞争都可能导致其市场趋向成熟或衰退。导致市场盛衰的原因很多，但是任何一个产业都难免由生命周期的成长阶段走向成熟和衰退阶段，尽管企业可以借助种种努力延长其产品的生命周期，但这毕竟只是一种权宜之计，市场最终还是会走向衰退。因此，企业的根本出路还在于开拓新的经营领域，调整现有经营结构，通过多元化经营摆脱市场和产业的衰退所带来的不利影响。

纵观当今世界,现代大企业组织普遍采用多元化经营战略,从其发展轨迹看,无论是长期战略的规划,还是机会主义式的实验,走的都是一条由单一经营到多元化经营的发展道路。享誉世界的综合电机制造厂商松下电器和日立制作所起家时,只不过是两家制造并销售插座和马达的小厂而已;美国运通公司创立初期只从事地区性的快递服务,却逐步发展成为全球最大的旅游服务和综合性财务、金融投资和信息处理、信用卡发行和国际银行服务的多元化经营的跨国公司。由此可见,实行多元化经营不仅可以降低风险,解决企业的生存问题,更是寻求发展、实现企业基业长青的有效途径(见图9-10)。

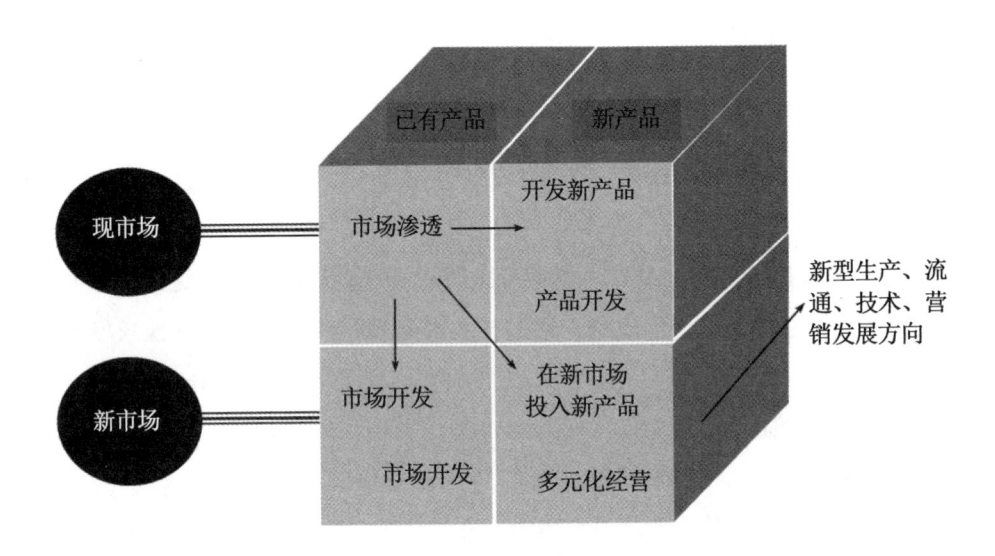

图9-10 事业扩大与多元化经营

产品的市场生命周期是指产品从进入市场到被市场淘汰的全过程,一般分为四个阶段:介绍(进入)期、成长期、成熟(饱和)期、衰退期,其一般模式如图9-11所示。

介绍期:该阶段新产品刚刚投放市场,市场需求量小且增速慢,故需增加投入以创造大量的市场需求。

成长期:该阶段市场需求急速增长,产品大批量进入市场,由于竞争者增加,价格趋跌,产品差别化和市场细分化策略被广泛采用,围绕市场份额的竞争更加激烈。进入后半期,有一部分竞争者被淘汰出市场。

介绍期　　　　成长期　　　　成熟期　　　　衰退期

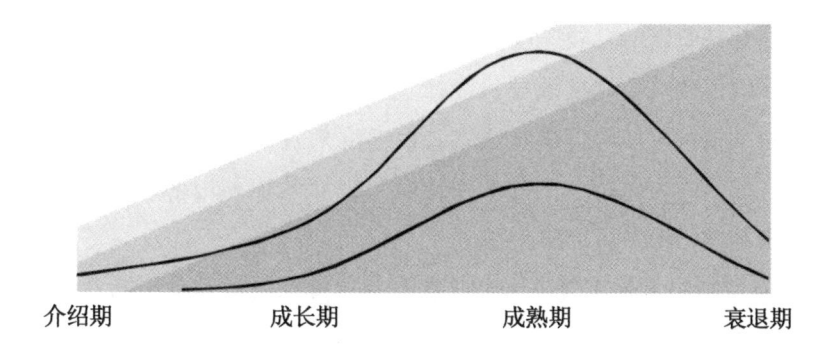

图 9-11　产品的市场生命周期

成熟（饱和）期：该阶段产品需求出现停滞或逐渐下降，价格进一步下跌，退出市场的企业开始增多。

衰退期：该阶段产品的市场需求明显下降，大部分企业相继退出市场。

在不同阶段，企业要相应地采取不同的竞争策略。在介绍期，可采取无差异营销策略，以较高的价格吸引高收入阶层顾客的注意，或者以较低的价格先抢占市场份额；在成长期，低价可作为主要的竞争手段，应采取差异营销策略；在成熟期，可采用集中营销策略，以延长产品的生命周期；在衰退期，则应采用转产、开发新产品策略，以进入新市场。

多元化经营战略

多元化经营战略，是一种新产品开发经营和新市场开拓相结合的经营战略。在原经营产品基础上开拓新市场或在原市场领域内经营新产品，都不是多元化经营。

多元化经营的意义

企业实施多元化经营战略的意义主要在于三个方面：速度效益、范围效益和分散风险。

（一）速度效益

企业保持一定的发展速度所带来的经济效益，即为速度效益。速度效益不同于规模效益，规模效益只能体现在同一类商品或同一品种上，其途径是通过大批量生产降低单位成本。而速度效益则是通过保持一定的增长率来实现的，因为保持一定的发展速度可以有效地利用未开发资源，优化产品成本结构，激发员工的士气。

1. 有效利用未开发资源。企业现有的各种经济活动会不断地创造和蓄积新的资源，如信息、技术、专利、商标等。这些企业资源在其他经营领域也同样可以发挥作用、产生效益，但是，如果只局限于单一经营领域，这些资源的价值很难得到充分利用，甚至处于未开发状态，造成企业资源浪费。以工作技能为例，每一位员工都具有学习和创造的能力，他们可以通过工作实践掌握提高工作效率的方法和技巧，从而提高自身工作技能，在单位时间内完成更多的工作量。此时，如果不相应增加其工作量的话，其能力会因未被充分利用而闲置，甚至浪费。而要增加员工的工作量，就必须使企业保持一定的发展速度，从这个意义上说，保持一定的发展速度是有效地利用闲置资源的重要手段。

2. 优化产品成本结构。以人工费用为例，企业的发展需要补充新的劳动力，这会使员工年龄结构趋向年轻化，而员工平均年龄的下降又会带动其平均工资水平的下降，从而降低产品平均成本，增强企业的竞争能力。

3. 激发员工士气。众所周知，员工士气与企业盛衰密切相关，企业兴盛可以振奋员工精神，提高工作效率。在发展时期，员工总是表现出愿意为企业多做贡献、多承担义务、多履行责任等各种难能可贵的热情。同时，发展需要增加管理职位，会给员工提供更多的晋升机会。因此，保持一定的发展速度可以源源不断地向员工提供努力工作的心理动力。

为实现并提高企业效益，企业必须保持一定的发展速度，这就要求突破单一市场的界限，因此，开拓新市场和新的经营领域就成为企业的唯一选择，其基本手段不外乎两种：一是扩大市场的地域范围，进入新市场，以国际化经营最为典型；二是扩大经营范围，进入新的经营领域，多元化经营遂由此而生。

(二) 范围效益

与单一经营活动相比，多元化经营活动可降低单位产品成本，这就是范围效益。假定有 A，B，C 三家企业，其中 A 和 B 分别从事半导体和计算机的生产经营活动，而 C 企业则合二为一，同时从事半导体和计算机的生产经营活动，一般情况下，C 企业的经营成本就会低于 A 和 B 两家企业的经营成本之和。此时，在产品价格竞争方面，C 企业对 A 企业和 B 企业都具有一定的优势，起码不会居于下风。这里就有一个范围效益的问题，正因为如此，有越来越多的企业开始由单一经营转向多元化经营。

一方面，任何一种活动都需要以若干资源为条件；另一方面，这种经营活动本身又会创造、蓄积许多新的经营资源。在多元化经营条件下，资源得到充分利用，很容易产生范围效益，但是在单一经营情况下，这些资源很难物尽其用，会造成很大浪费。

追求范围效益的途径很多，最简单的方法就是生产副产品，如炼焦企业就具备发展化学工业的成本优势。追求范围效益的最主要方法是扩大信息资源的应用范围。信息资源具有可同时共同利用的特点，所以企业的技术、商标、品牌、信誉和流通网络等诸多资源均可被广泛运用于其他经营领域，并成为新的经营活动的依托点。此外，也不应忽视闲置资源对实现范围效益的影响，如利用闲置土地，发展娱乐观光事业和不动产业；利用企业季节性的忙闲规律，在业务淡季生产其他产品；利用企业装备的大型电子计算机，向外部提供计算服务等。当然，利用闲置资源所产生的范围效益要比前两者小得多，更不可能成为新的经营活动的依托。

(三) 分散风险

在竞争激烈的现代社会，将企业全部资源集中投入某一特定的经营领域，往往具有极大的风险性，尤其是对大企业而言，一旦发生重大风险事件，整个企业都被卷入危机而难以自救。为了避免风险，许多企业采用金融投资界常用的分散投资策略，将全部资源分散投资于若干经营领域。这样一来，即使某一领域发生危机或亏损，还可以由其他领域的经营来弥补。企业通过实施多元化经营增强自身的抗风险能力，即常言所谓"东方不亮西方亮"。但这不等于说只要选择若干经营领域就万事大吉了，企业必须正确选择，有效组合各种经营活动，才可能在发生危机时分散风险，弥补

损失。

多元化经营有助于企业实现速度效益、范围效益，分散经营风险，但我们也不能由此得出这样的结论：所有企业都应从事多元化经营。因为事物总是利弊并存，对那些单一产品市场基础仍很薄弱，不具备多元化经营所需资金、技术、人才条件的企业来说，利弊相权，单一经营可能更为有利。

企业整体经营战略由经营范围决策和资源分配决策两部分组成，其中，经营范围决策是资源分配决策的依据，它又包括企业经营方向和经营结构两个问题，我们将在第三节分别予以论述。

多元化经营战略

企业作出多元化经营决策后，还必须选择是进入相关业务领域或不相关业务领域，还是同时进入这两种业务领域。当各业务的价值链活动间存在竞争性的有价值的联系时，它们就是相关的；如果各自的价值链中没有共同的相似点或互补性，那么业务间就是不相关的。一般情况下，企业在进行多元化经营时，有以下几种基本的战略选择。

（一）进入新业务领域

进入新业务领域可以采取下面三种形式中的任一种：购并、内部创业、合资。

1. 购并一个已经存在的公司。购并包括收购和兼并，收购是作为收购者购买或吸收被购买公司的股权。兼并是作为一个平等的对手来合并或购买另一个公司，新成立的公司往往会使用一个新的名称。

购并是多元化进入另一行业时最便捷的一种方式，这不仅因为与从头开始一项全新业务相比，它是一条进入目标市场的捷径，而且因为它提供了跨越进入壁垒的有效方法。这些壁垒包括获得技术方面的经验，建立与供应商的联系，达到经济规模的效率和单位成本，在广告和促销方面大量投入以获得市场份额和品牌承认，以及保证有足够的市场空间。购并一个已建好的相关公司可以直接在目标行业中拥有强大的市场地位，但是通过购并进入有吸引力行业的最大困难，是很难发现一个价格以及其他方面都与公司目标相吻合的公司。

2. 内部创业。通过内部创业实现多元化是在企业原有的架构下创建一

家新企业,以进入所期望的行业谋求发展。一个新成立的企业往往需要克服进入壁垒,需要投资形成新的生产能力,发展供应商关系,雇用和培训新员工,建立销售渠道,开拓市场空间等。通常,组建新企业进入新业务领域的方式在下列情形下采用:

(1) 有足够的时间从事一项新的经营业务。

(2) 行业中原有的企业对新进入者抢占市场的反应迟缓或者缺乏效率。

(3) 内部创业比购并进入成本更低。

(4) 企业已拥有大部分或全部进行有效竞争所需的技术。

(5) 增加新的生产能力不会给该行业的供需平衡带来负面影响。

(6) 目标行业存在很多相对较小的企业,因此新建企业不需要与更有实力的竞争对手进行直接对抗。

3. 合资。至少在三种情况下合资是进入一种新业务领域的有效方式。第一,一个组织单独运营不经济或有风险的经营业务时,合资是一种较好的方式。第二,当集合两个或者更多个企业的资源和能力能够为合作企业带来更多的资源和竞争优势,增强合作企业的市场竞争力时,合资是有意义的。在这种情况下,每个合伙人提供其他人不具备,但对竞争成功有非常重要价值的特殊资源或能力。第三,有些情况下与国外合资者合资是克服进口份额、关税、国家政治利益和文化羁绊的唯一的或最好的方式。

(二) 相关多元化

相关多元化经营战略,是指进入价值链上存在与企业当前业务有战略匹配关系和战略匹配点的业务。战略匹配存在于价值链非常相似以至于能为企业带来机会的不同经营业务之间,这些方面包括技术共享,形成对供应商更强的讨价还价力量,联合生产零件和配件,充分利用共同的销售能力,使用共同的销售机构和批发商或零售商,共同使用一个知名商标,将竞争性的有价值的技术秘诀或生产能力从一种业务转移到另一种业务,合并相似的价值链活动以获得更低的成本等。

相关多元化最常用的一些方法是:

1. 进入能够共享销售队伍、广告、品牌和销售机构的经营领域。

2. 开发密切相关的技术和专有技能。

3. 将技术秘诀和专有技能从一种经营转移到另一种经营。

4. 将企业的品牌和信誉转移到新产品和服务方面。

5. 购并非常有助于巩固企业目前经营地位的新业务。

（三）不相关多元化

尽管相关多元化会带来战略匹配利益，很多企业却选择了不相关多元化战略，进入有丰厚利润机会的其他行业。在不相关多元化中，新业务不需要与企业现有业务有战略匹配关系。企业关注的是：

1. 新业务是否可以实现公司获利能力和投资收益率的目标。

2. 新业务是否需要注入资金以更新固定资产、扩充资金和提供流动资金。

3. 新业务是否处于有充分增长潜力的行业。

4. 新业务能否对母公司的利润作出重大的贡献。

不相关多元化的吸引力在于：在不同的行业中经营和发展可以分担经营风险；通过投资于任何有利润前景的行业可以使企业的财务资源发挥最大作用；形成稳定的获利能力；能购并到使股东财富增加的具有利润上升潜力的廉价企业等。

不相关多元化同样有缺点，它带来的主要问题是：企业可能难以有效地同时管理多种不同的业务；无法获得战略匹配带来的竞争优势；不相关业务的业绩往往不会比每一业务独立运营时的业绩总和更好，甚至有可能会更糟。

企业多元化的宽度究竟应该多大？这是多元化战略必须回答的一个问题。在不相关多元化中企业必须有效地把握两个问题：

1. 为了获得较理想的增长率和获利能力，最低限度的多元化是什么？

2. 在增加了管理复杂性的前提下，企业能够有效管理的最高限度的多元化界限是什么？

（四）剥离和清算

当企业高层管理人员认为某项业务不再适合继续发展或者剥离是一种更有利的选择时，就应该考虑剥离这项业务。在一个多元化经营的公司中，业务组合包含的业务单元越多，剥离不良业务的情况就越可能发生。

剥离可以采用以下两种形式：母公司从一项经营业务中抽离股本，使之成为财务和管理独立的公司，母公司可以部分保留所有权也可以不保留

其所有权；或者母公司将该业务单元彻底卖掉，这种情况下需要寻求购买者。

清算是所有的战略选择中最令人痛苦的一种，对一个单一经营的公司来说尤其如此，因为这意味着这个组织将不再存在。对于一家多元化经营的企业，清算某项经营业务带来的创伤相对比较小。当某项业务失去发展潜力，不能给企业发展带来任何好处甚至有可能会影响企业利润或发展时，早日清算能最大限度地减小所有者或股东的损失，避免造成更大破坏。

（五）企业转变、紧缩和重组

当多元化经营企业的业务组合存在问题，影响到企业的盈利和竞争能力时，转变、紧缩和业务重组战略就成为必要的战略决策。企业业绩不佳可能是因为：一个或多个业务单元亏损影响了整个企业的财务业绩；企业在盈利性低的行业中经营的业务数量太大；企业的债务负担过大；新技术威胁到企业一个或更多核心业务；错误的购并使企业陷入不利境地。

1. 企业转变战略。该战略努力使企业的亏损业务变得能够获利，而不是被剥离。其目的是通过解决导致整体业绩下降的关键问题，使整个企业摆脱困境。如果造成业绩不佳的原因是短期的，经营不利的业务处于有增长潜力的行业，且剥离这些亏损的业务又没有长期战略意义，转变战略就是较为适宜的选择。

2. 企业紧缩战略。指将多元化经营的范围减少一种或几种业务的战略选择。当管理层断定企业经营业务太多，需要收窄其业务范围时，通常会采用紧缩战略。有时多元化经营的企业进行收缩是因为经过一段时期的努力之后无法使某些业务经营获利，或者因为缺乏足够的资金支持所有业务子公司的投资需求。但更常见的是因为企业管理者断定企业在多元化方面走得太远，提高长期业绩的关键在于集中力量在有限业务领域内形成强有力的竞争地位。通常通过剥离那些规模过小、对盈利贡献不大的业务，以及与管理者想集中发展的业务没有或极少有战略匹配关系的业务来实现收缩。

3. 业务重组战略。该战略是对企业业务组合中各项业务的种类和比重进行根本调整的战略选择。业务重组一般在以下几种情况下进行：

（1）企业业务组合中包含了太多前景暗淡、竞争乏力的业务单元，影

响公司的长期业绩。

（2）一种或多种主要经营业务陷于困境。

（3）新的首席执行官上任，决定重新调整企业发展战略。

（4）出现了具有巨大增长潜力的技术或产品，企业为了在该方向建立优势地位需要对现有的业务组合进行大改组。

（5）企业面临一项具有极大发展潜力、需要很大金额的购并机会，必须卖掉几项现存的业务单元以支持新的购并。

企业经营方向和经营结构选择

传统上，人们往往从产品生产这一笼统概念出发对经营下定义，但当代更多的是从市场营销和技术创新的结合角度出发把握经营，因为后者的变化要求企业相应地转换经营活动或扩大经营范围。企业应以市场为轴心协调与外部的关系，以技术为轴心开发利用各种内部经营资源。

经营方向决策

经营方向决策，就是要确定企业经营活动的界限，它可以有多种选择，最常见的是像复合多元化经营企业那样，比较自由地进入各种经营领域。但是，大部分企业还是习惯于在既定范围内选择经营活动，或以此为基点逐渐拓宽活动范围，形成明确的经营方向。

经营方向决定了一个企业的基本经营特征及经营范围的广度，因而具有重要的战略意义。

1. 有利于集中经营决策者的注意力。首先，经营方向选择明确了企业竞争、努力的方向。明确经营方向有利于提高信息搜集工作的针对性和有效性，使该项工作做得更加深入、细致，以求在多变的经营环境中及时发现机会，判定各种挑战和危机，否则，信息搜集工作便会因失去针对性而变得十分盲目，投入大而有效信息少。其次，有利于引导全体职工就企业的发展发表意见，提出方案，通过全体员工的决策参与，弥补高层管理者缺乏现场信息的不足。如果经营方向不明，职工提案就会变得五花八门，难以遴选，并可能误导最终决策，造成企业投资过于分散。

2. 指导经营资源蓄积。以摄影胶卷生产企业为例，如果决定以"影像记录"为经营方向，就必须在原有胶卷生产技术的基础上，蓄积电子显像、印刷、出版、图像处理等相关技术，为企业扩大经营范围做准备。由此可见，经营方向一旦明确，有关企业发展的一些重大问题也就随之明了，如企业发展需要哪些资源？如何重新分配企业经营资源，以保持和强化企业的特长？哪些经营资源需要重点蓄积？等等。

3. 创造组织一体感。多元化经营企业的各部分由于自成一体、互不依赖，因此客观上存在着本位意识重、协作意识弱的不足，而明确的经营方向正是解决这一难题的有效手段，因为它可以使全体职工感觉到他们是在为共同的目标工作，只是分工不同而已。一旦失去这种感觉，多元化经营的范围效益也就无从谈起，因为组织将会变得支离破碎，不能形成优势。

现实生活中，明确经营方向并不是所有企业的一种自觉的、积极的行动，有些企业是在盲目开展多元化经营之后才回过头来重新确定经营方向，而更多的企业则是在付出重大代价后，才痛感自己还需要一个明确的经营方向，用以指导企业发展。

经营方向的选择方法

经营方向受市场、技术和企业功能三大因素制约，相应地，选择经营方向的方法也可大致分为三类（见图9-12）。

图9-12 制约经营方向的因素及条件

(1) 以市场为中心,向顾客提供一揽子服务,即以服务项目为经营方向。

(2) 以功能为中心,将企业自身功能的作用范围确定为经营方向。

(3) 以技术为中心,将企业骨干技术能力的辐射范围确定为经营方向。

但是,不管采用何种方法,经营方向的选择及其描述均属创造性工作,需要较强的创造能力。理想的经营方向应尽量符合以下三个条件:

(1) 符合经营发展潮流,具有方向性,能激发全体员工的创造性思维。

(2) 对企业特征或特长的描述言简意赅,能激发员工对企业的自信心和自豪感。

(3) 与员工利益息息相关,能取得全体员工的支持。

确定经营方向也难免发生错误,其中最为常见的是对经营方向描述得过于抽象和笼统,有些描述可谓无所不包,以致发展方向模糊,企业特长不明显,员工持漠不关心的态度。发生这种错误的原因主要来自经营者"只做加法,不做减法"的习惯性思维,他们总是认为:不管开拓多少新的经营领域,也不应砍掉现有经营项目中的任何一项,所有项目都原封不动地予以保留。须知,确定经营方向是面向未来选择企业的发展方向,而非对过去的决策进行归纳和描述;是界定经营活动的范围,而非无所不包。因此,该砍则砍,该拓则拓,力求使企业有一个明确的经营方向。

经营结构的选择

现实生活中常会出现这样的现象:两个企业的经营范围、经营规模和经营条件等几乎完全一样,而经济效益却相差极大。这里就有一个经营结构或投资结构的问题,所谓经营结构,是指在企业经营范围内经营事业组合以后所能产生的效益为主要依据,而不能只考虑某种经营事业的得与失。

从理论上说,经营结构决策可以分为两个相对独立的部分:(1) 完全依据对某一领域发展前景的预测,决定是否进入该领域;(2) 确定多元化经营的整体结构,包括多元化程度和各领域之间的关联程度等。当然,实际操作中上述两个部分又是不可分割的,因为某一领域经营效益的最佳,并不意味着企业整体投资效益的最佳,二者之间需要权衡。

需要强调的是,无论是选择局部经营领域还是确定企业经营结构,均应符合追求速度和范围效益、分散风险这一根本要求,对此,我们将予以进一步地论述。首先，就某一经营领域的选择而言，必须充分考虑以下三个方面的问题：（1）该领域的发展前途；（2）企业在该领域的竞争力；（3）对现有经营的影响。对这三个问题，每个经营者都应有一个清醒的认识，并以此为依据，就是否进入某一经营领域作出正确的选择。

在对经营领域作出选择之后，要对企业的经营结构进行选择。选择企业经营结构关键是要对广度、密度和距离作出正确的选择。

（一）多元化程度的选择

多元化程度的表现方式很多，通常的做法是以本业与其他事业之间的比例关系为标准，对多元化经营战略实行分类，以示各种形态之间的程度差异：

1. 专业型。只从事单一经营，经营领域与企业名称一致。
2. 本业重点型。以一业为主，其余皆为兼营。
3. 关联型。同时拥有多个重要经营领域，只进入相关领域。
4. 非关联型。对经营领域不作限制，经营布局分散。

从理论上说，多元化程度受制于收益率和增长率二者的相互关系（见图9-13）。在一定范围之内，随着多元化程度的提高，企业收益率和增长率均呈同步上升之势，二者呈正比例关系，原因是在这一程度上速度效益和范围效益均得到了良好的体现；而多元化程度一旦超出企业资源能力限度甚至趋于过度，二者呈反比例关系，原因是经营资源过于分散导致了企业在各经营领域竞争力的下降，这又会反过来制约企业的增长率。需要注意的是，收益率和增长率的这种平衡关系是就企业的正常经营活动而言的，因此，必须剔除某些产业（如超高速增长产业等）的特殊发展因素的影响。

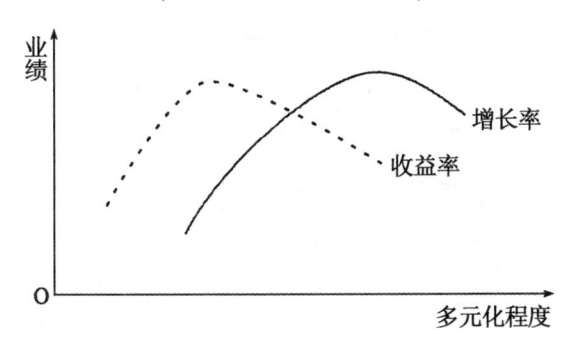

图9-13 收益率和增长率的关系

（二）事业间的关联密度

这是选择企业整体经营结构所要考虑的第二个因素，它分为两种类型：集约多元化和扩散多元化（见图9-14）。

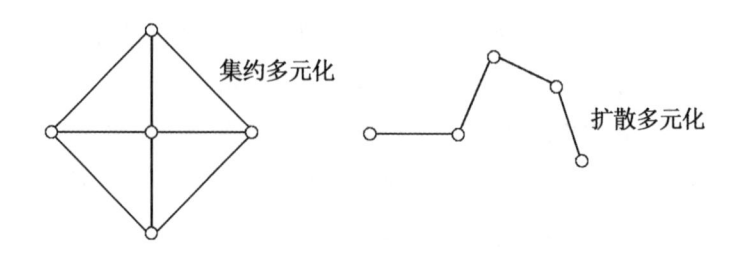

图9-14 集约多元化和扩散多元化

不论是本业重点型，还是关联型，多元化经营战略都存在一个密度问题。综合考虑密度和广度两个因素，多元化经营又可分为本业重点集约型、本业重点扩散型、关联集约型和关联扩散型四种类型。

集约型战略侧重于范围效益，各事业间的距离短且关联度高，因此企业经营资源利用率高。扩散型经营战略则侧重于速度效益和分散风险，各事业间的距离并不一定很大，但关联度极低，因此企业经营资源利用率低，收益也不如集约型。

（三）事业间的距离

企业进入任何一个新的经营领域，都会与现有经营事业产生一定的距离，如资源差距（需要不同的经营资源）和心理差距（缺乏现成的经验和技能）等，这是实施多元化经营时不可忽视的。常见的方法有渐进型和突进型两种，渐进型方法是指选择关联性强的领域作为进入和开拓目标，其特点是以现有经营资源的有效利用和范围效益为中心，易于实施集约型多元化，稳妥、有序，但难以实现高速增长。突进型方法指首先进入关联不大的领域，然后通过经营资源差距的弥补，在新旧领域的结合部实施多元化经营，其特点是以经营的蓄积效应为中心，易于实施扩散型多元化，增长率高，经营成本也高。因此，不能简单地断言哪种方法最好。实际选择时，除了考虑竞争力和预算因素外，还需考虑现有经营资源的可靠性、企业文化、资金充裕度等重要因素。如果企业现有经营资源可靠性强、资金

充裕，选择突进型方法也不失为上策。

资源配置

经营结构和资源配置是一个问题的两个方面。经营结构一经确定，就需在各经营事业之间按一定比例配置资源，为各种经营活动提供前提，否则，多元化经营战略只能是纸上谈兵。

孤立地说，各种经营事业所需要的经营资源总是大于企业资源的保有量，尤其是人才和资金，由此形成资源的短缺。因此，资源配置是一个非常现实而又重要的问题，它涉及各部门的利害关系，极易引发组织的内部冲突。资源配置必须体现企业整体利益的要求，而不应退化为妥协的产物，只有这样，才能使有发展前途的新事业得到足够的经营资源，以提高资源利用率。

资源配置有预算式和分散式两种基本方式。

（一）预算式

预算式是在各经营单位自己申报所需经营资源量的基础上，由总公司统一对其作出削减，或在上年度资源配置的基础上作出一定量的递增。这种方式很难实行集中投资策略，而且还有信息失真的危险，因为各经营单位为了获得足够的资源，总是夸大自身所需的资源数量。

（二）分散式

分散式视各经营单位（如事业部）为投资决策主体，由其独立自主地配置所拥有的经营资源。当然，各种资源尤其是资金，也几乎都要由自己来筹措。分散的配置方式是有条件的，主要包括四个方面：（1）尽量减少总公司对下级投资的直接控制；（2）允许各经营单位以自有资金的形式，对以前的盈利加以积累，并以此作为今后的投资资本；（3）总公司应具有类似银行的功能，在下属经营单位需要向外部筹措资金时，向其提供贷款，并要求支付利息，防止无偿占用；（4）各经营单位应以企业整体经营战略为方针，指导资源配置。

分散的配置方式具有信息准确、调整及时等优点，但也不可避免地会出现以下两个问题：（1）不同经营单位之间出现资金有余或不足是常有的事，但是如不能形成资金内部流动机制和具体办法的话，就难免出现资金不足和闲置并存的不合理状况，此存彼贷，形成浪费；（2）投资决策受短期效益影响大，那些具有长远战略意义而短期难以收效的重要项目，很难得到足够的投资。显然，各经营单位的投资决策权应有一定的限度，否则，就会造成现有经营领域投资过大，而新的经营领域投资难以到位的不正常现象，阻碍企业的发展。

因此，在资源配置方式的选择上，不能走极端，应将二者有机地结合起来，在不损害各级经营单位利益前提下，保留总公司对重大项目的投资决策权。

资源的平衡配置

应该说，资源配置的原理并不复杂，但从投入产出的角度考虑，有许多问题又是非常模糊的，不易把握。首先，很难确切把握各种经营事业投入产出的数量关系。其次，即使信息准确，也很难对投入产出关系进行横向比较。例如，某产品需要投入1 000万元资金，用于产品和技术的研究和开发，而另一产品则需要将同样的资金投入流通环节，以阻止市场衰退。显然，要对二者的产出作出准确的比较是困难的，在组织内部存在利害冲突时尤甚。最后，难以在统一的前提下对全部资源作出合理安排，使投入少，产出大。因此，从投入产出的角度考虑，企业宜采取平衡配置方式，以求较好地解决上述三个方面的问题，实现对企业资源的有效配置和开发利用。

平衡配置方式由两个步骤的工作组成：首先，给出企业整体经营布局图（资源分布图），包括资源的投入和产出、经营发展前途等；其次，根据资源分布图，找出最佳资源分配方案。

（一）资源分布图

资源分布图，是一个以经营事业的增长率——发展前途为纵坐标，以市场占有率——竞争力为横坐标而构成的平面图（见图9-15）。图中的每一个小圆圈均代表一种经营事业或产品，圆圈的大小表示其在企业经营活动中所占的比重或地位，多使用营业额指标。其中，对发展前途和竞争力

的评估，需要借助一系列量化指标。

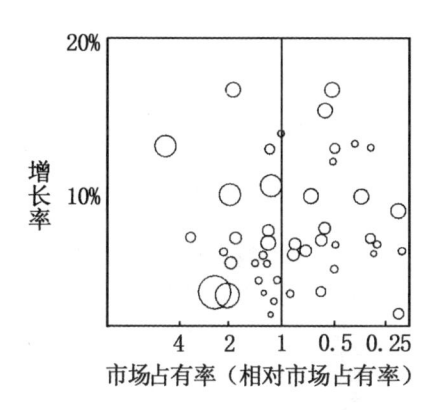

图 9-15 资源分布图

1. 评估市场发展前途的指标。评估市场发展前途的主要指标有五项：

（1）市场规模。全行业前三年市场容量平均值。

（2）市场增长率。前十年平均值。

（3）收益率。包括主要竞争对手在内的前三年平均销售利润率（剔除涨价因素）。

（4）销售波动率。销售额上下波动的平均幅度。

（5）成本变动率。前五年平均值，包括因价格、劳动生产率和通货膨胀等变动而引起的成本变动。

2. 评估企业市场竞争力的指标。评估企业市场竞争力的主要指标有三项：

（1）市场地位。包括市场占有率（三年平均）、国际市场占有率（三年平均）和相对市场占有率（与主要几家竞争对手相比，两年平均）三个方面。

（2）竞争地位。与竞争对手相比，本企业在品质、技术、生产成本、市场营销等方面是处于优势地位，还是居于劣势地位，或是均势。

（3）相对收益率。销售利润率高于或低于主要竞争对手平均销售利润的数值（三年平均）。

根据上述定量分析数据，可以将一个企业的所有事业以圆圈的形式在平面图上做准确定位。此外，也可以加入定性分析，做综合性判断，即将发展前途和竞争力以一定标准区分为高、中、低三个层次，二者组合形成9个经营方格（见图9-16）。企业的任何一种经营事业均可被列入相应的方格中，并据此作出经营资源配置决策：或增加投入，或维持现状，或退出竞争。

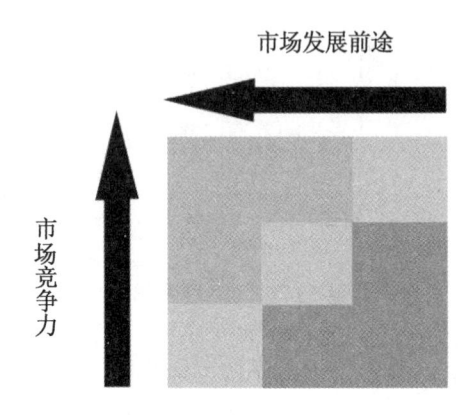

图9-16 资源配置方法

（二）资金流动规律

资源配置的第二步工作是要依据定量化的资源分布图，选择可行的配置方案。实践证明，资金是资源配置的关键所在，因为资金流向代表着竞争的战略指向。资金流向在不同的经营事业中有着不同的特点。有些经营事业只需很少的投入即可有很大的产出，成为下一轮投资资金的来源；而有些经营事业则需要大量的前期投入，短期内并不产出。因此，资金配置必须根据这种特点，对各种经营事业进行合理组合，使资金供求达到平衡状态。也就是说，企业不宜同时存在许多需要大量先期投资的经营事业，但也不能只产出资金而无投资领域可供选择，经营结构必须合理。

仅就一项经营事业而言，资金流向会随着时间的流逝而呈现出不同的形态，或投入、或回收；有时是资金的需求者，有时又转而成为资金的供应者。这种变化有着一定的规律性，主要取决于四个因素：（1）市场生命周期；（2）增长速度与市场规模；（3）竞争优势；（4）企业的竞争战略。

一般的规律是，市场生命周期的初期投资较大，但实现的销售额相对较小，后期则正好相反，投资少而实现的销售额大。但是，增长速度和市场规模的影响也是不能忽视的，尤其是在市场高速增长时期，往往要求企

业在短时期内投入大量的资金。

竞争优势主要是就成本而言的，即来自较低的销售成本率。技术和设备会造成生产成本的差异，商标、品牌形象则会带来销售成本的差异。要确立成本竞争优势，就必须增加资金投入。在市场生命周期的后期，市场增长速度开始放慢，此时，若要提高市场占有率，就要投入比保持现有水平所需量更多的资金。显然，投资为企业竞争战略所左右。

波士顿矩阵

一旦作出了进行多元化经营的决策，就要对企业的业务组合进行分析。管理者可以运用企业组合矩阵来对业务组合进行管理。应用最为广泛的组合矩阵是BCG矩阵，也叫波士顿矩阵，是美国波士顿咨询集团专为分析大型企业而开发的一种资源配置工具，它是把企业经营的全部产品或营业的组合作为一个总体所作的分析，适用于具有多种产品和市场的企业。在这种企业中，每一个产品和市场都分别作为单独的营业或利润中心进行管理，不存在任何起支配作用的产品和市场。BCG矩阵将企业业务标在一个2×2维的矩阵中（见图9-17），以便确定哪项业务可以提供较高的潜在收益，哪项业务在消耗公司的资源。矩阵的横轴表示市场份额，从低到高；纵轴表示预期的市场增长，也是从低到高。根据评估的结果，一项业务可能落在下述四个象限之一。

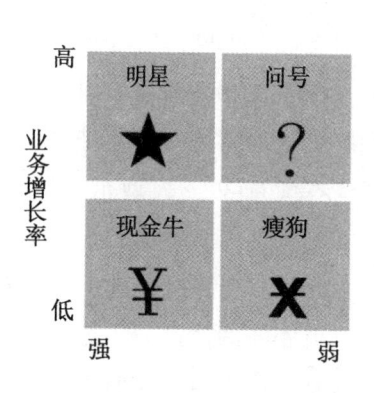

图9-17　BCG矩阵

矩阵1. 高增长/弱竞争地位的"问号"业务。这类业务具有市场份额小、增长率高的特征，需要企业加大先期投入以求发展。

2. 高增长/强竞争地位的"明星"业务。是指增长率高、市场份额较

大，有着增长和盈利的长期机会。但它们是企业资源的主要消费者，需要大量的投资。

3. 低增长/强竞争地位的"现金牛"业务。这类业务处于成熟的低速增长的市场之中，市场地位有利，盈利率高，能为企业提供大量现金。

4. 低增长/弱竞争地位的"瘦狗"业务。这类业务竞争激烈，可获利润非常低。这些业务通常已不盈利，应及时处理。

波士顿矩阵的目的在于帮助确定企业的总体战略和平衡资源配置，企业比较理想的组合是有较多的"明星"和"现金牛"业务，只有少量的"问号"业务和极少数的"瘦狗"业务。它指出了每个经营业务在竞争中的地位，从而有选择和集中地运用企业有限的资金，可以简单明了地判定当前面临的主要战略问题和企业未来在竞争中的地位。

抓住无竞争市场的机会

在进行多元化经营时，由于企业往往涉及了多个产品或行业领域，也必然会被卷入各个种类和层次的市场竞争。一旦无法打击竞争对手，如何脱身并另辟蹊径就显得非常重要。

蓝海战略是 W. 钱·金（W. Chan Kim）和勒尼·莫博涅（Renee Mauborgne）在《蓝海战略：如何形成无对抗市场空间而使竞争失去意义》一书中提出的。他们认为，聚焦于现有产业的竞争等于接受了市场竞争的限制性因素，即在有限的土地上求胜，但否认了企业经营开创新市场的可能。运用蓝海战略，视线将超越竞争对手移向买方需求，跨越现有竞争边界，将不同市场的买方价值元素筛选并重新排序，从给定结构下的定位选择向改变市场结构本身转变。所以，大型企业与其在现有产业（或"红海"）中恶性竞争，不如伺机进入那些尚无对抗的"蓝海"。

为了避开现有市场的竞争，蓝海战略集中在无对抗的市场，试图形成和开发新的产品和服务，引发新的需求。一个典型的案例就是丰田汽车公司。为了跳出中低档汽车市场竞争中为降低成本结构而残酷挤压竞争对手的"血腥局面"，又要避开当时高端汽车市场已经被奔驰、宝马等传统品牌割据的现实，开发研制出了低价位的豪华汽车雷克萨斯。丰田汽车致力于为顾客创造价值的承诺，推出具有独特性而成本和价格相对较低的新产品，使其成为一家实施蓝海战略而取得成功的大型企业。

尽管非常有效，但要成功实施蓝海战略也并非易事。拟采用蓝海战略的企业应该考虑四种行动方案。

1. 确定和消除那些对顾客无关紧要的因素。
2. 即使不能消除，也应考虑减少这些因素。
3. 提升或增加独特性因素。
4. 形成顾客需要而竞争对手忽略的、新颖而独特的因素。

第十章 经营战略管理

对企业而言，市场经营和经营基地一旦超越国界，即称为国际化经营。市场经营的国际化，系指产品销售市场的国际化和生产要素（劳动力、生产资料、资金）市场的国际化。经营基地的国际化，是指将产品或服务的生产和开发等活动场所延伸至国外。当今世界，国际化经营已成潮流，而对我国大部分企业来说，则是面临的一个新课题，许多问题仍有待进一步探讨和研究。

国际化经营的动机和过程

企业的国际化经营动机

企业无论采取何种国际化经营形态,其动机主要出自以下五个方面:

1. 寻找市场。主要是指寻找销售市场。当国内市场趋于饱和甚至衰退时,为保持企业的发展,就需要向国外市场扩张。这也是大多数企业发展出口业务、开拓国际市场的首要动机。

2. 寻找资源。主要是指通过国际市场交易获取生产资料,筹措经营资本。而经营基地的国际化则是在劳动力成本相对低廉的国家从事生产、组装或技术支持等活动,以此降低产品或服务的成本,形成竞争优势。不仅是经济发展水平、供求关系等因素会形成资源价格的差异,而且各国不同的经济制度和法律也会带来成本差异。例如日本等国对粮食实行管制政策,人为地提高大米价格,而美国则与之相反,大米价格很低。有些日本企业就利用这种差异,在美国设厂生产食品、酒类等,然后再将其销往日本或别的地区。许多企业在国外建立经营基地,主要动因是享受优惠的税收政策及丰厚的税后利润。

3. 寻求与国际政治体系的协调。企业国际化经营可以避免因国际政治利害关系的变动而对企业可能产生的负面影响。针对贸易摩擦、贸易壁垒和地区性的经济联合(如欧盟、北美自由贸易区等)等贸易障碍,企业需要通过防御性对外投资,消除这些障碍,保护现有利益不受损害,从而走上国际化经营的道路。防御性投资的主要方法是在国外设立生产和销售基地,其目的不在于扩张市场,而在于保护现有市场地位。

4. 寻求与国际经济体系的协调。国际化经营还可以通过与国际货币和金融体系的接轨,在国外开设生产基地或筹措资金,推进资本运作的国际化,转移或规避金融风险。

5. 提高管理效率。对企业而言,国际市场的扩大会给经营管理工作带来极大的困难,因为企业经营管理人员将不断面临语言、文化、习俗和爱

好等方面的障碍。为提高市场营销效率，及时地提供适销对路的商品，就需要考虑在当地开发和生产，以缩短生产地与销售市场的空间距离，减轻管理负担。由此可见，市场的国际化必然带来生产基地的国际化，而生产基地的国际化又将进一步推动企业经营的国际化。

以上五个方面是企业开展国际化经营的主要动机。此外，还有一些动机，如为发挥企业拥有的知识产权的价值，适应产品生产销售的时效要求，对外进行收购或兼并等，均可能使企业走向国际化经营。

国际化经营与国内经营有着本质的区别，因为国内市场不存在政治和经济制度的差异，更不需面对汇率变动、语言和文化障碍等问题。

国际化经营的发展过程

企业走向国际化经营一般要经历几个不同却又相互交替的阶段。

（一）第一阶段：开展进出口业务

这里是指产品销售市场和原材料购入市场开始国际化。国内市场的饱和或市场发育不成熟，都可能促使企业将目光转向国际市场，实施出口导向型销售战略。而国内市场供应不足或价格过高，则会导致企业在国际市场寻求原材料供应。原材料输入有两种形式：一是从国际市场直接购入；二是开发输入，如矿石的开发输入和食品的加工输入等。

（二）第二阶段：在国外直接投资，建立生产基地

在国外直接投资，建立生产基地，可避免与所在国政府的各种贸易保护政策发生冲突，确保现有的市场地位。它又分为两种形态：

1. 发达国家型。即为保护本国产业免受进口产品的冲击，发达国家开始制定一些保护政策，以限制外国产品的进口，增强本国产品的销售竞争能力。要在这些国家开拓市场，就需要在这些发达国家投资设立生产基地，如日本在欧美国家设立汽车生产基地就属此类。

2. 发展中国家型。针对这些国家致力于进口替代产品的生产和来料加工出口的政策，要开拓市场就需在这些国家开设生产或加工企业，以帮助其振兴当地产业并赚取硬通货。

（三）第三阶段：为追求低成本而在国外投资设立生产企业

为了取得低于国内生产甚至低于世界其他地区生产的成本优势，除了人工费用低外，税率差异和汇率变动等因素也是形成成本优势的重要原因。

发展中国家一般都对外来投资采取优惠税率政策，而有些企业则选择在受汇率变动影响小的国家设立生产企业，以规避汇率风险。

（四）第四阶段：在销售市场建立生产经营基地

从形式上看，它与第二阶段相似，但从投资目的看，第二阶段旨在避免贸易摩擦，属防御性策略；而本阶段旨在使生产经营活动更适合于当地市场的需求，属进攻性策略。这种策略侧重于追求非成本效应，如获取市场信息，吸取先进技术，建立营销网络等。但是如果仅从成本的角度看，有时并不经济。

（五）第五阶段：全球经营

当一家公司在经历了上述各阶段后，伴随着企业在世界范围内的人员、产品、资金和技术的不断扩大，其计划和控制工作变得愈加复杂。这就需要总公司采取统筹协调政策，以使总公司和分布于世界各地的众多分公司的生产经营活动连成一体，灵活运作。至此，公司已发展成为在全世界进行各种生产经营活动的跨国公司，其国内业务只是全球经营网络的一个组成部分。

上述五个发展阶段，是企业走向国际化经营的一般历程。但是这五个阶段并没有严格的界限，也不是所有的企业都需要严格按照这种过程一一经历，有些企业可能循序渐进，而另一些企业可能很快走完这些步骤，甚至跳过其中的某些阶段，这都属正常发展。但是，每个公司都要根据自身的条件和社会配套条件先对主客观条件和环境进行细致的分析，再来决定自己的国际化进程，不可冒进。有些企业急于求成，一起步就想走全球经营的模式，但当企业自身的软件和硬件条件跟不上，或者是国家大环境配套条件不够（比如法律条件、对外开放条件不允许等）时，就可能导致国际化经营的失败，甚至给企业带来灾难性的损失。

由上可见，国际化经营战略由两项重要决策组成：首先，要决定企业所处的发展阶段，即决定进入哪一发展阶段；其次，确定与各阶段相适应的国际化经营的方针与目标。其中，决定企业所处位置的核心问题是适应国际经营环境的动态变化，使企业不失时机地进入新的发展阶段。国际经营环境复杂多变，不允许企业在某一阶段长期驻足。事实上，许多企业是在安于现状、丧失了主动发展的机会之后，才由于国际经营环境的外力作

用而被动转型，但这些企业都会为之付出沉重的代价。

国际化经营环境分析

企业在进行国际化经营的时候都要对国际化经营环境的影响作详细的分析，以便采取适当的措施，利用机会，应对挑战。下面将介绍对企业经营影响重大的政治、经济、法律、技术和文化环境。

制度和市场环境

制度和市场环境是指企业开展国际化经营所涉及的宏观国际市场的制度和市场环境，主要包括三种具体构成要素：一是经济组织，包括国际性经济组织和区域性经济组织，前者如世界贸易组织、国际货币基金组织和世界银行等，后者如自由贸易区、共同市场和经济联盟等；二是贸易政策，包括关税壁垒和非关税壁垒；三是国际金融市场，主要包括外汇市场、国际借贷市场和国际证券市场等。

制度和市场环境因素并不单纯是一国制度的体现和发展，它是随着贸易全球化的发展所形成的，影响的也不是哪个具体国家的企业经营，而是整个国际经济领域。这一环境尽管也建立在各个国家环境组合的基础之上，却超越了国别的限制，更多地反映了国际经营环境中具有规律性和共性的方面。

政治环境

在国际经济活动中，政府是关系到企业经营发展的一个不可忽视的影响因素。政治环境是指企业国际经营所涉及的国家或地区的政治体制和政府政策等，具体包括政府体制、政治稳定性和政府对外资的态度等内容。

（一）政府体制

政府体制主要包括政府组织结构及形式、政党制度和国家利益。

大多数国家的政府体制可以分为代议制和集权制两种。代议制可细分为共和制和君主立宪制，集权制可分为绝对君主制和独裁制。实行代议制的国家，其政策、法规的透明度比较高，稳定性也相对较好；而实行集权

制的国家的政策、法规的透明度和稳定性相对较弱。代议制国家比较倾向于采取公众决策的方式制定国家政策，因此各政党必须围绕特定的立法和行政条例尽量集中公众意见。企业在从事国际化经营活动时，必须对目标国的政府体制及组织结构进行研究分析，以便采取适当的应对措施和经营策略，适应该国的政策环境。

一国的政党制度可分为多党制、一党制和一党控制制。在各种制度体制下，每个政党对政府的影响力是存在差异的，由于每个政党的纲领不同，对于国际化经营所采取的态度也会有差异，它们之间的政权交替对国际化经营的影响往往是非常巨大的。例如，每次英国、日本的政党更迭几乎都会导致该国贸易政策的大幅度修改。

各个国家的贸易政策的制定，其出发点都是国家利益。国家利益虽然存在国别差异，但大体上可以从安全、繁荣、声誉、意识形态和自我发展等几个方面进行衡量。一国政府对于他国企业的投资活动和国际化经营行为采取的政策，通常是在衡量了国家利益得失的基础上制定的。东道国希望从外国获得资本、技术，但所需付出的代价必须是可以忍受的。这种利益取向对企业跨国经营也是不小的限制因素。

(二) 政治稳定性

政治稳定性是指在政治活动中，各关键参与者之间现存的关系在一定时期内有无根本性或实质性变化的趋势。政治离不开经济，其最终目的是为经济服务，政治不稳定是各个国家发展经济的最大障碍。一般来说，政治不稳定的表现主要有：政权更迭频繁、各种文化之间冲突不断、宗教势力互相倾轧等。所以进行国际化经营的企业一定要尽量避开存在政治风险的经营环境。

(三) 政府对外资的态度

即使是对外资持欢迎态度的国家，其具体的政策也往往千差万别。进行国际化经营的企业必须对这些具体的政策进行甄别。例如，东道国是否允许外资在合资经营形式中占大多数股份，是否允许外国对企业独立投资，对外资公司的扩张限制尺度，对外资公司的资金和利润外调的限制尺度，外资企业的经营期限，对外资企业的人员限制以及对外资企业的优惠待遇等等，只有这样，才能更好地实现自己的经营目标。

总体上来说，一国政府往往对跨国经营企业采取鼓励和限制并举的政策。常见的控制手段有限制投资领域、限制拥有所有权、分享经营成果、控制外籍人员、限制人员转移、政策倾斜等。政府对国外投资进行控制的目的在于保护本国的经济利益不受损失，或者将损失控制在可以接受的范围以内。而采取鼓励政策的目的在于使这些外资项目与本国的经济发展目标保持一致，一般的鼓励措施有赠予和贷款、贷款担保、津贴和股份投资、减税、免税、配额保护等。

法律环境

在形成一国国际化经营环境的种种因素中，其他因素的作用或者社会机制往往通过一定的法律形式表现出来，而且还通过一定的法律制度和规定直接影响国际化经营。跨国经营的企业一方面依据法规来从事国际经营活动，另一方面也依靠这些法规来维护自己的正当权益，所以法律环境对国际化经营有重大的影响。

国际化经营的法律环境相当复杂，企业经营往往面临众多法律的限制。这些法律总体上可以分为三个层次：国内法律、国际法律、国外法律。主要包括：各国法律规定，如商贸政策和法规；国际法规，如双边、多边国际条约、国际组织的协议和决议以及国际惯例。

（一）国际法对国际化经营的影响

国际法是各国间具有法律效力的条约、公约和规定。在国家签订或参加国际公约、声明，承认某些国际准则，以及按照国际惯例进行交往和活动的过程中，逐渐形成了国际法。国际法所涉及的这些条约、公约和规定可能只限于双边关系，也可能涉及多边关系。无论是哪种情况，只有一国依法定程序参加、接受的，才对该国有法律上的约束力。制定以及修改讨论国际法都是相当困难的，国家间的争议主要通过谈判、调停、协调的方式来解决。国际化经营者在决策中，必须考虑国际法的影响，减少不必要的风险和损失。

目前，世界上关于商法的国际公约主要涉及以下几个方面：

1. 调整国际货物买卖关系的公约。1980年公布的《联合国国际货物销售合同公约》属于此类。

2. 调整国际海上货物运输关系的公约。如1978年公布的《联合国海上

货物运输公约》(汉堡规则)。

3. 调整国际航空运输、铁路运输、多种方式联合运输的公约。

4. 调整国际货币信贷关系的公约。

5. 调整国际票据关系的公约。

6. 关于知识产权的公约。

7. 关于国际商事仲裁的公约。

此外,在国际贸易发展的过程中还形成了一些统一的格式合同和标准条款。这些统一的格式和标准方便了从事国际化经营活动的企业的互相沟通和理解。例如由国际标准组织(ISO)建立的国际标准制度,减少了国际贸易和国际专业化发展的技术规格障碍。

(二) 国外法律对国际化经营的影响

对于跨国经营的企业,国外法律的重要性主要体现在产品在目标国市场的销售上。虽然随着国际贸易的发展和国际法及区域经济相关法律的发展,各国针对贸易制定的法律之间的差异越来越小,但是要使这些存在国别差异和地区差异的法律趋于标准化,仍然是遥不可及的事情。所以,各个国家的法律环境相对于国际法来说,对国际化经营的影响就更为重要。企业在制定国际化经营决策方案时,必须慎重、仔细地分析目标国的法律环境。

总体来说,对国际化经营影响较大的国外法律归纳起来有以下几种类别:

1. 保护消费者权益的立法。

2. 保护生产者的立法。这类立法又称工业产权法,是专利法和商标法的统称。

3. 保护公平竞争的立法。这类立法又称反托拉斯法、限制性商业管理和保护竞争法。

4. 保护当地雇佣者的立法,主要是劳工法。

5. 外国投资法。

国际化经营实体面对东道国的法律环境,除了要认真研究分析其立法目的、立法态度和各项法律的具体内容外,还要考察东道国的司法状况和司法程序。

社会文化环境

在国际化经营意义上，社会文化是指制约一个群体行为的一整套社会规范和对这些规范的反应。正是这些社会规范和反应使得社会环境千差万别。一个社会的政治、法律、经济都受到社会文化的深刻影响。从这个意义上讲，整个国际化经营环境都是广义上的社会文化环境。国际化经营实体和决策者们应当对各个文化环境有所辨别，并能把握对国际化经营行动有直接影响的关键文化因素。

营销专家菲利普·科特勒（Philip Kotler）曾将从事国际化经营必须具备的社会文化知识归纳为两种：事实性知识和领悟性知识。下面我们就从这一角度来了解国际化经营的社会文化环境。

（一）事实性知识

事实性知识是关于某一特定文化的事实，基本上是可以看到和了解到的。主要包括：

1. 语言。语言是传递信息和思想的最基本的工具。对于从事国际化经营活动的人员来说，最直接的障碍来自语言，而接触异国文化的主要通道却又正是语言。语言里包含了丰富的历史、情感、知识和态度，绝不只是一些字符的排列。国际化经营有赖于信息沟通、商业谈判、函电来往、合同签订、广告信息，等等，这些都要借助于语言表达。掌握国际通用语言或者当地语言有如下好处：可以更清楚地了解局势，可以直接与当地人接触，可以理解对方语言中没有直接表达出来的含义和信息，可以很好地理解当地文化。

2. 宗教信仰。宗教是文化的一大源泉，世界上主要的宗教有天主教、基督教、犹太教、伊斯兰教和佛教等。宗教的内容包括生活方式、信仰、价值观和风俗。宗教极大地影响着社会内部和社会之间的各种关系，例如生活态度、消费倾向、工作习惯和企业经营作风，等等，这些都会对国际化经营产生直接和间接的影响，例如节假日的安排对于生产和消费的影响，宗教意义对于当地居民消费结构的影响，宗教的冲突和由此带来的战争等。

3. 物质文化。物质文化是指人们所创造的物质产品以及用来生产产品的方式、技术和工艺。在进行国际化经营决策时，物质文化是不可或缺的考察对象。东道国的基础经济设施、社会设施、金融设施都会对国际化经营效果产生实质性影响。同时,东道国的物质文化特征还影响着该国消费者的消费方式。

4. 审美观念。审美观念主要是指人们对于美和高尚情趣的态度。体现在对美术、音乐、戏剧、舞蹈和颜色形状的鉴赏能力上。审美观念对国际化经营的意义是多方面的。例如产品的外形和功能设计以及销售和宣传方式都要尽量符合东道国公众的审美观念。

5. 教育。教育水平在很大程度上反映了一国的经济发展水平,同时教育也会影响到文化的很多方面。从国际化经营的角度去考虑,教育主要决定了一个国家的人才和消费结构。

(二)领悟性知识

文化中的领悟性知识主要有:

1. 对待人生的态度。人们对于物质刺激的反应受人生观影响,人生观的不同直接影响着人们对工作的态度以及对未来的态度。

2. 对权威的态度。不同的国家对权威体系有着不同的理解和态度并形成了自己的传统。例如在某些国家,企业的管理决策是高度集中的,权力很少下放,而在另一些国家,却能在一定的程度上给予下属适当的决策权。跨国经营的企业,一定要将企业的管理模式与当地的传统和雇员的期望联系起来。

3. 价值观。价值观一般表示人们对于事物的评判标准。比如对事件的态度、对创新的态度等。价值观主要是指人们判定正确与错误、好与坏、重要与不重要等事物的基本态度,由价值观决定的社会态度会直接影响国际化经营活动。

经济环境

经济环境是指企业开展国际化经营所涉及国家或地区的经济制度、发展水平等经济方面的环境。在诸多因素中,经济环境是最直接、最基本的因素,也是国际化经营决策中首先考虑的因素。经济环境主要研究经济发展水平、市场的完善和开放程度、基础设施状况、经济和物价的稳定程度和经济政策等内容。

(一)经济发展水平

一般来说,一国的经济发展水平较高,意味着该国有较大的市场、较多的机会和较好的经营条件，对外国投资者有较大的吸引力。

通过对经济发展水平的衡量，即根据一国经济的发达程度，可以把不同的国家划分为发达国家和发展中国家。发展中国家又分为成品出口国、原料出口国与能源出口国。经济发展水平不同的国家，其投资需求和市场结构方面有着较大的差异。就工业品市场而言，发达国家偏重于资本和技术密集型产品，而发展中国家侧重于劳动密集型产品。就消费品市场而言，发达国家在市场营销中强调产品款式、性能和特色，品质竞争多于价格竞争。而发展中国家则侧重于产品的功能和实用性，销售活动因受到文化水平低和传媒少的限制，价格因素重于产品品质。

（二）市场的完善和开放程度

完善的市场体系，意味着各类市场如商品市场、金融市场、劳动力市场、技术市场、信息市场等已发育齐全，形成了一个有机联系的市场体系。同时，完善的市场体系也意味着该体系内的每个市场都是规范的。市场的开放程度，是指一国允许外国投资者不受限制地进入本国市场的程度。如果在对一国市场的利用方面不存在本国投资者和外国投资者的差别待遇，则可认为该国的市场有较高的开放度，否则，就认为其开放度不够。对外国投资者来说，完善和开放的市场意味着较好的投资环境，有较大吸引力；反之，封闭和残缺的市场只会使外商望而却步。

（三）基础设施状况

基础设施状况包括两个方面的内容：一是工业基础设施的结构和状况；二是城市生活和服务设施的结构和状况。基础设施的好坏是吸引国际直接投资的基本条件。它的内容主要有：

（1）能源。包括基础能源和水力、电力、热力等供应系统的供应状况。

（2）交通运输。包括铁路、公路、水路和航空运输等方面的条件。

（3）通信设施。包括邮政、广播、电视、电话、电传等方面的设施。

（4）原材料供应系统。

（5）金融和信息服务。

（6）城市生活设施状况。如住房、娱乐、饮食等。

（7）文教、卫生设施和其他服务设施。

基础设施的建设是与国际投资密切相关的外部物质条件，外国投资者不可能到一个能源供应短缺、交通不便、信息闭塞和生活条件艰苦的地区进行投资。

(四) 经济和物价的稳定程度

经济和物价是否稳定，主要看以下几个指标的情况：(1) 经济增长速度是否持续稳定。(2) 通货膨胀率的高低。通货膨胀率越高，货币贬值程度就越高。(3) 国家债务规模的大小。如果一个国家债务尤其是净债务规模过大，这个国家的经济就是脆弱的，一些重大事件出现，就可能导致该国经济波动。由于经济和物价的稳定是保证企业生产经营活动正常进行的基本条件之一，所以外国投资者在进行国际投资时，都很重视这一因素。

(五) 经济政策

一国的经济政策往往与国际经济有着密切的联系，因而对国际投资也有着较大的影响。

1. 贸易和关税政策。国际投资必然伴随或表现为大量的国际商品流动，包括机器设备、原材料、中间产品和产成品的国际交换。一国采取何种贸易和关税政策，是自由贸易政策还是保护贸易政策，是高关税还是低关税，是较少的非关税壁垒还是较多的非关税壁垒，对国际投资有着比较明显的影响。一般来说，那些实行自由贸易政策、关税低、非关税壁垒少的国家，会被认为具有较好的投资条件。

2. 经济开发政策。包括工业化政策、产业开发政策和地区开发政策等。一般说来，符合一国地区开发政策的国际投资，往往也能得到一定的优惠。

3. 外汇与外资政策。外汇和外资政策直接影响到外国投资者的利益，关系到资本能否自由进出、利润和其他收益能否汇回的问题，所以一般也受到国际投资者关注。

技术环境

技术环境是指一国的科技发展水平及其应用程度，通常反映在国家整体的科技发展现状、科技结构、科技普及程度、科技人员的素质以及与企业经营相关的原材料、制造工艺、能源、技术装备等相关的科技发展动向等方面。一国或地区的技术环境不仅影响企业的国际化经营活动，而且影响对外资的吸纳程度，影响投资者对投资方向的选择。

企业跨国经营战略

企业在对国际化经营环境进行分析后,接下来要对跨国经营的目标以及所采用的战略进行选择。多国战略和全球战略是跨国公司可以采用的两种不同类型的经营战略。

多国战略

如果一个跨国公司经营的事业项目有显著的地域差异,一般会采取多国战略。多国竞争中的每一个国家都是自我封闭的,其特点是分权管理。不同国家的购买者有着不同的期望与不同的款式和特色喜好,随着国家市场的不同,其市场上的竞争对手也存在差别。例如,法国、日本和巴西都有各自的金融业,但是这三个国家金融业的市场条件及其购买者的期望却存在很大的差别。法国主要的大型银行之间的竞争与日本和巴西两国的国内银行业的竞争没有关系。

由于在多国竞争中每一个国家的市场都是自我封闭的,因此企业在一个国家的声誉、顾客群和竞争地位对它在另一个国家取得竞争成功不会产生太大的影响。因此,企业在某一个国家形成的竞争优势只限于这个国家,不会转移到企业有经营活动的其他国家。

采纳多国竞争战略,为了针对不同购买者需求和竞争环境在不同的国家采取不同的战略,企业可能运用相同的竞争主题(低成本、差别化、最优成本),也可能为满足消费者的需求进行产品定制。目标顾客群在有些国家可能很广,而在另一些国家却可能聚焦于一个狭窄的市场。企业在一国采取的战略行动与在另一国采取的战略行动相互独立,将企业战略与东道国市场和竞争环境匹配的考虑要优先于跨越国家的战略协调。

多国竞争特色非常明显的行业有:人寿保险、服装、金属制造、食品(如咖啡、谷类食品、罐装食品、冷冻食品)以及多种类型的零售。

全球战略

如果一个跨国公司经营的某种产品或服务在世界各地差异不大,一般

会采用这种战略。全球战略中国家之间的价格和竞争环境有着很强的联系，国际或全球市场才有真正的含义。对于处在全球行业的公司来说，在一国的竞争地位影响到它在其他国家的竞争地位，反过来也受它在其他国家的竞争地位的影响。

在全球竞争的情况下，一家企业的整体优势来自企业全球化的经营和运作，企业在本土的竞争优势与来自其他国家的竞争优势紧密联系。一个全球竞争厂商的市场强势与它以国家为基础的竞争优势组合成正比。全球战略的目标是与竞争对手争夺全球市场占有率，全球战略的核心是在全球范围内合理配置有限的生产资源，其特点是集权化的管理，全球范围内的高效经营是这种跨国公司获得竞争优势的保证。

全球战略具体有以下三种：

1. 全球低成本战略。竭尽全力成为全球绝大多数或所有具有战略重要性的市场上的购买者的低成本供应商。企业的战略行动在全球范围内协调，获得相对所有竞争对手的低成本地位。

2. 全球差别化战略。在一些相同的属性上对企业的产品进行差别化，以创造一个全球一致的形象和全球一致的主题。企业的战略行动在全球范围内协调，获得全球一致的差别化。

3. 全球聚焦战略。在每一个有着重要战略意义的国家市场上为同一个相同的清晰小市场点提供服务。企业的战略行动在全球范围内进行协调，在全球范围内获得一致的低成本或差别化竞争策略。

在下列行业中存在全球竞争：汽车、电视、轮胎、通信设备、复印机、手表以及商用飞机。

当企业的全球竞争规模增大时，战略联盟和合作协议成为同一行业中企业竞争的富有潜力的竞争手段，同时还可以保持企业的独立性。一般来说，这种协议涉及的内容有：建立合资企业、技术分享、联合使用生产设施、相互销售对方的产品，或者联合生产零配件或装配产成品。历史上，工业化国家以出口为导向的企业往往寻求与不太发达的国家中的企业建立联盟，让它们出口并在当地销售这些出口企业的产品。在某些情况下，当企业要想获得当地政府的批准以进入那些不够发达的国家市场，或者必须遵守政府关于当地所有权的规定时，签订这种协议常常是很有必要的。近年来，全球很多企业开始组建战略联盟和合作伙伴关系来加强合作或联盟的能力，为全球各市场服务，提高全球市场的参与度。

企业及企业制度

企业

（一）企业的特征

企业是在一定财产关系支配下按照利润最大化原则行动的经济行为主体，是为了获取利润而从事生产经营活动，向社会提供商品或劳务的独立经济组织。企业是市场经济活动的主体。

1. 企业是一个经济组织，而且是独立的经济组织，区别于政治、社会组织和团体，也不是政府行政管理机构的附属物。企业具有与其他组织不同的目标、组织结构和管理方式、运行机制。人类生存的需要、人的经济动机、对财富的追求和贪欲，或者说一定意义上的企业家动机，是企业组织产生的直接的、现实的原因。

2. 财产支配关系是企业根本特征之一。企业从根本上说来，受一定财产所有关系支配。虽然在现实世界中，企业还要受到来自政府、消费者、社区等各方面的制约和压力，但财产的支配是首要的支配。

3. 企业的目的是获得并不断增加盈利。自负盈亏，即以独立资产抵补经营亏损，承担经营责任，是企业得以不断发展的内在动力所在，也是形成自我约束机制的关键。自负盈亏是企业的重要特征。

4. 企业的职能是从事生产经营活动（企业不仅指具有生产加工能力的厂商，也包括金融、保险、服务性企业）。企业必须向社会提供适销商品和优质服务。企业没有义务无偿承担各种非企业性职能，如政府行政职能和社会职能等。

总之，企业属于经济生活范畴，是现代经济活动的基本组织形式。

企业作为一种经济活动的基本组织形式，是在近代工业革命以来，随市场经济发展而登上历史舞台并确立其地位的。企业是市场经济发展或工

业化、现代化意义上的产物。

同时，企业本身就是一种文化类型的产物。这种类型的文化，是一种以个人平等观念为前提，以个人的私欲作为原动力，以维护商人权益和交换秩序的法律规范为竞赛规则，以自由竞争、价格机制为运转机制的经济文化，是一种货币文化、资本文化、金钱文化。

西方意义上的企业，是这种文化中的基本组织形式，或者说是细胞。企业本身就是这种文化的产物，只有在这种文化环境中，才有真正意义上的企业；也只有在这种文化意义上，才能理解企业这个概念。私有财产、自由、平等、法制、科学、理性、效率等基本观念，既是企业产生和生存的价值前提，也是企业追求和捍卫的一般价值准则。

（二）企业的多面性

显然，对企业组织而言，经济方面的性质或经济侧面是企业之所以成为企业的起决定性作用的侧面，是经济方面的内容赋予企业以企业特征。

但是由于企业生存环境的千差万别，以及企业的多面性，企业或多或少不同程度地具有社会的、政治的、文化的性质。在典型市场经济环境下，经济、社会、政治、文化等方面具有内在统一性，企业与其生存环境、生存土壤有亲和力及同一性。在非典型市场经济环境中，上述几个方面呈现出与典型形态不同的特点。

在未经过西方同样发展过程的国家，或者说在非典型市场经济文化类型的国家，企业更多地带有这些国家传统文化的色彩，从而在企业性质方面具有与典型企业不同的特点。这种差别，首先是由于传统文化的基本价值观的差异以及文化类型的不同造成的；其次，它与工业化的程度及市场经济发展的程度相关。

在社会还基本上是一个传统社会，市场经济发展不充分，市场经济体制没有在完全意义上建立起来的条件下，企业容易发生变异，从而呈现出不同的形态。由于程度的不同，有的在基本方面是企业，但带有浓厚的传统文化色彩；有的在基本方面仍然是传统社会组织，徒有企业形式。

产权

所有制、所有权、产权，是经济学的重要范畴，也是我国经济体制改革以来一直在讨论的一个热点问题。

（一）所有权

当我们在经济生活中碰到资源稀缺问题时，或者说出现某种资源相对需求不足的问题时，就需要对这种资源的"所有"加以界定和保护。这种界定和保护的过程就是所有权形成的过程。

所谓所有权，是指对主体拥有财富这一特定事实给予社会性的认可和保护。

所有权是一个规范性的概念，它的基本点是：

（1）所有权依照严格的法定方式取得。

（2）所有权具有占有、使用、处分和收益四项权能，所有者可以根据自己的意志行使其中任何一项权能。

（3）所有权具有排他性，在法律限定的范围之内排除他人对所有权行使过程的干预。

（4）所有权可部分地转让给他人，但处分权只能由所有者行使。

（5）所有者在所有权遭到侵害时，可以通过法律手段维护自己的权益。

所有制是所有权的法律形态。当我们讨论一种所有制时，实际上是在讨论一种财产法律制度。

产权是所有权的经济用语，它强调的是由谁行使各种实质性的所有权。产权关注的是经济运行过程中实质意义上的财产关系。

（二）产权及其功能

产权是一个社会所强制实施的选择一种经济品的使用的权利。

从经济学角度来分析产权，它不是指一般的物质实体，而是指由人们对物的使用所引起的相互认可的行为关系。它是对必然发生的不相容的使用权进行的分配。它用来界定人们在经济活动中如何受益，如何受损，以及相互之间如何进行补偿的规则。

一项产权的基本内容包括行为主体对资源的使用权与转让权，以及收入的享用权。该项产权的权能是否完整，主要可以从所有者对它具有的排他性和可转让性来衡量，如果权利所有者对他所拥有的权利有排他的使用权、收入的独享权和自由的转让权，其所拥有的产权就是完整的。如果这些方面的权能受到限制或禁止，就称为产权的残缺。

产权结构不同，效率也不同。明确界定和保护产权，有利于资源的有

效利用，提高产权的效率。

一种产权配置是否有效率，主要看它能否为在它支配下的人们提供有效的激励。产权制度最基本的功能是明确规定产权主体对客体的关系，以及不同产权主体相互之间的关系，也就是说，明确谁所有、谁支配、谁受益、谁受损。如果这些方面的规定是明确的，不同权利主体之间的关系是明确的，权利的拥有者就会非常关心这些财产的使用，财产权利关系客观上就具有激励人们有效利用资源、提高经济效率、增加产出的功能。

私有产权、共有产权和国有产权，实质上是把上述权利界定给了不同的行动主体。

私有产权就是把资源的使用、转让以及收入的享用权界定给了一个特定的人，他可以把这些权利与其他附着了类似权利的物品相交换，他可以通过契约将这些权利转让给其他人，他对这些权利的使用不应受到限制。共有产权意味着一个共同体内部所有成员都有权分享共同体拥有的权利，排除了共同体以外的其他成员和国家对共同体内的任何成员行使这些权利的干扰。国有产权在理论上指这些权利由国家拥有，国家按照可接受、可行的政治程序来决定谁可以使用或不可以使用这些权利。

在共有产权条件下，由于共同体内的每一成员都有权平均分享共同体所拥有的权利，当共同体的成员追求其个人价值最大化时，由此所产生的成本就有可能部分转嫁给共同体内的其他成员承担。从收益方面看，一个共同体成员也可能无法避免其他人来分享他努力的果实。也就是说，在共有产权之下，个人使用某项权利的成本与收益可能要由他之外的共同体其他成员甚至整个社会来承担，因此制度经济学称这种现象为"外部性"，外部性表明权责关系不够明晰，从而导致产权安排的无效率。在此情况之下，所有成员要达成一个使用共有产权的最优行动的共识，成本也可能非常之高，或者说几乎不可能。因而共有产权条件下会产生很多内耗、争执，财产关系不明确，从效率角度衡量不理想。

国有产权条件下，权利由国家选择的代理人——国有企业的管理者行使。作为权利的使用者，由于管理者对资源的使用与转让，以及最后成果的分配都不具有充分的权能，就使管理者对企业经营好坏和对其他成员监督的关心和激励下降，而国家要对这些管理者进行充分有效的监督可能费

用极其高昂，操作上有很多困难，这些都增加了额外的成本。再加上行使国家权力的行政机构往往为了追求其政治利益可能偏离利润最大化动机，因而在选择管理者时也具有从政治利益而非经济利益角度考虑的倾向，因而在国有产权条件下，也会导致财产权利难以发挥作用。从效率角度衡量也不理想。

私有产权条件下，所有者在做出一项行动选择时，必须考虑未来的收益和成本可能，并选择他认为能使其权利的回报价值最大化的方式，来做出资源使用的安排；而且他为了追求自身的收益所产生的成本也只能由他个人来承担，因为财产关系明确，无处推脱，从而产生了更有效利用资源的激励。

以上关于私有产权、共有产权、国有产权三种产权状态的描述，只是一种理论上的抽象分析，关注的核心是产权是否明确，能否产生出有效利用资源的激励机制。现实世界中产权要具体化为各种企业形态，财产关系与经济效率的关系要落实到现实的企业制度中进行分析。

企业形态

在微观意义上，通常根据以下几个方面的特征来区别企业制度或企业形态：

（1）企业是谁的？企业财产归谁所有？
（2）由谁承担企业的经营管理责任？
（3）出资者具有哪些权利，承担哪些义务？

资本主义企业是在私有制基础上适应资本扩张的需要逐步发展起来的。在漫长的发展过程中，西方企业发展依次经历了私营企业的发展阶段、股份公司阶段、跨国公司阶段等几个大的发展阶段。这一发展过程，经历了量和质两个方面的变化。量变主要体现在资本集中程度方面；质变一是由无限责任变为有限责任，二是所有权和经营管理权由完全结合变为逐步趋向分离。

私营企业发展阶段

（一）私营企业的类型

历史地看，私营企业指私人企业和在私人企业基础上形成的合伙公司、两合公司和无限责任公司这些企业形态。

1. 私人企业（individual enterprise）。私人企业是个人独资设立、个人所有、个人经营的企业。私人企业是企业最原始的形态。私人企业不具有法人资格，但拥有公司全部股份的股份公司，也可视同私人企业，这在日本尤为普遍。

在私人企业中，投资者拥有经营全权，并承担全部经营责任，经营利润归投资者所有，企业收入成为其个人收入的组成部分，一旦发生亏损，由其个人财产抵补，并对债务关系承担无限责任。私人企业的优点是独立决策、自主经营，经营成本低，便于管理；缺点是资本有限，筹资困难。

随着市场规模扩大、企业扩张和发展，私人企业碰到资本扩大的矛盾。资本扩大有积聚和集中两种途径。积聚依靠私人企业自身利润转化为资本方式受到很大限制，集中是个别资本的结合。资本集中可以突破单一资本积聚的限制，加快资本扩大的速度，适应经营发展的需要，但是，资本集中同时会带来所有权关系的变化，资本的扩大和对企业的支配产生矛盾。因而，资本集中必然会导致企业形态的变化。

私人企业自有资本的扩大与个人财产多少有直接关系，而且他人资本的扩大也受个人财产多少的制约。为保证出资的安全，其他出资者往往要求提供担保，而私人企业只能以个人财产（如个人住宅等）作为可靠的担保物。私人企业即便发展成为法人形态的股份公司，也不能仅以法人所有财产作为借贷担保，还需附加个人财产担保证明。由此可见，他人资本的筹措量与个人财产多少成正比关系，这对私人企业的发展无疑是一种限制。

此外，私人企业的发展状况还取决于业主的个人能力及其生命周期，业主一旦死亡，往往会给企业经营活动带来极大的影响，因为其家庭成员并不一定具有良好的经营管理才能，即便继承了这份事业，也难以保证企业的长远发展。

2. 合伙公司（unlimited or ordinary partnership）。合伙公司是私人企业直接结合而成的形态，是最原始的公司形态。各所有者共同对结合而成的公

司财产负责。同时，出资者要承担无限连带责任。

合伙公司形态从结合多个单独资本的意义上超越了私人企业限制，但由于所有者要承担重大责任，因而结合难度较大，决策要取得所有出资者同意，需要其他因素起协调作用，规模也有限。历史上合伙公司往往是家族成员的联合形态，由家族纽带起维系作用。合伙公司是一种应用范围有限的形式。

3. 两合公司（limited partnership）。两合公司是指由一个以上无限责任股东和一个以上有限责任股东共同出资组成的公司，其中无限责任所有者握有控制权。

无限责任股东和有限责任股东均为公司自有资本的出资者，有权分享利润，也需承担风险。区别只是在于无限责任股东对公司债务应负无限连带清偿责任，有限责任股东仅以出资额对公司债务负责。两合公司是介于无限责任公司和有限责任公司之间的一种公司形式，公司中有限责任部分的资本不分成等额股份。

由于无限责任股东负有无限责任，承担的风险最大，所以多在公司中占据主导地位，享有公司管理权。有限责任股东对外无权代表公司，也不能对内执行公司业务。有限责任股东转让出资，需征得无限责任股东的同意，没有转让自主权。

两合公司既可以通过无限责任股东的存在保护债权人，取得外界信任，又可以通过有限责任股东吸引大量资金。

随着经营扩大，两合公司产生了无限责任所有者难以承担法定责任的问题。出资不能自由转让的特点，也使优秀人才参与经营管理变得十分困难。无限责任股东的死亡，通常会导致退股或公司终止。两合公司也是一种过渡形态。

4. 有限责任公司（limited liability company）。有限责任公司是指由50人以下股东共同出资，每个股东以其所认缴的出资额对公司承担有限责任，公司以其全部资产对其债务承担责任的企业法人。有限责任公司股东人数一般在2—50人之间，此外，我国公司法对一人有限责任公司的设立和组织机构也做了专门的规定。在市场经济国家，有限责任公司一般指股东人数较少，资本不表现为等额股份，不公开发行股票，不允许股份在证券交易

所交易，股东负有限责任的中小型公司企业。在股份制企业中，有限责任公司占绝大部分比重。

有限责任公司的基本特征是：

（1）公司不公开订购股份，不公开发行股票，不允许股份上市交易。

（2）股东凭公司出具的书面股份证书，享有公司权益。股东有权直接参与公司经营管理。

（3）公司股份不能自由转让，如需转让，公司设立股东会的，由股东会讨论通过；公司不设立股东会的，由董事会讨论通过。股东会不同意转让的或全体股东未一致同意转让的，应由其他股东购买该股份；同意转让的，其他股东在同等条件下对转让的股份有优先购买权。

（4）公司账目不向社会公开。

与股份有限公司相比，有限责任公司的设立程序比较简单。而与无限责任公司相比，有限责任公司股东的责任有限，风险较小，股东也不限于自然人，筹资较为容易，有利于中小企业扩大资本。但是，由于有限责任公司不能公开发行股票，股权转让又较为困难，所以其筹资范围和规模均比不上股份有限公司，不能满足现代大型企业经营活动的需要。当然，这并不排除某些有限责任公司的股本超过一些股份有限公司的可能性。

有限责任公司的股东认缴股本，可以用货币出资，也可以用实物、工业产权、非专利技术、土地使用权作价出资。

有限责任使得这种形式在资本集中方面有一定优越性，有限的成员又构成了资本进一步扩张的限制。有限责任公司适合于经营规模不太大的情形。

上述各种形式，都不同程度存在发展方面的限制。为企业发展提供便利制度条件的，是下一发展阶段的股份有限公司。

（二）中小企业的特征

由上可见，大部分私营企业都是中小企业。

1. 中小企业的特征。作为中小企业共同的特征，主要有以下七个方面：

（1）中小型。以经营规模为中心，从业人员、资本量、生产规模等多方面都具有中小性质，相应地，组织协调能力、资本调剂能力、市场支配能力也具有中小特点。

（2）强烈的个人色彩。多数中小企业都是个人所有。即使不是纯粹个人所有的，也在相当程度上由个人管理。经营管理以所有者个人为主体，企业行为的各方面都带有强烈的个人色彩。同样，企业的发展也要受个人风格影响，受个人能力限制。

（3）单独支配。在大企业，通常是由一个管理群体实施管理。在中小企业内，私人企业自不用说，即使是合伙公司、两合公司、有限责任公司，虽然制度上不是个人完全支配，但大多数企业都具有单独个人支配倾向。

（4）所有权与经营管理权合一。多数中小企业，所有权和经营管理权都是结合在一起的。法律规定有限责任公司的所有权与经营管理权可以分开，但实际上大多数是合一的。这也是造成单独支配的重要原因。

（5）组织不发达。由于规模小，多数中小企业组织仍处于原始状态，职能、阶层都处在一种不发达阶段。比起组织职能来，个人处于中心地位，因而专业人才使用、参谋职能等现代企业组织管理手段的采用受到较大限制。

（6）企业经营具有统一性、弹性、创造性。大企业发展到一定程度后，容易产生官僚化、经营上缺乏弹性和灵活性的弊病。中小企业由于上述个人支配、两权合一、个人中心等特点，具有反应快、决策快、执行迅速，弹性、创造性、灵活性强等优势。

（7）人际关系色彩浓。中小企业由于人员少，日常接触频繁，容易相互理解、增进感情、相互信赖、相互配合，信息沟通快，人际关系好，有利于激发和调动员工的工作积极性。大企业需要刻意去做的企业文化建设在中小企业是自然产生的。

2. 中小企业适合的范围。根据上述中小企业特征，可以看出中小企业适于活动的范围：

（1）易于发挥个人能力的，经营自主性强的领域。

（2）适合适度规模经营的事业。

（3）手工业和不适合大批量生产的行业。

（4）需求量小、需求品种多样的产品。

（5）不需要太大资本投入的项目。

（6）易于发挥人的创造性的活动。

股份有限公司

股份有限公司，是指注册资本由等额股份构成并通过发行股票（或股权证）筹集资本，股东以其所认购股份对公司承担有限责任，公司以其全部资产对公司债务承担责任的企业法人。股份有限公司是一种完善的企业法人制度，是当前西方国家大企业普遍采用的企业组织形式。

（一）股份有限公司的特征

与传统的私营企业相比，股份有限公司的特征主要有四方面：（1）资本证券化；（2）有限责任制；（3）所有权与经营管理权分离；（4）公司账目公开。

1. 资本证券化。股份有限公司的第一个，也是最根本的特征，是通过资本证券化形成的资本集中。

对出资者而言，大都希望能在一定时点收回投入的资本；对企业而言，希望资本留在企业供企业永久使用。这是一对矛盾，股票上市或资本证券化解决了这个矛盾，既满足了企业的需要，也为投资者进入或退出提供了制度可能。

资本证券化的前提是资本细分化。划分为小额等量股份，不仅可以吸收大额投资者，也可吸收一般小额购买者。资本集中的范围、程度，达到了空前的水平。股票作为一种有价证券，可以在市场上自由流动。证券交易市场的发育和完善，使股票转让变得更加容易。股票既是一种凭证，是公司股本的证明文书，也是一种权利，可以此享有公司经营管理的参与权和资本收益分配权（包括公司终止清算后剩余财产的分配权）。

股票上市或资本证券化是股份有限公司区别于其他类型企业最本质的特征，这也是股份有限公司成为资本主义条件下最具现代特征的企业形态的理由。

2. 有限责任制。股东以其认购的股份为限，对公司债务承担有限责任，与个人财产无关。前述有限责任公司虽然在这一点上与股份有限公司相同，但股本没有证券化，不能流通，不可能成为一般投资对象。两合公司的股本让渡要经过无限责任股东同意，有限责任公司股东数量受法律限制，股份有限公司的有限责任与资本证券化结合起来，才使有限责任制真正发挥出作用。

3. 所有权与经营管理权分离。即股东委托董事会负责资产使用和收益，所有者不负责资产经营管理，由代表股东利益的董事会及其管理人员专门从事经营管理。股份有限公司设有权力机构（股东代表大会）、常务决策机构（董事会）、监督机构（监事会）和行政（执行）机构。公司的日常行政和业务活动由董事会聘任的总经理全面负责，总经理对董事会负责。董事由股东大会选举产生，董事会向股东大会负责。股东拥有选举或罢免董事的权力，并以此保护自身利益。

股份有限公司在最初发展阶段，由大股东亲自负责公司经营管理。发展到后来，演变为委托专职管理人员负责，股东逐步转变为证券投资者，只关心股价的升降和红利的多寡，企业经营管理摆脱所有者影响，成为一项独立的事业。

4. 公司账目公开。公开发行股票的公司，其资产负债表、利润表、盈余分配表（或亏损弥补表）等主要财务报表，应依法经会计师事务所查核鉴证，在一定时间内公告。

（二）股份有限公司的优点和缺点

1. 股份有限公司的优点。股份有限公司这一企业制度具有以下优点：

（1）有利于保持公司的持久发展。通过发行股票和建立完善的运行体制，将使公司彻底摆脱对业主个人能力和年龄的依赖。随着股票的出售，某些投资者包括公司创建人，都可能不再是公司股东。而经理等经营管理人员的人选也已从股东扩大到非股东，人员更替变得非常容易。

（2）有利于吸收大量资本。从事巨大经营事业需要大量资本，自我积累无异于杯水车薪，借款又会背上沉重的利息包袱。显然，这两条路子的作用都是有限的。而采用股份有限公司制度，一方面，责任有限，当公司破产时，股东除了其所认购股份损失外，不负无限连带清偿责任，有利于保护股东的投资热情；另一方面，股份有限公司可以采用发行股票的办法募集资本，尤其是可以吸收社会上的闲散小额资本。因此，股份有限公司资本来源广泛，可在短时间内很快地集中起巨额资本，使公司得以开展大规模经营事业。

（3）所有权与经营管理权分离，非股东也可被聘为公司经理，从而拓宽了经理等经营管理人员的选拔范围。一批受过专门训练、经验丰富的专

业人员有机会得到重用,从而有利于提高公司的管理水平。公司经理等岗位的职业化,又推动了经营管理经验的总结、知识的积累和管理人才的培养。

(4) 保护创业者利益。创业伴有很大的风险性,倾家荡产也是常有的事。采用股份有限公司制度,新企业可以通过公开发行股票,取得可观的发行收入。发行收入减去股本的差额部分,就是对原始创业者和投资者的最大回报。企业经营事业越有发展前途,发行收入就越高。

2. 股份有限公司的缺点。股份有限公司制度存在以下缺点:

(1) 股东难以掌握足够的企业信息。与经营者掌握的丰富的企业信息相比,广大股东所能掌握的信息量总是少得可怜,二者之间的差距是巨大的。这种差距往往引发一系列事端,尤以经营者欺骗股东为甚。经营者欺骗股东的问题,自股份有限公司制度诞生开始就已为人们所关注。为了弥补这一缺陷,各国都有针对性地制定了一系列规章制度,如财务公开制度等,以保护股东的权利。但是,这类制度不管如何完善,经营者与股东之间信息量的差距仍是一种客观存在。

(2) 随着股权的分散和经营活动的复杂化,股东已失去对企业的支配力。从理论上说,股东如认为经营者和董事会成员不称职,可召开股东大会,以投票的形式免去董事会成员的职务,并选举新人出任董事,以维护自身利益。但是,事实上许多股东并不关心企业的经营管理事务,他们只对利益分配感兴趣,要说服其参加投票几乎是不可能的。在这种情况下,企业经营管理权就转到经营者身上,企业所有权和经营管理权开始分离,股东蜕变为被动的食利者。

经营管理权和所有权的分离也会带来事物的另一面。一般来说,股票市场具有两个基本功能:一是帮助企业筹集资金和个人买卖证券;二是买卖企业所有权和支配权。借助第二种功能,个人和法人均可随着买卖股票而自由地买卖对企业的支配权,而企业支配权的买卖则往往被赋予股东的意志,并最终反映到企业经营管理中来。因此,股权的分散反而会强化股东对企业的影响力。企业经营者若忽视股东利益,就会使企业股票在广大股东心目中失去吸引力。此时,大部分股东将选择停止购买并抛售其股票的做法,因为这比集中投票选举经营者更省心、省事。抛售必然导致企业股价的下跌，这对那些期待通过控股和人员变动来保护股东利益的一部分人来说，无疑是一个绝好的机会。他们会借机以低价购入能掌握控股权额度的股份，通过更换经营者重新吸引人们的注意，推动股票价格上扬，使股东得以取得更大的长远利益。

总之，股票的自由买卖使经营者不得不服从于股东的意志，与市场竞争压力相比，来自股市的压力更大。美国的股份有限公司在20世纪60年代末期以后，就受到了这种压力的影响，股东利益最大化开始成为其追求的最高目标，有人因此称这是股东对经营者革命的一次反革命，并断言这将影响企业的健康发展。但是，只要经营者和股东之间仍存在信息的不对称，只要经营者损害股东利益的问题还在出现，股东反过来对企业施加影响的现象就难以避免。对此，企业经营者应予以足够的重视。

公司治理

公司治理的内涵与模式

（一）公司治理的内涵与历史

1. 内涵。公司治理的内涵分狭义与广义两种。狭义的公司治理，是指所有者（主要是股东）对经营者的一种监督与制衡机制，其主要内容包括由股东大会、董事会、监事会及管理层所构成的公司内部治理结构。

广义的公司治理还包括外部治理结构，是指通过一套正式或非正式的制度或机制来协调公司与所有利益相关者之间的利益关系，以保证公司决策的科学化，从而最终维护公司内外部各方面利益的一种制度安排。公司治理的实施主体不仅局限于股东，而是包括股东、债权人、雇员、顾客、供应商、政府、社区等在内的广大公司利益相关者。公司治理的实施对象包括经营者和董事会。

2. 历史。公司治理的问题是随着现代企业形态的不断演进而产生的，私人企业向公司制企业的演化使得现代公司出现了股权结构分散化、所有权与经营权相分离的特征，在促进企业和经济发展的同时，也带来了股东

行动不一致和消极参与、对经营者的监督弱化、管理者权力增大损害所有者利益等一系列问题，由此导致公司治理的重要性日渐突出。

随着资本市场的创新与繁荣、大公司信任危机、食品安全、环境保护运动和网络的兴起等诸多新情况的出现，不但公司的内部治理面临着前所未有的挑战，公司与外部环境和外部利益相关者之间的关系也日益重要，外部治理逐渐成为企业需要面对的重大现实问题。当前，公司治理已经成为企业经营和管理中的一个热点和持续关注的焦点。

（二）公司治理的模式

发达国家的公司治理可以大致分为英美模式和德日模式两种，而家族模式则主要出现在东亚和东南亚等新兴市场国家，这是各国的经济发展、法律与制度安排和金融管制上的差异等因素造成的。

1. 英美模式。英美国家的企业，股权比较分散，个别股东控制企业的能力较小，所起作用也有限。同时，由于金融管制的限制，银行不能持有公司股份，这也是导致它们区别于德日模式的一个重要原因。机构投资者虽然可能为大股东，但其投资具有投机性和短期性，更关注短期投资回报，对公司内部监管的动力不足。这样，股份公司的控制权落入管理者手中。但是，英美国家的资本市场和职业经理人市场比较发达，外部审计制度也比较完善，市场竞争可以作为一种外部监督机制弥补股东利益保护不充分和管理者缺乏监督的问题，管理层如果经营不善，将会被资本市场抛弃或者被经理人市场中的同行所代替。因此，这种治理模式也被称为"外部治理模式"。这种模式赋予管理层在经营决策上较大的自由和独立性，股东的意志可以通过买卖股票、影响股票价格来体现。这种股票市场的压力对管理层造成了制约，股东对于公司的监控通过这一间接机制来实现。

2. 德日模式。德国和日本虽然也有发达的股票市场，但并非主要筹资渠道。企业主要依靠其他方式融资，企业负债率通常比较高，企业间交叉持股现象比较普遍，股权相对集中并且主要由产业法人股东持有，银行成为企业的重要股东并积极参与企业的经营决策。有时候由某个银行作为诸多企业债务融资的核心和枢纽，并以此结成一组关系密切的公司，即所谓"财团"。这样，公司的大部分债务融资来源于财团中的银行或其他成员，而银行、供应商、客户和职工都积极通过公司的董事会和监事会等机构参

与公司经营管理，发挥监督作用。这种企业与企业之间、企业与银行之间形成的长期稳定的资本关系和贸易关系所构成的，对经营者的监督和制约就是德日模式，也被称为"内部治理模式"。

3. 家族模式。东亚和东南亚等国家和地区的许多大型公司都是由家族控制的，因此家族模式盛行。企业所有权或股权主要为家族成员所有，企业主要经营管理权掌握在家族成员手中，家族成员是公司治理系统中的主要力量。企业的重大决定如创办新企业、开拓新业务、人事任免、决定企业的接班人等最终都由家族中的家长决定。家族中其他成员作出的决策也需要得到家长的首肯，即使这些家长已经退出企业经营的第一线，由接班人作出的重大决策也必须征询家长的意见或征得家长的同意。经营者受到来自家族利益和亲情的双重激励和约束，因此，与非家族企业经营者相比，家族模式下的经营者的道德风险、利己的个人主义倾向发生的可能性较低。但这种建立在家族利益和亲情基础上的激励约束机制，使家族企业经营者所承受的压力更大、需要考虑的因素和矛盾冲突更多更复杂。许多非经营性因素干扰和制约企业的运转，导致家族企业经营管理出现风险和不稳定。

内部治理

（一）股东大会

我国公司法规定，股东大会是公司的权力机构，行使决定公司经营方针和投资计划，选举和更换董事会、监事会等重大问题的权力。由于股东按其持股种类和数量享有权利和承担义务，并且股东大会采取简单多数的表决制度，因此，股东大会实际上由掌握控股权的大股东控制，分散的小股东意志一般很难在股东大会上得到体现。当然，只要资本市场是竞争和开放的，并且国家法律能给予必要的支持，小股东的权益仍能得到维护。

（二）董事会与监事会

董事会是股东大会或股东代表大会的执行机关，负责公司重大事项决策，对股东大会或股东代表大会负责并报告工作。股东大会或股东代表大

会所作出的有关公司重大事项的决定，董事会必须执行。监事会是股东大会领导下的公司的常设监察机构，执行监督职能。监事会与董事会并立，独立地行使对董事会、总经理、高级管理人员及整个公司的监督。为保证监事会和监事的独立性，监事不得兼任董事和经理。

关于董事会结构，英美法系采用单层制，只有董事会，没有监事会；大陆法系则采用双层制，既有董事会，又有监事会。但无论采取哪种结构，都必须要有决策、执行、监督、评价考核、奖惩等制约机制存在，董事会和监事会必须具有科学、合理和完善的运作程序。

(三) 独立董事

独立董事，是指独立于公司股东且不在公司内部任职，与公司或公司经营管理者没有重要的业务联系或专业联系，并对公司事务作出独立判断的董事。

独立董事最根本的特点是独立性和专业性。所谓独立性，是指独立董事必须在人格、经济利益、产生程序、行权等方面独立，不受控股股东和公司管理层的限制。所谓专业性，是指独立董事必须具备一定的专业素质和能力，能够凭自己的专业知识和经验对公司的董事和经理以及有关问题独立地作出判断和发表有价值的意见。

(四) 执行层

执行层是公司的高层管理者，一般称为首席执行官或者经理，是公司的日常经营管理和行政事务的负责人，由董事会决定聘任或者解聘，对董事会负责。可由董事和自然人股东充任，也可由非股东的职业经理人充任。首席执行官或者经理依照公司章程、公司法和董事会的授权行使公司经营管理权，并有任免管理人员的权力，是公司对内生产经营的领导，也是公司对外活动的代表。

外部治理

(一) 证券市场

证券市场是指一切以证券为对象的交易关系的总和。从经济学的角度，可以将证券市场定义为：通过自由竞争的方式，根据供需关系来决定有价证券价格的一种交易机制。证券市场具有价格定位职能，为公司控制权配置主体评定公司价值和经营状况、决定进入或退出该公司从而影响管理层决策奠定了基础，利用证券市场进行控制权配置是公司外部治理的重要方式。

(二) 银行治理

商业银行是重要的公司外部治理机构，主要通过债权人和公司股东两种角色对公司进行外部治理。作为债权人，银行对其客户公司的监督权主要来自两个方面：一是债务契约授予银行的监督权力；二是银行往往为其客户公司提供周转性的短期贷款，具有业务上的监督便利。此外，金融机构往往是一种重要的公司股东类型。作为股东，银行自然也行使着对持股公司的治理职能。

(三) 机构投资者治理

早期的机构投资者只是消极的股东，并不直接干预公司的行为，也不积极地参与公司治理活动，而是倾向于通过短期炒买炒卖从中牟利。20世纪90年代以来，机构投资者在股票市场和公司总股本中所占的份额越来越大，无法通过简单地抛售股票的传统方式保护其资本价值，于是不得不遵循长期投资理念，采取积极干预的方式参与到公司治理中来，并成为一支日益重要的力量。

企业的外部关系与社会责任

市场经济条件下,企业作为经济运行的行为主体,在具有高度自主性、独立性的同时,也增强了对外部环境的依存性。任何一个工商企业在生产经营过程中,随时都会与外部环境发生千丝万缕的联系,并由此形成广泛多样的外部关系。在筹集运用资金的过程中,会形成与股东、债券持有者、银行的关系;在商品购销过程中,直接与供应商、经销商和顾客产生关系;在宣传产品、塑造企业形象时,要与新闻单位及各种传播媒体建立关系;在参与社会活动,承担有关法律、经济和社会责任义务时,则与所在社区及政府有关部门形成一定关系。

凡是外部环境中与企业有直接或间接利害关系的社会组织和个人,都与企业发生外部关系。各种外部关系都从不同侧面、不同程度影响企业生产经营活动的顺利进行,制约企业的生存和发展。除了输出、输入这两方面的选择外,企业还必须注意协调与利益相关群体、集团的关系。不仅如此,随着环境问题重要程度越来越高,绿色生产、绿色营销也逐渐提上了企业的议事日程。

作为社会系统的一个有机组织,企业随着社会的发展、科技的进步而不断发展。同时,企业的发展也成为推动社会进步、科技发展最重要的力量,影响到人们生活的方方面面。人们对企业的认识、要求、期望也随着时代的推移不断变化:追求利润被附之以社会责任,契约自由不得损害第三方利益,企业由单纯地追求利润到被要求做到顾及所有利益相关者,等等。这些因素无不体现出企业外部关系的重要性。

人们对企业期望的变化主要源自两方面的影响:企业界自身实践和企业外部环境的变化。

西方工业革命以来,科学技术的进步可谓一日千里,现在更有加速之势,而与此相伴随的是社会制度、思想文化的进步,世界各国、各民族的经济、思想、文化的不断交流融合。世界区域经济、政治、文化一体化运

动如火如荼，各种致力于科教、文化、环保的世界性组织不断涌现、发展。对于新的时代，人们冠以各种新名称，像地球村、全球化时代、信息化时代、新经济等，从中也可以看到时代的特征。

尽管世界经济、政治、文化融合事实上促进了各国的发展，在社会、经济、文化、科技、艺术等各方面都有所进步，从总体上说带来了巨大的好处，但由于世界格局、各国体制的问题，更多的利益并没有保证公平的分配，加上意识形态的巨大差别，导致了各国间在产生利益争夺矛盾的同时，还伴随着文化、宗教、种族的冲突，企业需要处理的问题更复杂了。在这样的形势下，产生了一个新的课题——危机管理。

可见，人们对企业的期望、企业经营规模和领域的扩大与外部环境的复杂多变都使企业管理面临更大的挑战。应对外部环境的种种约束、建立良好的外部关系、加强企业的社会责任成为企业管理的新课题。

环境的合法性约束

企业作为一个组织，生存在制度环境之中，受到外部的各种法律、规范、观念等的约束。这种约束通过合法性机制起作用，即企业的经营管理必须获得外部制度环境的认可与支持、必须具有合法性。这一机制深刻地塑造和影响着企业的行为。

（一）什么是合法性

合法性是指在一个由社会构建的规范、价值、信念和定义的体系中，一个实体的行为被认为是可取的、恰当的、合适的一般性的感知和假定。合法性机制的基本思想是：社会的法律制度、文化期待、观念制度等一旦成为人们广为接受的社会事实，就具有强大的约束力量，成为规范人们行为的观念因素，能够诱使或者迫使组织采纳与这种共享观念相符的组织结构和制度。合法性机制是一种约束组织的制度性力量，引导和规范组织。

人们通常认为，企业就是一个追求利润最大化和资本增值的组织，而容易忽视它的其他侧面。在现实生活中，企业在进行经营决策或管理活动时，不能只从效率角度去考虑，还要顾及其行为是否具有正当性和合理性、是否符合社会认可的规范。"合法性"的概念提供了一个视角，启发人们去关注企业组织的这一侧面，认识到企业除了效率追求之外还有对合法性的追求。

(二) 合法性制约

制度环境包含了规制、规范和文化认知三个层面。每一个层面都构成了不同的合法性评估标准,同时也产生了三种不同的运作机制:强制、规范和模仿。

强制层面主要是指来源于政府、专业机构、行业协会等相关部门所制定的法律法令、规章制度的制约,其合法性基础是"法律上认可";规范层面则主要是社会规范和专业规范的约束,合法性源于道德上的支配;而认知层面是指来源于有关特定事物或活动的知识的扩散而带来的"被人们广为理解和接受的""理所当然的"压力,在这种环境压力下,组织合法性追求"文化支持、可认知性"。

协调企业外部关系的重要性

我们已经认识到,企业是一个开放系统,时刻与外部环境进行着物资、服务、资金及信息的交换。外部环境及其变化对企业管理的效果、企业运营的绩效有着重要影响。主动适应,甚至控制、改变环境以实现企业目标成为企业管理的一项重要任务,而其中最为突出的就是协调企业的各种外部关系。

协调企业外部关系是指企业在日常经营过程中,正确选择、处理、调整和改善与利益关系群体以及相关社会组织和个人之间的关系,为企业的生存和发展创造良好的社会关系环境的行为。

协调好外部关系对于企业具有多方面的重要意义。

(一) 协调好外部关系是企业正常经营的必要条件

虽然企业是独立的经济组织,但日常的经营活动必须依靠利益关系群体和相关组织、个人的密切配合、协作才能正常进行。显而易见,与银行、社区团体、工商、税务、卫生等部门的关系是否协调,原材料供应者、设备供应者、同行业其他企业是否配合,股东利益能否得到维护,消费者对企业印象如何,这些都关系到企业能否正常运转。不论上述哪个环节出现问题,产生阻滞,都会干扰甚至破坏企业的正常经营。

(二) 协调外部关系有助于树立良好的企业形象

企业形象是企业在社会公众心目中信誉、地位、声望及特色的整体反映,是企业经营宗旨、经济实力、管理水平、员工素质、产品质量、竞争

潜力、发展前景等多方面要素的综合体现。现阶段，市场逐步发育成熟，竞争日趋激烈，企业之间已经由单纯的产品价格竞争、质量竞争和广告竞争，发展为企业整体形象的竞争。良好的企业形象不仅是强有力的促销手段，而且成为企业最有价值的无形资产。具有良好形象的企业，可以获得社会各界公众最广泛的理解、信任和赞誉；可以不断扩大产品销路，提高市场占有率；可以吸引优秀人才加入企业，形成高素质的员工队伍；还可以在身处逆境、发生危机时，赢得有关社会组织与个人的强有力的支持和帮助，协助企业尽快摆脱困境。然而，良好的企业形象并非一蹴而就或自然形成的，除不断提高内在素质外，还需要企业长期坚持不懈地精心培育和加强与顾客、股东、媒体、政府等方面的关系。只有在主动协调外部关系的基础上，不断增进公众对企业的了解，促使其对企业产生好感和心理认同，才能逐步在公众心目中建立起良好的企业形象。

（三）协调外部关系有助于企业建立广泛的经济联系网络

随着社会经济的高度市场化和市场体系的逐步完善，企业的生产经营活动越来越难囿于一地一域的狭小范围和单一的经营领域，趋于把触角伸向更为广阔的市场空间，从事大范围、跨地区、跨行业的多元化经营。不仅如此，为适应加入国际分工体系和开拓国际市场的需要，许多企业或开展国际贸易往来业务，或设立国际分支机构，或进行海外投资，直接在所在国从事生产经营活动。这一格局的形成，一方面极大地拓展了企业的活动领域；另一方面也使企业面临的外部关系更加复杂化、多样化，不仅包括本地区、本行业、本国的相关公众，而且涉及与不同地区、行业及不同国家的诸多社会组织及个人的相互关系。而构建良好的外部关系，并使之网络化、系统化，是企业开展多元化、跨国经营的前提。只有妥善处理企业与方方面面的错综复杂的关系，建立广泛的、协调有序的经济联系网络，才能使企业在各个活动领域都能获得宽松和谐的社会关系环境，包括人事关系环境、舆论环境、竞争环境、合作环境等，从而为企业在新领域的顺利发展创造有利条件。

（四）协调外部关系有助于企业扩大产品销售，增强竞争能力，提高经济效益

通过扩大产品销售增加盈利，提高经济效益，是企业从事生产经营活动的直接目的。企业与供应商、经销商建立密切关系，可以保持稳定的货源和顺畅的销售渠道；与金融机构建立密切关系，可以获得有力的资金和信用支持，促进产品的更新换代；与新闻单位保持紧密联系，可以充分利用媒体的传播作用，扩大产品宣传。在各类关系中，企业与消费者的关系对促进产品销售具有决定性的影响。消费者是产品的最终购买者。消费者购买什么，购买多少，直接决定产品的市场销售状况，进而影响企业的效益水平。而消费者在作购买决策时，不仅要考虑产品的质量、价格、外观设计等因素，还经常以对企业的了解、好感和依赖程度为基础。具有较高知名度和美誉度的企业，其产品也容易得到消费者的认可和接受。从一定意义上说，谁能赢得消费者的信任和支持，谁就能在竞争中居于优势地位。为此，企业必须高度重视与消费者保持良好关系，应当以增进消费者对企业的认识和了解，加强好感和信任，在消费者心目中树立良好形象为中心开展各种促销活动，在与消费者建立和谐、依赖关系的基础上，不断促进和扩大产品销售。

（五）协调外部关系有助于促进企业提高自身素质，完善内部管理

协调外部关系的基础和前提是企业在社会公众心目中具有良好的形象，仅有高超的协调手段和技巧而不具备良好的企业形象，很难赢得公众的真正信任，相互之间的关系也难以长久维持。而良好形象的形成主要源于企业拥有正确的经营宗旨、严密的组织制度、现代化的管理系统、高素质的员工队伍、产品的竞争能力，以及高度的发展创新精神。为此，企业必须加强各项管理基础工作，完善规章制度，调整劳动组织形式，运用现代化的管理方法和手段，把企业的各项工作纳入科学化、规范化的轨道；要建立以制度为中心的管理体系，运用各种激励手段，最大限度地调动全体员工的积极性，加强内部纵向和横向关系的协调，创造和谐的群体气氛，增强企业的凝聚力。只有在不断提高自身素质、塑造良好形象的基础上，企业才能求得与各界公众关系的协调发展。

企业的社会责任

企业的社会责任是指企业在遵守、维护和改善社会秩序、保护和增加社会福利方面所承担的职责和义务。作为开放性质的经济组织，企业的基本功能和职责是通过生产经营活动向社会提供商品和劳务并获取盈利。然

而,随着社会经济的迅速发展和企业主体地位的加强,现代企业已不再仅仅是经济机构,其对社会、经济、政治等人类生活的方方面面都有着深刻的影响,已经成为整个社会体系中的重要组成部分。因此,社会对企业提出了更高的要求,即在发挥自身经济功能的同时,承担起更多的社会责任,更好地发挥自身社会功能。

(一) 企业社会责任的含义

关于社会责任的实质和内容,近几十年中人们的认识经历了较大变化。20世纪初,权威的看法认为企业的社会责任就是通过经营活动获取大量的利润,企业为自身获取最大利润就是为社会提供了最大利润。20世纪30年代,资本主义经济大萧条时期,许多企业为避免陷入困境而与大股东等相关公众发展密切的合作与互助关系。当时的观点认为,企业的社会责任是与公共社会建立合作伙伴关系,为彼此的生存而共同努力。20世纪60年代以来,随着企业的迅速发展和向社会各个领域的广泛渗透,人们提出企业与社会相互依存的观点,认为企业的利益必须服从和服务于社会的利益,为社会整体利益作出贡献就是企业的社会责任。在当代,环境保护、绿色经营、管理伦理日益成为社会对企业经营发展的新要求。

对企业社会责任的认识变化,反映了市场经济条件下社会组织结构和利益关系高度相关化、一体化的趋势。具有现代意识的企业应当充分认识到这一趋势的客观性和必然性,对企业行为的经济影响和社会影响有足够的理解,努力采取使社会整体利益最大化的经营决策,在日常经营中重视管理伦理,自觉主动地承担起应负的社会责任,在社会生活的各个领域发挥更大的作用。实践证明,自觉履行社会责任,可以为企业赢得社会各界的好评与信任,树立起良好的公众形象;可以建立有效的社会监督机制,促进企业不断改善内部管理,规范企业行为;还可以督促企业主动协调与相关公众的关系,争取他们的理解、支持与合作,为企业的生产经营活动创造宽松和谐的外部关系环境,从而在推动社会利益发展的同时,更好地实现企业的经营目标和经济利益。

(二) 企业社会责任的内容

企业的社会责任涉及诸多方面,如提供就业机会,资助社会公益事业,保护生态环境,支持社会保障体系等。除此之外,就外部关系而言,企业

还对股东、媒体、社区、政府、交易伙伴、消费者等相关社会组织及个人负有特定的社会责任。

具体来说，企业对股东承担的社会责任是保护股东及其他出资人的投资，并使之得到合理的收益。对于新闻媒体，企业的责任是保证提供信息的准确、及时，维护新闻传播的真实性、客观性和时效性原则，并自觉接受社会舆论的监督。在社区环境中，企业应当通过积极参与本社区的公益活动，提供更多的就业机会和保持环境清洁，为社区居民提供更好的生活场所。企业对政府的社会责任是认真遵守政府的有关法令和政策规定，接受有关部门的监督、指导或管理，自觉履行作为公民应承担的各项义务。就消费者而言，企业应当把满足消费者需要作为责无旁贷的义务，尊重和维护消费者的合法权益，同时担负起教育、引导消费者的职责。

总之，承担社会责任是企业协调外部关系的基础。只有积极履行各项社会责任，为促进实现相关公众的利益和改善社会环境作出贡献，企业才能获得良好的生存和发展条件，从而更加有效地实现经营目标。

环境意识及环境管理

（一）环境意识

自18世纪西方工业革命以来，人类社会由农业社会向工业社会转变。随着社会、经济和生产力的极大发展，人类创造了前所未有的巨大物质财富，大大推进了文明发展的进程。在经济增长的同时，也带来了城市扩大、人口激增、资源过度消耗、环境严重污染和生态日益破坏等一系列后果，并演变成全球性的重大问题。

环境问题突出表现在：对自然资源不加保护地过分开采来换取物质财富所造成的生态破坏，以及工业企业直接向大气、水体和土壤排放大量未经处理的污染物造成的环境污染。环境问题造成工业成本上升，阻碍了工业经济的继续发展和人们生活质量及健康状况的保持和提高，日益威胁着人类生存和未来的发展。

人类行为就像一把双刃剑，在促使一种文明进步的同时却造成另一种文明倒退，而且这种文明的倒退不但限制了前一种文明的继续进步，甚至威胁到文明的主体——人类自身的安全和生存。

在这一严酷的现实面前，人类不得不重新审视自身的社会行为、经济行为和走过的历程，开始关注和思考发生在自己身边和远在地球任何角落的环境和环境事件，并认识到要想真正解决环境问题，就必须通过共同努力去寻求一条社会、人口、经济、环境和资源相互协调的，既能满足当代人需求又不对后代人需求造成危害的可持续发展的道路。

当前我国正处在加速推进工业化和城市化发展的阶段，就总体而言，经济增长还没有摆脱传统的高投入、高消耗的模式，能源、资源的利用率与发达国家相比还很低，环境污染与资源浪费比较突出，这已成为制约我国经济发展的重要因素。因此，有效地利用自然资源，在发展经济的同时尽可能地减少能源和资源的消耗量是环境保护的重要内容。

企业必须清醒地意识到目前的生产和消费模式的"不可持续性"，同时必须意识到：要使企业在竞争中立于不败之地，必须越来越多地将环保纳入企业的经营战略和长期计划中，否则就不能把握商机，不能与注重环保的企业竞争，也无法满足各相关方日益增长的环境期望。

（二）环境管理

环境管理是将环境保护贯穿于企业各项活动的系统化管理方式，是企业主动承担社会责任的表现。该方面的职能部分地是企业自愿的过程，部分地是社会压力下的结果。环境管理给企业带来的潜在好处是不仅带来经济效益，如节省资金，提高生产效率，增加市场份额，而且包括减少环境因素带来的风险。具有环境意识，及早考虑环境问题的企业无异于掌握了一种竞争利器。

环境管理不仅要求企业在产品设计、生产、销售和经营活动的各个阶段实现污染预防和持续改进，更重要的是把环境保护的理念贯彻到企业的经营理念中，培养员工的环保意识，从根本上实现企业的绿色经营和绿色发展。包括：

1. 把环保理念政策化，直接写入企业的规章制度；对员工实施环保教育培训，使企业整体具有环保意识；明确经营过程的绿色规定，把环保理念落到实处。

2. 改进产品的环境性能，降低产品使用中对环境的影响。企业实施环境管理体系，在产品开发中重视改进产品的环境性能，降低产品在制造和使用中对环境的影响，节省能源和各种资源。此外，要有产品生命周期的

概念，考虑到产品使用后废弃所带来的环境影响，使废弃后的产品便于分解、回收、再利用。

3. 改造或更新设备，改革工艺和材料，降低生产过程对环境的影响。生产同类产品的企业由于工艺设备的效率高低不同，原材料的利用率高低不同，运行中对环境的影响往往差别很大，这是造成资源利用率高低差别的主要原因之一。因此企业首先要对上述问题进行调查、识别和评价，找出症结所在。在条件允许时，采取一些更新改造措施，使设备运行对环境的影响减少。生产中使用的有害材料和工艺是造成污染的根源，企业要重视采用清洁材料和清洁工艺，从根本上消除污染源。

4. 实行对废弃物分类处理和回收利用。工业废物是造成环境污染的另一个重要方面，而工业废物本身多数又是可以利用的资源，实现废物的减量化、无害化和资源化是实施环境管理体系的重要内容之一。首先，是采取措施降低工艺过程中的废物产生量，包括降低废品率，减少边角余料等工艺废料的产生量，从源头上加以治理。其次，对于产生的废物，则要实行分类处理和回收利用。

5. 加强对能源、资源消耗的管理，实现节能降耗。除了废水、废气、固体废物等对环境产生污染的因素之外，还包括自然资源、能源的经济利用。企业在建立环境管理体系的过程中，应对本企业的能源消耗和主要材料的消耗进行分析，找出能源或资源消耗中的主要问题。针对存在的问题制定技术措施或管理措施，提高能源或资源的利用水平。

6. 在环保技术方面，加强与政府、科研组织、同行企业的交流，充分利用社会资源，更有效地提高环保能力。同时，也促进行业、社会环保意识的增强。

利益相关群体关系协调

股东关系

股东关系是指企业与投资者以及投资相关者之间的关系，也称投资者

关系。

(一) 股东关系中包括的公众对象

股东关系中包括的公众对象有三类：第一类是为数众多的个人股东，他们因购买股票而或多或少地持有企业的股权，通常分散在社会各个领域，虽然不直接参与企业的经营管理，但与企业有共同利益关系，高度关心企业的盈利状况；第二类是各种投资机构，如银行、投资公司、集团投资者，它们通常以贷款、投资等方式向企业提供大笔资金，为及时收回投资并获取收益，同样对企业的盈亏状况极为关注；第三类是专业的金融舆论专家，如证券分析师、股票经纪人、托管人、证券交易机构、金融新闻人员、金融出版机构等，他们虽不直接向企业出资，但对广大投资者的判断与行动具有明显的影响力。所谓股东关系即是企业与上述各类公众之间关系的总和。

股东关系是伴随企业实行股份化经营而形成的一种公众关系，在市场经济条件下极为普遍。特别是第二次世界大战以后，由于经济的快速发展，许多老企业亟须扩大规模，纷纷增股扩股，广泛向社会筹集资金。新建企业更是普遍采用股份制形式，通过发行股票迅速集中社会资金，增加对企业的大笔投入。与此同时，随着收入的增长和生活水平的提高，人们的消费观念和方式也发生了转变，由单一生活消费支出转向货币投资。越来越多的人包括中等收入阶层，纷纷投资于有价证券，持有企业股权，由此形成了一支迅速膨胀的、庞大的股东队伍。适应证券市场发展的要求，各种服务性的证券交易所、证券分析师、金融顾问、股票经纪人等专业机构和人员也应运而生。他们与企业有着极为密切的利益关系，是对企业发展具有重大影响的主要公众。企业要获得有利的投资环境，提高资金控制能力，必须妥善处理股东关系。

(二) 股东关系对企业的制约

1. 协调股东关系关系到企业能否获得（拥有）充足的资金来源。任何企业的创建和运转都离不开资金。在市场经济条件下，发行股票、债券，争取银行贷款和金融机构投资，是企业获取资金的主要手段。只有搞好股东关系，使股东、投资机构及金融服务机构与人员充分了解和相信企业的信用等级与发展能力，才能创造有利的投资环境，稳定已有的投资，吸引和争取新的或潜在的投资者，不断扩大企业的资金来源。

2. 搞好股东关系可以使企业获得有益的咨询和建议。股东或其他投资者由于利益相关，对企业的经营状况极为关注，且能根据各自经验从不同角度发现企业存在的问题，提出独到见解。在协调沟通的基础上充分征求股东意见，可以使企业获得各种有益的建议，为正确制定经营决策提供保证。

3. 股东关系还影响到企业和产品的知名度。出于切身利益的考虑，股东往往十分关心企业的知名度及产品的销售状况，不仅主动购买本企业产品，而且说服动员其他顾客购买，由此成为企业的忠实顾客群和义务宣传促销人员。

（三）协调股东关系的方法

协调股东关系的根本要义是充分尊重股东的基本权利和特权意识。股东购买股票后通常对持股企业拥有如下权利：（1）投票选举董事会，并由董事会代表股东行使管理企业的权利；（2）根据持股数额和票面金额享有对企业资产的所有权；（3）有权买卖转让股票；（4）有权获得股息和分享红利；（5）有权了解企业经营政策和盈亏情况；（6）企业解散时，有权分享剩余资产。由于享有上述权利，股东往往会产生特权意识，认为自己有权了解企业的发展动向和经营成果，有权对企业的经营政策提出意见和建议。企业在协调与股东的关系时，应特别注意尊重股东的特权意识，满足其作为企业主人的心理需要，增进股东对企业的关心和支持程度。要强调对股东的一视同仁，不论是仅持一两股的小股东，还是拥有上万股的投资集团，都应予以同等的尊重和对待。

协调股东关系的具体工作包括以下方面：

1. 及时向股东通报企业的有关情况，包括企业的经营项目、年度计划、发展规则、财务预算、盈亏状况、利润分配、新产品开发、销售预测、人事任免、机构调整、生产经营中的重大成果或严重失误等。将上述情况及时与股东沟通，可以求得他们的理解、信任与支持。向股东通报信息的途径有：（1）就企业年内经营情况进行年度报告；（2）编印小册子或刊登通告公布企业状况；（3）与股东进行电话联系或寄发信件；（4）邀请股东参加企业重大决策的讨论。与股东的信息沟通应自股东购得股票之日始，到

售出股票时为止。

2. 进行持续的股东调查，了解他们对企业经营状况的熟悉程度，广泛征求股东对企业的意见和建议，对股东合理的需要和要求尽量予以满足。具体可以采用如下方式：（1）召开定期（如年度）或不定期的股东会议，直接获取反馈信息；（2）鼓励股东提出书面或口头建议；（3）及时回答股东的问题，并从中了解分析股东的态度和要求；（4）发函和访问，了解股东对企业政策的意见。

消费者关系

消费者是企业面临的数量最多、范围最广的公众群体，它不仅包括直接从企业购买商品的顾客，还包括所有商品使用者和潜在需求者。就购买对象而言，也不仅仅限于生活资源、生产资料等物质产品的购买者，而且包括各种精神产品及劳务的购买者和使用者。从一定意义上说，全社会所有成员都在随时随地从事各种消费活动，因而都属于消费者。可见，与消费者之间的关系是企业最普遍的外部关系，同时，消费者关系也是企业外部关系中最重要的一类。

在现代市场经济条件下，企业的一切生产经营活动都必须以市场为中心，围绕市场需求进行，其经济利益和经营目标也只有通过产品的市场销售才能得以实现。而消费者作为商品的购买者和使用者，构成现实或潜在的市场需求，他们在市场上购买什么，购买多少，直接关系到企业利益和目标的实现程度。特别是随着买方市场的形成和竞争的加剧，消费者日益成为掌握企业命运的主导力量。能否赢得消费者的信赖和支持，直接关系到企业经营的成败。因此，明智的企业无不对消费者关系予以高度重视。

建立良好的消费者关系，首先要求企业牢固树立"消费者第一"的经营宗旨，即把满足消费者的需要作为企业的首要目标，置于各项生产经营活动的中心，使企业的一切行为都以消费者的利益和要求为导向，根据消费者需要的变化随时调整企业的经营方向和营销策略。能否最大限度地满足消费者的需要，最终取决于企业能否向消费者提供最佳产品和服务，这是协调企业与消费者关系的物质基础和核心内容。企业应当从产品设计、促销方式、售后服务等方面为消费者提供优质产品和全方位服务，使消费者的物质需求和精神需要到得充分满足。唯有如此，才能在企业与消费者

之间建立起稳定、持久的良好关系。

除树立正确的经营宗旨和提供优质产品与服务外,企业还需从多方面采取措施,加强与消费者的联系。具体包括:

1. 及时向消费者传递有关企业的信息。可以通过口头、文字、视听等多种信息交流方式和传播手段,向消费者阐明企业的政策宗旨、经营内容、产品特点、经营能力、销售方式、服务项目等,以便使顾客在全面了解和熟悉的基础上,形成对企业的良好印象。

2. 了解消费者的需求及其变化。通过发放问卷、召开用户座谈会、口头询问、电话信函调查等多种渠道和方式,广泛调查和了解不同年龄、性别、职业的消费者的消费观念、方式、需求和偏好,了解消费者对产品的性能、种类、质量、包装及价格的评价和要求,征询对企业服务质量和服务态度的意见等,根据消费者的意见和要求调整企业的经营策略和产品。

3. 保护消费者权益。要切实尊重消费者的合法权益,建立健全有关保障消费者利益的制度和规定,设立专门负责消费者关系的机构和人员,及时处理消费者的意见或投诉。当发生差错或纠纷时,要以保证消费者利益不受损害为原则,妥善加以调节并做好善后工作,把不利影响减少到最低限度。

4. 加强对消费者需求和消费行为的科学分析。与消费者保持良好关系不仅仅是迎合或满足消费者的现实需要,随着现代经济的迅速发展和产品更新换代的加快,企业还要对消费者需求和消费行为进行科学分析,发掘潜在需要,承担起提高消费生活质量的任务。企业可以通过开展多种形式的消费者教育,向消费者传授有关产品性能、使用方法和维修技术方面的知识,指导消费者掌握提高生活质量、实现科学消费的技能。在开展消费者教育的基础上,企业可以进一步培育消费者的忠诚度,即培养消费者成为本企业产品的忠实使用者,从而建立比较稳定的顾客关系,保持稳定的市场份额。

交易伙伴关系

交易伙伴关系指企业与在经营活动中发生业务往来的其他企业组织的关系,根据业务联系的性质不同,可以分为供应商关系、经销商关系、同业关系等。在社会生产高度分工和市场化的条件下,任何企业都不可能独

立完成产品从生产向消费领域转移的全部过程和活动,必须与其他企业分工合作,发生多种形式和内容的业务往来。因此,交易伙伴关系是企业面临的最经常、最大量的外部关系,这类关系的协调与否,直接影响着企业生产经营活动能否顺利进行。

(一) 供应商关系

供应商是为企业提供设备、原材料、零配件、半成品的其他企业组织。与供应商建立良好关系,可以使企业获得正常生产所需的设备、原材料、配件和半成品,获得充足、稳定的货源,为生产经营活动的连续性和稳定性提供保障;可以促进供、产、销一体化的大协作体系的形成,增强企业的经济实力和竞争能力;可以充分发挥供应商的积极性和合作精神,帮助企业提高经济效益;可以在市场竞争激烈或企业陷入困境时,得到供应商的支持和援助。

1. 寻求和发展双方的共同利益。建立良好的供应商关系,首先应树立正确的指导思想,即寻求和发展双方的共同利益。供应商与企业之间在经济利益上直接相关,只有相互支持、互利互惠、共同受益,才能形成长期稳定的合作关系。

2. 制定正确的采购政策。要明确规定供货方和购货方的责任、权利和义务;无论规模大小,给各供应商以公平待遇;选择信誉可靠、能够提供优质适价货源、准时交货的供应商建立交易关系;维护公平、正当的交易程序;重要原材料采取多元采购方式,避免独家供应造成企业对供应商的过度依赖。

3. 保持与供应商的密切联系。具体方式有:(1) 邀请供应商参观和会谈,通过实地观察和面对面接触,促进供应商对本企业的了解,征询他们对企业政策及业务的看法。(2) 参观访问供应商企业,对供应商的产品设计、成本、质量、规格、包装等提出改进意见和建设性建议。(3) 编制和发送有关企业经营状况的资料,如期刊、年度报告书,使供应商对企业的发展和需要有进一步的了解。(4) 对优秀的供应商和供货员给予优惠,鼓励他们继续保持与企业的良好合作关系。

(二) 经销商关系

经销商是以经销、代销、批发、零售等方式为企业销售商品的各种企

业组织。由商品最终消费的小量、分散、多样化的特点以及消费市场在空间上的广阔性决定，产品制造企业完全依靠自身力量组织产品销售，不仅有能力不足之虞，而且也是不经济的。而经销商凭借网络化的经销渠道、专门化的经销设施和技术手段，以及丰富的销售经验，可以加快商品销售过程，节约流通时间，降低流通费用，为企业生产过程的连续稳定进行提供保证。

同时，由于经销商与消费者接触密切，消费者对企业及产品印象的好恶往往受到经销商的直接影响，因此，经销商很容易改善或损害企业的形象。企业在消费者心目中的信誉和形象与作为企业代表的经销商关系极大。为此，明智的企业必须高度重视与经销商建立良好的关系。

1. 建立良好经销商关系的基本要求。企业为经销商提供质量优良、设计新颖、价格合理、适销对路的商品，是建立良好经销商关系的基础和前提。由于经销商关系的本质是利益关系，倘若企业不能保证供应一流的商品，会从根本上损害经销商对企业的依赖与忠诚，丧失双方关系的基础。此外，企业还应在各方面给经销商以切实的帮助和支持，使它们为扩大企业的产品销售而努力工作，进而推动企业与经销商利益的共同实现。

2. 协调经销商关系的具体途径。主要包括以下方面：（1）根据企业的销售状况和发展前景，论证现有经销关系的适用性和合理性，开辟新的经销网点，发展和完善经销关系网络。（2）向经销商说明企业的资源、组织、设施、产品、服务等情况，增强它们对企业的了解与信心。同时征询经销商对企业的意见、建议和要求，据以制定和调整企业的产品销售政策。（3）加强对经销商的业务培训，通过传授、指导、示范等方式提高经销人员的业务素质，增强产品推销能力。（4）为经销商提供服务，包括协助经销商制定广告计划，利用企业的广告网为经销商进行宣传；协助经销商进行商店内部装潢和现场促销；协助经销商为用户提供售后服务。（5）当经销商面临销售困难，陷入危机时，企业应给予有力的支持和援助，包括资金、人力、物力、法律、舆论等方面，以便使经销商尽快摆脱困境，恢复商品的正常销售。

政府关系

政府是具有特殊性质的社会组织。一方面，政府是国家权力执行机构，

它代表国家运用权力行使对全社会进行统一管理的职能；另一方面，政府是国家利益和社会总体利益的代表者和实现者，政府行为对社会各个领域和组织的利益都具有不同程度的影响。因此，任何社会组织都存在着与政府的关系问题。企业作为社会组织的一分子，同样要服从政府对全社会的统一管理。同时，由其营利性质决定，企业与政府存在着更为直接的利益关系。所以，政府是企业的重要公众，政府关系是企业外部关系的重要方面。

（一）政府关系对企业的影响

1. 政府运用宏观调控手段对企业的微观经济行为实行间接调节和控制。在市场经济条件下，政府不再直接干预企业的生产经营活动，而主要通过政策法规、税收、信贷、价格、工资等宏观调节手段对企业实行间接调控，依靠工商、税务等职能机构监督企业的经济活动。企业作为国民经济系统的基本细胞，必须遵守国家的经济政策、法规和条例，按照宏观调控信号的指示方向调整自身的经济行为，自觉接受政府部门的监督和检查，力求将企业的微观经济活动纳入宏观经济系统的轨道，实现国民经济的总体协调发展。

2. 政府对企业经济利益的实现程度和分配具有影响和制约作用。企业是物质财富的直接创造者。在市场经济条件下，企业创造的物质财富不仅要以货币收入形式在企业内部分配，而且要作为国民收入在物质生产产业和非物质生产产业以及其他非营利性社会组织之间进行再分配。政府作为社会管理者，为保证国家权力机构、军队、学校等非营利组织有效发挥功能，以税收形式向企业征收一定比例的收入，从而直接参与企业物质利益的分配。企业有责任遵守国家的税收法规，按照规定的税种、税率依法纳税。

3. 政府对企业的生产经营活动具有信息导向功能。在瞬息万变的市场环境中，获取必要的信息是企业制定决策和从事生产经营活动的基本条件，从一定意义上说，掌握信息的充足、准确程度决定着企业经营的成败。企业囿于自身地位、能力的局限，难以广泛、全面地收集各种社会经济信息，而政府利用其特殊地位，可以全面、系统地收集、整理各类信息，及时向企业发布。此外，政府和各部门编发的各种文件、简报、通报、内部刊物、

参考资料等，也构成重要的信息来源。政府提供的信息以其全局性、权威性和可靠性而对企业具有重要参考价值，成为企业制定经营决策的主要依据。

4. 政府是企业重要的资金来源和客户。采用财政拨款、低息贷款、提供基金等方式支援重点建设，扶持弱小行业和产业，是各国政府行使管理职能的惯常做法。出于政治、军事或经济目的的需要，政府还经常向企业进行订货或组织承包，因而政府成为企业获取资金和订货的一个重要来源。能够争取到政府提供的资金支持和大笔订单，对企业获得优越的资金使用条件和稳定的产品销路，无疑是十分有利的。

（二）政府关系的协调

正是由于政府对企业有着多方面的行为和利益影响，因此企业必须正确对待和努力协调与政府的关系，主要包括以下几方面：

（1）及时了解和熟悉政府颁布的各项政策法令，收集汇编各级政府和部门下达的各种文件、条例，并及时研究政府政策法令的变动，准确掌握政府的大政方针和宏观意图，以便正确接受并积极配合国家对企业的宏观指导。

（2）自觉遵守政府的各项法规条令，用法规法纪规范企业的生产经营活动；主动协调和正确处理企业与国家的利益关系，维护和服从国家的整体利益。

（3）熟悉政府机关的机构设置和职能分工，弄清与本企业联系密切的职能部门的工作范围和办事程序，并与有关部门工作人员保持经常联系，协调关系，以提高办事效率。

（4）主动向政府有关部门通报企业经营情况，提供有关信息资料，争取政府部门的了解与理解，为政府制定有利于企业发展的政策和法令提供依据。

（5）邀请政府官员到企业参观访问，或出席企业庆典仪式、成果展览、新闻发布会等，利用各种渠道和形式加强政府与企业的联系，增进政府对企业的了解和支持。

（6）主动协助政府解决一些社会问题，如出资赞助社会公益事业，提供就业机会，进行就业培训和在职培训，积极参加各种公益活动，自觉保

护生态环境，等等，以求得政府的信赖。

媒体关系

媒体关系又称新闻界关系，指企业与掌握和运用各种新闻传播媒体的社会组织机构、人员（包括报纸、杂志、广播、电视等媒体及编辑记者等新闻从业人员）的关系。

（一）媒体关系对企业生存发展的影响

新闻媒体是企业的重要公众，它们虽然不直接与企业发生利益关系，但由于具有传播信息、影响舆论、沟通联系等功能，在现代社会中居于"无冕之王"的特殊地位，因而对企业的生存与发展有着重要影响。这种影响表现在：

1. 新闻媒体是塑造企业形象的主要力量。由其专业性质决定，新闻媒体不仅是权威的舆论机构，而且对社会舆论具有强有力的影响和支配作用。通过大量收集、整理和集中发送信息，新闻媒体可以将企业的有关信息广泛输送给社会各界公众，并利用其舆论导向作用，引导公众形成对企业的评价或印象，进而影响企业在公众心目中的形象。现实中，正面的新闻报道经常成为企业塑造良好形象的先导；反之，负面的报道则可能使企业形象受到损害。

2. 新闻媒体能够密切企业与社会各界公众的广泛联系。任何企业，无论其规模大小，性质如何，能够直接接触和影响的公众都是有限的。而新闻媒体尤其是报纸、广播、电视等主要媒体，拥有数量极为庞大的受众群，与公众的联系广泛而密切。企业借助新闻媒体的力量，可以在更大范围内沟通与公众的关系，扩大社会影响，赢得公众的了解与支持。

3. 新闻媒体可以大大加快企业与公众之间的信息交流。企业要在复杂多变的经营和社会环境中求得发展，必须随时收集和整理市场信息，迅速捕捉社会动态，及时了解公众意向以及对企业组织的反应和要求，同时将企业的经营状况尽快传递给相关公众，实现企业与公众的双向沟通。新闻媒体采用现代传播工具，反应敏捷，传播迅速，可以大大加快信息传递的速度，促进企业与公众之间的信息交流。

企业要在社会公众中塑造良好形象，密切和扩大与公众的联系，加强信息交流与沟通，必须充分重视并借助新闻媒体的力量，为此，有必要协

调好与各种媒体组织及新闻人员的关系。

（二）媒体关系的协调

1. 尊重新闻媒体的基本权利，与新闻界人士建立信赖关系。新闻媒体具有独立的工作原则和权利，如坚持信息报道的客观性、社会性和新闻性，有权对事件进行分析和评价；对任何机构提供的消息、新闻事件有权删改，以适合自己的报道方针、编辑意图和版面安排等。企业应当充分尊重新闻媒体的各种权利，不能对媒体的报道内容和形式横加干涉；应当把新闻界人士视为企业的朋友和支持力量，在相互信任的基础上建立起友好合作关系。

2. 了解各种新闻媒体的特点和要求，如传播方式、传播渠道、受众情况、报道重点和范围等，同时掌握新闻写作的基本知识与技巧，以便根据企业发布信息的需要选择适宜的传播媒介，同时按照新闻媒体的要求提供各种新闻素材。

3. 及时向新闻媒体提供各种真实准确的信息，帮助它们随时了解企业的发展动态及重大事项，对具有新闻价值的信息予以及时报道。可以采用定期向新闻机构寄发各类资料和新闻稿件、举办记者招待会或新闻发布会、邀请记者参加企业庆典仪式等多种方式提供信息。

4. 保持与新闻界的密切联系。企业应热诚接待新闻界人士的来访，积极为记者安排与领导或有关专家的会见，主动帮助记者客观地报道企业的政策和活动，还可以选派专人负责与新闻界的联系，保持与新闻界人士的密切接触，并力求建立良好的人际关系。

第十一章

企业技术产权管理

正确认识和处理技术成果在产生和交换过程中的性质和权属,是新的运行机制下迫切需要探讨和解决的问题。企业要有效地保护自己的技术成果,就必须清楚相关的法律规范,并依法保护自己的技术产权。

知识产权与技术产权

开放技术市场以来,技术成果的商品化趋势越来越显著。一方面,技术在现代商品价值构成中的比重越来越大,技术附加值成为商品价值的重要源泉;另一方面,技术自身所显示的价值和使用价值使越来越多的技术成果作为知识形态的商品而独立存在。因此,正确认识和处理技术成果在产生和交换过程中的性质和权属即技术产权,是新的运行机制下迫切需要探讨和解决的问题。

一、知识产权的概念和内容

《中华人民共和国民法通则》规定:知识产权是指公民、法人、非法人单位对自己在科学技术和文学艺术等领域创造的智力成果依法享有的专有权利。因此,知识产权在我国又称为"智力成果权"。所谓智力成果,是指人的脑力劳动创造出来的成果,是人们聪明才智的结晶,是一种非物质形态的财富。对于这些智力成果的所有人对其成果应享有的专有权利在法律上的确认和保护,就是知识产权。

《世界知识产权组织公约》对知识产权作了系统和广泛的解释,将知识产权划分为工业产权、文学艺术产权、其他科学技术成果权几类。工业产权即工业所有权。工业产权的保护对象有发明专利、实用新型专利、工业品外观设计专利、商标、服务标记、商号名称、货源标记以及禁止不正当竞争。文学艺术产权中的"版权"与"著作权"系同义语,是指著作权人对其文学、艺术和自然科学、社会科学、工程技术等作品享有的发表、使用以及许可他人使用和获得报酬等项权利。其他科学技术成果权包括计算机软件权、集成电路布图设计权、生物技术权和专有技术权。

20世纪80年代以来,随着世界经济的发展和新技术革命的到来,世界知识产权制度发生了引人注目的变化。首先,原有知识产权的主题不断扩展,主要表现为知识产权保护范围和保护对象的扩大。其次,新增知识产权的类别相继出现,如计算机软件和集成电路作为新技术革命的产物先后

成为两类新的知识产权。再次，商业秘密、竞争法则和知识产权融为一体。

二、技术产权的概念和内容

技术产权是知识产权的派生产权。技术产权又称"技术成果权"，它是指公民、法人、非法人单位对自己在科学技术领域创造的技术成果依法享有的专有权利。所谓技术成果，是指利用科学技术知识、信息和经验作出的产品、工艺、材料机器改进等技术方案。那些申请并被授予专利权的技术成果，称为"专利技术成果"；其他技术成果则为非专利技术成果。技术成果是一种非物质形态的财富。对技术成果所有人的智力活动成果应享有的专有权利在法律上的确认和保护，就是技术产权。技术产权的保护范围涵盖专利技术、专有技术、计算机软件等内容。

（一）专利技术

专利技术泛指依照专利法被授予专利权的发明创造。专利技术有以下两类：

1. 发明

这里的发明，是指对产品、方法或者其改进所提出的新的技术方案。它必须是一种技术方案，其中所体现的创造性技术构思一旦付诸实践，就能解决技术领域中的某一具体问题。对于自然定律和抽象的智力活动规则的发现等，都不能算作发明。并非所有的发明都能被授予专利。一般说来，法律要求能够成为专利技术的发明必须具备新颖性、创造性和实用性。

2. 实用新型

实用新型是指对产品的形状、构造或者其结合所提出的适于实用的新的技术方案。实用新型与发明相比技术水平较低，故又被人们称为"小发明"，获得的专利称为"小专利"。实用新型的三个主要特征是：（1）必须是一种产品；（2）必须是具有一定形状和构造的产品；（3）必须具有使用价值。

（二）专有技术

专有技术来自英文的"Know-How"一词。这一术语有时也被译为"技术秘密""技术诀窍""专门技术知识"等。专有技术至今还没有一个统一和严谨的定义。我国出版的《中国大百科全书·法学卷》中，把专有技术定义为："从事生产活动所必需的、未向社会公开并可转让的秘密技术、知

识和经验，表现为可供实现的工程产品设计、工艺程序、操作方法等，在经济生活中往往还包括生产管理和商业经营方面的内容，特别是为了生产某种专利产品或为了实现某种专利权的生产方法所必需的最关键的那部分技术。"

尽管上述定义在世界范围内没有被普遍接受，但对专有技术的法律特征已经达成了基本共识。专有技术的法律特征表现在以下几方面：

1. 不受专利法保护

未受到专利法保护，这是专有技术的首要特征，也是专有技术与专利技术的本质区别。专有技术和专利技术同为人类智力活动的成果，是人们在实践中提炼和总结出来的技术知识；但是，专有技术没有取得工业产权保护，是被排除在专利法保护范围之外的技术知识。从未获得专利法保护这一角度来考察，专有技术大致包括以下几种类型：

（1）被排除在专利法保护范围之外的技术，如我国《专利法》中规定的五种不授予专利权的技术知识；

（2）不具备专利申请权的技术成果和经验等，如商业管理方面的专有技术或提交了专利申请但被专利主管机构驳回的技术知识；

（3）符合专利法要求，但专有技术持有人出于利润、竞争优势、专利申请所需时限、申请专利的费用支出等方面的考虑，而不愿意申请专利权的技术知识；

（4）已提出专利申请，而尚未被正式授予专利权的技术知识。

2. 秘密性

秘密性是专有技术区别于专利技术的基本特征，也是专有技术得以存在的关键。保密是维护专有技术垄断地位的一种特殊的保护方式，因此专有技术只是在一定范围内仅为其持有人及其相关的特定少数人所知晓和掌握的技术。它的价值体现在：当它处于秘密状态时，其所有人凭借该专有技术可以形成技术优势，从而获得高额利润。专有技术一旦公开，就和一般技术毫无差别，任何人都可自由享用。因此，专有技术的财产价值只有当其处于秘密状态时才能实现。专有技术的专有权是以秘密性为条件的一种事实上的独占权，但如果是在其他人也发明了同一技术的情况下，专有技术并不一定会丧失其原有的财产价值，因为后者可能也对该技术采取了一定保密措施。尽管该技术在客观上已被多人持有，只要这些人对该技术采取保密措施，则该技术仍可作为专有技术。

3. 实用性

专有技术的实用性，是指当它应用于生产实践时能够产生较好的经济效益，而且它必须具有一定的新颖性和创造性，在相当长时间内不易被他人总结和研究出来。实用性是专有技术和专利技术的共同特征，但从技术贸易和年利审查过程中对二者实用性要求的标准来看，专有技术的实用性比专利技术的实用性更大。世界各国对专利技术的审查往往并不要求和保证技术实施后能达到满意效果。已获得专利保护的技术可以是已实施的技术，也可以是尚未实施的技术，且其中有相当多的专利只停留在一种新的技术构思阶段尚未实施，而所转让的专有技术一般都是实践证明能带来较好经济效益的技术。

4. 可转让性

专有技术的秘密性决定了它只为特定人所知悉。因为各国专利法保护的对象并非遍及科学技术的整个领域，而技术市场的买方又需要各种未申请专利、未授予专利权以及不属于专利法保护范围的专有技术，因此专有技术的可转让性便应运而生。专有技术是可以转让和传授给他人的，正是专有技术的可转让性使它成为技术贸易的重要标的。专有技术的转让活动大大促进了科学技术转化为生产力。

(三) 计算机软件

根据我国《计算机软件保护条例》，计算机软件是指计算机程序及其有关文档。

计算机程序是为了得到某种结果而可以由计算机等具有信息处理能力的装置执行的符号化指令序列，或者是可被自动转换成代码化指令序列的符号化指令序列或符号化语句序列。计算机程序包含的种类有源程序和目标程序两种。同一程序的源文本和目标文本应当视为同一作品。

文档是用自然语言或者形式化语言所编写的文字资料和图表，用来描述程序的内容、组成、设计、功能规格、开发情况、测试结果及使用方法，如程序设计说明、流程图和用户手册等。文档是为程序的应用而提供的服务性文件。

从上述知识产权和技术产权保护的内容来看，技术产权是知识产权的一个组成部分。随着科技进步和技术商品化趋势的不断增强，知识产权中与技术成果密切相关的那部分内容就作为技术产权而独立出来，成为企业在技术市场运作过程中普遍关注的一个重要问题。

三、技术产权的基本特征

（一）无形性

技术产权的保护对象（客体）是技术成果。技术成果是脑力劳动创造的产物，是一种没有形体、不占据空间、难以实际控制的无形财产。技术成果的"无形"特点决定了技术产权和有形物质所有权之间的差别。由于有形物质客观上可以被其所有人占有，而且在同一时间一般只被一人占有与支配，因而其所有权的核心内容在于对财产占有和支配的保护；技术成果则因无形而在同一时间可以被许多不同人使用，即技术内容本身并没有被破坏和分割，形式上并没有失去什么，但实际上由于他人的无偿使用已使技术成果所有人创造该技术付出的劳动得不到应有的补偿，使其在竞争中受到损失。所以，技术产权的核心内容是对权利人控制他人利用其成果的保护。

（二）双重性

双重性是指技术产权的内容包括精神和财产两个方面的权利。一方面，技术成果是人类创造出来的脑力劳动成果，在其开发过程中需要付出大量的人力、物力和财力；另一方面，技术成果虽然不具有物质形态，但一旦用于生产实践中，将产生巨大的经济效益和社会效益，所以技术成果同时具备价值和使用价值，在技术市场中以商品的形式被视为财产。此外，技术成果作为技术产权保护的客体，是人类脑力劳动的产物，是一种精神财富，同人本身有着密切的联系，因此技术产权的内容也包括精神权利。

（三）程序性

技术产权一般不能自然形成。某一技术成果是否受到法律保护并取得相应的技术产权，必须经过申请、审批、登记注册或法律规定的其他程序，才能获得法律的承认和保护。具体地讲：首先，确认某种技术产权需以有关的法律规定为前提；其次，某种技术成果能否取得相应的技术产权，还需视其是否属于有关法律保护范围而定；再次，大多数技术产权的取得还必须履行一定的手续，即经过行政主管部门的审查和批准。

(四) 时间性

技术产权都有法定的保护期限。一到保护期限届满，有关技术成果即进入公有领域，任何人均可利用而不再受专有权的限制。这一点与一般财产的所有权是不同的。一般财产的所有权是永恒的，它伴随着财产的产生而产生，随财产的消失而终止，没有时间限制。而对于技术产权，只在有效期内对其进行法律保护，是世界各国为了促进科技发展、鼓励技术成果公开和推广所普遍采用的一条准则。该准则的目的在于协调技术成果专有性与社会性之间存在的矛盾，既要保护技术成果所有者的权益，又要促进科学技术的广泛传播。各国对技术产权均规定有一定的有效期，但有效期长短不尽相同。

技术成果与产权关系

企业要想有效地保护自己的技术成果，就必须清楚地了解相关的法律规范。本节从技术成果的产权关系出发，论述企业保护技术产权的法律依据。

一、专利技术的产权

(一) 专利权人的权利

专利权的所有人和持有人统称"专利权人"。专利权人的权利是指专利权人在一定时间、一定范围内对其所获得的专利权的发明创造依法享有的权利。技术成果被批准为专利技术后，即被授予了专利权。专利权人在专利存续期间的排他权利主要表现为独占权、转让权、许可实施权以及其他权利。

1. 独占权

专利权人对其发明创造的独占权利是指对其专利享有的所有权。根据专利法中对专利权的归属问题所作的规定，执行本单位的任务或者主要是利用本单位的物质条件所完成的职务技术成果，申请专利的权利属于该单

位；非职务技术成果，申请专利的权利属于发明人或设计人。申请被批准后，全民所有制单位申请的专利权归该单位持有；集体所有制单位或个人申请的专利权归该单位或个人所有。三资企业的工作人员完成的职务技术成果，申请专利的权利属于该企业；非职务技术成果，申请专利的权利属于发明人或设计人。申请被批准后，专利权归申请的企业或个人所有。

专利权人对专利权享有独占权。专利权人的独占权表现为专利权人排他地享有制造、使用和销售其专利产品，使用其专利技术的权利。专利权人的独占权包括以下四方面内容：

（1）制造权。专利权人拥有使用其专利文件中记载的专利技术生产制造产品的权利。在未经许可的情况下，其他人不论采取何种手段，只要制造出的产品与专利产品具有相同的技术特征，就构成侵权。

（2）使用权。未经专利权人的许可，任何人不得使用其专利技术。

（3）销售权。这是指把专利技术的所有权从一方转移给另一方，而买方则把相应的价款支付给卖方，卖方既可以是专利权人，也可以是得到专利权人许可的第三人。只有专利技术的第一次销售受法律保护。

（4）进口权。这是指国家授予专利权人在专利有效期内禁止他人未经允许，进口该专利技术或包含该专利技术的产品的权利。这是我国《专利法》修改后新增加的一项权利。

2. 转让权

专利权人的转让权是指专利权人将专利申请权或专利权转让给他方的权利。"专利申请权"与"专利权"是两个不同的概念，二者不能等同。享有专利申请权是取得专利权的必要前提，但享有专利申请权并非是取得专利权的充分条件。专利申请权只是一种法定的权利，如果权利主体并未行使这种权利，或予以行使但其技术成果不符合授予专利权的条件，都不能取得专利权。这里的转让包括专利申请权的转让和专利权的转让两种情形。

专利申请权转让之后，转让方就丧失了专利申请权。全民所有制单位转让专利申请权，必须经上级主管机关批准；我国单位或个人向外国人转让专利申请权，必须经国务院有关主管部门批准。

专利权转让使权利的主体发生变更，从而使权利从原所有人转向新的所有人。这种权利转移的结果是：原专利权人不再享有专利所有权或持有权。因此，专利权的转让实际上就是专利权人将实施其专利的排他性权利转让给他人。专利权可以转让，但全民所有制单位必须经上级主管机关批准才能将其专利权转让给他方；我国单位或个人必须经国务院有关主管部门批准，才能向外国人转让专利权。

根据《专利法》规定，无论是转让专利申请权还是专利权，转让人与受让人之间都必须订立书面合同，经专利局登记和公告后方能生效。

3. 许可实施权

许可实施权是指专利权人通过签订合同的方式允许他人在一定条件下使用其取得专利权的全部或部分技术成果的权利。"专利权的许可实施"与"专利权的转让"是两个不同的概念。专利权人转让专利权以后就丧失了自己的专利权，专利权让渡给受让人涉及专利所有权的转移；专利权的许可实施则是专利权人许可他人利用自己的专利技术，并非将专利权出售给他人，只是把专利技术的使用权授予他人，专利的所有权不发生变化。

根据《专利法》，凡是实施他人专利的任何单位或个人，除了国家部门计划许可以外，都必须由专利权人订立书面实施许可合同，向专利权人支付专利使用费。被许可人无权允许合同规定以外的任何单位或个人实施该专利技术。专利权人与被许可人签订协议，允许后者使用其专利技术的这种交易称为"专利许可证贸易"，是技术转让的主要形式。

可见，许可他方实施自己的专利，不仅可以使专利权人回收技术研究与开发的投资，并获得相应的利润，为进一步开发创造条件，而且有利于使大量专利技术成果突破单位或个人局限而迅速推广和应用，同时也成为促进国内外技术交流的重要手段。

4. 其他权利

专利权人还拥有标记权、排除侵犯权和专利的放弃权。标记权是指专利权人给其技术成果标明专利标记和专利号的权利。当专利权人是技术的发明人或设计人时，有在专利文件上写明自己是发明人或设计人的权利，这是一种精神权利。排除侵犯权是当他人对专利技术有侵权行为时，专利权人有权要求侵权人停止其侵害，并赔偿损失。专利权人可以请求专利管理机关对侵权人进行处理，也可直接向人民法院起诉，请求司法保护。专利的放弃权也是专利权人的一项权利。专刊权人可以采用停止缴纳年费或

提出书面申请的方式在专利权保护期限届满以前放弃其专利权。专利权被放弃后，就进入公有领域，成为社会财富，任何人都可以无偿使用。

（二）专利技术的保护期限

1. 专利权的保护期限规定期满6个月内补缴，但补缴金额含年费25%的滞纳金。专利权人在宽限期内未缴纳年费的，其申请被视为撤回或专利权终止。

2. 专利权人以书面形式声明放弃专利权。由于专利已丧失其价值或专利权人无力缴纳年费等原因，专利权人可自动放弃其权利。放弃专利权是专利权人的一项权利，但必须有书面声明。若专利已许可他人实施，专利权人在放弃专利时必须征得被许可方的同意。

二、专有技术的产权

（一）专有技术拥有者的权利

专有技术拥有者对其专有技术具有使用权和转让权，但专有技术的使用权和转让权与专利技术的专利权属于两种不同性质的权利。

技术成果经申请并被批准成为专利后，就成为专利技术，专利权人在专利权的存续期间享有对专利技术的排他权利。专利权的权利主体是特定的，受到法律保护；其义务主体则是除权利主体以外的所有人，是不特定的，一切义务主体都负有不侵害权利主体专利权的义务。因此，从这个角度来说，专利权是一种绝对权利。但是，对于专有技术而言，到目前为止世界各国还没有制定有关保护专有技术的专门性法律，专有技术拥有者没有法律确认的"所有权"或与所有权性质相类似的绝对权或独占权。专有技术的拥有者既不能妨碍在其之前掌握该技术的人使用和实施该技术，也不能阻止在其之后开发并掌握该技术的人使用和转让该技术。倘若某项专有技术与他人的专利技术有相同的技术特征，即使专有技术是其拥有者独立开发的成果，专有技术拥有者也不得实施此技术成果。我国的技术合同法及其实施条例规定，专有技术的使用权和转让权是指特定的当事人之间依据法律规定或合同约定取得的使用、转让专有技术成果的权利。因此，专有技术的使用权、转让权与专利权的性质差异在于：其权利主体是特定的，义务主体也是特定的，因而它是因技术权益所产生的一种权利，是一种相对权、非独占权。

根据我国技术合同法及其实施条例，专有技术成果的使用权、转让权存在于两类特定的法律主体之间：（1）单位和职工个人之间所发生的职务技术成果和非职务技术成果的使用权、转让权；（2）合同当事人之间就履行合同所提供和行使的专有技术的使用权、转让权。无论哪种情况，其产生的权利与义务关系都只对当事人具有约束力，而不涉及第三者。

（二）对专有技术拥有者权利的限制

专有技术的所有权不具备排他性，可以存在多个权利主体并存的局面。专有技术权利人无权阻止他人通过下述途径取得专有技术，而且在下述情况下各权利人互不侵权：

1. 他人自己制造、构思出同样的专有技术；
2. 他人从其他合法权利人手中取得专有技术或取得许可实施权；
3. 他人通过合法渠道取得包含专有技术的产品，对产品进行分解和研究，从而又推出专有技术；
4. 他人在专有技术所有人疏忽的情况下，善意取得专有技术；
5. 第三人善意地从善意的第二人那里取得专有技术。

（三）我国法律对专有技术主体利益的保护

1. 技术合同法对专有技术主体的保护

《技术合同法》通过订立合同的方式使当事人之间相互向对方承担一定的法律义务和享有一定的权利，以保护专有技术的价值和双方当事人的利益。

专有技术转让合同转让方的主要义务和责任有：（1）按照合同约定提供技术资料，进行技术指导。转让方未按合同约定提供技术资料或未按合同约定提供技术指导的，除返还部分或全部使用费以外，应支付违约金或赔偿损失。（2）保证技术的使用性和可靠性。转让合同中的技术应当是在充分研究开发基础上完成，已具备商品化开发可能性，并能应用于生产实践的适用技术。（3）承担合同约定的保密义务。转让方违反合同约定的保密义务，泄露技术秘密，使受让方遭受损失的，受让方有权解除合同，转让方应支付违约金或赔偿损失。

专有技术转让合同受让方的主要义务和责任有：（1）在合同约定的范围内使用技术。受让方实施专有技术时超越合同约定范围的（如超越地区、时间或方式限制）以及未经转让方同意擅自许可第三方实施该专有技术的，应当停止违约行为，并向转让方支付违约金或赔偿损失。（2）按照合同约定支付使用费。受让方未按照合同约定方式支付使用费的，除补交使用费以外，还应向转让方支付违约金；如果受让方拒不交付使用费或违约金，必须停止使用专有技术，交还技术资料，赔偿损失。（3）承担合同约定的保密义务。受让方违反合同约定的保密义务，泄露技术秘密给转让方造成损失的，应返还非法所得，支付违约金或补偿损失。

保密义务是合同双方当事人都应当承担的义务。承担保密义务是为了维护技术的竞争性。任何一方将技术秘密公布于世，都会破坏另一方的竞争优势和市场利益。因此，技术合同法所保护的是当事人对专有技术采取保密方式而形成的事实上的权利。技术合同中所规定的条款只对合同当事人产生法律约束力，任何一方违约泄露技术秘密，受害方只能依据合同对违约方提出诉讼，而不能阻止善意取得专有技术的第三方实施该技术。

2. 反不正当竞争法对专有技术主体的保护

反不正当竞争法从维护公平竞争的角度出发，对不正当竞争行为进行规范和制止，从而对专有技术的主体也起到了有效的保护作用。我国反不正当竞争法对专有技术进行了高水平的全面保护，主要体现在以下三个方面：

（1）规定了三种以不正当手段获取他人专有技术的行为为侵权行为：①以盗窃、利诱、胁迫或其他不正当手段获取权利人的专有技术；②披露、使用或者允许他人使用盗窃、利诱、胁迫等非法手段获取权利人的专有技术；③违反约定或者违反权利人有关保守专有技术秘密的要求，披露、使用或允许他人使用其所掌握的专有技术。

（2）对侵权行为给予相应的行政处罚。凡是属于上述侵权行为的，监督检察部门应当责令侵权人停止违法行为，可以根据情节处以1万元以上20万元以下的罚款。转引规定非善意第三人也负有侵权责任。不正当竞争法规定，对于第三人而言，明知或应知对方是以违法手段获取的专有技术，而仍去获取、使用或者披露他人的专有技术，也属于侵犯专有技术的侵权行为。

3. 专利法和商标法对专有技术主体的保护

尽管专利法和商标法保护的客体为专利和商标，不涉及对专有技术的保护，但专有技术在某种程度上还可以或多或少地通过专利法和商标法获得间接保护。

专有技术通常是与专利密不可分的，专有技术的拥有者往往在申请专利的同时把实现该专利的关键技术作为专有技术的方式保留下来。因此，在技术贸易中如果技术受让方仅仅购买对方的专利，而没有购买与此密切相关的专有技术，那么很难生产出专利产品或生产出的专利产品难以获得最佳效果。所以，尽管专有技术未获得专利法保护，但要想达到专利技术的最佳实施效果，就必须引进相关的专有技术，从而这些依附于专利技术的专有技术也获得了专利法的保护，只是这种保护是通过专利技术间接传递的。这种间接保护的法律效果在于：一旦有人在未经专利权人许可的情况下使用该专有技术，专利权人就可以凭借其专利项中与该专有技术联系最密切的部分，向对方提起侵犯专利权的诉讼。

在某些情况下，专有技术也可凭借商标法给予保护。当专有技术拥有者利用该技术制成的产品享有盛名时，其他人即使利用同样的技术制成同样的产品，但由于不能使用前者的畅销商标，很难打开市场。在这种情况下，获得商标所有者的商标使用权比取得制造该产品的专有技术更为重要。因此，当通过商标法保护含有专有技术的产品商标的同时，该产品所包含的专有技术也就得到了一定程度的保护。

三、职务技术成果和非职务技术成果

我国技术合同法根据完成技术成果的个人在从事研究开发活动中本岗位职责、单位物质技术投入的情况，把技术成果分为职务技术成果和非职务技术成果两大类。

（一）职务技术成果的类型和权利归属

执行本单位的任务或者主要是利用本单位的物质技术条件所完成的技术成果，称为"职务技术成果"。职务技术成果主要包括三种类型：

1. 执行本单位任务所完成的技术成果。这里所指的执行本单位任务，既包括工作人员从事其本职工作（履行本岗位职责），也包括从事单位交付的本职工作以外的任务（如被单位委派参加的科学研究和技术开发课题等

临时性任务）。由于单位为开发研究创造了学习、考察、交流的机会，提供了资金、设备和参考资料，安排了时间，在这种条件下职工完成的技术成果与单位提供的帮助是分不开的，因此该技术成果是职务技术成果，属于单位所有。

2. 主要是利用本单位的物质技术条件完成的技术成果。在很多情况下，工作人员完成的技术成果既不是其本职工作，也不是单位委派的任务，而是其个人主动进行的。如果这种技术成果主要是由于利用了本单位提供的资金、设备、器材、原材料或未对外公开的技术情报和资料才得以完成的，也应属于职务技术成果。因为如果没有本单位在物质和技术方面的支持，该技术成果是不能完成的。

3. 科技人员自离休、退休、停薪留职、调动工作离开原单位之日起1年内继续承担原单位的科学研究和技术开发课题，或履行原岗位职责完成的技术成果。把这类成果归入职务技术成果的范畴，目的是防止个别人借退休、离休、调动工作之机侵占国家和集体财产，使应归单位所有的技术成果不因技术人员的正常流动而遭受不合理的损失。那些调动工作的人员既执行了原单位任务，又利用了新单位物质技术条件所完成的技术成果，由原单位和新单位合理分享。职务技术成果属于单位，因而其使用权和转让权属于单位，单位有权就该项职务技术成果订立技术合同。但是，单位应当在该技术成果被推广应用之后，根据使用和转让该技术所取得的成果的专利申请权属于单位，申请被批准后的专利权归单位所有。

（二）非职务技术成果

职务技术成果以外的其他技术成果，称为"非职务技术成果"。非职务技术成果是科技人员在执行本单位的任务之外，利用非本单位专有的物质技术条件所完成的技术成果。非职务技术成果与科技人员学习书本知识和在实际工作中长期积累的科技知识与实践经验以及其刻苦学习和钻研的精神是分不开的。非职务技术成果的使用权和转让权属于完成技术成果的个人，完成技术成果的个人有权就该非职务技术成果签订技术合同。非职务技术成果的专利申请权属于发明创造者个人所有。申请被批准后，专利权也属于发明创造者个人。

四、技术成果的精神权利

技术成果的拥有者除了有使用、转让技术成果并获得物质利益的财产

权利以外，还对其技术成果享有精神方面的权利。财产权利和精神权利构成了技术产权的双重内容。我国专利法和技术合同法中分别对技术成果的精神权利加以确认和保护。根据专利法，发明人或设计人有在专利文件中写明自己是发明人或者设计人的权利。根据技术合同法，完成技术成果的个人有在有关技术成果文件上写明自己是技术成果完成者的权利和取得荣誉证书、接受奖励的权利。

可见，精神权利是与技术成果完成者的人身、智慧和创造性贡献不可分离的权利，它包括技术成果完成者的身份权以及有接受国家和社会授予奖励的荣誉权。技术成果的精神权利与技术成果完成者的个人是分不开的，因此这是一种不能转让、不能赠予、不能继承的永远属于技术成果创造者所有的权利。换言之，技术成果的精神权利专属完成技术成果的个人，任何他人无权分享。即使技术成果创造者死亡，其作为该技术成果的完成者这一事实也永远不会磨灭。此外，精神权利是不依赖于财产权利而独立存在的，财产权利转让以后，精神权利仍属于技术成果的完成者。关于技术成果精神权利的确认和保护，体现了我国保护技术产权、尊重知识和人才的基本方针和原则。

五、计算机软件的产权关系

（一）软件著作权人的权利

软件著作权人是指对软件享有著作权的单位和公民。作为软件著作权人的单位是指实际组织开发工作，提供工作条件以完成软件开发，并对软件承担责任的法人或非法人单位。作为软件著作权人的公民，必须是依靠自己具有的条件完成软件开发并对软件承担责任的公民。软件著作权人享有以下权利：

1. 发表权，即决定软件是否公之于众的权利。发表权属于精神权利的范畴。软件著作权人对其开发的软件可以充分行使发表权，确定何时发表、何地发表、以何种形式发表以及不予发表等。

2. 开发者身份权，即表明该发行身份的权利以及在其软件上署名的权利。身份权和署名权都是软件开发者的精神权利，两者密不可分。身份权是软件开发者从事软件开发而具有的一种身份，只有具备了这种身份权的软件开发者才有权在软件上署名。从这个意义上说，署名权仅仅是身份权

的外在表现。软件开发者发表软件时可以署真名，也可以署假名、笔名，甚至不署名。

3. 使用权，即在不损害社会公众利益的前提下，以复制、展示、发行、修改、翻译、注释等方式使用其软件的权利。计算机软件的实用性，使得软件的使用将会带来直接经济效益，因此软件使用权是软件著作权人最重要的财产权。

4. 使用许可权和获得报酬权，即许可他人行使上述使用权的部分权利或全部权利，并由此获得报酬。软件著作权人以出售的方式许可他人使用其软件。软件购买者购买软件后，只是得到一份软件复制品和取得了对该软件的使用许可，著作权仍属于原著作权人。

5. 转让权，即向他人转让使用权和使用许可权的权利。软件著作权人将其软件转让给他人以后，其财产权利全部让渡给他人，而精神权利仍然归原软件著作权人所有。

（二）软件著作权的归属

软件著作权属于软件开发者。我国《计算机软件保护条例》对各种不同类型软件的权利归属分别作出以下明确规定：

1. 合作开发软件的权利归属。由两个以上的单位、公民合作开发的软件，除另有协议外，其软件著作权由各合作开发者共同享有。合作开发者对软件著作权的行使按照事前的书面协议进行。如无书面协议，且合作开发软件可以分割使用的，开发者对各自开发的部分可以单独享有著作权，但行使著作权时不能扩展到合作开发的软件整体的著作权。合作开发软件不能分割使用的，由合作开发者协商一致行使。如不能协商一致，且无正当理由，则任何一方不得阻止另一方行使除转让权以外的其他权利，但所得的收益应合理分配给所有合作开发者。

2. 委托开发软件的权利归属。受他人委托开发的软件，其著作权的归属由委托者与受委托者签订书面协议约定；如无书面协议或者在协议中未作明确约定，其著作权属于受委托者。

3. 行政任务开发软件的权利归属。由上级单位或者政府部门下达任务开发的软件，著作权的归属有项目任务书或者合同规定，如项目任务书或者合同中未作明确规定，软件著作权属于接受任务的单位。

4. 职务开发软件与非职务开发软件的权利归属。公民在单位任职期间所开发的软件，如是执行本职工作的结果，即针对本职工作中明确指定的开发目标所开发的，或者是从事本职工作所预见的结果或自然的结果，则该软件的著作权属于该单位。公民所开发的软件如不是执行本职工作的结果，并与开发者在单位中从事的工作内容无直接联系，同时又未使用单位的物质技术条件，则该软件的著作权属于开发者本人。

依法保护技术产权

伴随着科学技术的迅速发展，企业之间展开的竞争已不再是资金、资源和劳动力之间的竞争，而是技术的竞争。一方面，企业竞争中技术的含量越来越占据主导地位，企业的兴旺发达与否同其拥有的技术产权的数量和质量有很大的关系。特别是高新技术企业，技术更是其生存的基础和保障。另一方面，由于技术是一种无形财产，它不像资金、资源和劳动力等有形财产那样便于掌握和管理，技术本身看不见、摸不到、难以量化、难以管理，却易于被他人模仿或假冒。因此，如何利用现行的法律规范防止他人对本企业技术产权的侵犯，以及如何借助法律手段使自己的技术资源充分转化为竞争优势，成为目前众多企业热衷探讨的重点和难点话题。本节将从技术产权的不同客体出发，分别探讨如何运用法律手段对专利技术、专有技术和计算机软件进行有效的产权保护。

一、专利技术产权的依法保护

专利制度为企业提供了一个公平竞争的规则，各企业之间的技术竞争以争夺专利权的竞争为中心展开。哪家企业拥有的专利技术多，哪家企业的技术力量就更强，就能在竞争中处于优势。

（一）现状和问题

自我国《专利法》颁布并实施以来，企业在运用专利权保护专利技术、促进科研开发方面取得了显著的进展和成绩，主要表现在：企业专利申请逐年稳步增长；很多企业已经注意根据《专利法》的要求，落实对职务发

明人、设计人的"一奖两酬",从而调动职工发明创造的积极性;一些企业注意有选择地购买他人的专利技术,并自觉遵守《专利法》,不侵犯他人专利权。但是,我国企业运用专利技术产权整体水平比较低,主要表现在以下几个方面:

1. 专利申请量小。近年来,我国企业取得的科研成果很多,其中也有很大一部分具备较高的质量,但企业将这些成果申请专利的却很少。专利申请量与我国大中型企业数量极不相称,与我国工业发展形势也极不相称。除了《专利法》的配套政策不太健全等原因以外,造成这种现象的主要原因是企业的产权意识薄弱。

2. 专利技术的实施效率较低。造成这种现象的主要原因是使研究开发与生产经营脱节。有的企业只把眼光盯在"短平快"的项目上,谋求近期效益;取得专利技术之后,由于怕承担风险,就把专利技术束之高阁,不去采用和实施。还有的企业尽管把专利技术付诸实施,但不注重加强实施过程中的管理工作,不对专利技术进行更深一步的研究和开发,不善于运用专利技术和专利产品开拓市场,从而发挥不出专利技术的优势。

3. 没有充分利用专利文献来开阔视野和获得技术信息。很多企业在确定科研课题之前不查专利文献,技术开发和立项有一定的盲目性和随意性,致使重复投资、重复开发、重复申请专利的情况时有发生。甚至有的企业在引进国外技术时因为不查专利文献,而购进陈旧技术或侵犯国内的专利权。

4. 在专利权的利用方面,我国企业大多只是把精力放在自己对专利技术的占有和使用上;在其他企业或个人侵权时,往往拿不出有力的防范措施。因此,常常没能把自己的专利权作为排他性权利来行使。

5. 在对付其他企业的专利战略问题上,我国企业大多处于被动地位。在大多数情况下,只有当竞争对手的专利战略对本企业造成威胁时,企业才被迫应战;主动制定专利战略来防御和进攻的企业寥寥无几。

6. 很多企业领导不懂得或不善于运用专利制度调动企业职工发明创造的积极性。

我国企业存在上述问题的症结就在于没有树立明确的产权意识,没有积极地对如何发挥专利技术的作用进行战略性思考。因此,要想扭转和摆

脱我国企业利用专利权的被动状况，制定专利战略势在必行。

（二）企业的专利战略

企业的专利战略是指企业从长远战略目标出发，充分有效地利用专利制度、专利技术、专利情报信息，以求在竞争中处于优势地位而采取的对策。

根据企业在技术竞争中的地位和需要，专利战略可分为进攻性战略和防御性战略。通过制定进攻性战略，企业可以利用专利制度武装自己，形成对竞争对手的强大攻势；通过制定防御性专利战略，企业可以利用专利制度为自己建筑牢固的防线，阻止他人的进攻。恰当地使用这两种战略，可以使企业在技术竞争中攻防自如。

1. 进攻性专利战略

进攻性战略的着眼点是建立并扩大自己的专利阵地，以保证本企业的新技术、新产品的市场地位，从中谋取更大的经济效益。根据企业的技术状况，进攻性专利战略有先发战略与后发战略之分。

（1）先发战略

先发战略适用于那些技术基础比较好、技术开发实力比较强的企业。先发战略的要点有：

①及时申报专利。为了能够领先抢占市场，企业应该根据自身的技术特点、技术力量、科研条件和市场状况，确立自己的主导技术，全力组织技术攻关。一旦技术开发成功，立即申请专利，并千方百计取得专利权。在企业的技术竞争中，主导技术是企业制胜的法宝，谁先掌握了主导技术的专利权，谁就掌握了该技术领域的垄断地位和优势。一个企业专利技术的数量和质量是反映该企业技术实力乃至企业竞争力的一个重要指标。

②主动实施专利。一般情况下，取得专利权的技术要么是前所未有的，要么是在技术性能、使用效果上较同类技术有明显优势的，要么是在成本低、方法巧妙方面取胜。因此，专利技术的拥有企业应当主动地尽早实施自己开发的专利技术，利用专利权垄断市场，最大限度地发挥专利技术在市场竞争中的优势，获得理想的经济效益。

③积极建立专利技术保护圈。企业在取得了主导技术专利权之后，为了自己的主导技术更加稳固，从而保持相应的技术优势，应当继续研究开

发与主导技术相配套的一系列外围技术，积极争取外围技术的专利权。这种做法将使企业形成以主导专利技术为保护对象的严密的专利技术保护圈。当企业的主导专利技术保护期限届满时，一系列的外围专利仍然会使竞争者望而却步。

④专利的转让与出售。对于自己研究开发的专利技术，企业除了独自实施和用于生产以外，还可以通过转让或出售专利获取经济效益。对于技术实力雄厚的大企业而言，积极开展专利许可证贸易，转让和出售专利技术，每年将收取一笔可观的专利转让费。中小企业在不威胁其自身优势的条件下，适当地转让和出售专利技术，也可以从中获得很大的经济利益。

⑤专利的交叉许可。企业之间为了避免专利侵权，有时可以采用交叉许可的方式，即互相允许对方实施自己的专利技术，双方企业使用对方技术时不必支付费用，只需找平差价即可。专利交叉许可一般用于专利权归属错综复杂、专利技术互相关联和依存度高的企业之间，是使双方互利的一种方式。目前专利的交叉许可已从双边许可逐步发展为多边许可。

（2）后发战略

后发战略适用于那些虽然有时没有在技术开发方面抢先获取，但技术消化和吸收能力较强的企业。实施后发战略的企业可以在两个方面创造竞争优势。

①产品开发型后发战略。产品开发型后发战略是企业在新产品的研制开发过程中，在不违反法律的前提下，或通过购买其他企业专利技术的方式，对他人的专利技术进行消化吸收，从专利技术中获得启发，继承其优点，创造出优于前人的新产品，开创独特的品牌，并及时申请专利；或把自己的产品连同品牌商标一起转让出去，以期获得更大效益。

②技术开发型后发战略。技术开发型后发战略是企业制定技术路线和确定技术方案时，充分了解同类项目的研究动态，以他人的专利技术为起点进行技术开发。技术开发的方向有两种：一是对专利技术进行深层次开发；二是抢先开发他人专利的外围技术。将取得的技术成果及时申请新的专利，并返输回市场，与同领域的技术领先者抗衡。

无论是产品开发型还是技术开发型后发战略，都是从他人手中购买专利技术，然后根据自己的优势对专利技术从不同角度进行挖掘和创新。购

买他人专利权的企业虽然在取得主导技术专利权方面落后一步，但该企业可以从较高的起点进行创新，寻找战胜对手的突破口；同时，购买专利还可以避免重复劳动，节省技术开发投入。

2. 防御性专利战略

防御性专利战略的着眼点是建立坚固的防线，防止或避免他人专利封锁和限制带来的损失。防御性专利战略主要有以下类型：

（1）排除其他企业的专利

在对手企业取得专利权以前，一般可以通过三种方式排除其专利权：一是通过对专利和非专利文献的检索和查阅，证明对方技术不具备获得专利权的条件。二是搜集证据并指出对方专利权无效，即与他人的专利技术相抵触或侵犯他人专利权。若证据确凿，则可排除对方企业的独占实施权。三是当自己已对某项技术开发成功且认为没有独占必要时，为了防止对手企业对同种技术取得专利权造成的威胁，主动将自己开发成功的技术内容通过报刊、学术会议等途径予以公开，使其成为现有技术，以阻挠对方企业获得专利权，避开其他企业的专利。

如果对手企业已经取得专利权，无法排除，并对本企业产生威胁时，可以采取两种方式减少损失：一是使用替代技术，避免与专利之间相抵触；二是停止使用与对方专利权相抵触的技术，停止相应的生产，来避免侵权带来的损失，使企业损失程度减少到最小。

（2）运用法律手段解决专利纠纷

当企业被卷入专利纠纷案件时，应积极地寻求法律帮助。专利纠纷涉及专利权属纠纷、专利侵权纠纷和专利合同纠纷。根据纠纷性质的不同，对专利纠纷的解决分别采取调解、仲裁、行政处理和诉讼等方式。

（三）建立专利保证体系

专利保证体系是指组织和保证专利战略顺利有效实施的一系列做法：

1. 增强技术产权意识。在市场经济条件下，企业经营者首先要牢固树立"科学技术是第一生产力"的观念，千方百计地提高企业效益的技术构成，走内涵式的发展道路。这就要求企业对技术产权有清楚和正确的理解：一方面，树立企业发展要依靠科技进步的意识，加大技术投入，促进科技成果转化为现实生产力；另一方面，树立科学技术的法治观念，强化技术

产权的管理、特别是专利管理工作，依靠法律保护企业的科技成果。

2. 积极利用专利文献。专利文献作为最新技术的情报源，向人们提供了全国范围乃至世界范围的最新技术信息。世界上95%的新技术、发明创造都登载在专利文献上。与一般技术文献相比，专利文献还可以提供企业研究开发及技术成果现状的情报、新产品即将问世的情报以及有关社会需求的情报。在生产经营的不同阶段，对专利情报的分析可以起到不同的作用：在研究开发的决策阶段，专利情报可以辅助决策；在新技术开发研究阶段，专利情报可以作为技术开发的依据；在产品生产和经营阶段，分析专利情报有助于取得专利权、扩大市场份额以及保护企业的产权不受侵害，加强专利管理，为专利战略提供组织保证。世界上许多大企业都十分重视专利管理在企业发展中的作用。为了保证专利战略的顺利实现，必须有健全的专利管理体制。因此，企业应切实做到落实专利工作的领导、组织和制度，根据经营需要来明确规定企业专利工作的主管领导、组织机构和人员，根据专利法的规定和有关科技法规来制定本企业专利管理工作制度，使企业的专利工作逐步走向科学化、规范化和制度化。特别是在专利的实施过程中，应加强计划性，制定计划、跟踪、考核和奖励制度。

3. 建立高素质的专利工作队伍。专利工作人员承担着鼓励本企业发明创造、运用专利和法律手段参加市场竞争的重要任务。专利工作人员的素质是做好专利工作的关键，与企业的生存发展息息相关。因此，专利工作者必须具备很高的业务素质。专利工作者应该是所负责专业领域的专家，从而易于了解该专业的发明创造，便于和同专业科技人员建立密切的工作联系，掌握该专业现有技术状况并能正确预测其发展趋势，熟悉本企业和竞争对手的专利技术，高质量地完成其专业范围内的专利工作。

二、专有技术产权的依法保护

(一) 保护专有技术的难点和重要性

目前我国已颁布了《反不正当竞争法》《技术合同法》等法律，直接为专有技术提供一定限度的法律保护。尽管如此，专有技术产权仍然不能像专利技术产权那样从法律规定中得到充分保障。正确判断一项获取或利用技术的行为是正当的竞争行为还是侵犯他人专有技术产权的行为，仍然是相当困难的。造成这种状况的原因主要有两方面：

一是专有技术的价值是靠保密来维持的。虽然专有技术所有者对其技术具备专有权,但这种专有权受法律保护的强度远远不如专利权。它不像专利技术那样是一种得到专利法认可和保护的法定的权利,而往往是以所有人对其采取保密方式而形成的事实上的权利。

二是专有技术没有绝对的排他性。其权利人无权阻止他人的正当竞争,即无权阻止他人独立研究开发出与自己的专有技术特征相同或相似的技术;不能追回被泄露的专有技术;也不能阻止善意获得专有技术的第三人使用该技术,更不能追究其责任。尽管专有技术的防范和保护比起专利技术而言难而又难,但许多企业为了保证其技术的秘密性,往往宁愿承担更大的风险,把它作为专有技术来保存。

(二) 专有技术侵权的主要形式

1. 从主体看专有技术侵权形式

从实施侵权行为的主体来看,专有技术侵权可分为三种情况:

(1) 专有技术拥有方的侵权。这主要是指专有技术的知情人员,如专有技术的研制者、使用者或管理者违反了其保密义务而对专有技术构成侵权。侵权的形式可能是擅自泄露、转让本单位的专有技术;在更换单位过程中,技术人员将属于原单位的专有技术私自带到新单位并在新单位实施;在业余兼职中使用本单位的专有技术等。

(2) 合同当事人的侵权。这主要是指在技术转让中,技术转让方或受让方违反合同规定的保密条款;或在技术合作开发中,技术的共同研制方以及共同使用方违反合同规定的义务而实施的侵害行为。例如:在合同有效期内擅自将专有技术泄露或公开,或擅自允许他人使用等。

(3) 专有技术侵害方的侵权。这主要是指第三人通过诱惑、贿赂、胁迫、盗窃等非法手段获取他人的专有技术,泄露或公开非法窃取的专有技术,以及使用或允许他人使用非法窃取的专有技术。第三人明知或应知他人以非法手段获取某专有技术,仍然使用或泄露的,也是侵权行为。

2. 从行为特征看专有技术侵权形式

从侵权行为的特征来看,专有技术的侵权行为有以下三种形式:

(1) 不正当取得行为。这是指以非法手段或违背善良风俗的方法窃取他人的专有技术。这是最常见的专有技术侵权行为。

(2) 不正当公开行为。这是指非法泄露或公开专有技术，包括以非法手段获取专有技术将专有技术泄露或公开；从合法途径掌握或了解专有技术的人违反保密义务而泄露或公开专有技术；第三人明知他人是非法获取专有技术而仍然泄露或公开。

(3) 不正当使用行为。包括专有技术非法获取者自己使用或转让给他人使用专有技术，企业内部知情人及合同当事人擅自使用或允许他人使用专有技术以及明知他人非法获取仍然使用该专有技术。

(三) 加强企业对专有技术产权的自我保护

1. 如何判断专有技术侵权行为

由于专有技术是一种处于保密状态的技术，对专有技术侵权的认定较为复杂。根据专有技术的特点和有关法律规定，企业在判定他人对某项专有技术的获取或使用是否属于侵犯本企业专有技术的行为时，可以循着下述思路进行：

(1) 确认权利归属

确认本企业对该专有技术具有合法拥有权。由于专有技术不像专利技术那样，其所有人不能拿出法律凭据证明其对专有技术的权属关系，因此当确认专有技术权属时，所有人应能提供承担科研任务的计划任务书、完成专有技术过程的档案记录、技术成果的鉴定材料和登记材料以及各种专有技术具体资料等。若是从转让获得的，则需要有转让合同及所附技术资料。

(2) 确认技术等同

确认对方的侵权技术与本企业专有技术的等同性，包括完全等同、等价等同和相关等同三种情况：

①完全等同，是指侵权技术与专有技术完全相同。当该技术表现为产品时，其等同性可以从产品结构、特征、功能等方面分析；当该技术表现为工艺时，其等同性可以从成分、流程、工艺效果等方面分析。

②等价等同，是指尽管侵权技术与专有技术有不同之处，但仅仅是已知技术等价物的替换造成的不同，而且这种替换未引起效果的实质性变化。

③相关等同，是指侵权技术与专有技术之间的不同表现为某种功能和效果上的改进，但这种改进必须以专有技术为基础，离开专有技术则不能

实现。

技术等同是确认侵权行为的一个必要条件。技术等同性的确认是一项技术性强的工作，必要时应该请有关专家协作鉴定。

(3) 确认侵权行为

一般以法律规定为根据，确认侵权人是否采取非法手段获取专有技术。例如：侵权人有无剽窃、非法使用或泄露专有技术的故意或过失；侵权人获取、使用或泄露的专有技术与本企业的专有技术失窃是否为因果关系；其行为是否损害了本企业技术权益等。

2. 申请专利时如何保留专有技术

许多企业对专有技术的保护采取间接手段，其中最普遍的是通过申请专利，在保护专利技术的同时使专有技术获得专利法的间接保护。

从企业角度来看，什么样的技术申请专利，什么样的技术不申请专利，是一个策略问题。由于专利权受时间、地域的限制，并不是一种完全可靠的保护手段。通常技术所有人为了自身的利益，只对那些容易被他人仿造的部分申请专利，而对那些在较长时间内不宜被他人通过总结和研究而获得的部分作为专有技术保留下来。

从专利法的角度来看，在专利申请中如何将专有技术保留下来又不至于违反专利法充分公开的要求，也是一个策略问题。对于结构产品专利，一般情况下很难存在专有技术，只要将结构描述出来，技术方案便一览无遗。对于物质产品专利，那些可以带来明显效果但又是普通技术人员难以通过实验获得的新成分可以作为专有技术来保留。对于方法专利，尤其是一些参数的最佳值，一般很难通过普通实验得到，也可以作为专有技术保护。需要注意的是：不能因保留部分专有技术而破坏专利技术方案的完整性和可实施性，否则将会影响专利权的取得。

3. 如何防止专有技术的内盗现象

专有技术的内盗是指参与科研开发项目的技术人员、管理人员或专有技术的使用人员将本企业专有技术私自泄露给他人，或作为个人技术私自转让给他人的现象。为了防止专有技术的内盗现象，企业必须根据自己的技术特点，制定一套完备的保密制度，严格规定专有技术知情人的义务和行为。

(1) 专有技术内部知情人必须保守秘密,不得向他人泄露。无论这种泄露出于故意还是疏忽,都是违反义务的。

(2) 应根据工作需要正确使用专有技术,即在单位要求的范围和程度上为扩大企业经济利益使用专有技术。

(3) 对于新取得的专有技术成果,应及时向单位申报。

(4) 不得利用单位的专有技术成立自己的公司或企业,与本单位竞争。

(5) 不得利用单位的专有技术为竞争对手工作。对那些业余兼职的技术人员,更应该严格控制这一点。

(6) 妥善保管、使用、交还有关专有技术的文字材料和实物。

4. 解决好人才流动中的专有技术保护问题

在人才流动过程中,技术人员将属于原单位的不曾公开的专有技术成果带到新单位,并在新单位实施,构成对原单位的威胁和竞争,这是现在专有技术侵权诉讼产生的最主要原因。

原单位的专有技术可以区分为两种:一种是重要的专有技术,其新颖性和秘密性较高,涉及单位重大利益;另一种是日常工作中使用的一般专有技术,因工作需要在有关职工之间较为频繁地交流。职工离职后,对原单位的专有技术的义务并未完全终止。对于重要的专有技术,职工仍然负有保密和不得私用的义务。离职职工如果利用这些重要的专有技术自行开业,或者暗地许可他人使用这些技术,或者向新单位提供这些技术,都将对原单位的专有技术构成侵权。因此,离职职工对于原单位重要专有技术所负的义务是一种默示义务。对于一般的专有技术,如果职工离职后企业未以合同形式明文禁止,则职工可以自由使用,甚至可以与原单位进行竞争。这是因为:职工离职后要在以往的知识、经验和技能的基础上向前发展,往往不自觉地利用原单位的专有技术,法律上对此加以禁止是很困难的。一般情况下,职工离职后运用在原单位取得的一般的知识和技能,在执法中往往较宽容。因此,对于专有技术,企业要特别注意与申请离职的职工签订协议。

5. 在对外交往上谨防专有技术失密

我国企业在对外交往活动中,技术失密的现象时有发生。为了防止技术失密给企业带来的巨大经济损失和竞争失利,企业需要做好下列3个方面的工作：

（1）提高职工素质，增强其保密意识。专有技术一般都是生产经营活动离不开的技术，因此必须加强对职工进行保密宣传和教育，使他们明白保护企业的专有技术就是保护自己的利益，并使他们掌握必要的保密知识，使专有技术在实施的每一个环节都可以得到恰当的保护。

（2）在制定保密制度的时候，应注意做到4个"不能"：保密的生产过程不能参观和拍照；保密的原料配方不能带走化验；保密的技术发明不能在公开刊物上发表；保密的技术资料不能在学术会议上交流。

（3）加强保密技术。信息业的迅速发展，给许多企业特别是国外企业提供了窃取他人专有技术的先进手段。这对我国企业普遍使用的落后的保密技术提出了严峻的挑战。我国企业由于人力、财力、技术等诸多方面的限制，专有技术的保护较西方发达国家相差甚远。因此，要想依靠专有技术的优势参与国际竞争，除了制定严格的保密制度以外，企业更要在保密方式和保密技术上下功夫。

6. 加强专有技术的技术保护

科学技术发展到今天的水平，技术更新的周期变得越来越短，技术进步的步伐也日益加快。企业若想单凭法律手段牢固地保护自己的专有技术，或单凭某项专有技术一劳永逸地保有竞争优势，都是极不现实的。因此，为了保证和发挥专有技术的优势，企业除了运用法律手段以外，还必须加强技术保护。

对专有技术进行技术保护可以从两个途径出发：（1）通过不断更新专有技术，使原专有技术的水平逐步提高，从而增加竞争对手破密的难度。（2）在带有专有技术的产品上附加高技术的防拆保护措施。这是因为产品一旦被他人拆散，就失去原有功能或无法重新组装，而且核心的技术秘密也随之自动消失。总之，对于法律保护相对薄弱的专有技术，其保护措施也应具备相应的特点，即在争取法律保护的同时，努力在技术保护上下功夫，加大技术保护的力度，这样才能保证专有技术的生命力及其带来的丰厚利益。

三、计算机软件产权的依法保护

(一) 现状和问题

近年来,我国计算机软件产业得到了迅猛的发展,一大批从事软件开发、经营和运用的企业纷纷涌现出来。这些企业在生存与发展问题上通常面临着如何不断开发和积累技术成果以保持技术优势、如何保护好企业拥有的技术产权以为自己带来理想的经济效益等问题。虽然软件产业发展迅速,但当前在软件产权方面还存在着很多问题。

1. 法律本身对软件产权保护的不足

就计算机软件而言,软件保护条例是最直接的调整规范。此外,著作权法等其他法律也从不同程度和角度对软件产权起到保护作用。然而,当前这套法律体系在保护软件产权方面还存在着以下不足:(1) 对软件著作权人的权利内容规范得不明确、不全面,对于许可权的方式和限制、出租和出借权没有具体规定;(2) 对于软件行政主管部门的职责规定不清,缺乏行政执法的合理、合法依据;(3) 对于软件侵权的认定缺乏具体的可操作性的规定,尤其是缺乏必要的技术界定;(4) 对于侵权赔偿缺乏法定标准,很难保护权利人的合法权益;(5) 刑事制裁条款制裁的面应当扩大,不在于处罚的严厉程度,而在于增强对智慧型罪犯的威慑力。

2. 软件企业保护自己技术产权的意识薄弱

目前很大一部分企业不能有意识地保护自己的软件产权,或没有运用恰当的保护手段,主要表现为:(1) 有的企业在软件开发完毕时不及时进行著作权登记,甚至在软件销售很长时间以后也未办理登记手续,致使遇到权利纠纷时拿不出有力证据以保护自己的合法权利,或是被其他企业抢先注册,给自己造成被动。(2) 有的企业在与其职工或其他单位、个人签订合同时,手续混乱,合同条款欠斟酌,因而使合同漏洞百出。很多软件企业因合同引起纠纷,并造成重大的经济损失和商誉损失。

3. 软件企业不尊重他人的技术产权

作为软件企业,既要保护好自身的产权,同时又必须尊重他人的合法权益。只有在有序的规范环境中发展,每个软件企业的利益才能得到保障。然而,当前我国软件企业有意或无意侵犯他人技术产权的现象屡见不鲜。许多企业在开发过程中,将别人的软件拿来就用,随意加以修改、编译,对他人软件改头换面复制发行，或直接拷贝销售牟取利润的情况也时有发生。此外，很多企业依靠挖掘其他企业技术人员的手段，非法获取其他企业的技术秘密，用以增强自己的开发能力。正是这些不尊重他人产权的现象的发生，才使软件企业产权保护得不到基本保证，也严重束缚了我国企业软件开发的积极性和开发水平的提高。

（二）软件侵权的种类

根据我国计算机软件保护条例，软件侵权有以下六种：

1. 侵犯发表权。未经著作权人同意发表其软件作品。

2. 侵犯署名权及由此带来的经济权利。将他人开发的软件作为自己的作品发表；未经合作者同意，将与他人合作开发的软件作为自己单独完成的作品发表；在他人开发的软件上署名或者涂改他人开发的软件上的署名。

3. 侵犯修改、翻译、注释权。未经软件著作权人或者其合法受让者的同意，修改、翻译、注释其软件作品。

4. 侵犯复制权。未经软件著作权人或合法受让者的同意，复制或者部分复制其软件作品。

5. 侵犯传播权。未经软件著作权人或合法受让者的同意，向公众发行、展示其软件的复制品。

6. 侵犯许可权和转让权。未经软件著作权人或合法受让者的同意，向任何第三方办理其软件的许可使用或转让事宜。

（三）企业对软件技术产权的合理保护

1. 综合运用法律手段，对软件产权进行交叉保护

一项软件开发成功，除了形成著作权之外，还可能形成其他产权，如该软件的发明专利权、专有技术所有权和商标专用权等。这些产权也是软件权利人切身利益的组成部分，应受到法律保护。因此，综合利用各种法律，从不同侧面对软件产权进行交叉保护，是企业的明智之举。例如：一项软件的精华之处往往在于它解决问题的技术方案（包括系统分析与设计、处理流程、算法模型和技术方法等）。技术方案中凝聚着开发者的技术知识、处理问题的方法和经验。其他人一旦掌握了这种技术方案，也能编写出同样功能的程序。因此，软件权利人往往不仅要求其软件的表达方式不被他人擅自复制和传播，而且希望自己软件的创造性构思也能得到保护。

对此，最为有效的办法是综合运用著作权法和专利法，依靠著作权法保护软件的表达，依靠专利法保护创造性设计和构思。

此外，企业也可以利用各种法律对软件产权进行重叠保护。例如：源程序和文档既可以作为软件的表现形式受著作权法保护，也可以作为技术秘密受反不正当竞争法保护。

2. 利用合同形式规范各种关系

合同签订和管理不规范，是造成软件企业纠纷和损失的主要原因之一。软件企业经常遇到的合同有劳动关系合同、计算机软件许可合同（包括对最终用户的许可合同）、计算机软件开发合同、软件转让合同、软件随机配套合同、软件分销代理合同、专利实施许可合同、商标许可使用合同等。软件企业的各种经济活动，包括企业内部、企业内部与外部之间的各种经济关系，都可以通过上述合同形式，用双方的权利与义务加以规范。例如：劳动关系合同可以帮助软件企业规范其与本企业职工、外聘人员之间合法的劳动关系以及保守商业秘密的协议；软件开发合同可以帮助软件企业确立合作开发与委托开发的权利归属关系。采用合同形式规范关系，要求软件企业必须严格执行法律手续和按照法律规定签订合同。例如：签订劳动关系合同时，应参照《劳动法》《反不正当竞争法》以及《计算机软件保护条例》；签订软件开发合同时，《技术合同法》《计算机软件保护条例》都是有效的依据。同时，还要建立完善的合同管理制度。